정치체제로서의

포퓰리즘

"이 저서는 2008년 정부(교육과학기술부)의 재원으로 한국연구재단의
지원을 받아 수행된 연구임"(NRF-2008-362-A00003)

정치체제로서의

포퓰리즘

김영섭 지음

이담 Books

이 책을 사랑하는 가족에게 큰 희생을 하신
아버님 영전에 올립니다

서문

안철수 현상은 한국형 포퓰리즘의 유혹인가?

2011년 대한민국, 이른바 '안철수 현상'이 화두다. 그런데 '안철수 현상'이 한국형 포퓰리즘의 가능성을 보인다면 쉽게 이해할 수 없을 것이다.

무슨 말인가. 요즘 정치권에서 가장 많이 나오는 말 중의 하나가 '포퓰리즘'이다. 무조건, 뭔가 잘못됐으면 상대방을 포퓰리즘이라고 몰아치기 일쑤다. 하지만 포퓰리즘은 그런 말 쓰기를 가장좋아하는 정치인이 책임질 말이다. 다시 말해, 필자는 '퍼주기식 포퓰리즘이다', '복지 포퓰리즘이다', '우파 혹은 좌파 포퓰리즘이다' 등 온갖 수식어가 따라 붙는 포퓰리즘에 대한 새로운 접근을시도했다.

미국 정치학자 케네스 로버츠(Roberts)는 중남미에서 포퓰리즘은민중 계층 대부분이 정치에 참여할 준비가 됐음에도 기존 정당들에의해 효과적으로 대표되지 못하고 또한 그들이 정치적 자기 표현을위해 제도화된 형태를 소유하지 못할 때 출현한다고 분석한다.

포퓰리즘은 아닐지라도 '안철수 현상'도 이런 맥락에서 이해할 수 있을 것이다. 이 역시 로버츠가 분석한 그대로 '기존 정치권에 대한 염증'에 기반을 두고 있기 때문이다. 실상, 포퓰리즘은 정치인들이 가장 많이 쓰지만 자신들이 그 말의 생산에 책임을 지고 있다.

포퓰리즘의 본고장은 뭐니 뭐니 해도 중남미다. 필자는 중남미의 대표적 국가인 멕시코에서 4년간 특파원 생활을 했다. 중남미에서 '포퓰리즘의 동학(動學)'이란 용어를 동원할 정도로 포퓰리즘이 끊임없이 재생되는 이유는 뭘까.

여기에 중요한 '정치적 진실'이 숨어 있다. 미숙한 정당정치에다 부패한 기득권층과 정치권이 포퓰리즘을 불러온 것은 사실이지만, 그렇다고 해서 포퓰리즘 그 자체가 해결책을 가져다 주지는 않는다는 점이다.

더욱이 중남미에서 포퓰리즘과 포퓰리스트가 계속 등장하면서도 근본적으로 '장외 정치신인'은 정당정치의 궤적을 같이 해오지 않아 정당정치의 연장선상에서 정치를 안정시키는 데 실패하는 경우가 많다. 포퓰리즘의 등장에 책임을 진 쪽은 어떤 경우에도 기성 정치인이다. 그렇지만 '정치 신인'이 정치발전과 안정의 근본 해결책이 될 수 없다는 점을 '포퓰리즘의 나라' 중남미는 잘 보여 준다.

'장외'에 있던 신인이 초기에 각광을 받을지 모르지만 갈수록 권위주의적으로 흘러가면서 대의 민주주의를 위기에 빠뜨린다. 이는 당연히 정당정치의 발전을 역행시킬 뿐이다. 대의적 방법이 아닌 직접적 방식의 접촉은 말 그대로 포퓰리즘일 뿐이지 대의 민주주의 진정한 발전을 막는 쪽으로 흐르는 경우가 많다.

대의정치의 근간인 정당정치를 성숙시키는 데 유권자와 정치인 모두 정성과 노력을 기울이며 매진해야 하는 이유가 여기에 있다. 이 책의 주제 '우고 차베스 베네수엘라 대통령의 포퓰리즘 체제'는 '안철수 현상'을 바라보면서 우리가 무엇을 경계해야 하는지를 잘 보여 준다.

왜 포퓰리즘의 동학(動學 · dynamics)인가?

포퓰리즘은 '그들 소수(oligarchy)'만의 정치를 몰아내고 소외된 서민 대중(people)을 '우리들 정치의 장'으로 새롭게 편입, 광범위한 연합으로 병합시키는 운동이다. 나아가 이 운동이 하나의 정치 체제로서 확립되면 포퓰리스트 레짐이라고 정의한다.

우고 차베스 베네수엘라 대통령은 두말할 필요 없이 중남미 포퓰리즘 열풍의 진원지이며 전형이다. 필자는 1990년대 전후해 중남미에서 두드러지고 있는 포퓰리스트 레짐의 보수 · 급진화에 주목, 베네수엘라 정치변동을 사례로 남미 포퓰리스트 레짐의 동태적 유형론을 제시한다. 차베스 대통령으로 대표되는 1990년대 이후 남미 포퓰리즘의 역사적 성격과 남미 포퓰리즘의 동태적 유형론은 1990년 이후 남미 포퓰리즘을 새롭게 해석하는 분석틀을 제공한다. 이른바 정책 내포(policy contents)를 중심으로 신자유즈의와 카리스마적 지도자의 친화성을 강조한 네오포퓰리즘 분석틀을 거부한다.

요컨대 정책 내포는 충분히 변할 수 있는 내용물이며 그 자체를 종속변수로 규정, 네오포퓰리즘 유형화에서 보이는 것처럼 사실상 포퓰리즘이 신자유주의로 대체돼서는 안 된다는 점이다. 포퓰리즘은 신자유주의를 취하거나 버리거나에 있어 매우 자유롭다. 오히려 우리는 신자유주의를 포퓰리스트 레짐의 보수화를 가져온 독립변수로 본다.

이 책은 남미 포퓰리즘을 분석하는 것을 목표로 한다. 따라서 베네수엘라 정치변동을 사례로 현 시기 남미 포퓰리즘의 대명사라고 할 수 있는 차베스 체제의 분석을 시도했다. 특히 베네수엘라 레짐 변동을 논증하기 위한 분석틀로 포퓰리스트 레짐 4단계 이행 모델을 제시했다. 이를 위해 우리는 우선 포퓰리스트 레짐의 변동(Change)과 변형(Transformation)의 차이에 주목했다. 이어 유형(Type)을 발전 단계별 레짐(Regime)으로 전환시켰다. 세 번째로 포퓰리즘 정의를 위한 변수와 상수의 '자리바꿈'을 제시한다. 다시 설명하면 핵심 변수였던 지도자(Leader)는 상수로, 상수였던 대중(People), 과두제 세력(Oligarchy)을 변수로 돌린다. 네 번째, 정책 변수(Policy Contents)에서 포퓰리스트 레짐 병합구조(Incorporation Structure)에 초점을 맞춘다.

베네수엘라에서 협약민주주의 체제는 민주주의 공고화로 나아가지 못한 것으로 나타났다. 정당 간 정치협약과 지대추구경제에 기반한 베네수엘라 협약민주주의 체제는 정치대표체계를 제도화하고 자생적 경제력을 갖추기 어려운 구조적 한계를 안고 있었기 때문이다. 이로 인해 협약민주주의 체제는 민중 부문을 광범위하게 포섭한 정당지배체제에서 민중을 점차 배제시키는 '과두'체제로 퇴행했다.

이 결과, 협약 민주주의 체제의 정치제도에 대한 신뢰가 무너졌고 국제 유가에 종속되는 경제 구조를 심화시켰으며 경제위기와 함께 체제 내부로 포섭된 민중을 이탈토록 했다. 엘리트의 정치·경제적 역할에 따라 민중은 체제에 통합됐다 이탈된다. 결국 협약 민주주의 체제는 체제 존립의 정당성 상실과 체제 붕괴로 이어졌으며 체제 외부에서 차베스의 비(非)제도적이고 급진적인 정치동원화에 의한 포퓰리즘 체제의 수립으로 나아갔다.

따라서 베네수엘라 정치체제의 변동은 초기 대중동원화 단계(1945~1948)와 엘리트 화해조정을 통한 협약민주주의체제(1958~1988)를 거쳐 1990년대 전후 체제의 균열 및 붕괴에 따른 보수화에 이어 2000년 전후 차베스 포퓰리즘 체제하 민중의 정치적 동원화 과정으로의 추동력을 보여 주고 있다.

정치협약을 통한 민주화는 그 협약을 지속가능하게 하고 민중을 권력기반으로 유지시키기 위해 비생산적 지대에 의존하도록 하는 구조를 태생시켰으며 시혜를 베풀 자원으로의 종속은 심화했다. 선거에 패배하고도 일정 부분의 지분을 보장받으로써 정당 간 경쟁은 무의미해졌고 지배세력의 부패는 상상할 수 없을 정도로 커져 갔다.

특히 신자유주의를 거치면서 협약의 유효성과 체제 정당성, 지대추구 경제의 기반 모두가 붕괴함으로써 급진적 정치 동원화의 차베스 포퓰리즘 체제를 불러왔다고 본 연구는 주장한다. 차베스 체제에 대한 평가는 로버트 딕스가 유형 분류한 민주주의적 포퓰리즘과 권위주의적 포퓰리즘 가운데 권위주의적 포퓰리즘에 해당된다고 필자는 결론짓는다.

비록 차베스 정권이 선거라는 민주적 형식을 고수함에도 불구하고 차베스의 등장은 무엇보다 베네수엘라의 전통적인 군부 개입주의를 부활시켰다. 나아가 차베스는 신헌법의 제정을 통해 많은 권력을 자신에게 집중시켰으며 그 와중에 크고 작은 비(非)민주적 사례가 발생했다. 베네수엘라의 여러 학자들과 인터뷰한 결과에서도 확인된바, 차베스 정권은 권위주의적 포퓰리즘 체제로 규정되는 게 타당한 것으로 진단된다.

공대를 졸업한 사람이 정치학 박사학위를 받기까지는 수많은 우여곡절이 있었다. 스무 살이던 1987년 봄, 대학 새내기란 부푼 꿈보다는 면 단위 고등학교에서 특별시 대학으로 몇 단계 뛰어넘은 문화적 충격으로 점철된 시절이었다. '재수 아닌 재수'를 하고 같은 과를 다시 1년 뒤에 공부할 수밖에 없었던 상황이었다. 이후 정치학은 부전공으로 1년 뒤 시작했으니 박사과정을 마칠 때까지 근 20년간 정치학을 공부해왔다.

김병국 선생님을 만나게 된 것은 큰 행운이었다. 1995년 9월 석사과정 입학을 시작으로 2008년 2월 박사과정을 졸업할 때까지 14년간 돌봐주신 고려대 정치외교학과 김병국 선생님께 무한한 은혜를 입었다. 김 교수님의 애정 어린 지도가 없었더라면 영예의 박사학위는 거리가 멀었을 것이다. 이 자리를 빌려 다시금 김병국 선생님께 감사함을 전한다.

그리고 박사논문 심사 과정에서 물심양면으로 도움을 주신 고려대 최장집 명예교수님, 고려대 정책대학원장 임혁백 교수님, 인하대 김용호 교수님, 경희대 정진영 교수님에게도 깊은 감사의 말씀을 전한다. 또한 논문 집필 마지막 4~5개월을 밤낮으로 괴롭힘을 당한 고려대의 조철호 · 남광규 · 우평균 · 지은주 교수님, 조선대의 지병

근 교수님, 세종연구소의 엄상윤 박사님에게 별도의 감사함을 전하지 않을 수는 없을 것이다.

그리고 1995년 석사 공부를 시작한 그해, 앞서 입사했던 연합뉴스도 빼놓을 수 없다. 특히 입사 초창기를 보내며 수업 대부분을 끝낼 수 있도록 해준 연합뉴스 국제뉴스부 선배들의 배려에 감사드린다. 뉴욕특파원을 역임한 김계환 부장은 우직한 그 모습 그대로 필자에게 큰 버팀목이었다. 김 선배는 당시 멋모르고 수업 들어가야 한다고 근무표를 조정해 달라는 후배를 귀여워하는 데 마음을 아끼지 않았다. 이 밖에도 큰 도움을 주신 연합뉴스 선배들이 너무나 많다. 부족하나마 이 자리를 빌려 다시금 고마움을 표한다.

부산외국어대학교 중남미지역원의 식구들도 빼놓을 수 없다. 김우성 원장님과 박종욱 교수님 등 여러 선배님들에게 깊은 감사의 말씀을 드린다.

마지막으로 가족과 부모님을 잊을 수 없다. 돌아가신 아버지와 홀로 남으신 어머니, 팔순을 눈앞에 두신 장인·장모님 그리고 본가의 4형제들, 처가의 동서 형님과 처형님에게 박사학위 취득과 이번 출판의 기쁨을 함께 나누고 싶다.

무엇보다, 여전히 '욕심 많은' 남편 때문에 고생하고 있는 아내 이주현의 사랑이 없었더라면 힘든 이 길을 마치지 못했을 것이다. 멕시코에서 '홀로 특파원'으로 독수공방 3년을 시키더니 논문집필 과정에서 5개월의 고시원 생활로 가정을 버리다시피 한 남편에게 오늘도 따뜻한 밥을 해주는 '그대'에게 다시 한번 고마움을 표한다.

2011년 11월

김영섭

목 차

제1장 서론

제1절 문제제기 및 연구목적

　민주주의 체제에서 포퓰리즘 체제로의 변동은 무엇을 의미하고 그 원인은 무엇일까? 포퓰리즘 체제는 민주주의 체제, 권위주의 체제와 어떻게 다르고 어떤 방식으로 체제를 유지하고 있는가? 베네수엘라의 정치체제 변동에 대한 연구는 이런 문제를 제기한다. 베네수엘라는 1990년대 후반까지 민주주의 체제를 유지했으나, 우고 차베스(Hugo Chávez) 정권의 수립으로 급격한 변화를 맞이한다. 그간 지배세력으로 군림한 정당들이 세력을 잃었으며, 차베스 개인의 지도력이 거의 모든 정치과정을 지배하는 포퓰리즘 체제가 수립되기에 이른다.

　베네수엘라는 1958년 군부 권위주의 정권의 몰락으로 본격적으로 민주주의 시대를 열었다. 당시 야권의 주요 정당들은 푼토 피호(Punto Fijo) 정치협약을 체결, 40년간 협약민주주의(pacted democracy) 체제를 유지시켜 온 것으로 평가됐다.[1] 다시 말해 베네수엘라는 1958년부터 정당지배체제(partycracy)로 들어섰다. 타협적 권력공유에 기반을 둔 정당지배체제는 당시 정국을 주도한 민주행동당(AD)과 기독민주당(COPEI), 두 정당 간의 푼토 피호 협약에 따른 협약민주주의로 표현된다.[2] 하지만 1990년을 전후해 기득권 정당과 민중세력이 점차 분리되기 시작한다. 결국 1998년 12월, 기존체제로부터 이탈된 민중을 정치적으로 동원하는 데 성공한 공수부대 중령 출신 차베

---

[1] 푼토 피호란 말은 1958년 당시 정당 지도자로, 차베스 직전 재임을 포함해 두 번 대통령을 지낸 라파엘 칼데라(Rafael Caldera)의 자택 이름이다. 이곳에서 푼토 피호 협약 서명식이 있었다.
[2] Monaldi(2003), p.460 참조. 또 베네수엘라에선 AD와 COPEI를 스페인어 알파벳 및 약어 발음 원칙에 따라 'AD→아데, COPEI→코페이'로 발음한다.

스의 대선 승리로 의회정치 실종의 포퓰리즘 체제로 나아갔다. 베네수엘라는 차베스 정권 수립을 전후해 '정당 없는 국가(state without parties)'란 진단이 내려질 정도로 양극단을 오가는 정치체제 변동의 진폭을 보이고 있다.[3] 오랜 기간 강력한 힘을 가진 정당 중심으로 운영돼 온 정치체제는 왜 이와는 정반대로 정당정치와 제도적 역할이 약화하고 차베스 개인 리더십이 지배적인 포퓰리즘 체제를 불러왔는가?

본 연구는 왜 협약민주주의 체제가 붕괴했으며 특히 왜 엘리트-지배정당세력이 민중 부문과 극단적으로 대립하는 포퓰리즘 체제로 나아갈 수밖에 없었는지 그 이유를 밝히고자 한다. 따라서 차베스 정권의 포퓰리즘 체제가 과거 민주주의 체제와 어떻게 다르고 어떤 방식으로 체제를 작동시키고 유지시키는지가 연구과제로 뒤따를 수밖에 없다.

본 연구는 이 연구를 통해 급박하게 진행 중인 베네수엘라 현 정치상황과 향후 정치전망에 대한 이해를 높이고자 한다. 요컨대, 세계적으로 이목을 집중시키고 있는 차베스 치하 베네수엘라 정치 체제의 성격과 작동 메커니즘을 파악하고 그 성립 과정이 어떠했는지 밝혀내고자 하는 것이 본 연구의 연구목적이다. 더욱이 그간 베네수엘라는 정당을 중심으로 한 자유민주주의 체제가 원만하게 진행됐다고 평가받았기 때문에 의문은 더욱 커질 수밖에 없었다.[4] 안정적 정당체제에서 포퓰리즘이 출현하는 것이 아니라 과두체제가 포퓰리즘 정권의 수립으로 이어지는 것이 일반적인 경향이었기

---

[3] 코랄레스(Corrales)는 1945년부터 차베스 등장 이전까지 베네수엘라 집권세력으로 군림한 AD가 1990년대 초반 AD 소속의 재선 대통령 카를로스 페레스(Carlos Pérez) 대통령에 대해 단절을 선언했을 때의 페레스 후반기 체제를 '정당 없는 국가'로 개념화한다(Corrales 2002, 252). 오히려 이 개념은 여야 정당 간 경쟁이 의미를 잃게 된 차베스 정권의 특징을 표현하는 데 더 적실성이 있다고 여겨진다.

[4] Peeler, 1985.

때문이다.[5]

이에 대한 본 연구의 핵심 주장은 다음과 같다.

베네수엘라에서 협약민주주의 체제는 민주주의 공고화로 나아가지 못한 것으로 나타났다. 정당 간 정치협약과 지대추구경제에 기반을 둔 베네수엘라 협약민주주의 체제는 정치대표체계를 제도화하고 자생적 경제력을 갖추기 어려운 구조적 한계를 안고 있었기 때문이다. 이로 인해 협약민주주의 체제는 민중 부문을 광범위하게 포섭한 정당지배체제에서 민중을 점차 배제시키는 '과두'체제로 퇴행했다. 이 결과, 협약민주주의 체제의 정치제도에 대한 신뢰성이 무너졌고 세계유가에 종속되는 경제구조를 심화시켰으며 경제위기와 함께 체제 내부로 포섭된 민중을 이탈토록 했다. 결국 협약민주주의 체제는 체제 존립의 정당성 상실과 체제 붕괴로 이어졌으며 체제 외부에서 차베스의 非제도적이고 급진적인 정치동원화에 의한 포퓰리즘 체제의 수립으로 나아갔다.

다시 말해 정치협약을 통한 민주화는 그 협약을 지속 가능하게 하고 민중을 권력 기반으로 유지시키기 위해 비생산적 지대에 의존하도록 하는 구조를 태생시켰으며 결국은 시혜를 베풀 자원으로의 종속은 심화했다. 선거에 패배하고도 일정 부분의 지분을 보장받음으로써 정당 간 경쟁은 무의미해졌고 정치계급(political class)으로 비판받는 지배세력의 부패는 상상할 수 없을 정도로 커져 간다.[6] 즉, 지배정당 간 협약과 지대추구경제의 협약민주주의 체제는

---

[5] 아르헨티나 페론, 브라질 가르가스 등 남미의 대표적인 포퓰리즘 정권들은 모두 이런 테제에 포괄된다.
[6] 이탈리아 정치사회학자 모스카(G. Mosca)의 개념. 대의민주주의하에서도 당원과 지지자의 이익을 실현하고자 하는 것이 아니라 자신의 이익을 추구하기 위해 통치하는 소수 정치 엘리트가 존재한다는 것을 강조하기 위해

민주주의 공고화로 나아갈 수 없는 구조적 한계를 안고 있다. 특히 신자유주의를 거치면서 협약의 유효성과 체제 정당성, 지대추구경제의 기반 모두가 붕괴함으로써 급진적 정치 동원화의 차베스 포퓰리즘 체제를 불러왔다고 본 연구는 주장한다.

차베스 대통령은 명확하게 포퓰리스트 지도자로 불린다.[7] 최장집 교수는 차베스에 대해 "1930년대 브라질의 바르가스나 1950년대 아르헨티나의 페론을 잇는 라틴아메리카의 전형적인 포퓰리스트"라고 규정한다. 최 교수는 또 포퓰리즘에 대해 "급진주의나 개혁주의의 옷을 입고 나타나기도 하지만, 권력의 유지와 행사는 민주적 방식이 아니라 권위주의적으로 하는 것"이라고 강조한다.[8] 본 연구는 이 논지를 기반으로 하고 있음을 밝히고자 한다. 따라서 일부에서 제기되는 차베스 체제의 성립과 관련한 당위성은 유지되기 어렵다.

베네수엘라 정치는 1999년 2월 차베스의 집권으로 큰 변화를 맞게 된다. AD-COPEI 양당 지배체제는 차베스 집권과 함께 형체도 없이 사라졌다. 대신, 차베스 일개인을 중심으로 펼쳐지는 정치체제의 변화가 지난 9년간 드라마틱하게 진행돼 왔다. 이제 차베스를 빼놓고는 베네수엘라 정치를 논할 수 없는 상황이다. 특히 근 10년간 집권을 이어 오고 있는 차베스가 1990년대 맹위를 떨친 신자유주의 이후 두드러지고 있는 남미 포퓰리즘의 중심에 서 있다

사용하였다(최장집 2005, 9).

[7] 남미 포퓰리즘. 정당체제가 주요 연구과제인 미국 코넬 대학의 케네스 M. 로버츠(Kenneth M. Roberts) 교수는 차베스의 1998년 대선 승리는 현 시기 중남미에서 포퓰리즘의 끈질긴 생명력을 가장 명확하게 보여 주는 사례라고 평가한다(Roberts 2003b, 35).

[8] 최장집 2007, 40.

는 것은 논란의 여지가 없다. 2006년 12월 세 번째 대선 당선 직후 차베스는 "이번 표결은 어느 정당에 속하지 않는다. 유권자들의 투표는 '차베스와 베네수엘라 긴중(people)'에게 속한다"고 말했다. 차베스 대통령이 정당을 우회하고 있고 민중에게 직접 호소하는 포퓰리스트 지도자임을 한눈에 알 수 있게 하는 대목이다.

그러나 세기를 넘어선 남미 포퓰리즘의 역사에서 차베스 포퓰리즘 체제의 실체를 명확하게 규정하는 것은 그렇게 간단하지 않다. 무엇보다, 급진적인 포퓰리즘의 형태를 띠고 나타나는 차베스 정권의 수립을 설명할 수 있어야 한다. 차베스 정권의 포퓰리즘은 차베스 집권 이후 베네수엘라 의회 정치가 마비된 가운데 친(親)-반(反)차베스 세력 간에 극단적으로 대립하는 정치상황과 긴밀히 연결돼 있다. 또한 차베스 포퓰리즘의 실체를 파악하기 위한 연구는 차베스 이전 정치체제의 붕괴 과정을 밝히는 작업과 동시에 진행돼야 한다는 것이다.

냉전 종식 후 10년 동안 외부 사람들이 중남미 사태에 별로 관심을 갖지 않던 차에, 베네수엘라가 불쑥 무대의 전면에 떠오른 것이다. 베네수엘라는 중남미에서 관료들의 고질적인 부패를 가장 심하게 겪은 나라였고 외부에서 강요된 신자유주의 정책과 이른바 '워싱턴 컨센서스(Washington Consensus)'에 대해 최초로 격렬하게 반대한 나라였으며, 또한 완전히 새롭고 독창적인 반(反)세계화 프로그램을 실험한 최초의 나라였다.[9]

현 시기 베네수엘라를 대표하는 여성 정치사회학자 마르가리타 로페스 마야(Margarita López Maya)는 "현저 베네수엘라는 수십 년간 중단 없이 이어진 성장과 민주주의의 시기 이후 얽히고설킨 도

---

[9] Gott 2005, 16.

전을 맞고 있다"고 지적한다. 1958년 이후 지속된 안정적 정당지배 체제는 베네수엘라 예외주의 테제(Venezuelan Exceptionalism Thesis)로 지칭돼 왔다. 하지만 AD-COPEI 체제는 1980년대 중후반에 접어들며 점차 기반이 약화하기 시작, 아이러니컬하게도 1990년대 후반 기존 정당체제의 '완전한' 붕괴로 이어졌다. 차베스 체제의 가장 큰 특징은 기존 정당체제의 붕괴와 동시에 수립됐고 정치적 양극화를 수반하고 있다는 점이다.[10] 이런 현상은 차베스 이전 체제와 차베스 체제가 밀접하게 관련돼 있다는 것을 시사한다.[11]

차베스는 1999년 대통령 취임에 곧이어 제헌의회를 구성, 그해 12월 국민투표를 통해 베네수엘라 볼리바르 공화국 신헌법을 통과시켜 새로운 체제 수립의 기반을 마련한다. 이른바 볼리바리안 헌법이 마련됐고 차베스가 이끄는 제5공화국당(MVR) 당명과 똑같은 베네수엘라 제5공화국이 출범하기에 이른다. 하지만 이처럼 차베스 정권에서 급진적 조치들이 숨가쁘게 진행되면서 점차 반(反)차베스 성향의 구(舊)지배 기득권을 중심으로 저항이 커져 간다. 급기야 2002년 4월 반(反)차베스 세력의 쿠데타가 발발해 차베스가 일시 권력에서 축출됐으나 친(親)차베스 세력의 결집과 군내 차베스 친위세력의 반발로 차베스는 3일 만에 권력에 복귀한다. 이후 2002년 12월~2003년 2월 반(反)차베스 석유노조의 총파업, 2004년 8월 근대 세계 정치사에서 유례를 찾아보기 어려운 현직의 선출직 대통령에 대한 소환투표, 2005년 12월 야권의 총선 보이콧으로 친

---

[10] 정치적 양극화란 사회적 양극화가 더 발전해 정치적으로 극단 대립을 보이는 정치현상을 말한다. 구체적으로 차베스 체제하에서 정치적 양극화는 '親-反차베스 양대 진영으로 갈라져 극단적 대립을 보이는 현상을 가리킨다. 엘너 & 헬링거(Ellner & Hellinger) 2003, 1장과 4장 참조.
[11] Lopéz Maya 2003, 88.

(親)차베스계 단원제 의회 완전 장악, 2006년 12월 63% 득표율로 차베스의 세 번째 대선 승리, 2007년 12월 대선연속출마 제한 철폐를 골자로 한 개헌 국민투표 부결 등 베네수엘라 정치상황은 하루가 다르게 현재진행형으로 전개되고 있다.

본 연구는 차베스 정권의 포퓰리즘 체제가 왜 이처럼 역동적 정치상황을 연출하고 있는지 그 이유를 살펴볼 것이다. 현재 차베스 정권하에서 나타나는 포퓰리즘의 특징은 앞서 출현한 포퓰리즘과 대비될 때 명확해진다. 따라서 본 연구는 포퓰리즘의 구성요소를 지도자 유형, 사회경제적 기반, 정책의 차이 등으로 나누어 차베스와 후지모리 간 비교연구도 포함시키려 한다. 차베스와 후지모리는 1990년대 이후 네오포퓰리즘, 위임민주주의(delegative democracy) 논쟁과 연결돼 있다.

본 연구는 차베스 정권하에서 제도적 요소를 포함해 다양한 차원의 포퓰리즘 요소들이 작동, 실행되는 정치체제를 포퓰리즘 체제란 틀 속에서 이해한다. 포퓰리즘 체제의 작동 메커니즘을 파악하기 위한 이론적 논의는 중남미에서 90년대 이후 신자유주의가 소용돌이치는 와중에 제기되기 시작한, 소위 포퓰리즘 부활(resurgence) 논쟁과 직접 연결돼 있다. 고전적 포퓰리즘과 달리 1990년대 들어 신자유주의 경제정책과 예기치 않은 친화성(unexpected affinity)을 보이는 포퓰리스트 정치스타일의 지도자들을 묶어 새로운 포퓰리즘의 유형으로 개념화한 것이 네오포퓰리즘이다.[12] 하지만 대략 1980년대 이후만 해도 남미 정치에 대한 연구는 포스트-포퓰리즘(post-populism)이 지배적이었다. 다시 말해 포퓰리즘에 대한 이론적 논의는 더 이상 의미 없다고 여겨

---

[12] 이른바 네오 포퓰리스트 지도자의 전형은 1990년대 중남미를 풍미한 아르헨티나의 카를로스 메넴 대통령과 페루의 알베르토 후지모리 대통령이다(Conniff 1999, chapter 1).

졌다. 그래서 일군의 미국 학자들이 남미 포퓰리즘이 다시 나타났다고 했을 때 그 논리에 관심이 모아졌었다.[13] 차베스 체제의 성격과 성립 과정에 대한 연구가 1990년대 이후 포퓰리즘 재등장론과 연결되는 이유가 여기에 있다.

제2절 연구 방법

　본 연구는 차베스 정권의 수립 과정을 협약민주주의 체제에서 포퓰리즘 체제로의 변동으로 설명한다. 따라서 베네수엘라 정치체제는 차베스 체제 이전의 정치 엘리트 간 협약 민주화 이후 민중을 포섭한 정당지배체제에서 민중을 배제시키는 체제로 나아갔다는 주장이 핵심을 이룬다. 이를 통해 차베스 정권하에서 나타나는 포퓰리즘 체제의 성격을 분명하게 드러나게 하고 그 성립 과정을 인과적으로 설명하고자 한다. 다시 말해 단순히 정태적으로 정치체제의 변화를 살펴보는 것이 아니라 체제 간 변환의 동학을 파악하겠다는 것이다.

　이를 위해 본 연구는 먼저 정당 간 정치협약을 통한 민주화가 어떻게 민주주의 체제를 확립하는지에 초점을 맞춘다. AD는 1945년 첫 집권과 함께 베네수엘라 정치에서 처음으로 직접 · 보통 선거를 실시했으며 1948년 군부 권위주의정권이 들어서기 전 3년간

---

[13] Roberts 교수는 1990년대 이후 남미 포퓰리즘 현상에 대해 "추정컨대 'post-populist'라고 하는 시대에 포퓰리즘의 재출현을 어떻게 설명할 것인가"라고 퍼즐을 던지고 있다(Roberts 2007b, 2). Roberts는 1990년대 초반 이후 남미 포퓰리즘에 관한 논문을 계속 발표해 왔으며 특히 베네수엘라 정당체제의 붕괴에 주목. 『Changing Course: Party System Change in Latin America in Neoliberal Era』를 곧 출간할 예정이라고 한다(Roberts 2007a, 19).

민주화 운동에 나선다. 결국 1958년 10년간 이어진 군부 정권의 몰락으로 주요 정당 간 Punto Fijo 정치협약으로 베네수엘라는 본격적인 민주주의 체제로 들어선다. 이후 1958~1988년 Punto Fijo 정당지배체제 그리고 1989~1998년 신자유주의 시기 Punto Fijo 체제 균열, 1999년 차베스 정권의 포퓰리즘 체제로 나아간다.

즉 본 연구는 차베스 체제의 성격과 성립 과정을 차베스 정권 이전 체제의 연장선상에서 그 변화와 연속성을 살펴본다.

특히 베네수엘라에서 정당지배체제의 붕괴와 차베스 포퓰리즘 체제로의 변동은 엘리트가 수행하는 정치·경제적 역할의 한계에 따른 것이라고 본 연구는 제시한다. 이는 정당 간 정치협약과 석유지대추구행위로 나눠 설명할 수 있다. 따라서 본문에서 이를 중심으로 체제 변동의 과정을 설명하려 한다. 정치협약을 통한 민주화가 왜 지대추구에 의존하게 되고 갈수록 의존의 강도는 높아지고 정치대표체제가 폐쇄적으로 퇴락할 수밖에 없는지를 밝히고자 한다. 이는 민주주의 체제가 포퓰리즘 체계로 나아가는 과정을 논증하는 과정이다.

또한 차베스 정권의 포퓰리즘 체제의 작동 메커니즘을 이해하는 연구도 중요하다. 포퓰리즘 체제는 이전 협약민주주의 체제와 어떻게 다르고 어떤 방식으로 체제를 작동, 유지시키는지를 자세하게 살펴본다. 아울러 본 연구는 포퓰리즘과 민주주의 간 관계를 재조명하고 1990년대 이후 남미 포퓰리즘의 부활 논쟁에 대한 새로운 시각을 제공할 것이다.

제2장 기존 연구 검토와
대안적 접근법의 모색

제2장 제1절에서는 베네수엘라 체제의 성격과 체제 변동을 다룬 기존 연구를 검토하고자 한다. 차베스 정권이 수립되기까지의 베네수엘라 정치체제와 민주화를 주제로 한 서구 학계의 기존 연구는 베네수엘라 예외주의 테제와 석유국가론(Petro-States)으로 대별된다. 예외주의 테제의 정치과정적 설명을 비난하고 나온 것이 석유국가론의 정치경제적 분석틀이다. 본 연구는 이 두 이론의 한계점을 지적한 뒤 협약 민주화 이후 정당 간 정치협약과 지대추구경제를 기반으로 한 협약민주주의 체제를 이해하고 분석해야 베네수엘라 정치체제가 포퓰리즘 체제로 나아가기 된 과정을 밝힐 수 있다는 점을 강조할 것이다.

그리고 포퓰리즘과 포퓰리즘 체제에 대한 연구를 검토할 것이다. 이는 차베스 체제의 성격이 포퓰리즘과 직결되고 그 성립 과정도 먼저 포퓰리즘 일반론에서 검토돼야 이론적 분석력이 높아지기 때문이다. 특히 1940년대 민주화 태동기부터 베네수엘라 정치체제가 포퓰리즘의 강한 영향을 받았다는 분석은 베네수엘라 유명 정치학자들의 논문과 저서에서 다수 발견된다.[14]

---

[14] 레이(Rey)와 펜폴 베세라(Penfole Becera)는 1958년 민주체제로의 전환 초기부터 1980년대 말까지를 엘리트 간 타협·조정의 포퓰리스트 체제라고 분류한다(Rey 1998a; Rey 1998b; Penfole Becera 2001; Sosa 2007; Arenas 2002, 2006). 또 베네수엘라 학자 Romero는 "포퓰리즘은 베네수엘라 민주체제의 요체를 구성했다"고 한다(Romero 1999). 그러나 이에 대해선 포퓰리즘적 경제전략을 포퓰리즘 체제로 확대 해석한 측면이 강하다는 지적이 제기되고 있다.

제1절 베네수엘라 체제 변동에 관한 기존 연구 검토

1. 정치 과정적 시각: 베네수엘라 예외주의 테제

첫 번째, 베네수엘라 예외주의 테제는 차베스 정권 이전 체제에 대해 중남미에서 '예외적으로' 30년 넘게 안정적 정당지배체제하의 자유민주주의를 구현했다는 점을 공통분모로 삼고 있다. 1960년대 이래 중남미 대부분의 국가가 포퓰리즘의 병폐와 경제혼란, 군부 권위주의의 특징을 보인 것에 비하면 예외적이라는 것이다. 그러나 이 연구의 숨겨진 핵심은 차베스 정권과 이전 체제 간 성격에 근본적인 차이가 있다고 진단하는 데 있다. 그리하여 차베스 정권 수립으로 예외주의 테제가 적용됐던 시기는 종말을 고했다는 주장으로 이어진다. 이처럼 예외주의 테제나 이 테제의 연장선상에 있는 연구는 차베스 '포퓰리즘 체제'는 이전의 '대의 정당체제'와 근본적으로 체제의 성격을 달리한다는 것이다. 즉 차베스 이전과 이후 체제 간 관계는 아무런 연속성도 없는 단절로 표현된다. 이런 분석틀은 차베스 체제의 수립으로 이어진 베네수엘라 체제 변동과 관련해 대체로 미국 등 서구 학계에서 유지되고 있는 주된 흐름이라고 할 수 있다. 예외주의 테제론자에는 대니얼 레빈(Daniel H. Levine 1998; 2002), 모이세스 나임(Moisés Naím) & 라몬 피냐고(Ramón Piñago 1984), 존 마츠(John D. Martz) 등이다. 대표적 연구로는 2004년 출간된 매코이 & 마이어스(McCoy & Myers) 공동편집의 *Unraveling of Representative Democracy in Venezuela*를 들 수 있다.[15]

---

[15] 여기서 'unraveling'이란 표현은 무척 인상 깊다. 이른바 차베스 이전 대의제 민주주의 제도 틀이 '실이 풀어

물론, 베네수엘라가 중남미에서 특이한 나라로서 흥미로운 연구 대상이었다는 것은 주지하는 바다. 20세기 중반 대부분 국가들이 포퓰리스트적 민주주의 형태를 발전시켜 나갈 때 베네수엘라는 트리에니오(Trienio) 시기(1945~1948) 포퓰리스트 정당 AD 주도의 초기 민주화가 군부 쿠데타로 좌초되면서 1958년까지 10년간 군부 권위주의 정권의 지배를 받는다.[16] 반대로 60년대 중남미 역내 대부분 국가들이 민주주의의 붕괴와 군부 권위주의를 경험할 때 베네수엘라는 1958년의 Punto Fijo 협약 이후 안정적 양당체제하 민주주의를 유지해 나갔다는 게 일반적 평가였다. 이런 특징은 베네수엘라 예외주의 테제로 이어졌고 차베스 체제의 성립으로 더 이상 이 테제는 의미 없게 됐다는 것이다.

그러나 단순히 차베스 일개인 때문에 40년 정당지배체제가 하루아침에 붕괴했다고 보는 것은 포퓰리즘에 대한 단순한 이해일뿐더러 차베스 이전 체제의 변화상을 제대로 파악하지 못하는 원인이 된다. 그리하여 차베스 체제가 전형적인 프퓰리즘 체제라고 하더라도 '차베스는 민주주의 파괴가인가 아닌가'란 식의 질문은 포퓰리즘을 일방적으로 해석해서 나온, 그 자체로서 왜곡된 질문일 수 있다는 것이다.[17] 포퓰리즘 체제가 이전 체제의 어떤 조건에서 등장하게 됐는지 파악하는 일이 우선돼야 한다는 점이다. 먼저, 예외주의 테제론자들이 1958년 이후 차베스 이전 체제를 강력한 AD-

---

헤저지는 것'처럼 차베스 정권 수립으로 와해됐음을 비유적으로 표현하고 있는 것이다. 이런 논리에 따르면 '명백하게도' 차베스 체제는 이전 대의제도가 사실상 작동하지 않는 비(非) 혹은 반(反) 대의제 체제라는 것이다. 그래서 예외주의 테제는 '차베스는 민주주의 과괴자인가 아닌가'란 식의 질문을 암묵적으로 제기하고 있다는 게 필자의 생각이다. Ellner(1992)에 따르면 Collier & Collier(1991) 『Shaping the Political Arena』도 예외주의 테제 연구에 들어간다.

[16] 트리에니오(Trienio)란 'Tri(3)+enio(year)'가 합쳐진 3년간이란 의미를 갖는다.

[17] 포퓰리즘 체제의 성격을 논하면서 이른바 '민주 대 反민주' 구도로 단순화시킬 수 있느냐는 것이다.

COPEI 양당 중심의 안정적 대의제로 높이 평가하는 논거는 무엇인지부터 살펴보기로 한다.

베네수엘라 예외주의 테제의 핵심을 이루는 바 그대로, 1958년 이래 주기적인 선거에다 AD-COPEI 간 평화적 정권교체가 이뤄진 차베스 이전 체제가 안정된 민주주의 체제로 평가된 것은 어떻게 보면 당연했다. 하지만 테리 린 칼(Terry Lynn Karl)은 예외주의 테제론자의 분석틀을 신랄하게 비판한다. 칼(Karl)은 예외주의 테제가 지나치게 정치적인 요인에 기반을 두고 있다고 지적한다. 즉 예외주의 테제론자는 정기적인 선거, 실행 및 유지 능력을 갖춘 정당, 범상치 않게 정치협약을 체결하는 정치력 등으로 인해 안정적 정당지배체제가 성립됐다고 주장한다는 것이다.[18] 그러나 칼(Karl)은 이 주장이 불완전한 것이라고 거부하며 석유자원이란 구조적 변수를 대안으로 제시한다. 칼 교수의 논지에 따르면 베네수엘라에서 석유의존 경제구조하의 석유국가(Petro-State)를 통해 배분되는 석유지대를 이용할 수 있다는 점이 근 30년 넘게 이어진 베네수엘라 정치체제의 안정뿐 아니라 1989년 이래 신자유주의 시대가 도래하면서 나타난 제도적 허약성을 더 정확하게 설명한다는 것이다.[19]

이 문제는 정치체제의 성격과 관련해 '어떤 민주주의인가'와 권력의 유지 및 행사 방식에 대한 논쟁으로 이어진다.[20] 이런 맥락에

---

[18] Karl 1997.

[19] 베네수엘라 같은 주요 산유국에선 석유수출 수입(petrodollars)에 의존함으로써 초래된 제도적 주조(鑄造·institutional molding)가 저항할 수 없을 정도로 압도적이서 이런 국가들은 '석유국가(petro-state)'로 이름 붙여질 수 있다고 한다(Karl 1997, 16~21).

[20] 최장집 교수는 민주주의는 '대표와 책임'을 핵심 키워드로 하는 하나의 시스템이기 때문에 '대표와 책임'의 원칙에 얼마나 충실한가에 따라 좋고 나쁨이 가려진다고 강조한다. 최 교수는 또 책임성을 제도화하는 문제가 중요하며 책임성은 정당의 역할이 튼튼히 자리 잡을 때 확립된다고 지적한다(중앙일보 2007년 11월 4일자 33면 월요인터뷰). 최 교수는 그래서 포퓰리즘적 체제에 대해 "민주주의와 권위주의 민주주의적 외양을 일정하게 유지하면서 실제로는 두 체제 사이에서 아슬아슬하게 줄타기하면서 자신의 권력을 유지하는 정치양식"

서 Punto Fijo 정당지배체제가 '대표와 책임' 시스템에 충실한 민주주의가 아니었다는 것은 본 연구의 논지를 이끌어 내는 핵심 주장이다. 본 연구는 안정적 정당지배체제의 특징을 갖는 1958년 이후 Punto Fijo 체제가 차베스 민중주의를 촉발시킨 과두적 정당지배체제로 퇴락했다는 점을 밝히는 것이 가장 중요하다고 주장한다.

코피지(Coppedge)에 따르면 서열화돼 통제되며 관료적으로 조직화된 차베스 이전 베네수엘라 정당들은 선거운동, 의회 일정, 시민사회조직을 완벽하게 지배함으로써 결과적으로 정당들은 시민의 요구를 표출하는 비공식 채널의 대부분을 차단함으로써 민주주의를 불안정하게 했고 국민들 사이에 정치적 환멸을 초래하고야 말았다는 것이다.[21] 이런 조직구조의 정당들이 레짐 수준에서 대통령제와 결합해서 나타나는 정당지배체제는 민주적 책임성과 순응력(flexibility)을 손상시켰다. 또한 정당들 내부적으론 원칙이 없는 파벌주의를 조장한다. 코랄레스(Corrales) 등은 AD 지도부의 '카르텔화'와 관료주의적 일상화는 조직의 경직성을 불러와 경제개혁의 채택을 어렵게 했다고 결론짓는다. 같은 맥락에서 크리스프(Crisp)는 Punto Fijo 정당지배체제는 변하는 사회·경제적 맥락으로의 적응을 방해함으로써 위기로 치닫는 모습으로 절정에 이르렀다고 한다. 지배적인 정당들과 이익단체들은 정책결정을 통제하고 새로운 집단의 참여를 배제하며 새 이슈가 무제한적으로 이슈가 되지 못하도록 함으로써 '동결된 현상유지 세력'이 됐다는 것이다.[22] 또한

이라며 포퓰리즘 체제의 위험성을 경고한다(최장집 2007, 41). 김일영 고수는 포퓰리즘과 민주주의 간 관계를 논하면서 포퓰리즘을 민주주의 자체의 대립물이라기보다는 대의제 민주주의의 한계를 극복하려는 시도들 중 하나라고 볼 수 있다고 강조한다(김일영 2004, 197~198).

[21] Coppedge 1994, 158.

[22] 코랄레스(Corrales) 2000, 136~138; 크리스프(Crisp) 2000, 173.

칼(Karl)은 Punto Fijo 정치협약에 포함된 조직집단들 사이에는 일종의 공모관계가 이뤄지는데, 이들은 국가의 효율성이나 균등문제, 정치적 정통성 등에 대한 장기적 영향을 고려하지 않은 채 자기들끼리 석유수익을 갈라 먹으려 한다고 부정적으로 평가한다.[23]

요컨대 차베스 이전 정당지배체제를 '대의' 민주주의라고만 단순화시킨 뒤 차베스 이후 체제는 이를 와해시킨 포퓰리즘 체제로 규정하면 차베스 이전 체제의 본질을 파악하지 못하는 오류에 빠진다는 것이다. 동시에 예외주의 테제론자들은 자신들이 강조하는 '대의' 민주주의가 와해된 데 대한 책임이 왜 차베스 및 차베스 포퓰리즘 체제에 있는지에 대한 질문에 답변할 수 있어야만 한다.

따라서 본 연구는 차베스 이전과 이후를 완전한 단절로 진단하는 베네수엘라 예외주의 테제를 비판하고 '어떤 민주주의인가'란 시각에서 차베스 이전 체제의 정치과정을 상세히 살펴보고자 한다.[24]

2. 정치경제학적 시각: 석유국가론

석유국가론은 베네수엘라 정치체제의 성격과 체제 변동과정에 대해 어떻게 설명하고 있는지 살펴본다.[25] 바로 앞에서 언급된 칼(Karl)은 석유국가론을 제시한 대표적인 학자다. 칼(Karl)은 베네수

---

[23] Karl 1986b, 345.
[24] 노동정치 전공 베네수엘라의 대표적인 정치학자 스티브 엘너(Steve Ellner)는 미국 중심의 '이념적 편견'을 가졌다고 베네수엘라 예외주의 테제를 신랄하게 비판한다. 엘너 교수는 『Latin American Perspective』에서 '베네수엘라 예외주의 테제 재평가'란 주제의 2005년 특집호(Vol.32, No.2~3) 편집을 맡았다. 그는 이 특집호에 "The Venezuelan Exceptionalism Thesis: Separating Myth from Reality"란 제목의 논문을 기고했다. 엘너 교수는 2006년 12월 베네수엘라 대선을 앞두고 필자와 만나 가진 인터뷰에서도 차베스 대통령의 권위주의적 통치체제가 강화되고 있는 것으로 나타난 미국 AP통신의 여론조사를 신뢰하지 않는다고 말하기도 했다.
[25] Karl 1997, 94.

엘라 정치체제 변동과정을 연구하는 역사-구조적 정치경제학적 전통에 있는 것으로 평가받는다.[26]

석유국가론은 석유의존 경제구조로 인한 경제불안정론으로 요약할 수 있으며 석유가 석유국가 체제 변동의 구조적 요인으로서 최대로 중요하다고 분석한다. 한때 부와 정치적 안정의 원천이라 생각했던 석유자원은 실제 '악마의 배설물'이라는 것이다.[27] 석유수출국들은 대부분 석유 이외에 국제적 경쟁력을 가진 산업이 별로 없고, 빈부격차가 격심하며, 정부재정 수입은 석유수출에 의존적이며, 정부는 석유수입을 배분하는 과정에서 부패하는 경향이 있다는 것이다. 또한 석유자원국에서는 각국 화폐가 고평가돼 외환의 해외 유출도 심하며 외채비율도 높다는 것이다. 즉 석유의존 경제에서는 산업화도 안정도 이뤄 내기 어렵다는 것이다. 자연자원이 풍부한 개도국의 경제구조는 주요 자원의 수출구조의 영향을 받아 주조됐으며 정치체제의 발전 과정도 제약당했다는 것이다.[28]

또한 칼(Karl)에 따르면 세계 주요 산유국 중 하나인 베네수엘라에서 석유자원의 수출에 의존하는 구조로 인해 매우 높은 수준의 경제개입주의와 총체적으로 비효율적인 국가, 종잡을 수 없는 경제수행, 후원주의(patronage)가 횡행하게 된다. 따라서 국가는 후원수혜관계망의 광범위한 '고객들'에게 공공 서비스를 제공하고 혜택을 배분하는 능력을 점진적으로 상실하면서 위기로 이어진다. 한편으로 석유는 국가가 경제의 핵심 동력소가 되게 함으로써 공

---

[26] Guillermo O'Donnell은 Karl의 『Paradox of Plenty』에 대해 "역사-구조적 정치경제학의 백미"라고 평가한다 (Karl 1997, 뒤표지면 서평).
[27] Karl은 이를 "Oil: Black Gold or Devil's Excrement?"로 표현한다(Karl 1997, 233).
[28] 홍욱헌 2004, 100~101.

공 부문의 재화와 서비스를 제공받는 대가로 세금을 납부해야 하는 필요성을 일정 기간 면제해 주는 데 중요한 역할을 했다. 수십 년간 석유수입이 늘어나면서 베네수엘라인들에게, 또 석유수입은 항상 베네수엘라가 경기하강 국면 특히 초인플레에 직면하는 것을 예방해 준 완충작용을 했다.

그럼에도 불구하고, 1958년 이후 평균실질임금은 1978년에 최고조에 달하며 상승국면을 그리다 그 뒤 인플레이션이 유발됐고 임금은 떨어졌다. 1999년 평균임금의 구매력은 1978년의 단지 33% 수준으로 급락했다. 게다가 Punto Fijo 체제 40년 뒤인 1990년대 후반에는 베네수엘라의 1인당 GDP는 1950년에 기록했던 것에 비해 단지 80% 수준이었다. 석유의 유해한 결과는 사부문에 충격을 가한다. 즉 1960년대와 1970년대 과대평가된 통화는 경제의 대외교역 부문이 국제적으로 경쟁력을 갖추고 심지어 국내적으로도 경쟁력이 있도록 하기 위해 보호되고 보조금 혜택을 받아야만 했다는 점을 의미한다. 개발전략으로서의 국가자본주의(state capitalism)는[29] 민간 부문의 행동범위를 제한했고 자문기구와 각료 임명을 통해 정책결정 과정에 항상 참여했던 기업인들은 점차 분열되기 시작했다. 정부에 의해 선호되는 새로운 경제그룹이 부상, 1970년대를 지배한 전통 경제 지도자들에게 도전장을 내밀었다. 1983년 이후 계속해서 분배정책의 위기가 분명해졌을 때, 통화절하 조치와 이중적 환율제도 등 민간 부문의 지지를 받은 정책결정은 장기적으로 공부문과 사부문 모두에 영향을 주었다. 도시빈민들은 1980년대 특별히 1990년대에는 요동치며

---

[29] 곽재성(2006, 2007), 홍욱헌(2004, 2006)도 1990년대 이전 베네수엘라의 경제를 '국가자본주의'라는 개념으로 파악한다.

극도로 불안했던 석유경제 그리고 갈수록 커져 가는 분배위기에 더욱 더 높은 수위로 취약할 수밖에 없었다.[30]

한편 베네수엘라의 석유자원은 베네수엘라의 정치문화 그리고 대중 일반과 개개인 모두의 심리에도 광범위한 영향을 주었다.[31] 베네수엘라 국영석유사(PDVSA)는 국가 안의 국가(a state within a state)로 불릴 정도로 석유는 베네수엘라 경제를 이해하는 데 핵심이다.[32] 석유는 단순하게 베네수엘라의 경제를 지탱하는 자원에 국한돼 있는 것이 아니라 대다수 베네수엘라 국민들의 정치적 태도나 사회적 가치를 지배하는 원천이기도 하다.[33] 석유수입의 지속을 재확신하게 해 주고 부유한 국가의 신화를 지탱하게 하는 데 일조하지만, 결과적으론 국민들로 하여금 국가경제를 자유화하거나 합리화하려는 정부의 시도를 저항하게 만들었다. 베네수엘라 정치학자 로메로(Romero)로 대표되는 정치문화적 접근은 베네수엘라 국민들 사이에서 불로소득자 정신상태(rentier mentality)를 만들어 내는 데 미친 석유의 역할을 강조한다. 이 불로소득자 정신상태란 순전히 도구주의적 시각에서 민주주의를 지지하는 방식을 말한다.[34] 즉 민주제도가 국가의 막대한 석유자원으로부터 '풍부한 공

---

[30] 석유주도경제를 중심으로 정치경제학적 설명은 사회적 양극화를 베네수엘라 정치변동의 핵심 요인으로 삼은 Ellner & Hellinger(2003)의 분석과 같은 맥락에 있다.

[31] Roberts 2003b, 41. 이와 관련해 석유국가론은 엄밀하게는 정치경제학적 분석이지만, 비슷한 맥락에서 막대한 석유자원이 정치문화와 일반인들의 심리에 끼친 영향에 대해서도 확장해서 해석할 수 있다고 여겨진다.

[32] Tinker-Salas 2005, 52.

[33] 우준모 2006, 66~67.

[34] 여론조사기관 Conciencia21의 '1995년 베네수엘라인의 가치 조사' 결과에 따르면 베네수엘라인들의 91%는 자신들의 국가가 매우 부유하다고 믿고 있는 것으로 나타났다. 82%는 베네수엘라의 부가 차별 혹은 특권부여 없이 모든 사람들에게 공평하게 분배돼야 한다고 생각하고 있다. 75%는 석유수입이 전체 국민의 기대치를 만족시키기에 충분하다고 평가했다. 그러나 놀라운 것은 단지 27%만이 석유수입으로부터 일정한 혜택을 보고 있다고 느낀다고 답했다는 점이다. 놀랍다는 측면은 세계에서 가장 낮은 국내 석유가, 일정 수준의 무료교육과 의료혜택, 정부 보조금으로 낮아진 서비스 및 상품 가격 등을 감안했을 때를 말한다. 특히 "베네수엘라가 정직하게 통치되고 부패가 제거된다면 모두를 위해 충분한 돈이 있을 것"이라고 밝힌 응답자가 시민 94%의

짜 하사금'을 전달하는 데 실패하면 '뒤도 돌아보지 않고 등을 돌린다'는 것이다. 그리하여 일반 국민들은 베네수엘라의 심화하는 위기를 정면으로 수술할 수 있는 경제개혁 조치에 반대했던 것이다. 또한 로메로에 따르면 석유자원의 풍부함으로 인한 환상(illusion)은 정치 엘리트들 사이에서도 독재주의와 병리학적 학습(pathological learning)을 조장한 측면이 있다고 한다.[35]

하지만 석유국가론이 제기하는 경제위기는 베네수엘라 정치체제 변동의 여러 요인들 중 하나에 불과하다는 평가가 있다.[36] 또한 석유에 의존적이었던 1960년에서 1973년 사이에 석유수출이 이미 총수출의 90%에 달해 이미 석유국가로서의 조건은 다 갖췄지만 1인당 국민소득이 40% 이상의 안정적 성장을 이룩한 점이나 당시 연평균 2% 미만의 물가안정에다 환율안정, 그리고 미미한 외채 등은 설명하기 어렵다는 지적이 제기된다.[37]

무엇보다 칼(Karl) 스스로가 밝히는바, 석유국가론의 장점과 단점을 살펴보아야 한다. 즉 칼(Karl)은 베네수엘라에서 석유는 군정(軍政)에 이은 1945~1948년 AD 정권의 개혁주의적 정치공간의 생성, 1958년 이후 30년 이상 이어진 Punto Fijo 협약민주주의의 유지를 가능하게 한 구조적 조건을 틀 짓는 데 단일 요인으로서는 가장 중요하다고 하면서도, 체제 변동이 일어나는 구체적 시점, 체제 변동의 형태 혹은 방향에 대해선 설명할 수 없다고 인정하고 있는

지지를 받은 것으로 나타났다는 점이다(Romero 1997, 21).

[35] Romero 1997. 또한 과거 시기 포퓰리즘 모델로의 복귀가 현실적으로 어려움에도 베네수엘라 사회는 미래를 위해 경제적 개혁을 인정하기보다는 1970년대의 붐시대를 가져다줄 카리스마적 구원자를 여전히 기다리고 있었다는 것이다(김기현 2003, 321~322).

[36] McCoy 2004, 266.

[37] 홍욱헌 2004, 101. 이미 그때 석유국가였다는 것을 강조한 표현이다. Karl 역시 1986년 논문에서 협약 민주주의에 방점을 더 두게 된다.

것이다.[38] 석유국가론은 베네수엘라 정치체제 변동에서의 구조적 요인은 될 수 있지만, A 체제가 B 체제로 변동한다고 할 때 A 체제의 성격을 특정시킬 수 없고 더욱이 B 체제로 나아갈 것이라고 전망하기는 더욱 어렵다는 것이다.

특히 칼(Karl) 스스로가 인정한 바 그대로, 석유는 베네수엘라 정치 변동에서 구조적 요인일 뿐이다. 그러면 석유지배하의 경제 구조가 변하기가 어렵다면, 결정적으로 시점까지도 포함해 체제 변동을 설명하는 다른 요인에 대한 연구가 이뤄져야 할 것이다. 본 연구는 그래서 정당 중심의 협약민주주의 체제가 왜 의회 정치 없는 포퓰리즘 체제로 나아갔는지, 즉 A 체제와 B 체제를 특정시키고 A에서 B로 진행한 과정을 살펴보고 있다. 석유국가론은 석유국가라는 구조 속에서 경제위기의 필연으로 체제 변동이 일어난다는 점만 강조한 측면이 강하다.

또한 석유국가론은 석유자원이 특정체제의 유지 수단으로 이용되고 있다는 데 대해서는 간과하고 있다. 예를 들어 석유자원이 있어 후원주의 시혜가 가능하지만 거꾸로 체제 유지를 위해 후원주의가 필요해 석유자원을 이용할 수 있다는 논리도 성립할 수 있다는 것이다. 본 연구는 특히 **AD-COPEI** '카르텔' 지배정당세력 주도의 정치체제가 석유자원을 국유화, 자신들의 체제 유지를 위한 물적 기반으로 삼았다고 강조한다. 무엇보다 정당지배세력은 석유자원을 베네수엘라 국가경제 발전 전략의 기반으로 삼았으며, 특히 체제 내부로 포섭된 민중에게 시혜를 베풀 사유재산과 마찬가

---

[38] Karl 1997, 94.

지로 여겼던 것이다.[39]

요약하면, 예외주의 테제는 정치체제의 안정론에만 함몰돼 체제의 변동과정을 설명하지 못하고 있고 거꾸로 석유국가론은 자체 분석틀로 체제의 변동과정은 설명하지만 구조적 요인에만 치우쳐 있어 체제의 성격과 체제 변동의 방향에 대해선 함구하고 있다.

3. 포퓰리즘적 시각: 포퓰리즘 체제 변동론

1) 포퓰리즘 정의

차베스 체제의 성격과 작동 메커니즘을 파악하기 위해서는 먼저 포퓰리즘의 정의 문제가 중요하다. 어떤 요소들이 포퓰리즘을 구성하는지 규정돼야 포퓰리즘이 정치체제에서 어떻게 작동, 실행되고 있는지 알 수 있기 때문이다. 특히 포퓰리즘에 대한 비교정치학적 분석이 가능하기 위해서는 포퓰리즘 지도자 유형, 과두세력에 반대하는 민중의 의미, 포퓰리즘의 사회경제적 기반, 포퓰리즘의 정책 등에 대한 구성요소별로 구체적인 정의 작업이 이뤄져야 한다. 이에 대해 본 연구는 제5장에서 차베스와 후지모리를 비교하며 상술한다.

최장집 교수는 포퓰리즘에 대해 "포퓰리즘이란 민중적 열정, 에너지, 동력이 사회의 자율적 중간집단, 즉 정당이나 이익집단 또는

---

[39] 임혁백 교수는 베네수엘라 포퓰리스트 레짐의 성격에 대해 "석유지대추구 행위가 지배적이었다. 또 서로 나눌 수 있는 석유가 있었기 때문에 정당 간 경쟁이 없었으며 공무원 월급도 지배자의 자기 재산에서 주는 것처럼 보이게 하는 시혜적 관계가 지배하고 있다. 즉 시민사회, 노조 등의 중간매개 집단의 중개, 중재 없이 지도자가 요구의 통로를 직접 장악하고 가산제적으로 권력을 행사하는 특징을 보이는 것이 포퓰리즘 체제"라고 규정하고 있다. 다시 말해 국가자원과 정당을 사유화, 도구화하고 있다는 점에서 포퓰리즘은 민주주의 발전을 저해한다는 것이다. 필자와의 인터뷰(2007년 11월).

어떤 목표와 가치를 추구하는 운동 등으로 매개되지 않고 표출되는 현상이라고 정의할 수 있다"면서 "정치학에서는 이 중간집단을 이익대표 체계 또는 이익매개 체계라고 부르기도 한다. 넓은 의미로 시민사회라고 말할 수도 있다"고 밝히고 있다.[40]

같은 맥락에서 디테야(Di Tella)도 (라틴아메리카에서 또는 그 외 지역에서의) 포퓰리즘에 대해 "노동계급과 농민의 또는 어느 일방의 지지를 향유하는, 그러나 이 두 부문 중 어느 일방에서도 조직적 자율성을 갖추지 못한 정치운동"으로 규정하고 "또한 이것은 反현상유지적인 이데올로기를 신봉하는 비노동계급 부문들에 의해 지지된다"고 한다.[41] 딕스(Dix)는 권위주의적 포퓰리즘, 민주주의적 포퓰리즘이라는 두 유형으로 나눈다.[42] 두 유형으로 나누는 구성요소에는 리더십, 지지세력, 이데올로기와 프로그램, 조직과 리더십 유형이며 다음 표와 같이 나타난다.

〈표 2-1〉 포퓰리즘의 두 유형

특성	권위주의적	민주주의적
리더십	군부, 중상층계급	전문직 종사자, 지식인
지지세력	이용 가능한' 대중	조직화된 노동자, 농민
이데올로기와 프로그램	산만하고 비중이 낮음. 단지 온건한 반제국주의적 성격	보다 구체적·상대적으로 비중이 높음. 특히 초기단계에서는 경제적으로 민족주의적 성격
조직과 리더십 유형	이완되고, 비체계적인 당조직. 계도자 또는 지도자의 신화에 의존	조직적으로 체계화된 구조화. 지도자의 생존 후에도 존속되는 경향

---

[40] 최장집 2007. 37.
[41] 김병국 외 공편(1991), p.156.
[42] Robert H. Dix(1985) "Populism: Authoritarian and Democratic", Latin American Research Review 20(2), 김병국 외 공편(1991)에서 재인용.

남미 포퓰리즘 관련 단행본을 1982, 1999년 두 번 편집 책임을 맡은 코니프(Conniff)는 중남미 포퓰리스트들을 "대중들과 특유의 카리스마로 관계를 맺으며 정기적으로 선거에서 이기는 지도자들" 이라고 정의했다. 즉 코니프에 따르면 포퓰리즘은 지도자와 그를 따르는 대중(혹은 민중)이 필수적인 구성요소이며 그 둘 사이는 지도자의 카리스마적 리더십에 의해 결합되고 선거를 통해 실행된다. 또 폴 드레이크(Paul W. Drake)는 포퓰리즘의 카리스마를 기반으로 한 리더십, 다계급 지지 기반, 경제적-민족주의적 정책 접근을 포퓰리즘의 3요소로 제시하고 있다.[43] 1980년대 이후 서유럽 맥락에서 극우 포퓰리즘을 개념화한 터키 정치학자 베츠(Betz)는 포퓰리즘의 정의에 대해 3가지 차원을 제시한다. 주장을 펼치는 구조, 정치 스타일 및 전략, 이데올로기 차원이 그것이다.[44] 콜리어 & 콜리어(Collier & Collier)는 여러 요소들이 혼합된 정치운동으로 정의한다. 포퓰리즘을 특징짓는 요소들은 다음과 같다.[45]

① 도시노동계급 그리고/혹은 농민들로부터 집단적 지지를 받는다.
② 위로부터의 동원화가 강력한 요소를 이룬다.
③ 중간부문 혹은 엘리트층의 리더십이 핵심 역할을 수행한다. 이 리더십은 인치적(personalistic) 그리고/혹은 카리스마적 특징을 보인다.
④ 현상 타파 및 민족주의적 이데올로기 및 프로그램을 갖는다.

---

[43] Conniff 1999, 7~63.
[44] Betz 1994: 1998.
[45] Collier & Collier 1991, 788.

포퓰리즘에 대한 정의는 분석의 차원과 수준에 따라 외연과 내포 면에서 큰 차이가 나타난다. 그 아래 끝과 위 끝은 각각 환원주의(reductionism), 개체주의(particularism)의 문제점을 안고 있다. 환원주의는 경제적 포퓰리즘,[46] 정치적 포퓰리즘, 담론분석적 포퓰리즘 등 특정의 원칙을 중심으로 포퓰리즘의 개념화를 시도하는 것을 말한다. 개체주의는 개별적 특성(specity)을 강조하는바, 7가지로 포퓰리즘을 유형 분류한 캐노반(Canovan)이 대표적이다.[47] 라클라우(Laclau)는 포퓰리즘을 "지배 이데올로기에 반대하는 총체적이고 적대적인 복합체로서 민족-민중적(national-popular) 호명(interpellation)[48]의 표출"이라고 밝힌다.[49]

이에 대해 레이(Rey), 로메로(Romero), 소사(Sosa), 아레나스(Arenas) 등 베네수엘라의 대표적 정치학자들은 포퓰리즘의 여러 요소들이 작동, 실행되는 정치체제의 변화에 주목하고 있다. 포퓰리즘의 특정 요소만을 분석대상으로 하면 포퓰리즘의 실제 작동 메커니즘과 그 변화상을 놓치게 되는 오류를 범하게 된다. 정치체제에서 작동, 실행될 때의

---

[46] Ianni(1975)의 경우 '경제적 포퓰리즘'의 사례로 포퓰리즘을 중남미 경제발전의 한 역사적 단계와 연결시켰고 따라서 포퓰리즘이 다시 등장하지 않을 것으로 간주하는 오류를 범했다(Ellner 2001, 12). '정치적 포퓰리즘'을 포함한 여러 포퓰리즘 일반론을 겨냥한 환원주의 문제 제기에 대해서는 Vilas(2003) 참조.

[47] Canovan 1981.

[48] 샹탈 무페(Chantal Mouffe)는 '안토니오 그람시에 있어서 헤게모니와 이데올로기'를 논하면서 "interpellation(호명)이 그람시의 반(反)환원주의적 이데올로기 개념에서 등장한다고 한다. 이는 계급 중심 이론에서 탈피한 것이라고 볼 수 있다. Louis Althusser에 따르면 맑스주의적이면서 동시에 비환원론적인 이데올로기는 주체들(subjects)을 생산하는 실천으로 볼 수 있다고 한다. 주체는 의식의 원천 즉 객관적인 역사과정들 속에 주관적 원리를 개입시키는 것의 표출이 아니라, 호명(interpellation) 메커니즘을 통해 작동하는 특수한 실천의 산물이다(무페 1992, 202~203).

[49] Laclau 1977, 172~173. Laclau는 정치운동이라기보다 현상 타파를 겨냥한 이데올로기로서 포퓰리즘을 이해하려 한다. 특히 그는 사회주의와의 유사점을 강조하면서, "포퓰리즘 없이 사회주의가 존재할 수는 없다. 포퓰리즘이 최고도로 발전하면 사회주의가 된다"고 밝히고 있다(서병훈 1988, 53p.서 재인용). 서병훈은 이에 대해 Laclau는 고전적 포퓰리즘을 주로 염두에 두고 있었기 때문에, 남미의 경우로 확대하는 것은 무리가 따른다고 한다(서병훈 1988). Laclau와 같은 맥락에서 포퓰리즘의 계급적 성격을 강조하는 학자는 영국의 Raby(2006; 2007), 베네수엘라의 Parker(2007) 교수 등이 대표적이다.

포퓰리즘의 공통되는 특징은 먼저, 과두세력 대(對) 민중의 이분법적 대치전선이다. 이런 대립구도에서 포퓰리스트 지도자 그리고 이 지도자를 추종하는 민중의 역할론이 나오고 포퓰리즘은 민중을 정치동원화, 포섭하는 운동으로서 출발한다.[50] 무엇보다 과두세력의 존재가 특정됨으로써 포퓰리스트 지도자, 민중이 의미 있게 된다는 점이 중요하다.[51] 에콰도르 출신의 미국 사회학자 데라토레(de la Torre)는 포퓰리즘에 대해 "보통사람을 소수특권지배층과 다르고 이에 반대하는 민중으로 동원화, 정치의 장(political community)에 편입, 포섭시키는 형태로서 분석해야 하는 사회적 관계이다"라고 정의한다.[52]

따라서 민중을 동원화, 정치의 장에 포섭시키기에 앞서 민중이란 가상의 단일층을 상징화, 주조(鑄造)해 내는 과정은 중요하다. 즉 민중으로서의 정체성은 소수 특권층의 존재를 전제로 이에 대한 반대 개념으로 정의되는 것이다. 포퓰리즘의 민중 개념은 이질적 융합이고 그 실체를 파악하기가 쉽지 않은 이유가 여기에 있다. 이영조는 "(포퓰리즘) 연합 내부의 이질성을 반영해 누가 민중인지 분명하게 규정하지 않았다는 점이다. 민중은 '반민중'에 의해

---

[50] Dávila(2000)가 잘 지적한바 포퓰리즘의 핵심 요소(core element)에 해당한다. 어떤 정의를 취하더라도 이것이 없으면 포퓰리즘이라고 할 수 없다는 데 대한 최소한의 합의라고도 하겠다. Dávila에 따르면 포퓰리즘의 의미에 대한 다른 설명틀, 즉 Laclau(1977)의 theoretical, Di Tella(1965)의 functionalist, Canovan(1981)의 descriptive 분석틀에도 불구하고, 그들은 people에 대한 호소와 反엘리트주의담론(e.g., Laclau's popular interpellations against the power bloc) 혹은 Di Tella의 '反현상 유지 이데올로기를 지탱시키는' 민중 지지란 말로 표현되는 포퓰리즘 core element에 모두 합의하고 있다(Dávila 2000, 225).

[51] 즉 people이 그냥 people이 아니라 oligarchy를 적대적으로 삼는 광범위한 연합을 일컫는 것이다. 그래서 people을 한국말로 표현하기가 대단히 어려운 이유가 여기에 있다.

[52] de la Torre(2000)는 남미 포퓰리즘이 보통사람들을 정치사회로 편입시키는 중요한 민주화 추동력이라고 한다면 이런 통합(inclusion) 과정은 구체적으로 설명돼야 한다며 Charles Tilly의 시민권 개념을 원용해 설명한다. 즉 서구 사회는 국가기구와 연계된 '시민'들의 권리와 의무를 통해 국가를 향한 합법적 성취물을 이루는 데 비해, 남미 사회는 일반인들이 시민권에 의해 국가와 연결돼 있지 않다는 점이다. 시민권이 일반인들을 국가와 연결시키는 메커니즘이 아니라면 자유민주주적 제도와 법의 역할이 '항상' 존중받지 못하는 것은 전혀 놀라운 일이 아니다. de la Torre는 포퓰리스트 지도자의 등장을 이해하기 위해서는 구조, 경제 및 사회적 과정이 문화 및 정치변수로서 함께 분석돼야 한다(de la Torre, 2000).

소극적으로 규정됐다. 반민중이 아니면 민중이었다. 이것은 연합의 규모를 극대화하는 데 유용했다. 중요한 것은 민중의 내포와 외연이 주어진 상황에 따라 상당히 달라질 수 있다는 점이다.[53] 무엇보다 포퓰리즘의 가장 중요한 특징은 과두세력에 반대되는 민중 단일층으로의 동원이다.[54] 과두세력의 존재와 이에 대한 반대를 전제로 한 포퓰리스트의 이분법적 담론이 정당성을 상실할 때 포퓰리즘 체제가 붕괴한다는 것은 단일층으로 포섭된 민중이 체제에서 이탈하는 데 따른 것이다"라고 하였다.[55]

캐맥(Cammack)은 포퓰리즘에 대한 분석이 구조-제도-담론이라는 세 차원에서 이뤄져야 한다고 강조한다. 커맥은 자본주의 사회 및 제도의 맥락에서 포퓰리스트 지도자 및 세력의 담론(행위자), 제도, 구조를 모두 합친 3차원적 분석을 강조한다.[56] 캐맥은 흔히 그래온 것처럼 담론, 즉 행위자를 한쪽에 놓고 구조를 다른 편에 대립적으로 위치시키기보다는 제도에 새로운 관심을 기울여 총체적으로 특정 중대국면의 논리를 포착하는 노력이 필요하다고 지적한다. 구조 및 담론 차원의 포퓰리즘에 대한 분석만큼이나 제도적 차원의 분석도 같은 수준으로 관심을 기울여야 한다는 것이다. 캐맥은 세 차원 간 관계는 역사적 특정 중대국면에서 나타나는 포퓰리즘 체제의 성격을 반영한다고 밝히고 있다.[57]

---

[53] 이영조 2006, 81~82.

[54] 최장집 교수는 현대 대의제 민주주의에서 포퓰리즘 현상이 자주 나타나는 원인에 대해 "국가, 소수의 사익적 권력의 중심들이 사회에서 커다란 영향력을 갖는 가운데 사람들이 어떤 공동체성을 갖는 방향으로 결집하기보다 고립화되고 파편화된 개인의 세계 속으로 후퇴하고 침잠한 것이 맞물려 빚어내는 현상"이라고 지적한다(최장집 2007, 39~40).

[55] 베네수엘라의 경우 oligarchy를 대체했다는 포퓰리스트 세력이 집권 40년 만에 새로운 급진 포퓰리스트 세력에 의해 자신들이 소수지배권력으로 몰려 체제 변동을 가져온 것은 역사적 아이러니가 아닐 수 없다.

[56] ISI 국가발전전략 등으로 나타나는 정치경제(political economy) 정책이 구조의 한 예다.

[57] Cammack 2000, 152.

2) 베네수엘라 포퓰리즘 체제에 대한 연구의 검토

포퓰리즘 체제는 국가자원과 제도에 대한 가산제적(Patrimonial) 권력 행사를 특징으로 한다. 포퓰리스트 세력은 자신들의 권력유지를 위해 국가의 자원과 제도를 사유화하고 도구화했다. 제도가 민주주의 발전을 위한 중간매개체로서 실질적인 역할을 하지 못함으로 인해 지도자와 대중 간 직접적인 접촉이 이뤄지고 권력을 마치 '한 가정의 세습재산'인 것처럼 행사하고 사유화한다는 것이다.[58] 최장집 교수는 포퓰리즘적 체제에 대해 "권력자가 자신의 지지 기반을 확대, 강화하기 위해 위로부터 민중을 동원하지만, 권력의 유지와 행사는 민주적 방식이 아니라 권위주의적으로 하는 것이다. 대개 이 경우 사회의 민중 집단, 즉 노동자나 농민에게 물질적 혜택을 준다든가, 권리를 확대해 주는 방법을 통해 선심을 얻는다. 또한 민주주의와 권위주의, 민주주의적 외양을 일정하게 유지하면서 실제로는 두 체제 사이에서 아슬아슬하게 줄타기하면서 자신의 권력을 유지하는 정치 양식인 것"이라고 지적한다.[59]

포퓰리스트 지도자는 수혜를 제공하며 지지자들을 거느리는 후원자로서 새 사회단체와 정치체제 사이의 연결망을 형성하면서, 법치와 인치(人治)라는 그 자체로 모순되는 두 정치문화의 중간에서 있다. 포퓰리스트 지도자는 근대체제의 비개인적이고 추상적인 코드를 부여받은 규범에 친화적인 인물이지만, 또한 동시에 전통 과두제 군벌(caudillo)들의 불문 규율들을 인지하고 있었고 이를 이

---

[58] 임혁백 교수와의 인터뷰(2007년 11월)
[59] 최장집 교수는 따라서 "포퓰리즘적 체제를 대안이라고 생각하는 사람들을 심심찮게 볼 수 있다. 내 생각으로는 그건 무척 위험한 정치관이다"고 지적한다. 최장집 2007, 40~41.

용했던 것이다.[60] 아래에서 베네수엘라 두 학자를 중심으로 포퓰리즘 체제의 동태성에 초점을 맞춰 서술해 본다. 베네수엘라 정치체제는 1945~1948년 AD의 포퓰리즘 체제가 협약 민주화를 통한 정당지배체제를 거쳐 다시 급진적인 포퓰리즘 체제로 '복귀'하고 있는 것으로 분석돼, 포퓰리즘 체제에 대한 동태적인 연구는 포퓰리즘 동원화에 이어 협약민주주의 체계가 수립되고 다시 민중주의로 나아가는 과정을 이해하는 데 중요한 것으로 평가된다.

(1) Juan Carlos Rey

포퓰리즘 체제의 동태성은 베네수엘라 포퓰리즘 연구에 지대한 영향을 준 베네수엘라 정치학자 레이(Rey)에 의해 이론적으로 제시됐다.[61] 레이(Rey)의 이론적 분석은 1945~1948년 AD의 포퓰리즘 체제가 10년간의 군부정권을 거치면서 엘리트 간 타협 조정이란 정치협약을 통해 정당지배체제로 나아가는 과정을 설명해 준다. 레이(Rey)는 1958년 Punto Fijo 정치협약에 의한 정당지배체제도 '포퓰리즘적 체제(sistema populista)'라고 본다. 하지만 이는 베네수엘라적 상황에서 극우 군사정권과 급진좌파 공산정권 사이의 민중을 모토로 내건 중간 체제의 성격으로 이 '포퓰리즘적 체제'란 용어를 사용한 것으로 간주된다. 즉 베네수엘라적 의미에서 포퓰리즘의 특징을 갖는다는 것이지 비교정치학적 관점에서 분석되는 '포퓰리즘 체제'와는 차이가 있다는 것이다. 그러나 그 내용 면에서는 협약 민주화 이후 정당지배체제를 분석하는 데 레이(Rey)의

---

[60] Rey는 이를 '후원자가 중재자와 짝을 이루는 형식'이라는 표현을 쓴다. Rey 1998a.
[61] 베네수엘라 명문 Universidad de Central 정치학과 교수를 오래 지낸 Rey의 저작은 1960년대에 시작해 2000년대 초반에까지 이르고 있다.

포퓰리즘 체제 분석이 활용될 수 있다고 본 연구는 평가한다.

레이(Rey)에 따르면 중남미에서 포퓰리스트 정당과 정치운동은 무엇보다도 이질적인 계급과 사회그룹의 연합을 구성하는 것으로 특징지어진다. 이는 본질적으로 다계급 성격에 관한 것이다. 이런 형태의 연합을 형성하고 유지하는 일은 두 종류의 필요성에 직면한다. 우선 첫 번째의 필요성은 경제적·사회적 참여만큼이나 정치적 참여의 시각을 기반으로 그 당시까지 수동적이었던 대중을 동원하고 국가에 통합시키는 방식으로 기존재하는 사회·정치적 질서를 재조직하는 것이다. 이런 필요성에 응답하면 앱터(Apter)의 경우 동원화체제(sistema de movilización)로 불린다.[62] 또한, 카리스마를 갖춘 정치 지도자에게 빈번하게 의존하면서 동시에 제국주의, 과두세력 등 이른바 '공동의 적'에 대항해 맞서 정서적으로 굳건한 연맹을 형성하는, 기본적으로 새로운 충성체제(sistema de lealtades)가 마련돼야 한다고 한다.[63]

두 번째는 '같은 배'에 탑승한 다양한 이익 세력들을 인정하고 이런 세력들 사이에서 합의, 협약, 거래조정 등을 이끌어 내면서 사회·정치적 질서를 보존하고 합법화하는 문제와 관련된 것이다. 이 두 번째 경우에는 앱터(Apter)가 공리주의적 형태를 수용하는 데 주안점을 둔 정치문화를 발전시켜야 하는 경향의 타협조정체제

---

[62] 베네수엘라 정치학자 Dávila(2007, 2)가 지적한바, 초기의 중남미 포퓰리즘 이론은 Deutsch, D. Apter, P. Nettl 등의 학자들이 제시한 정치적 동원화(political mobilization) 개념을 통해 발전됐다는 측면과 같은 맥락에 있는 것이다. 특히 Apter는 제3세계의 정치체제를 파악하는 데 있어 민중주의의 중요성을 강조하고 있다(Apter 1965, 2).

[63] 1945~48년 베네수엘라 포퓰리스트 레짐의 초기 동원화 단계에서 포퓰리스트 집권세력의 반대자들 또한 잘 조직화돼 있어 특히 군부의 지원을 받아 종국에는 초기 동원화 포퓰리스트 레짐을 전복하게 된다. 초기 동원화 포퓰리스트들과 그들의 반대자들 모두 많은 수의 시민들을 구체적 요구 및 불과 연동시킴으로써 거리로 나오도록 '호출'할 수 있었다(Ellner 2001, 36).

(sistema de reconciliación)로 명명한 것과 가깝게 연결된다.[64]

레이(Rey)는 또 원칙적으로 포퓰리스트 정당과 정치운동에서, 동원(movilización)과 타협조정(reconciliación)이란 두 구성요소는 정도의 차이는 있고 여러 다른 모습으로 나타날지라도 동시에 존재할 수 있다고 한다. 그럼에도 불구하고 첫 번째 형태인 동원화체제로 시작해 시간이 흐를수록 점진적으로 변형돼 두 번째 형태인 타협조정체제(엘리트 간 Punto Fijo 정치협약체제)에 가까워지게 된다.[65] 두 번째로의 전환은 베네수엘라에서 포퓰리스트 세력이 권력을 빼앗고 혹은 권력을 유지하기를 원한다면, 초기의 급진성을 벗어 버리고 다양한 반대(비토)그룹, 특히 근부에 사려분별(sensatez) 및 신뢰성을 갖췄다는 증거물을 보여 주는 것이 필요하다는 것이다. 하지만 처음부터 두 번째 형태(타협조정)의 포퓰리스트 정당이 등장해 압도적으로 협약적 혹은 타협조정적 체제로서 유지될 가능성은 있다.[66] 레이(Rey)가 제시하는 '동원(1945~1948년 AD 첫 집권) → 타협조정(1958년 Punto Fijo 체제 이후)'이란 포퓰리스트 레짐의 단계적 특징은 다음과 같다.[67]

① 과거 주변부 빈민층 그룹에는 경제·사회적 참여를 위한 채널이 열린다. 이는 여러 형태의 재분배 정책 그리고 지지 및 동조세력을 위해 관료적 후원수혜관계(clientelismo burocrático)로 불리는, 국가기구에 고용을 창출하는 방식을 통해서 이뤄

---

[64] Rey 1998a, 117~118.

[65] Rey는 이런 경향의 사례로 베네수엘라의 AD와 페루의 APRA를 들고 있다(Rey 1998a, 119).

[66] Rey는 이의 예로 멕시코 제도혁명당(PRI)과, 삽입구적 모습으로 짧지만 중요한 카르데나스주의(cardenalismo)의 동원형을 가진 전례들의 경우를 들고 있다(Rey 1998a, 119).

[67] Rey 1998a, 117~119.

진다.

② 특권과 다양한 경제적 기회를 부여하는 방법을 동원, 정치적으로 중요한 그룹을 통합시킬 목적으로 보조금 지급 정책을 전개한다.

③ 타협조정과 합의에 대한 지나친 강조로 문화적으로 수용 가능한 절차를 거쳐 정부 요직을 자신들끼리 배분하는 여러 정당들의 연합체를 형성하게 된다.[68]

④ 여기서 더 나아가 극단적인 경우에는 총체적으로 부패한 체제가 들어서게 된다.[69]

(2) Arturo Sosa A

베네수엘라 포퓰리즘 체제의 동태성은 베네수엘라의 예수회 가톨릭 사제이자 정치학자인 소사(Sosa)에 의해서도 분석됐다. 여기서 소사(Sosa)에 의해 표현된 포퓰리스트 국가도 앞의 레이(Rey)처럼 베네수엘라적 상황의 온건 민주주의 체제를 가리킨다고 하겠다. 그러나 역시 그 내용 면에서는 협약민주주의 체제의 수립과 그 이후 민중주의 체제 등장을 설명하는 데 분석력을 제공한다. 이런 맥락에서 소사(Sosa)는 지배 세력의 도구로 파악한 '포퓰리스트 국가'의 단계적 이행을 다음과 같이 제시하고 있다.[70]

---

[68] Rey가 지적하는바, 세 번째 특징은 1958년의 Punto Fijo 정치협약으로 수립된 정당지배체제를 설명하는 것이라고 하겠다. 다만, "타협조정과 합의에 대한 '지나친' 강조"란 표현에서 '지나친'이란 말을 쓴 것은 Rey가 Punto Fijo 체제의 비민주적 폐쇄성에 애초부터 주목, 부정적 전망을 하고 있음을 시사하고 있다.

[69] Rey가 제시한 네 번째 특징은 Punto Fijo의 실패를 강하게 암시하고 있는 것으로 해석할 수 있다. 어떻게 보면 Rey의 글은 포퓰리즘 체제 내 민중이 포섭된 구조, 이데올로기의 모순이 내포돼 있다는 점을 경계하고 있다고 볼 수 있는 여지가 충분하다고 하겠다. Rey 1998a, 128~131.

[70] Sosa 1988, 249~253.

① 지대추구형(Rentista) 포퓰리스트 국가(1934~1974)
② 생산자형(Productor) 포퓰리스트 국가(1974~1983)[71]
③ 비(非)지대추구(No-Rentista)형 포퓰리스트 국가(1983~1988)

소사(Sosa)는 또한 포퓰리즘과 그것의 복잡한 표출의 총체는 베네수엘라 국가의 전환과정에서 그 기능을 완수했다고 긍정적으로 평가한다. 다음과 같은 표현도 포퓰리즘이 베네수엘라에서 어떻게 받아들여지고 있는지 시사하는 점이 많다.

"(포퓰리즘에 대해) 균형을 취하면서 우리가 긍정적인 것으로 평가하는 하나의 기능은 그 대부분은 결점보다는 장점이 많았다는 점이다. 실상, 포퓰리즘과 그것의 복잡한 표출의 총체는 정치적 민주주의 차원을 갖도록 할 체제를 출범시킬 역사적 가능성으로서 유일했다는 점이다. 현실적으로 존재했던 다른 대안은 '군부 정권'의 연장 혹은 정부로부터 마르크스-레닌주의 강요 등이었다. 어떻든 포퓰리즘이 아니었다면 '이런저런' 이념적 정당화를 갖는 독재체제가 계속될 수밖에 없었다는 것이다. 물론 포퓰리즘은 만병통치약이 아니며 그 한계 또한 잘 알려져 있는 바다. 다시 말해, '포스트-포퓰리스트 & 민주주의' 베네수엘라로의 전환을 하는 데 있어, 역설적이게도 그 전환에 가장 큰 추동력이 됐고 이런 과정의 단계를 이끌었던 정당과 그 지도자들이 장애물로 작용하고 있다."[72]

---

[71] 1974년은 베네수엘라 경제의 핵심인 석유산업이 국유화된 시점이고, 1983년은 석유산업의 위기가 본격화된 시점이다.

[72] Sosa에 따르면 1988년 당시에서 가장 큰 포퓰리즘의 한계는 포퓰리스트 지도자들, 특히 지배적인 대(大)정당들이 자신들의 생명이 다하고 대체물을 진작시켜야 할 필요성을 의도적으로 인지하려 않는다는 점이다. 특정 포퓰리즘을 영속시키려고 지나치게 집착하면 그것을 완전한 독재자로 전환시키는 결과를 가져 기업가 우파에게 공격적인 이데올로기를 제공하는 빌미가 되고 민주주의적 이상과 관련해 얻은 큰 성과물을 훼손하며 나아가 경찰 조직의 대규모 자율화와 그 조직의 억압적 행동을 촉발시킬 수 있다. Sosa 1988, 249.

소사(Sosa)에 따르면 1974년부터 베네수엘라 국가는 그 자신 지대의 생산자로 변모, 1983년에 이르면 이것은 지대추구형 국가 성격을 뛰어넘는 지점까지 축소된다. 소사(Sosa)는 포퓰리스트 국가(체제)가 다양한 전략과 정책을 선택할 수 있는 능력에 대해 "포퓰리즘은 '형태가 바뀌는 사용가치' 그리고 정당통치 기구가 효율적으로 수행해 온 사회통제 기능을 통해 유지될 수 있었다"고 설명한다. 지대추구형 국가 개입 방식에 대해선 일반 민중의 이익을 달성하기 위해 필요한 것으로 그들의 결정을 정당화하기 위해 '민중의 대표'를 취하면서 포퓰리스트가 된다고 말한다.

소사는 포퓰리즘 이행론에서 단계별 특징에 관심을 기울인다. 먼저 그는 베네수엘라의 경험에서 '지대추구형 포퓰리즘(populismo rentista)', 즉 재생할 수 없는 자연자원의 판매로부터 나오는 풍부한 공공자원에 대한 관리는 시골과 도시 사이의 갈등을 최소화하고 정치현장에 광범위한 사회 부문의 참여를 가능하게 하면서 근대화 프로젝트를 가능하게 했다. 하지만 소사의 다음과 같은 예리한 비판은 이른바 협약민주주의 체제의 퇴행적 전망에 합치하는 것으로서 매우 중요하다고 평가된다.

> "역사적으로 볼 때, 포퓰리즘은 농경 사회의 근대화를 시작하는 시점에는 효율적이었다. 근대화 과정에서 그 자체의 도시화가 진척되면, '정치스타일'로서 포퓰리즘은 정당 엘리트, 군부 혹은 경제 지배층에 의한 빈민층 조작이란 독재체제로 전환하는 경향이 있다. 그 결과 포퓰리즘은 국민을 권력그룹에 종속적으로 만드는, 순전히 후원수혜적인 관계로 퇴락한다. 포퓰리스트 혹은 사회적 동원화 단계를 일단 넘어서면 더 이상 정당은 민주적 정당성의 성숙에 효율적으로 기여하지 않게 된다."[73]

---

[73] Sosa 2006, 14.

제2절 베네수엘라 정치 엘리트의 역할과 체제변동

1958년 Punto Fijo 정치협약 체결 이후 협약민주주의 체제를 포함해 차베스 정권의 포퓰리즘 체제에 이르기까지 정치체제 변동을 분석할 새로운 모델은 어떻게 구성할 수 있을까? 본 연구는 정치 엘리트의 역할에 주목한다. 엘리트의 정치·경제적 역할에 따라 민중은 체제에 통합됐다 이탈된다는 것이다. 이는 체제 변동을 설명하는 핵심 요인이라고 본 연구는 주장한다. 시기별로 정치체제에 포섭된 민중의 범위가 어떻게 변하는지를 나타내면 <그림 2-1>로 표현된다.

〈그림 2-1〉 깔때기 터널구조: 엘리트의 민중 포섭방식과 범위 변화

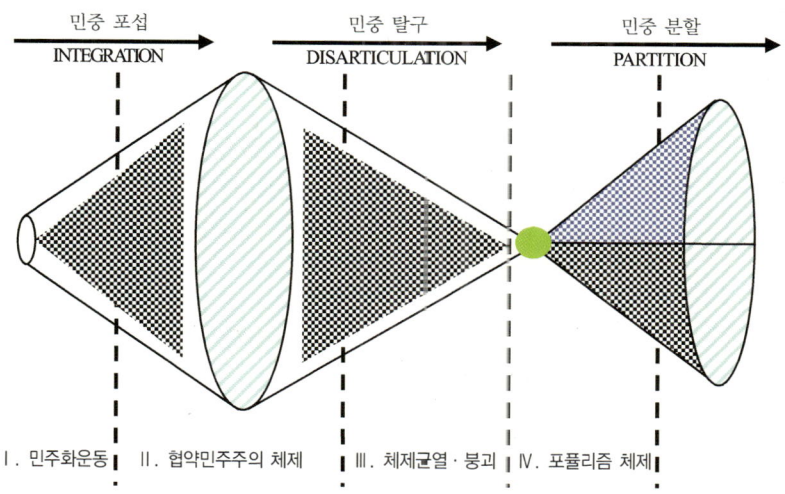

이 그림은 1945~1948년 AD 첫 집권기 민중 동원화 과정(민주화 운동) 이후 권력 기반으로 유지되는 민중이 체제에 포섭 혹은 참

여하는 범위에 대해 깔때기를 이어붙인 형식으로 그려 표현한 것이다. 연한 푸른색의 원 넓이는 깔때기의 터널을 지나면서, 즉 체제의 시기별로 포섭된 민중 부문의 참여 범위를 말한다. 따라서 그림에서 나타난바, 완전한 원은 가장 폭넓게 체제 내부로 민중이 포섭된 경우다. 깔때기의 터널구조가 끝나는 부분은 민중이 체제 밖으로 모두 이탈된 상태로 기존체제의 권력자원은 고갈됐음을 뜻하며 동시에 새 정치체제의 지배세력에게는 권력자원으로 동원화할 민중을 얻게 되는 것이다.

로버츠(Roberts)에 따르면 과두지배체제하 기존 제도가 포괄하지 못하는 민중 부문은 '제1세대' 포퓰리스트들에 의해 동원화돼 계속 발전적으로 나가는 데 성공한다. 초기 동원화는 20세기 중반 대중정치 첫 단계 동안 유지된다. 하지만 1945~1948년 AD 정권에 의한 '1세대' 포퓰리스트 지도자, 이후 AD-COPEI 정당지배 세력이 민중을 포섭, 체제에 참여시키는 제도가 점차 침식됨에 따라 민중들은 점차 이탈, 왼쪽의 첫 번째 원을 지나면서 깔때기의 폭은 줄어든다.[74] 결국 크기 자체가 앞의 두 깔때기에 비해 크게 작아질 정도로 민중의 참여 폭이 급감한 세 번째 깔때기에선 달라진 사회경제적 구조 속에서 엘리트-민중 간 분리와 민중 부문의 내부 분할을 특징으로 하는 포퓰리즘 정치체제가 등장한다. 세 번째 깔때기의 아랫부분 검은색은 민중 부문을 말하고 윗부분은 보라색은 포퓰리스트 반대세력을 가리킨다. 특히 아래위 모두에서 깔때기의 폭이 넓어지는 것은 민중 부문의 동원화와 함께 포퓰리스트 반대세력도 동시에 커져 가는 모습을 그린 것이다.

---

[74] Roberts 2007b, 2~3. 깔때기의 터널 구조 그림은 로버츠의 이론을 잘 이해하기 위해 필자가 참고적으로 만든 것임을 밝혀 둔다.

따라서 세 번째 깔때기의 도습이 시사하는바, 민중 부문이 체제에 참여하는 범위와 함께 중요한 것은 민중이 정치적으로 어떻게 대표되고 있는가 하는 문제다. 이는 민중을 체제 내에 포섭된 채로 유지시키고 참여시키는 정치대표체계의 중요성을 지적한 것이다. 우리가 주목하는 차베스 포퓰리즘 체제는 협약민주주의 체제가 정치대표체계의 폐쇄적 구조를 갈수록 심화함에 따라 촉발된 것으로 분석된다. 차베스 정치체제는 기존체제에서 이탈된 민중을 포퓰리즘적 방식으로 다시 더중 동원화하는 단계라고 할 수 있다.[75] 베네수엘라 정치체제의 변동은 이 분석틀에 따라 초기 대중 동원화 단계(1945~1948)와 엘리트 화해조정을 통한 협약민주주의 체제(1958~1988)를 거쳐 1990년대 전후 체제의 균열 및 붕괴에 따른 보수화에 이어 2000년 전후 차베스 포퓰리즘 체제하 민중의 정치적 동원화 과정으로의 추동력을 보여 주는 좋은 사례다.

민중 부문이 체제에서 이탈하게 된 데는 명백히 베네수엘라 정당 엘리트의 정치·경제적 연할의 실패에 기인한다. 베네수엘라에서 국가를 지배하고 변화시키는 권한이 AD-COPEI 두 정당에게만 부여됐다. 최대 정당인 AD가 주도적 역할을 했으며 가끔씩 COPEI가 집권하는 정도의 민주주의 체제를 유지했던 것이다. 두 정당은 1958년 Punto Fijo 협약을 체결하여 좌우를 막론하고 다른 정당들은 집권하지 못하도록 한다는 데 합의했다.

AD-COPEI 두 당의 당원은 많았다. 두 정당에 가입한 사람은 일자리를 얻어 이를 유지할 수 있었다. 당 지도층과 어용노조 간부

---

[75] Roberts에 따르면 네오포퓰리즘은 '시민사회 권자화' 맥락에서 번성한다고 한다. Roberts는 또 "중간 및 하층 계급이 사회적, 정치적 표현을 위한 자율적 형태를 갖지 못할 때 공식 제도 및 기구를 통하지 않은 개인 자격의 지도자들이 무정형의(amorphous) 민중(pueblo)에게 직접 호소할 수 있는 것이다."(Roberts 2007b, 23)

들은 석유달러 덕분에 번창하는 국영기업들에서 생기는 부정수입에 길들여졌다. AD 내부뿐 아니라 금융 및 무역업계에서도 상상할수 없을 정도의 부정부패가 만연해 있었고, 해가 갈수록 그 정도는 더 심해졌다. 베네수엘라 엘리트 정치인들의 부정부패와 과시적 소비는 중남미 대륙 전체에서도 소문이 자자할 정도였다. 그럴뿐더러 이들은 빈민층의 마음속에 깊은 분노와 억누를 수 없는 복수심을 키웠던 것이다.[76]

　　1945~1948년 초기 민주화 운동 이후 군부 권위주의 정권 10년만인 1958년 수립된 협약민주주의 체제는 민중을 정치적으로 대표하기 위한 제도화가 최우선 과제였다. 하지만 체제에 참여했던 민중 부문이 탈구(disarticulation)되면서 떨어져 나오고 주변부로 쫓겨나(marginalization) 외면받을 때(체제 차원에서 보면 균열 및 붕괴과정), 포퓰리스트 지도자를 중심으로 한 재동원화의 추동력이 생긴다. 정당지배체제의 형성과 제도화에 주역이었던 지도부는 시간이 흐를수록 '그들의 정치'에 매몰, 과거의 과두지배 세력과 같은모습을 띠게 되며 특정 국면에서는 구지배층으로 남아 포퓰리스트재동원화에 거세게 저항한다. 이는 바로, 1990년대 중반 이후 포퓰리스트 지도자 차베스가 주도한 포퓰리즘 동원화 과정에서 심화하고 있는 정치적 양극화 현상이다. 이런 구조 아래 포퓰리스트 지도자는 '체제 외부의 장'에서 등장하는 인물로서 집단적 정체성, 분개의 동원화 등 기존 제도적 장치를 우회한 인치주의적 리더십을 발휘한다. 정치체제의 발전에 있어 민중을 포섭하는 첫 단계에서는 카리스마적 지도자 중심, 비(非)제도적 성격을 갖지만 그 시

---

[76] Gott 2005, 42~43.

기는 상대적으로 짧다. 더 중요한 문제는 체제의 지속과 발전을 위해 포섭된 민중을 유지시켜야 하는 제도화 단계에서 민주주의를 공고화할 수 있느냐가 중요하다.

베네수엘라는 1980년대 유가하락, 외채위기에 이어 1990년대 신자유주의 구조조정 실패 등으로 석유지대추구와 국가 개입주의란 협약 민주화 이후 정당지배체제의 경제 기반이 침식됐다. 하지만 체제 지도부는 제도 개혁을 통한 새로운 정치대표체계를 생성시키지 못했다. 정책 결정이 일방적으로 하달되고 중앙집중적으로 이뤄지는 가운데 지대 수혜를 누리는 특정 지배층과 민중 간의 간극은 급속도로 벌어졌다. 소수지배층 외 다른 부문들은 정책결정 및 혜택의 배분에서 배제됐다고 분노혔으며 자원배분과 정치적 대표의 위기는 가속화했다. 결국 협약민주즈의 체제는 정당성을 상실하면서 붕괴했다. 요컨대 정치협약을 통한 정당지배체제는 민주적 방식의 제도화에 실패, 민주주의 발전에 스스로 장애물로 작용했다

다음 그림은 베네수엘라 정치체제 변환의 핵심인 체제에 참여하는 민중의 범위와 체제 내부 민중 부문의 구조, 정치대표체계의 변화를 중심으로 비교한 것이다. 즉 차베스 집권 이전과 이후의 정치체제를 대비시킬 수 있도록 정리했다.

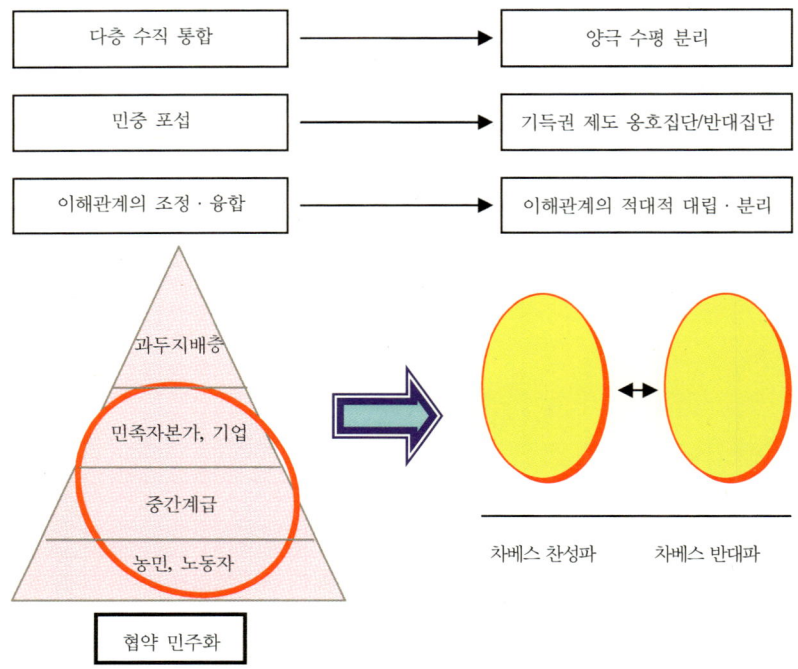

〈그림 2-2〉 베네수엘라 정치체제의 변동 구조

다층 수직 통합 → 양극 수평 분리

민중 포섭 → 기득권 제도 옹호집단/반대집단

이해관계의 조정·융합 → 이해관계의 적대적 대립·분리

과두지배층
민족자본가, 기업
중간계급
농민, 노동자

협약 민주화

차베스 찬성파   차베스 반대파

<그림 2-2>에 나오는 민중연합이란 다계급·다계층 연합을 일컫고 체제 내부 민중 부분의 분할에 대해서는 정치적 양극화란 개념을 통해 4장과 5장에서 논의된다.

<그림 2-2>는 베네수엘라 정치체제 변동을 보여 주는 핵심 구조다. 다시 말해 협약민주주의 체제가 포퓰리즘 체제로 나아가는 변화상을 설명하기 위한 것이다. 각종 이해관계의 조정과 융합을 통해 민족자본가, 산업화 세력은 물론이고 중간계급과 농민, 노동자를 아우르는 다층수직 통합구조는 명실공히 협약 민주화의 결실이었다. 협약 민주화는 정치 엘리트들의 정치적 역할이 초기에는 성

공했음을 보여 준다. 하지만 '엘리트만의 협약'은 '그들만의 정치'를 예고하고 있었다. 결국은 '그들의 정치'는 민중을 배제시키고야 만다. 더욱이 협약민주주의 체제는 석유지대추구에 의존하는 경제구조를 심화시켰고 이는 국제유가의 변동에 따라 경제위기가 엄습하도록 했다. 또한 엘리트들의 부패 행위는 상상을 초월했다. 따라서 베네수엘라에서 정치체제 변동은 엘리트들의 정치·경제적 역할의 한계로 설명된다.

이에 따라 베네수엘라의 정치체저의 변동을 설명하는 본 연구의 분석틀은 변화와 연속성의 측면에서 엘리트의 정치·경제적 역할과 이에 대한 민중의 대응이 핵심적인 독립변수였다고 제시한다. 엘리트의 정치·경제적 역할에 따라 민중이 체제 내부로 포섭되느냐 아니면 체제에서 이탈해 체제 변동의 동인으로 작용하느냐가 결정된다는 것이다. 제도적인 틀을 유지하며 정당중심으로 운영된 베네수엘라 정치체제는 과거의 비(非)제도적이며 일개인 지도자 중심으로 체제가 좌지우지되는 포퓰리즘 체제로 나아갔다.

엘리트의 정치·경제적 역할을 강조하는 본 연구의 분석틀은 석유국가론의 구조 중심의 분석틀과 차별성을 보인다. 석유국가론이 주장하는 석유의존 경제의 불안정성은 호황기와 불황을 동시에 경험한 베네수엘라 경제 상황을 설명하는 데 한계가 있다. 더욱이 석유국가론은 체제 변동의 시점을 구체적으로 밝힐 수 없고 향후 체제의 성격을 전망할 수 없다는 것도 문제점으로 지적된다.

또한 본 연구에서 선거와 정권고체 등 정치과정적 요소를 중시하는 예외주의 테제 시각을 넘어서 변화와 연속성 측면을 강조한 것은 베네수엘라 협약민주주의 체제의 허실을 진단하는 데 유용성을 제공할 것이다. 포퓰리즘적 시각은 차베스 체제의 성격을 파악하고 협약민주주의 체제의 포퓰리즘적 정책을 설명하는 데 상당히 기여했다. 하지만 협약민주주의 체제를 포퓰리즘 체제로 규정하는 것은 협약 민주화의 성과를 외면하고 있고 엘리트의 역할을 상대적으로 과소평가하는 단점을 갖고 있는 것으로 지적된다. 즉 포퓰리즘의 시각은 경제정책을 중심으로 파악하고 있고 특정 정책을 낳도록 한 엘리트의 역할에 크게 주목하고 있지 않다는 것이다.

이제 이런 새로운 분석틀과 <그림 2-2>의 구분에 따라 본 연구는 베네수엘라 정치체제에 대한 유형화를 다음과 같이 제시한다. 가로축은 체제별로 엘리트와 민중 간 관계이고 세로축은 체제의 작동 방식을 말한다. 이로써 차베스 정권의 수립으로 이어진 베네수엘라 정치체제의 성격과 그 변동 과정을 설명할 분석틀은 완료됐다.[77]

〈표 2-2〉 베네수엘라 정치체제에 대한 시기별 유형화

엘리트–민중 관계 체제작동방식	포섭	분리 · 대립
제도적/정당 중심	푼토피호 협약민주주의 체제 AD-COPEI 정당지배체제 (1958~1988)	과도기 체제균열 및 붕괴 (1989~1998)
비제도적/지도자 중심	AD 집권 민주화 운동시기 1945년 직접 · 보통선거 첫 실시 (1945~1958)	민중주의 체제 차베스 집권/의회정치 실종 (1999~2007)

[77] 1948년부터 집권한 페레스 히메네스(Pérez Jiménez) 장군이 1957년 12월 망명함으로써 군부정권은 몰락했다. 1958년의 Punto Fijo 협정은 이후 대통령을 두 번 지내게 되는 라파엘 칼데라(Rafael Caldera)의 집(Punto Fijo)에서 그해 10월 31일 로물로 베탕쿠르(Rómulo Betancourt) 등 주요 지도자들이 서명함으로써 성립됐다(Hong 1991, 300~301).

차베스 체제의 성격과 관련해 본 연구는 국가 및 시기별로 다른 형태의 포퓰리즘 간 유사점과 차이점을 밝혀내기 위해서는 동학적(動學的)이고 동태론적(動態論的) 시각을 갖고 포퓰리즘에 대한 유형화 작업이 필요하다고 제시한다.[78] 이에 따라 본 연구는 ① 소수 지배엘리트(oligarchy)를 적(敵)으로 내세워 민중에 직접 호소하는 이분법적 포퓰리스트 담론, ② 포퓰리스트 정치스타일의 지도자와 전략, ③ 포퓰리스트 경제정책, ④ 포섭된 민중을 체제 내에서 계속 유지시켜 권력 기반으로 삼기 위한 제도 등에 초점을 두고 차베스 포퓰리즘 체제의 성격과 작동 메커니즘을 파악하고자 한다. 이는 포퓰리스트 정치스타일의 지도자와 신자유주의정책을 결합한 1990년대 이후 네오포퓰리즘 유형화에 비해 포퓰리즘의 동태적 특징을 더 잘 파악하고 그 변화에 다한 설덕력을 높이기 위한 것이다. 이제 본 연구는 이 분석틀에 근거해 혈약 민주화 이후 베네수엘라 체제 변동에 대한 가설을 다음과 같이 제시한다.

정치 엘리트만의 협약민주주의 체제는 민주주의 공고화로 나아가기 어렵다. 정치협약과 지대추구경제어 기반을 둔 베네수엘라 협약민주주의 체제는 정치대표체계를 제도화하고 자생적 경제력을 갖추기 어려운 구조적 한계를 안고 있다. 이로 인해 협약민주주의 체제는 민중 부문을 포섭한 정당지배체제에서 민중을 점차 배제하는 체제로 퇴행했다. 이 결과, 협약민주주의 체제의 정치제도에 대한 신뢰성이 무너졌고 국제 유가어 종속되는 경제구조를 심화시켰으며 경제위기와 함께 체제 내부로 포섭딀 민중을 이탈토록 했다.

---

[78] 김일영(2004)은 포퓰리즘 개념을 정태성에서 벗어나 더욱 동태적인 것으로 사용하기 위해서는 우선 이 개념을 특정 시기의 특정 정책과 관련시키는 경제주의적 시각에서 벗어나야 한다고 지적한다(김일영, 2004, 196~197).

결국 협약민주주의 체제는 체제 존립의 정당성 상실과 체제 붕괴로 이어졌으며 체제 외부에서 차베스의 非제도적 · 급진적 정치동원화에 의한 포퓰리즘 체제의 수립으로 나아갔다. 엘리트의 정치 · 경제적 역할의 한계가 베네수엘라 체제 변동의 핵심 요인이었다고 본 연구는 주장한다.

〈그림 2-3〉 베네수엘라 협약민주화와 정치체제 변동

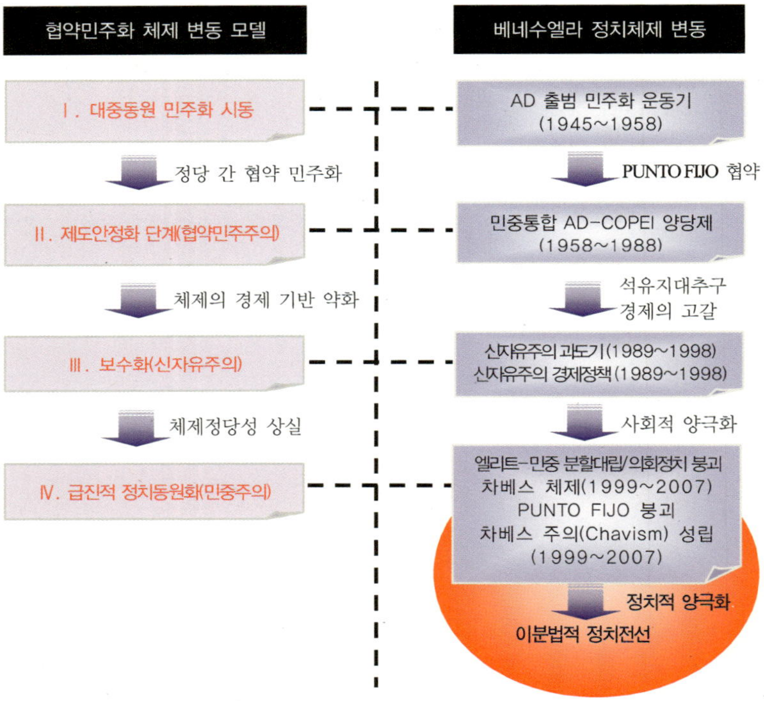

제3절 연구의 구성

본 연구는 정치체제의 시기별 구분을 한 뒤 핵심 독립변수인 정당 간 정치협약과 석유지대추구 국가경제구조를 중심으로 한 분석틀로 정치체제의 변동과정을 설명한다. 먼저 제2장에서는 베네수엘라 정치체제 변동을 다룬 기존 연구를 검토하고 대안적 접근법을 모색했다. 제3장에서는 협약민주주의 체제와 지대추구경제가 베네수엘라 정치와 경제의 중심으로 자리 잡게 된 과정을 살펴본다. 제4장에서는 안정적 정당지배체제가 퇴락해 붕괴하는 과정을 다룬다. 또한 4장에서는 차베스란 인물의 특징, 차베스 포퓰리스트 체제의 성격 등에 대해 살펴본다. 그리고 제5장은 차베스 체제의 작동 메커니즘에 관한 것이며 급진적 재동원화 과정을 비롯해 차베스주의(Chavismo)의 실체, 새로운 제도 실험, 참여민주주의 논쟁, 차베스 체제하 제도화의 가능성과 정치경제적 함의 및 한계 등을 논의한다. 이를 정리해 그림으로 표시하면 다음과 같다.

〈그림 2-4〉 베네수엘라 정치체제 변환의 동학

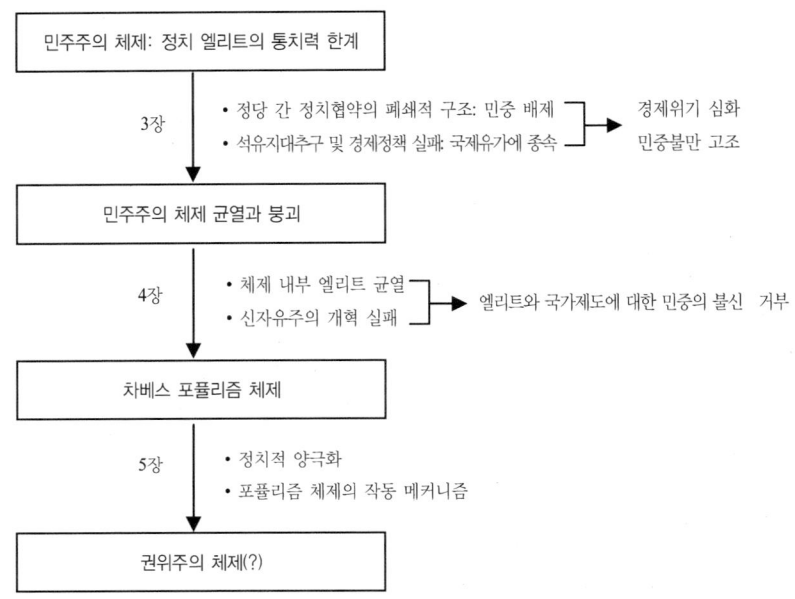

정치체제로서의 포퓰리즘

제3장 협약민주주의 체제와
정치 엘리트의 통치력 한계

본 연구는 베네수엘라 정치체제의 수립과 변동에 막대한 영향을 준 정치 엘리트의 역할에 주목한다.[79]

제1절 협약 민주화 이전 정치체제

베네수엘라에서 석유는 1920년대 개발이 시작된 이래 사실상 국가경제를 좌지우지하고 있다. 정치적으로도 석유산업의 발전은 대토지 소유 중심의 농업경제구조를 쇠퇴시킴으로써 기존의 지배층인 농촌 과두지배층을 몰아내고 '기생적 부르주아(rentier bourgeoisie)'를 새로운 사회 지배세력으로 부각시켰다. 이런 경제적 성장과 사회적 변화는 중산층의 민주적 요구를 분출시켜 기존의 권위주의 체제가 붕괴하고 새로운 민주주의 체제가 성립하는 원동력이 됐다. 또한 베네수엘라에서 초기 민주화 추동력은 변화를 위한 지적 욕망과 노동조합의 후진성 사이의 분절로부터 발생했다. 이른바, 베네수엘라의 1928년 학생운동권 세대의 일원이자 얼마 안 있어 중남미의 특출난 포퓰리스트들 중 한 명으로 떠오른 로물로 베탕쿠르(Rómulo Betancourt: 1908년 출생 1981년 사망)는 베네수엘라의 과도기적 상황을 이해하고 있었다. 베탕쿠르는 다계급 연합 정당을 제안했으며 이 다계급 정당의 간부 당원들이 민족 부르주아지를 포함해 다양한 사회 그룹들의 이익을 대표할 수 있다고 생각했다.[80]

이런 사회적 기반 위에서 1958년의 Punto Fijo 협약은 석유산업

---

[79] 이와 관련해 주목할 대목은 베네수엘라에서 이른바 '대화와 홍정과 연대'를 가능케 한 '양당체제' 혹은 '온건 다당체제'는 Max Weber의 지적처럼 언제나 '사회적 지배의 구조'와 친화력을 갖기 때문이라는 분석이다(김병국 1992, 339~340에서 재인용).

[80] Ellner 1982.

의 호황으로 인한 경제적 안정과 더불어 베네수엘라의 민주주의를
60년대부터 중남미 전 지역에 몰아친 군사정권으로부터 보호하면
서 안정적인 양당 민주주의 체제를 발전시켜 나갔다.[81]

1. 석유지대추구 국가의 형성과 전개 과정

'특별화된' 제3세계 국가로서의 베네수엘라에 대한 관념은 구체
적인 역사, 경제, 정치 그리고 지리적인 환경에 뿌리를 두고 있다.
중동의 정치 불안에서 제외된 주요한 석유 생산국으로서 베네수엘
라의 지위는 독특한 경우다. 세계 경제에서 갖는 베네수엘라의 전
략적 중요성과 함께 베네수엘라산 석유 가격의 상대적인 안정이
수십 년 지속된 경우는 제3세계 다른 국가들의 수출과 비교해 대
등한 것이 없다. 석유는 개발도상국의 다른 수출 상품과는 질적으
로 다르다. 베네수엘라는 또한 전략적으로 중요한 지리적 위치에
다 역내 다양성 그리고 천연가스, 철광석, 금, 보크사이트 등 석유
외에도 많은 천연자원을 포함해 다른 이점도 갖고 있다.[82]

역사적으로, 베네수엘라는 더 사회적으로 계층화된 이웃 국가들에
비해 더 큰 사회적 이동성으로 구별된다. 이런 특징은 베네수엘라가
대개 변방으로 존재한 스페인 통치하 식민시절, 그리고 내전으로 기
득권 귀족사회를 거의 절멸시킨 19세기에 기원을 둔다. 독립으로 베
네수엘라 군은 더 이상 상층계급의 독점적 영역이 되지 못했으며

---

[81] 김기현 2003, 317.

[82] 칼(Karl)은 석유 주도 개발에 대해 석유의 국내 소비가 아니라 수출에서 벌어들이는 소득에 압도적으로 의존하
는 체제라고 정의한다. 따라서 국내총생산(GDP)에서 석유 및 천연가스가 차지하는 비율, 전체 수출액, 중앙정
부 재정에 기여하는 정도 등이 주요 경제지표라고 할 수 있다(Karl 2006, 1).

상대적으로 일반 국민과 사회가 참여하는 형태는 1960년대 초반 좌파 주도의 반란으로 이어졌고 결국은 오늘의 베네수엘라를 탄생시킨 1992년 당시 우고 차베스 육군 중령의 실패한 쿠데타를 낳았다. 1958년 이후 오래 진행된 베네수엘라의 민주적 안정은 1960년대에서부터 시작해 1980년대에 이르기까지 중남미를 휩쓸었던 군부 독재와 차별화시키는 것으로 내비쳤다. 인종차별이 사회관계를 틀 짓기 위해 계속됐다고 하지만 혼혈의 정도가 높았고 중남미 다른 국가와는 달리 명백한 인종차별의 법적 구조가 없었다. 극단적인 민족주의의 부재는 또한 다른 사람들의 이목을 끌었다. 멕시코 같은 곳에서는 이런 민족주의가 오랜 무장투쟁과 경제적 붕괴의 시기로 이어졌기 때문이다.[83]

베네수엘라는 20세기 초반에 재출발의 계기를 맞았다. 사회 지배의 구조를 재편할 석유수출 부문이 이때 태어났다.[84] 베네수엘라에서 석유의 개발은 1920년대 시작, 1928년 초에는 석유수출이 전통 농업수출을 대체했다. 순식간에 석유는 베네수엘라에서 경제 부문은 물론이고 정치, 사회, 문화 부문과 긴밀히 연결된 '공동 기금' 역할을 맡게 된다. 이를 통해 석유는 베네수엘라의 미약한 민족국가 통합, 국가의 구조를 강화하고 근대화 과정에 결정적 추동력을 제공한다. 후안 비센테 고메스(Juan Vicente Gómez: 1908~1935년 집권) 군사정부는 단 10여 년 만에 석유산업을 베네수엘라 국가 전체와 유기적으로 통합시키기 위한 정치적·사법적 틀을 구조화하게 된다. 그리하여 효율적인 법적·정치적 제도가 수립되는데,

---

[83] Ellner 2005, 5.
[84] 김병국 1992, 386.

석유자본의 활동에 대한 통제를 허용하는 동시에 국가가 외국 석유회사에 의해 운영되는 석유산업으로부터 최대의 이익을 취할 수 있도록 할 필요조건을 만들었던 것이다. 다시 말해, 베네수엘라의 근대화는 석유지대추구 국가(Oil-Rentier State)로부터 시작된 것이다.[85]

석유지대란 외국 석유회사가 베네수엘라 부존 석유자원을 탐사, 개발하는 권리를 갖는 대가로 베네수엘라 국가에 지불하는 돈을 말한다. 이런 식으로 베네수엘라 국가는 세금을 부과하는 주권을 갖고 지주처럼 행동하고 외국 자본과 석유회사는 남의 소유인 것을 이용하는 임차인인 것이다. 여기서 매우 중요한 문제가 제기되는데, 석유렌트를 정하는 방법인 것이다. 이는 정치적으로 보면 베네수엘라 국가와 외국 석유자본 간 관계다. 고메스 통치 이후 석유렌트를 정하는 방식은, 석유산업에 의해 발생하는 초과수익은 국가가 수용한다는 원칙을 중심으로 결정된다. 1920~1935년 '국가의 지상이익'이란 담론에 깔린 배경에는 석유의 국가소유권을 적극 옹호하는 국가의 확고한 방침이 자리 잡고 있다. 이에 따라 '매력적이고 풍부한 자원'을 통해 베네수엘라 국내 부문이 아닌 국제 석유자본에 의존하는 석유지대추구국가가 모습을 드러내게 된다. 사실상, 이 국가의 주요한 기능은 국내 생산과정에서 사회적으로 발생한 부(富)를 재분배(redistribute)하는 데 있는 것이 아니라, 국가 자신의 수입을 분배(distribute)하는 것이라는 데 주목해야 한다.[86]

---

[85] Dávila 2007, 6. 또한 이 문제는 좀 더 근본적으론, 18세기부터 베네수엘라 경제를 주도해 온 종속적 추출체제(extractive engine)의 운용 문제로 귀착된다. 카카오의 생산과 수출을 위해 18세기에 스페인 제국이 구축한 자원추출 체제는 19세기에는 커피의 생산과 수출에 활용되다가 20세기 초반에 들어와서 그 대상이 석유로 전환됐다(Ellner 2003, 1~2). 그동안 자원 추출체제를 운용하는 주체가 스페인 제국에서 다국적 기업을 거쳐 베네수엘라 정부로 바뀌면서 이러한 메커니즘이 함의하는 정치·사회적 의의는 점진적 변화의 과정을 겪고 있는 것이 사실이다(임배진 2007, 49).

[86] Dávila 2007, 8.

그리하여 국가가 소유한 석유자산과 국제 석유자본은 베네수엘라 현대정치에서 중요한 위치를 점하게 된다. 두 번째 중요한 관계는 석유지대의 최종 종착지와 관련된 것이다. 다빌라(Dávila)는 국내의 서로 다른 사회·정치 세력 사이어서 석유지대를 분배하는 국가의 정치적 능력을 제시한다. 그는 이를 결정하는 세 가지 요소로 ① 석유지대의 이용에 관한 국가 지도자들의 상이한 입장과 담론 전략, ② 국가와 다른 사회·정치세력 간 역학관계, ③ 정치체제 내에서의 역학관계의 표출을 제시한다. 이런 이중관계는 베네수엘라와 같은 석유수출 경제국가에서 국가의 특징을 구조화시켰다. 보다 중요한 점은 대중이 정치의 장으로 유입되면서 도출된 '정치적 적대'를 통합시키는 국가의 역할과 민주행동당(AD)의 정책을 설명해 준다는 것이다.[87] 이처럼 베네수엘라 정치체제의 정당성은 1925년 이래로 석유지대의 흐름 그리고 국가에 의해 그 석유지대를 사회적으로 분배하는 방식과 긴밀히 연계돼 왔다. 이런 성격과 아울러 막대한 금액의 석유지대는 베네수엘라 국가구조의 중앙집중적 피라미드 정점으로 권력의 집중을 강화시킬 수 있었다.[88]

2. 권위주의 체제 '병영국가'

근대 베네수엘라 국가의 출현은 석유매장지의 발견과 개발 그리고 고메스 군부 권위주의 통치와 함께 시작된다. 고메스는 미국 석유자본의 지지를 받는 쿠데타를 통해 1908년 국가 통제권을 거

---

[87] Dávila 2007, 8.
[88] Sosa 2006, 13.

머쥐었고 이후 1935년까지 자신의 정권을 안정화시키기 위해 미국과 다국적 자본을 이용하게 된다. 석유 개발권과 우호적인 입법조치에 동의함으로써 고메스는 재정 수입의 안정적인 증가를 확보, 정부군 체제를 갖추고 엘리트층에 세제상 특권을 부여하며 억압적인 국가기구를 수립함으로써 석유 주도 권위주의 국가의 교과서적 전형을 이루게 된다. 또한 고메스 정권은 베네수엘라 자국 볼리바르 화폐의 평가절상으로부터 혜택을 추가로 늘려 수입 능력을 증가, 국내 산업화를 멈추게 하면서 포퓰리스트 세력이 동반하는 위협을 줄이게 된다.[89]

이에 대해 김병국 교수는 다음과 같이 지적하고 있다.

> "석유수출의 초기 단계에서 최대의 승자는 생산 기지를 다변화한 다국적 자본과 재원을 확보한 잔인하다시피 한 '병영국가'였다. 세계 자본주의 질서하에서 최대의 과제는 다국적 자본을 유혹할 만큼 신속하게 시장의 운동 방향에 따라 자원을 재배분하고 시민사회를 통제하는 병영국가의 건설이었다. 일단 정치적 배제와 억압을 통해 '사회평화'만 보장하면 다국적 석유자본이 '발전'의 제 단계를 단축시켜 주리라고 확신하였던 것이다. 자본과 기술을 축적하려면 다국적 자본과 시장 원리에 저항하거나 이를 견제하는 노조와 정당 정치의 싹부터 잘라 버려야 한다는 무시무시한 철권 정치의 논리가 태어나는 순간이었다."[90]

따라서 중남미 대륙의 다른 국가에서는 1920년대에 포퓰리스트 전략[91]이 처음으로 모습을 드러내는 데 비해, 베네수엘라는 계속 늘어

---

[89] Karl 2006, 1~33.
[90] 김병국 1992, 346~347.
[91] Arenas에 따르면 중남미에서 근대화는 포퓰리즘의 정치 및 사회문화적 형태로 닻을 올리며 시작했다. 베네수엘라

나는 오일달러로 인해 이런 정치경제적 압박(stress)으로부터 보호막을 얻게 된다. 그리하여 고메스는 석유 주도 경제 권위주의 국가를 자신의 후계자들인 이사이아스 메디나 앙가리타(Isaías Medina Angarita: 1941~1945년 집권)와 페레스 히메네스(Pérez Jiménez: 1948~1958년 집권)에게 넘겨주게 된다.[92] 그렇지만 석유산업의 발전 그리고 그 석유산업의 결과는 권위주의 정권의 사회경제적 기반을 허물게 된다. 석유렌트로부터 발생하는 인플레와 세계적 대공황의 결합은 1930년대 베네수엘라 농촌경제의 붕괴를 유발한다. 수입 농산물을 쉽게 구입할 수 있게 되자 농업시장을 재건할 동기 부여가 거의 없었으며 실질적으로 농민들과 지주 엘리트들을 억압하게 되는 것이다. 이런 압제로 생겨난 유민(流民) 집단들은 유전 혹은 도시지역에서 일자리 기회를 찾아 나서게 된다. 유전 지대로 간 사람들은 산업노동자를, 도시로 도망 온 사람들은 투자가 및 기업인의 꿈을 키운다. 급속한 산업화는 인구의 많은 비율을 개혁적이고 민주주의적인 이념으로 정치화(politicization)하는 이상적 조건을 만들었다.[93]

수입 산업 및 서비스 산업의 팽창은 농업 부문의 쇠퇴와 맞물렸다. 1935년 이후 베네수엘라 정부는 석유로 벌어들인 수입을 민간 부문으로 배분하기 시작, 많은 다양한 경제 부문에서 정부 이익을 안정적으로 확보하면서도 높은 수준으로의 저축 증가를 촉구함으로써 GDP의 급속한 증가를 가져오게 된다. 실질적 경제성장은 신흥

에선 1935년 Gómez의 사망으로 근대화 전환이 시작되는데, 국가가 큰 막대한 석유재정 수입원으로 다른 지역과 비교해 분명한 이점을 갖고 있었다(Arenas, 2002: 52). Arenas는 베네수엘라 여성정치학자로 포퓰리즘 전문가다.

[92] Mitchell 2006, 4.

[93] Karl 1987a, 63~90. 또한 당시 급속한 산업화로 전쳐 인구에서 차지하는 농촌지역의 인구 비율은 1921년 71.6%에서 1961년 단지 33.5%로 줄었다(Mitchell 2006, 4). 특히 지금은 베네수엘라 전체 인구의 약 90%가 도시에 살고 있다는 자료가 있다(January 19th 2007, by Edward ellis). 검색일 2007년 9월 16일.
http://www.venezuelanalysis.com/analysis/2182

중간계급에 가장 큰 영향을 주게 되며 이들의 성장률은 석유 의존 노동계급의 성장률을 훨씬 앞지른다. 기업 부문이 많은 인구층을 포괄하면서 상층부가 폭발적으로 늘어난 '거꾸로 된 피라미드'가 형성, 사회의 폭넓은 부문이 민주적인 정치 참여의 길을 열게 된다. 1950년대 국외 세력도 경제를 더욱 큰 폭으로 변화시킴으로써 베네수엘라의 레짐 변동을 가져오도록 작용한다. 제2차 세계대전 이후 늘어난 석유 수요, 1954년 이란 위기 그리고 수에즈 운하의 폐쇄는 강한 경제성장을 유도, 산업화의 강한 추동력이 생겼다.[94]

〈표 3-1〉 베네수엘라의 인구분포, 1941~1971

(단위: %)

연도	농촌	도시
1941	69	31
1950	52	48
1961	37	63
1971	27	73

출처: Karl 1987b, p.315.

또한 김병국 교수는 이에 대해 다음과 같이 지적하고 있다.

"민족 수난의 원인을 팽창하는 세계 자본주의 체제에서 찾는 진보 혁신 사상이 태어난 것이었다. 이 진보 혁신 세력에게 다국적 자본은 역사 발전의 원동력이 아니라 시장이라는 숨막히는 착취와 억압 구조의 버팀목이었다. 주권을 빼앗아 간 종속의 연결고리이자 안정적 성장의 기반을 잠식해 버리면서 실직자를 대량 생산한 혼란의 주범인 셈이었다. 우측에 치우친 병영국가 시대의 이념적 정향을 전면 부정하면서 '신질서'를 건설하

---

[94] Mitchell 2006, 4.

려 한 시민사회의 치열한 반격은 이로부터 태동했다.'[95]

3. 권위주의 체제에서의 초기 민주화 운동

두 육군 장성들 엘레아사르 로페스 콘트레라스(Eleazar López Contreras: 1936~1941년 집권)와 메디나(1941~1945년 집권)는 고메스 사망과 1945년 베네수엘라 민주주의의 출범 사이에 베네수엘라를 지배했다.[96] 베네수엘라에서의 민주화 운동은 1928년 고메스 권위주의 정권에 맞서 학생 반란이 일어난 직후에 기원을 두고 있다. 당시 베네수엘라는 세계 최대 석유공급국으로 전환되는 과정에 있을 정도로 석유 붐을 이루고 있었다. 석유수입으로 가능하게 된 근대화의 부산물은 변화된 사회질서였다. 소규모 노동자 계급이 출현하기 시작했는데, 1935년 12월 고메스의 사망 시점에는 전체 400만 명 인구 가운데 대부분 숙련기술공인 제조업 종사자 4만 7천 명과 석유 부문 노동자 2만 5천 명을 포함하고 있었다. 노동계급의 저한된 수에도 불구, 그들 스스로 새로운 도시 엘리트였던 학생들의 체제 불만 세력 상당수는 1928년 학생 반란 사건 이후 노동자들이 사회주의의 대의를 위해 응집할 준비가 됐다는 확신감을 갖게 됐다. 그러므로 베네수엘라의 민주화 운동은 변화를 위한 지적 욕망과 노동조합의 후진성 사이 분절로부터 발생했다.[97]

이른바 '(19)28 학생운동권 세대'의 일원이자 얼마 안 있어 중남미의 특출난 포퓰리스트들 중 한 명으로 떠오른 베탕쿠르는 베네

---

[95] 김병국 1992, 347~348.
[96] Ellner 1999, 122.
[97] Ellner 1982, 135.

수엘라의 과도기적 상황을 이해하고 있었다. 마르크시즘 신봉자였지만 베탕쿠르는 산업화와 민주주의가 도래할 때까지 사회주의 투쟁을 늦춰야 한다는 입장이었다. 산업 노동계급이 사회주의 전환을 위한 동력이어야 하지만 당시로서는 노동계급이 극히 미약하다고 그는 지적했다. 그러므로 좌파는 종국적인 마르크시즘 목표를 민주주의 및 경제 개혁의 '최소강령'에 종속시켜야 한다. 베탕쿠르는 "외국 자본에 의해 경제가 지배되는 국가에서는 산업화에 매진하는 민족 부르주아지가 사회주의 혁명에 선행해야 한다"는 레닌의 명제를 제시했다. 그러나 베탕쿠르에게 이런 초기 부르주아 단계의 본질적 특징은 민주주의인 반면 레닌에게 그것은 반(反)제국주의였다. 베탕쿠르는 또한 노동자들의 수가 적고 정치적으로 약한 베네수엘라 같은 나라에선 노동계급 정당의 생존능력, 실행가능성에 의문을 던졌다. 정치적 기반이 허약한 그런 조직은 정치적 탄압 바람이 불기만 하면 절멸할 것으로 그는 예상했다. 대신에, 베탕쿠르는 다계급 연합 정당을 제안했으며 이 다계급 정당의 간부 당원들이 민족 부르주아지를 포함해 다양한 사회 그룹들의 이익을 대표할 수 있다고 생각했다. 그 다계급 정당 내에서 사회주의 이념 신봉자들은 마르크스주의 분파를 구성할 것이다. 이런 열성 당원들은 그들의 치밀한 조직과 내부 규율에 의존해 국가의 정치적 환경이 혁명적 변화에 우호적일 때 '당을 급진적 좌파 쪽으로 추동'시킬 것이다. 실용적 사고는 사회주의 깃발을 올리는 것에 대한 베탕쿠르의 반대에도 담겨 있다. 그는 과두지배층과 제국주의 세력이 개혁주의적 운동에는 못 이기는 척 관용할 것이지만 사회주의를 옹호하는 어떤 단체도 본능적으로 진압하려 할 것이라고 경고했다. 베탕쿠르는 베네수엘라의 공산주의자들을 사회경제적 그리고 정치적 전개가 베네수엘라어 훨씬 앞서 있는 국가들로부터 교조적 이념을 수입한 독단주의자들로 규정했다.[98]

1932~1935년 베탕쿠르는 강경 좌파 쪽으로 나아갔다. 추종자들로부터 자신이 중간계급 헤게모니하의 다층계급 정당인 페루 **APRA** 모델의 영향을 받고 있다는 비난이 제기된 데 따른 것이다. 중간계급은 노동계급에 비해 덜 혁경적인 경향이 있다.[99] 한마디로, '젊은 베탕쿠르'는 이데올로기를 거별적 조건들의 집합에 기반을 둔 실용적 사고에 종속시켰다. 이같이 압드적으로 베네수엘라에서 나타난 정향은 베탕쿠르와 그 추종자들로 하여금 그 자신들을 민족주의자로 간주하고 교조적 마르크시즘의 국제주의 강령을 일축하도록 했다.

그리하여, 마르크스주의 언술이 섞여 있었음에도 불구, '베탕쿠르주의자들'은 중남미 포퓰리즘의 트레이드마크인 세 가지 특징을 드러냈다. 세 가지 특징은 첫째, 민족주의, 둘째, 다계급 연합 정당 옹호, 셋째, 선거참정권 확대 운동이다.

마침내 1936년 고메스가 지명한 후계자 콘트레라스 장군 치하에서 민주적 자유의 길이 열렸다. 베탕쿠르주의자들과 정통파 마르크스주의자들로 대부분 구성된 좌파 세력기 콘트레라스 정부의 새로운 관용정책을 적극 이용하려 시도했다. 즉 민족민주당(PDN)으로 알려진 좌파 단일 정당을 세우려고 헜던 것이다. 하지만 이런 통합 실험은 완전히 실패했다. 콘트레라스 정부는 **PDN**을 합법화

---

[98] Ellner 1982, 136~137.
[99] Ellner 1999, 120.

하는 것을 거부했을 뿐만 아니라, 47명에 달하는 주요 지도자들을 외국으로 추방했던 것이다. 이후 곧바로, 정통파 마르크스주의자들은 더 이상 통합을 위해 그들의 이념을 압박시킬 의도가 없음에 따라 PDN을 빠져나와 베네수엘라공산당(PCV)을 창당했다. 이런 사태는 베탕쿠르의 포퓰리스트 운동에 추동력이 됐다. 1936년 이내 탄압으로 이어진 민주적 개혁 조치는 베탕쿠르의 마음속에 기득권층 정치인들에 대한 뿌리 깊은 불신을 심도록 해줬는데, 이런 구 정치인 불신은 중남미 전체적으로 포퓰리스트 지도자들의 공통된 태도였다. 베탕쿠르는 과거 고메스와 친했던 무리들, 이른바 '고메스주의자들'을 특히 불신했다. 고메스주의자들은 그럭저럭 근 10년간 정부를 통치했다. 베탕쿠르주의자들은 그래서 고메스주의자들과 협력하는 것을 중단했다. 사실, 1936년 이후 정부에 대한 공산주의자들과 베탕쿠르의 위치는 역전됐다. 베네수엘라의 공산주의자들은 다른 국가에서와 마찬가지로 국제적 파시즘의 위협에 대항해 정부와 협력하려 했다. 반면에 베탕쿠르는 대중들이 그들의 정치적 행동주의를 통해 1936년의 개혁을 정당하게 얻어 냈다는 PCV의 전제를 받아들이지 않았다. 좋은 의도와는 달리 이런 양보는 대중들을 달래려는 의도를 띠고 있다는 판단 때문이었다. 대중들의 활력이 떨어질 때 정부는 탄압적 조치로 반격을 가할 목적을 띠고 있다는 것이다. 베탕쿠르는 1937년 초 "콘트레라스의 정치적 학파는 전제주의에 있다. 그는 전임자 시프리아노 카스트로(Cipriano Castro), 고메스와 함께 그런 식으로 이름이 붙여진다"고 말했다. 이후 10년간에 걸쳐 베탕쿠르의 정치행동은 1936년 경험이 가르친 바대로 움직였다. 이는 고메스주의자들이 민주 지도자로 모습을 바꿀 능력이 없다는 것을 말한다. 이런 관점에서 베탕쿠르는 콘트레라스 정부 그리고 콘트레라스가 직접 지명한 후계자 메디나 정부에 반란적 행동을 취하도록 자신의 정당에 촉구했다. 베탕쿠르는 이 두 지도자 모두 자유주의자를 가장한 독재자라고 확신했다.

종국적으로 베탕쿠르와 PCV의 입장은 충돌했다. 1945년 10월 공산주의자들은 베탕쿠르주의자들에 의한 쿠데타에 맞서 메디나 정부를 지켜 내기 위해 무기를 들었던 것이다. 좌파의 단일 정당 구성 실패는 베탕쿠르주의자들과 공산주의자들 사이의 관계를 악화시켰다. 베탕쿠르가 1941년 민주행동당(Acción Democrática. AD) 창당을 도왔던 시점, 실용주의자였던 그는 자신의 신생 정당과 PCV 사이의 차별점을 두드러지게 하기 위해 강력한 반(反)공산주의 수사학을 구사했다. 그는 또한 공산주의자들과 연합하는 것을 극도로 꺼려 선거연합조차 어렵게 했다. 제2차 세계대전 때도 AD의 입장은 PCV의 그것과 충돌했으며 노동운동 내에서는 두 정당 간 관계는 더욱 악화했다. AD는 연합국 편에 섰지만 제2차 세계대전이 제국 간 싸움이라는 것을 암시하듯 '베네수엘라부터 먼저'라는 슬로건을 내걸었다. 진실로 중남미 대륙 포퓰리스트 운동의 민족주의는 최소한 전쟁 초기 시절에는 중립으로 나아가게 했다.

AD 지도자들은 베네수엘라 노동자들의 방대한 다수가 국제 공산주의 운동 위로 민족적 이익 그리고 가톨릭 교리를 존중하며 사회민주주의를 옹호한다고 확신했다. 공산주의 교리와 혼동하지 않도록 하기 위해 AD 당원들은 공산주의자들과 조직적 협력의 어떤 형태도 거부했다. AD의 접근법은 1944년 베탕쿠르의 초기 추종자들 중 한 명인 발모레 로드리게스(Valmore Rodríguez)가 주조한 '분

할하는 것은 정체성을 갖는 것이다(To divide is to identify)'란 구호에
표현됐다. 로드리게스는 AD와 PCV가 개별적으로 노동조직을 갖
는 것은 노동자들에게 두 정당이 대표하는 이데올로기 사이에서
선택할 가장 명확한 기회를 제공해 준다고 주장했다. 이런 주장은
일시적으로 법적인 지위를 상실한 공산주의 노조를 대신해 친AD
계열의 대등한 노조를 창설하는 것을 정당화했다. '병렬 노조주의
(parallel unionism)'는 조직화된 노동 부문에서 주요한 정치세력으로
서 공산주의자들을 몰아낼 수단이 됐다.[100] 사실 이 같은 전략은
쿠바의 Auténticos, 아르헨티나의 페론주의자들와 같은 포퓰리스트
들에 의해 똑같이 적용돼 성공을 거둔 바 있다.[101]

이같이 사회 민주주의에로의 '우선회'를 천명한 베탕쿠르는 시
대의 문제에 대한 다양한 처방을 제시하기에 분주하였다. 요약하
면 다음과 같다.

① 참정권을 확대하고 직선제를 신설하여 개발 독재의 시대에
   종지부를 찍을 것
② 민중의 편에 서서 다시 태어난 국가의 힘을 빌려 다국적 자
   본의 채굴권을 전면 수정하고 수출에 대한 과세를 확대할 것
③ 늘어난 재원은 산간벽지에서 노는 땅을 개척하며 자영농으로의
   신분 상승을 설계하는 소작인에게 배분할 것
④ 분배 정의를 실현하는 사회복지 정책과 자본 축적을 지원하는
   하부 구조의 개발에 줄기차게 나서면서 시민사회 내의 소외

---

[100] 엘너(Ellner) 교수는 병렬(parallel)이란 용어에 대해 상술하고 있지는 않다. 다만 2006년 논문에서도 보이는바
이 용어는 유사한 기능을 하지만 경쟁적 조직이란 함의가 들어가 있는 것으로 이해된다.
[101] Ellner 1982, 138.

와 긴장을 달래 주고 제거할 것

⑤ 복수 노조를 설치하여 노동자의 권리와 사회평화에 대한 자본의 소망을 적절하게 강화시킬 것 등이다.

베탕쿠르로 대표되는 혁명의 제1세대는 거대한 다계급 정당을 짜 나갔던 것이다. 이런 방향 선회는 정치사회 전반에 엄청난 충격을 줬다. 반체제 저항에 나선 지 불과 1)여 년 만에 **AD**는 땅에 굶주린 농촌 사회를 정복하다시피 하였다. 이어 '국익 우선'의 정강정책을 제시하면서 소련의 장단에 맞춰 춤추는 공산당을 제치고 전략적 위치에 자리한 석유수출 부문 내의 노조 지휘부를 장악해 버린 것이다. 변화는 이념적 지형의 '오른쪽'에서도 일어났다. 소작인뿐만 아니라 석유수출 부문의 노동자에게까지 손길을 뻗치는 사회 민주주의 진영 앞에서 보수 우익 정당은 '좌선회' 이외의 다른 대안은 없었다. 누가 보나 석유수출의 충격 속에서 다시 태어난 이념적 세계의 중심축은 '중도좌'에 놓여 있었던 것이다.

요약하면 석유수출은 대지주층이 설 땅을 잠식하고 국가의 재원을 확대하면서 군부의 철권통치를 가능하게 해 주었다. 그러나 시민사회에 대한 국가의 통제력을 강화시킨 석유수출 경제의 이러한 단기적 영향은 시간이 지나면 지날수록 그 위력을 잃었다. 문제는 구조적 변화의 충격 속에서 태어난 대중에게 이념 무장과 조직 정비의 기회를 선사한 혁신적 민족주의 세력이 베네수엘라 정치의 핵심으로 떠올랐다는 점이다.[102]

이와 함께, 중남미의 포퓰리스트 운동은 일반적으로 카리스마적

---

[102] 김병국 1992, 349~351.

지도자들을 가지는 게 보통이며 이런 점에서 베네수엘라도 예외는 아니었다는 점을 지적할 수 있다. 베탕쿠르는 그런 역할에 똑 맞는 인물이다. 베탕쿠르의 스타일 그 자체는 일반인들에 의해 쉽게 감지된다는 점에서 포퓰리스트적이다. 그의 유명한 유머 감각은 온통 속어와 고유 민속언어로 채워져 있다. 메디나(Medina) 통치하에서 베탕쿠르는 오히려 늘어난 시간을 이용해 다수의 베네수엘라인들과 개인적 관계를 수립하기 위한 그의 정치적 권리를 행사할 수 있었다. 이런 접촉은 베네수엘라 내부 구석구석으로 광범위하게 여행함으로써 가능하게 됐다. 특히 이 같은 정치행태는 이후 베네수엘라의 표준형으로 자리 잡아 오늘날에 이르고 있다. 그러나 많은 점에서 베탕쿠르의 조직력이 그의 개인적 카리스마보다 훨씬 더 중요하다는 점이다. 이런 조직력은 베탕쿠르가 그의 주요 포퓰리스트 경쟁자인 호비토 비얄바(Jóvito Villalba)를 앞지르게 했다. 또 AD는 처음부터 "AD 당 조직이 없는 지역구나 도시는 한 군데도 없다"는 정당 구호 아래 전국 내부에 굳건한 뿌리를 내렸다. 이는 베탕쿠르의 포퓰리스트 사례가 자신들의 대중적 기반을 제도화하기 이전에 많은 추종자들을 냈던 페론과 다른 포퓰리스트 지도자들의 사례와 다르다는 것을 보여 준다.[103]

---

[103] Ellner 1982, 139.

4. 미완의 민주화(1945~1948)

AD는 1945년 쿠데타를 통해 권력을 잡았을 때 제2차 세계대전 이후 중남미 여러 다른 나라와 마찬가지로 포퓰리스트 정당으로 진화했다. 쿠데타 이후 베탕쿠르와 AD는 베네수엘라 첫 직접, 비밀 선거를 실시해 국정을 맡았다. AD 정권은 임기를 다하기 전인 1948년, 군에 의해 전복된다. 베탕쿠르와 그의 추종자들은 1958년 권력으로 돌아온다. 베탕쿠르가 카리스마적 지도력을 갖추고 있고 민중적 상징을 자주 이용한 점은 AD를 전형적인 포퓰리스트 정당으로 명명하도록 했다.[104]

직접 및 보통선거 첫 실시로 시작된 정치적 융합은 시민의 정치 참여 범위를 확대시킨다. 베네수엘라 초기 민주주의는 '여러 얼굴을 가진 유권자들의 합성물'이란 특징을 갖는다. 사회 여러 부문의 요구들을 단일 리더십 아래서 집중시키는 동원형 포퓰리즘의 모습을 띤다. 이는 이른바 고전적 포퓰리즘의 전형이다. 국민의 권리 청구는 거기서 머무르지 않았다. 주택, 교육, 보건 등 사회적 부문의 여러 조치들도 제시됐다. 민중 부문을 위해 분배 정책을 펴겠다는 AD의 분명한 정치적 의지는 당연히 고려돼야 한다. 이런 의지는 AD 정권을 출범시킨 1945년 '10월 혁명'을 정당화한 1947년 헌법에 정확하게 표현돼 있다.[105]

1945~1948년 AD 통치 기간에는 AD의 핵심적 포퓰리스트 특징들이 추가로 정의됐다. 여기에는 선거를 통한 정치 참여, 점진적

---

[104] Ellner 1999, 118.
[105] Arenas 2002, 53.

개혁주의, 온건한 민족주의, 다계급동맹 등이 포함된다. AD의 민주주의적 방식에 대한 신념은 1945년 쿠데타에 참여함으로써 일시적으로 의문시됐다. 하지만 곧바로 AD는 쿠데타에 참여한 유일한 목표가 직접 선거를 통한 대통령 선출을 제도화하려는 것이었다고 분명하게 밝혔다. 1945년 쿠데타는 AD에는 더할 나위 없이 도약할 기회가 됐다. 당시 소수 정당이었던 AD는 2년 후 대선이 실시됐을 때 정부 기구를 좌지우지하고 막 실행됐던 개혁 조치를 높이 평가받으며 전체 투표의 74%를 휩쓸었다. 일반 국민으로선 집권 여당 AD를 지지할 충분한 이유가 있었다. 노동부의 적극적인 개입으로 실질임금은 39% 상승했으며, 농업개혁과 다층적인 사회복지 혜택은 저층 계급의 삶을 개선시켰다. 하지만 이런 개혁조치의 속도는 너무 빠른 데다 보수적 이익단체를 소외시키기까지 함에 따라 1948년 우익 군사쿠데타를 촉발시키기에 이른다.

고메스 사후, 경제개발을 촉진하려는 정부정책을 비롯해 농업부문의 상대적인 축소, 도시화 등은 모두 다양한 계급의 성장에 기여했다. 1948년 트리에니오(Trienio) 마지막 해에 이르면 전국 및 지방 수준에서 크게 조직화된 비즈니스 그룹과 노동자, 농민들은 AD 대열에 합류, AD를 진실로 다계급 연합 정당으로 자리매김하게 했다. 이 그룹들이 AD에 행사하는 압력은 경쟁적인 정책 방향으로 내면화됐으며 바깥에 비치는 응집된 모습은 일반적으로 유지됐다는 평가다. AD 당강령은 전통적인 권위주의적 동맹에 직접 대항하는 자세를 취하고 있었다는 점에서 급진적인 성격을 띠었다. 하지만 AD 당지도자들은 당강령의 기반을 일부 전통적인 엘리트들을 포함시킬 수 있는 광범위한 연합전선에 두어야 한다는 통찰

력을 갖고 있었다. 이는 공산당의 조직이론을 명백히 거부하는 것이었다.[106]

AD에 앞선 좌파 정당들은 압도적으로 중간계급 위주였으며 그 지도자들도 개인적으로도 사회주의 이념을 고수했다. 사회주의 이념이 덜 분명하면서 광범위하게 지지 기반을 누리는 AD의 출현은 베네수엘라에서 포퓰리즘의 부상을 특징짓는 것이다. 특히 모든 포퓰리스트 운동과 마찬가지로, AD는 어떨 때는 허용되지 않았으면서도 광범위한 스펙트럼의 넓은 인구층을 포괄하는 일을 가능하게 하는 모순적 경향을 내포하고 있었다. 동시에 이런 문제를 둘러싼 정책 토론은 AD 지도자들에게 개발도상국을 관리해 나가는 문제를 더욱 예민하게 받아들이도록 했다. 그리하여 사회주의, 개혁의 속도, 냉전, PCV와의 관계, 군부의 역할 등 5가지 문제에 대한 논의는 진실로 포퓰리스트 운동으로서 AD의 출현을 드러낸 것이다. 1941년 AD 창당 훨씬 이전단 해도 모호성이 AD의 정치적 목표를 특징지었다. 창당 움직임이 예상되는 AD를 정부가 법적으로 인정해 줄 것을 바라는 희망 속에서 베탕쿠르주의 PDN은 민족사회주의 프로그램을 약화시켰다. 실제 베탕쿠르는 이후 출판된 저서에서 당시 창당 승인을 얻기가 상당히 어려웠으며 무엇보다 자신들이 개인자산을 절대적으로 보장한다는 점을 증명해야 했다고 밝히고 있다.[107]

군부의 역할과 관련해 AD의 다계급 연합은 1948년 쿠데타로 대표되는 군 부문의 위기에 유약한 반응을 보인 이유를 알게 한다.

---

[106] Karl 1987b, 319.
[107] Ellner 1982, 141.

AD 소속의 노조 지도자들은 전국총파업을 요구할 시점 계급이익의 화해조정을 선호한 AD의 보다 보수적 지도자들에 의해 경고를 받았다. 대중 동원은 의심할 바 없이 민중계급으로 하여금 급속한 사회개혁의 실행을 요구토록 촉구할 것이며 결과적으로 계급조화를 뒤엎을 것이다. 또한 이런 선택은 노동운동에서 두 번째로 강력하고 석유 노동자들에서 특히 강한 PCV와의 협력을 요구해야만 할 것이다. 이런 이유들로 AD 지도부는 협상과 합의에 바탕을 둔 해결책을 택했다. 이에 대해 일부 AD 노조 강성파들은 이후 상당 기간 AD 지도부에 대해 과감한 행동을 취하지 않았다고 비난한다. 하지만 1948년 국가위기와 관련한 AD의 대응은 중남미 고전적 포퓰리즘의 두 대명사인 제툴리우 바르가스(Getúlio Vargas, 1954년), 후안 도밍고 페론(Juan Domingo Péron, 1955년) 그리고 다른 다계급 연합 포퓰리스트 지도자들이 자신들을 보호하기 위해 일반 민중에게 요구하지 않고 군사 쿠데타에 굴복한 대응방식과 다르지 않은 점이다.[108]

무리요(Murillo)에 따르면 베네수엘라에서 AD는 전통적으로 민주주의와 민족주의 그리고 노조 조직의 주도세력이었다. 첫 집권 기간 AD는 노조 조직 및 사회동원화에서 급성장을 추동했다. AD의 노동계 지도자들은 베네수엘라노동자총연맹(CTV) 출범을 주도했고 AD 노동국은 노조 지도자들을 당 조직 속으로 통합시켰다. 노조는 국가 개입 및 수입대체산업화(ISI)에 기반을 둔 AD의 경제발전 정책을 지지하고 노동자들이 AD와 당 일체감을 갖도록 함으로써 AD에는 '정치 머신(political machine)' 기능을 했다. 이에 AD

---

[108] Ellner 1982, 141~146.

지도부는 노동자들에게 사회 및 노동 부문의 각종 혜택을 제공했으며 노조 지도자들에겐 정치적 영향력을 부여했다.[109]

제2절 협약민주주의 체제: 정치협약과 포퓰리스트정책

1. 푼토피호 정치협약과 정당지배체제

1960년대와 1970년대, 베네수엘라는 중남미는 물론이고 전 세계적으로 가장 안정된 민주주의들 중 한 국가로서 명성을 얻었다.[110] 정치적 안정은 AD와 COPEI 두 거대 정당이 핵심적 역할을 부여하는 공식을 통해 이뤄졌다.[111] 히메네스 독재체제하에서 10년간 비밀스러운 존재로 남은 후 AD는 1958년 12월 대선에서 권좌에 복귀했다. 이후 베탕쿠르(1959~1964), 라울 레오니(Raúl Leoni: 1964~1969) 두 대통령의 AD 정부는 1945~1948년 첫 집권기와 상당히 다른 모습이다. 1945년 첫 집권 시 AD의 급진개혁 프로그램과 AD의 다계급 연합 강령은 AD 집권당에 명백히 동원형 포퓰리즘 체제의 성격을 부여했었다. 그렇지만 현실적 실용주의가 1948년 이전 베탕쿠르로 하여금 포퓰리즘을 위해 마르크스주의를 거부하도록 유도한 것과 마찬가지로, 똑같은 전략은 정치적 타협조정(협약)에 의한 정당지

---

[109] Murillo 2000, 135~174.

[110] Coppedge 2003. 또한 1961년 헌법체제를 흔히 푼토피호주의(putofijismo)로 지칭한다. 이 말은 1958년 민주화 당시 AD, 민주공화연합(Unión Republicana Democrática, URD) 및 COPEI 대통령 후보들이 COPEI 지도자 칼데라 자택(Punto Fijo)에 모여서 민주화를 위해 선거결과에 승복하고 서로 협조할 것을 협약한 데서 나왔다(홍욱헌 2006, 4).

[111] 많은 베네수엘라인들이 이를 partido(party)와 democracia(democracy)의 합성물인 'partidocracia'라고 불렀다. 하지만 Coppedge는 이를 'partyarchy(정당지배체제)'로 해석한다고 했다(Coppedge 2003).

배체제로 나아가는 원동력이 된다.[112]

정치협약에 의한 정당지배체의 성격은 레이(Rey)에 의해 이론적으로 가장 잘 설명되고 있다.[113] 레이에 따르면 1958년 이후 Punto Fijo 체제의 헌법적 기초는 단지 법적-공식적 헌법에만 있는 것이 아니라 또한 게임규칙 그리고 제도적 메커니즘의 총체에도 존재한다는 점이다. 즉 게임규칙과 제도적 메커니즘의 총체는 정당 간 정치협약, Punto Fijo를 가리키며 정식화하지 않고 명시적이지도 않지만 실질적인 관점에선 헌법의 역할을 한다는 것이다. 오히려 법적-공식적 헌법과는 달리 총체적 절차 규칙을 제공하는 장점을 발휘한다 이런 정당 간 협약이란 총체적 절차 규칙[114]을 통해 법적-공식적 헌법의 추상적·일반적·실용적인 기준을 구체화하고 실질적인 세부 과정을 보완한다는 것이다. 레이는 정치협약 체제란 표현을 1958년부터 베네수엘라에서의 '정치적 게임'에 적용된 비공식적 규칙의 총체 및 정치 문화와 관련해 사용하고 있다.

레이는 1958년 Punto Fijo 협약을 맺을 당시의 정치상황을 다음과 같이 표현하고 있다.

---

[112] 이런 변화에 대해 엘너(Ellner)는 1958년 이후 베탕쿠르가 '이번에는' 포퓰리즘을 버린 결과를 낳았다고 분석한다. 베탕쿠르트는 과도하게 1945~1948년 첫 집권에서 경험한 바와 같이 군사 쿠데타를 촉발시킬 것이라고 1959~1964년 집권기간 동안 일관되게 경고했다. 그에 따르면 이후 AD를 포함해 이른바 '58체제'의 정당들은 마스크스주의 좌파의 반대편에 섰다. 이런 새로운 정렬(new alignment) 아래 포퓰리즘은 베네수엘라 정치에서 중요한 역할을 하는 것을 그쳤다는 것이 엘너 주장의 요지다(Ellner 1982, 147~148). 이런 엘너의 논지는 차베스 포퓰리즘을 논하면서 1945~1948년 '급진형 포퓰리즘으로의 복귀'로 다시 표현된다. 하지만 이는 포퓰리즘을 포퓰리스트 레짐이 아닌 상위개념에서 파악한 분석틀로 1958년 이후 포퓰리스트 성격을 배제하는 약점을 갖고 있다.

[113] 레이(Rey)는 1958년 이후 Punto Fijo 체제를 엘리트 간 협약 혹은 타협조정형의 포퓰리스트 체제(El sistema Populista de Conciliación)로 명명한다(Rey 1998b).

[114] 레이가 대단히 추상적으로 설명하고 있지만 그가 말하는 '총체적 절차규칙'이란 Punto Fijo 정치협약(political pacts)을 가리키는 것으로 풀이된다. 즉 레이가 상술하고 있는바, Punto Fijo는 법조문상으로 명시되지 않았지만 법 이상의 기능을 수행하고 있었던 것이다.

"결과적으로, 강박관념식으로 1958년에 베네수엘라 정치행위자들이 제기했던 핵심적 문제는 어떻게 새로운 체제에 대한 승인을, 나아가 장기적으론 정당성을 얻을 것인가 하는 점이다. 다양한 그리고 강력한 사회그룹과 부문들의 일부는 새로운 체제가 굳건히 자리를 잡았다고 여기지 않았다. 이들은 또 민주적 게임규칙의 친절(bondades)에 대한 신뢰가 진실하지 않았고, 어떤 경우에도 기능의 결과가 만족스러운 것으로 여겨지지 않으면 급속한 침식을 겪을 수 있을 것이라고 의심했었다. 이는 중요한 특정 그룹 혹은 부문의 도움을 얻는 것과 관련된 것으로, 단기적으로는 군사 쿠데타에 의한 정부의 전복을 피하고 중장기적으론 실질적인 선거를 통해 정권 교체를 보장할 목적을 띠고 있었다. 이런 목적을 위해 핵심적인 것으로 여겨지는, 다양하고 이질적인 사회그룹들의 대연합 혹은 대동맹이 이뤄지고 있다. 이런 대연합 혹은 동맹은 '부분적일지라도 제발' 만족스러울 수 있도록 하기 위해 이 연합이 대표하는 이익들의 정당성에 대한 인식 그리고 협상, 거래, 합의 및 협약 체제의 형성에 기반을 두고 있다."[115]

레이는 또한 Punto Fijo 협약을 체결한 주요 정당들이 이데올로기적-규범적인 혹은 강제적인 메커니즘을 버리지도 않으면서 공리추구형의 메커니즘을 충분히 활용하고 강조점을 두는 새로운 정치 스타일을 도입했다고 지적한다. 주요 정당 간 연합과 동맹은 제도 및 게임 규칙의 총체에 표현된다. 이런 제도와 게임 규칙은 반드시 명시적이지도 않고 정식화된 것도 아니지만 정부를 포함해 다양한 정치 행위자들이 종속돼야 하는 헌법적 기초를 형성한다. 이 헌법적 기초는 법적-공식적인 측면이 아니라 원재료적 측면을 말한다. 따라서 이런 게임의 규칙을 수용하지 않으면 제재가 시스템적으로 존재한다. 정부와 다른 행위자들에겐 연합 혹은 동맹에서 배제되

---

[115] Rey 1998b. Punto Fijo 협약의 배경이 되는 것이라고 할 수 있다.

는 것이다.

다시 말해 같은 연합 혹은 동맹에 참여하는 데서 파생하는 '상금' 혹은 '보상'을 얻지 못할 뿐 아니라 종국적으론 물리적 강제를 포함한 '처벌'을 가하는 것이다. 정부의 경우에도 연합을 이루는 구성원들에 대한 지지를 철회하면 몰락할 위기에 몰려 민주적 체제에 종지부를 찍을 수 있는 것이다. 정치적 환경 측면에서 Punto Fijo 체제는 자주 정식화되지 않고 밖으로 표출되지 않은 형태로 다양한 사회 행위자 및 그룹들을 아우르는 협약의 총제를 포함하고 있다.[116]

이처럼 Punto Fijo 정치협약은 베네수엘라 정치사에서 대화와 협상을 통해 '민주적 정당성'을 구축하려는 가장 중요한 노력들 중의 하나다.[117] Punto Fijo 체제는 베네수엘라 예외주의 테제를 낳으며 외양으로는 상당한 힘을 발휘했다는 게 그간 이뤄진 베네수엘라 체제 연구의 골자라고 여겨진다. 이 체제는 선거규칙하에서 선출직 자리를 놓고 경쟁을 벌이면서 동시에 막후에서 거래·협상을 통해 정책 현안에 대처하는, 매우 강력하게 조직되고 기확립된 정당에 기반을 두고 있다. 이런 베네수엘라 체제는 1980년 이전 다른 중남미 지역에서 민주화 단절을 가져온 공동 최대 약점 대부분으로부터 해방되도록 해줬다. 지배적인 세력으로 군림한 정당을 이끈 위정자들은 정치적으로 온건했다. 이들은 일상적으로 협상했고 서로 분파를 가로지르는 조직흡수력을 구사했다. 그 결과는 정치 엘리트 '내부에서' 높은 수준의 합의를 이루는 것이었다. 특히

[116] Rey 1998b, 292~294.
[117] Sosa 2006, 13.

1989~1992년 페레스 대통령 정부 시기를 제외하고는 베네수엘라에서 어떤 정부도 원칙적으로 베네수엘라 국민 대다수가 반대하는 '정책 목표'[118]를 갖고 있다고 시사하는 것은 없었다는 점이다. 이념적 극단 대립 또한 없었다. 1990년대 정치학자들이 민주주의 안정을 예보하는 것으로 받아들여진 기준 대부분에서 베네수엘라는 높은 점수를 기록했다.[119]

베네수엘라 정치전문가들에 의하면, 1958년의 민주화는 경제적 여건의 성숙이라기보다는 정치가들의 타협과 지도력 덕분이라고 한다. 예를 들면, AD-COPEI-URD 등의 중도파 정당 지도자들은 1958년 자신들의 정권 복귀를 위한 쿠데타 직후 뉴욕에서 만나, 더 이상의 군사독재를 막기 위해 어떤 정당이 이긴다 해도 서로 협력할 것을 약속했다. 대통령 후보의 단일화에는 실패했지만, 이들 정당 지도자들은 선거 후에 연정을 구성해 여러 차례의 쿠데타를 막아 내는 데 성공했다. 특히, 쿠바의 혁명에 힘을 얻은 급진세력들이 정부 전복을 위한 게릴라 활동을 벌였지만 대다수의 국민과 주요 정당들이 지지를 하지 않았다. 예를 들면, 1963년 총선거 당시 급진세력이 국민에게 선거에 참여하지 말기를 호소하거나 위협하였지만 90%의 유권자가 투표에 참가했다.[120]

코피지(Coppedge)는 '60~70년대 베네수엘라의 정당지배체제가 다섯 가지 방식으로 통치능력(governability)을 높였다고 한다.[121]

---

[118] 여기서 '정책 목표'에 강조점을 둔 것은 베네수엘라 시민을 지향한 포퓰리스트 레짐의 담론 구조를 나타내기 위한 것인 동시에 그 목표와 실제적 성취와는 별개라는 점도 주목해야 한다는 의미를 담고 있다. 실상 1980년대 이후 '정책 목표'와 '정책 성취'는 큰 괴리감을 보였고 포퓰리스트 레짐의 구조적 변동을 가져오는 한 요소가 된다.

[119] Philip 2003, 137.

[120] 홍욱헌 1992, 92~93.

[121] Coppedge 2003.

첫째, AD-COPEI 두 정당은 광범위하게 사회를 대표했다는 것이다. 그들은 대규모 당원 조직을 가졌을 뿐만 아니라 노동, 농민 그리고 다른 조직화된 그룹의 요구를 모집해 전달(channel)했다. 그리고 두 당의 득표율을 합치면 1973~1988년 사이 총선의 약 80%, 대선의 90%를 차지했다.

둘째, AD와 COPEI는 엄격한 당 규율을 실시했다. 당서열의 어떤 위치에 있든지 당원들은 각 당의 최정상부 핵심 소수 리더 그룹(cogollo)이 내린 결정에 불복하면 출당 위험에 직면했다.

셋째, 두 정당은 그들이 정치화한 비(非)정당 조직에 대한 장악력을 확대했다. 따라서 정당이 정치화한 노조 지도자들은 일반적으론 파업을 하지 않았다. 전문가 단체, 학생회, 농민연맹, 국영기업, 각종 재단 등에서 정치화된 간부들은 자신들이 소속한 정당의 이익을 신장하는 데 보직을 활용했다. 그래서 두 정당은 강력하고 쉽게 동원화되는 블록으로서 군림했다.

넷째, 두 정당은 합의 추구(concertación, consensus-seeking)를 실천했다. AD와 COPEI의 지도자들은 논쟁적 이슈가 발생했을 때 서로에 대해, 그리고 나아가 다른 정당과 사회단체 지도자들에 자문을 구하는 것을 관습적으로 행했다. 국방, 외교 그리고 석유산업 등 핵심 국가부문에 대한 정책들은 보통은 합의에 의해 취해졌다. 심지어 합의가 불가능하게 됐을 때조차도 합의에 도달하려는 시도가 이뤄짐으로써 반대의 강도를 누그러뜨렸다.

마지막 다섯째로 두 정당은 군부 및 민간 부문 등 다른 전략적 행위자들과 우호적으로 협력하는 관계를 구축했다. 군부 등이 정치문제에 간섭하지 않는 조건으로 예산배당, 교육, 면세, 보조금 그리고 각종 보호조치와 정책혜택 등의 형태로 보상을 해줬던 것이다. 그러므로 통치능력(governability)은 다른 정당 및 전략적 부문과 협상·거래하는 권위 그리고 타결된 합의를 실행하는 권력을 가진 AD-COPEI 기득 정치세력에 의해 보장됐다. AD-COPEI 유력 정치인들은 규모가 크고 국민 사이에 높은 인기를 누리며 강력하게 내부 규율을 가진 소속 정당들을 통제하고 있었기 때문이다.

이제 Punto Fijo 협약의 자세한 내용을 알아보면 다음과 같다.

첫째, 선거 과정과 이로부터 파생된 공공권력이 투표결과에 따를 것이라는 점을 분명히 하고 있으며 둘째, 선거 과정은 정당들 간의 연합전선이 어떤 식으로든 붕괴되지 않도록 할 뿐만 아니라 장기정치휴전, 논쟁의 비인격화, 폭력행사의 배제, 그리고 베네수엘라 사회의 전 영역을 균등하게 반영하는 정부 내지는 심의체의 형성을 용이하게 할 수 있도록 하는 규범의 확립을 통해 이런 단결을 더욱 강화시키는 데 기여해야 한다는 점을 전제로 하고 있었다.

푼토피호 협약의 정치적 정신은 1961년의 베네수엘라 헌법에서 제도화되었고 그후 베네수엘라 사회의 중요한 일부가 됐다. 모든 정당들을 초월하는 중재자로서의 역할과 고도로 중앙집중화된 지난날의 권력의 전통을 반영하여, 대통령은 베네수엘라의 최고통수권자가 되도록 하였다. 대통령실은 국가방위와 화폐제도, 조세정책, 기타 다양한 영역에 걸쳐 권력을 행사할 수 있도록 되었다. 대통령은 모든 각료, 국공기업체의 임원 및 지방장관의 임면권과 비상사태 선포권을 보유하였다. 기본적으로 권력공유에 관한 결정은 비당파적인 입장을 견지할 것으로 기대된 대통령에게 맡겨졌다.

재선금지조항은 장기집권을 회피하기 위해 마련된 것이었지만 또한 부분적으로는 국가지도자로서의 대통령에 대한 정당의 통제를 약화시키려는 데에도 그 목적이 있었다. 그러나 재선금지 조항과 같은 이러한 협약의 몇 가지 문제점은 앞으로 베네수엘라 정치에 논쟁거리로 등장할 소지가 많은 것들이었다. 즉 대통령 연임이 금지되었기 때문에 베네수엘라의 대통령들은 정당이나 선거구민에 대한 책임의식이 희박하고, 그에 반해 이익집단들의 영향력에 대해서는 민감하게 반응하는 결과가 나타난 것이다.

한편 의회의 권력은 정치적 경쟁을 억제한다는 취지에 따라 그 영향력과 한계가 결정되었다. 즉 한편으로는 선거법이 정당비례대표제를 채택했기 때문에 국회의원에 대한 당의 통제력이 강화되어 있어 정당의 영향력이 극대화되었다고 볼 수 있다. 하원과 상원은 의장을 우두머리로 하는 정당파벌로 나누어졌는데, 의장은 정당의 중앙행정위원회의 대표가 되었다. 또 다른 한편으로 의회의 입법권은 정당 간의 무제한 경쟁으로 초래될지도 모를 혼란과 위험을 줄이기 위해서 주의 깊게 한계 지어졌다. 의회의 각 분과위원회도 재정자원과 인력이 충분하게 갖추어져 있지 않았기 때문에 그 취약성을 면치 못했다. 그리하여 의회가 입법을 주도하고 행정부가 제안한 법안을 유효적절하게 비판하는 것이 용이하지 않았다. 결국 정당들이 논쟁과 정치적 투쟁을 위한 장으로서의 지위를 의회에 부여하기는 했지만 5년 주기의 선거를 제외하고는 의회에서의 이러한 정치적 투쟁의 결과는 상대적으로 미미한 의미밖에 갖지 못했다.[122]

---

[122] Karl 1987b, 336.

또한 이 협약은 모든 정당들이 선거과정을 존중할 것을 요구하면서 투표결과에 상응하는 비율에 따라 권력을 공유하도록 보장하였다. 게다가 정당들은 장기적으로 정치휴전을 유지하겠다고 약속했는데, 이는 정당들 간에 협의의 가능성을 확보해 주었을 뿐만 아니라 논쟁을 비인격화하는 데도 기여했다. 이러한 휴전은 어떤 명확한 형태의 권력할당 문제와 연관돼 있지는 않았지만 정당 간의 연합 형성과 국가혜택의 균등한 배분을 전제로 한 것이었다. 선거에서 누가 이기느냐에 관계 없이 각 정당은 국가공직과 계약에의 접근, 각료의 할당, 그리고 모든 서경자들의 생존을 보장해 주게 되는 복잡한 형태의 공무원 엽관제도를 통해서 저마다 정치적·경제적인 몫을 가질 수 있도록 보장되었다.[123]

다시 말해, 체제 정당성이 하층계급에 대한 지속적인 부의 분배능력과 과두적 민간 부문과의 후원수혜자 관계에 의해 유지됐기 때문에 민주주의와 분배정책은 밀접한 관련성을 지니게 됐다. 결국 다양한 사회적 욕구를 충족시킬 수 있는, 충분한 석유로 인한 수입의 존재 여부가 Punto Fijo 체제 지속의 가장 큰 변수가 됐다. 양당 체제의 민주적 한계에도 불구하고 석유로 인한 후원수혜 관계의 물질적 기반이 보장되는 한 양당의 헤게모니는 유지될 수 있었다.[124]

특히 노동 부문이 정당의 한 지브로 가입하는 모델은 국가의 강력한 조정자 역할[125]과 결부돼 강한 노동자 정당 혹은 독립적 성격의 투쟁적 노동운동이 발생하는 것을 막았다. 맥코이(McCoy)는 이

---

[123] Karl 1987b, 335.
[124] 김기현 2003, 317.
[125] 이런 역할은 1936년에 제정된 베네수엘라 노동법에 기반을 두고 있다고 한다(McCoy 1989, 62).

렇게 되도록 한 요소를 4가지로 꼽았다. 첫째로 1959년에 다원주의적 노조연맹이 출범했고, 둘째로는 다계급 정당인 AD에 의해 노조연맹을 지배하게 됐으며, 셋째로 노동운동의 독트린이 AD의 영향을 받아 형성됐고 마지막으론 CTV가 처음부터 조직적·재정적 모든 면에서 국가에 의존하게 됐다는 점을 들 수 있다.[126] CTV 총회에 참석하는 대의원들의 소속 정당 비율은 노동이 정당 하부조직으로 가입한 모델을 한눈에 알 수 있게 한다.[127]

〈표 3-2〉 CTV 총회참석 대의원들의 소속정당 비율, 1959~1980(백분율 단위)

Party	III Congress 1959 (%)	IV Congress 1961 (%)	V Congress 1964 (%)	VI Congress 1970 (%)	VII Congress 1975 (%)	VIII Congress 1980 (%)
AD	52.2	70.0	70.6	34.5	51.0	56.3
COPEI	14.5	30.0	14.4	18.8	22.0	20.9
PCV	23.3			0.5	0.5	0.7
URD	10.0		12.5	11.8	2.0	2.8
MEP				31.7	17.0	12.3
MAS					1.0	3.2
MIR					0.2	0.8

출처: McCoy 1989, p.41. 재인용(원출처: Margarita López Maya and Nikolaus Werz(1981), "El Estado venezolano y el movimiento sindical", CENDES mimeo, Universidad Central de Venezuela, 1981.)

비슷한 맥락에서 엘너(Ellner)는 루스 & 데이비드 콜리어(Ruth & David Collier)가 중남미에서 정치적 안정의 은혜를 베풀어 준 'Heritage' Period의 3가지 특징을 지적한다는 데 주목한다. 베네수엘

---

[126] McCoy 1989, 62.
[127] 이처럼 공식 노조가 자율성을 얻는 데 실패하고 시민사회가 제한된 공간을 확보하고 있는 점은 베네수엘라 정치체제의 심각한 결점을 대표해 왔다(Ellner 1992, 2).

라와 멕시코는 이 3가지 조건을 충족시켜 콜리어(Collier) 부부가 이른바 통합적 정당체제(Integrative party system)란 제목 아래 두 나라의 사례를 논하는 이유가 된다. 통합적 정당체제는 다수파 연합이 ① 대체로 보아 정치적 스펙트럼의 중간에 위치해 있고 ② 정권을 잡고 있으며 ③ 노동운동과 긴밀히 연결돼 있다는 것이다. 추가로 콜리어(Collier) 부부는 1958년 이후 베네수엘라를 특징지어 온 정치안정의 밑바탕에 깔린 다른 문제들을 논의한다. 부분적으로 쿠바 혁명의 급진적 영향으로 중남미 국가들이 동서 냉전으로 갈라진 가운데 베네수엘라에선 좌파에 대한 지지가 이들이 민주적으로 선출된 정부에 맞서 무장투쟁하기로 한 운명적 결정으로 축소됐다. 게다가 정치협정은 정당 간 관계를 묶어 놓았다. 1958년 Punto Fijo 협정은 좌파 축에서 공산주의자들을 배제하고 나머지 3개 정당(AD, Copei, URD)을 '기본 프로그램'과 권력공유 약속으로 결합시켰다. 먼저 1958~1973년엔 다당체제 배경에 맞서 공식적 및 비공식적 협정이 체결됐다. 그리고 1973년 이후엔 AD와 COPEI가 참여하는 양당체제에서 똑같은 전통이 계속됐다.[128]

콜리어 & 콜리어(Collier & Collier)의 *Shaping the Political Arena*의 핵심 테제는 이 책에서 논의되고 있는 중남미 8개 모든 나라에서 정치적 편입(incorporation)의 개별적 경험이 보수주의 반동 시기 이후 나타난 민주주의 유형을 모양 지었다는 표현으로 요약된다. 구체적으로 베네수엘라 사례분석에선, AD가 첫 집권한 1945~1948년의 포퓰리스트 시기 동원화 정책을 시행했으며 1958년 이후 구체적인 방식으로 베네수엘라 민주주의에 우호적으로 영향을 줬다는

---

[128] Ellner 1992, 1.

점을 콜리어 부부는 논의하거나 암시한다.[129]

또 베네수엘라 '협약 민주화'에 대해 정당이라는 '부분' 대신 정당체제의 체제 특성에 초점을 맞추는 분석은 설득력 있게 제시된다.[130] 더욱이 정당체제적 분석틀은 앞으로 본 연구가 중점적으로 분석할 1958년 Punto Fijo 체제의 균열 및 붕괴의 다른 표현인 정당-유권자 연합체계의 붕괴(dealignment), 나아가 정당체제의 해체(decomposition) 과정을 설명하는 데 핵심적 요소다.

정당체제 분석틀은 정당이라는 부분이 모여 구성하는 체제 '전체'의 이념적 성향과 조직적 성격을 핵심 분석대상으로 삼는다는 것을 의미한다. 이렇게 정치분석의 수준을 상향조정하면, 먼저 베네수엘라 정당체제에서 정책의 나아갈 방향과 의제를 결정하는 핵심 정당의 수가 두세 개로 많지 않았다는 점을 발견할 수 있다. 아울러 당원의 기대를 저버린 배신자로 낙인찍혀 심각한 탈당 사태에 휘말리는 최악의 상황에서조차 제1정당의 자리를 잃지 않는 강력한 다수당이 존재하였다. 게다가 시민사회 안에 강렬하게 자신의 뿌리를 내린 핵심 정당 간의 이념적 거리가 결코 멀지 않았고 정당 정치의 정당성 자체를 부정하면서 제3의 길을 모색하는 반체제 진영이 취약하였다. 그렇다면 이른바 '민주화의 제2단계'에서 거세게 인 분열의 기운을 억제하고 이겨 낸 베네수엘라 국가의 '힘'이 어디서 유래하는가는 자명해진다는 것이다. 정당 정치에 대한 일반 이론의 개념을 빌린다면 정치적 민주화의 최대 안전판은 경쟁자 간의 일상적 대화와 흥정과 연대를 가능케 한 '양당체제'

---

[129] Collier & Collier 1991.
[130] 김병국 1992.

혹은 '온건 다당체제'였다는 것이다. 이른바 '협약 민주화'의 '질
서'는 위에서 지적한 4개의 체제 변수가[131] 모이면서 빚어진 조직
체였다. 또한 베네수엘라의 온건 양당체제는 거친 혁신적 민족주
의의 기치 아래 투쟁에 떨쳐 일어나 '병영국가'의 시대를 종식시
킨 변혁 세력의 투쟁 결과였다. 문민 정치로의 대전환을 지원하는
'온건한' 정당체제는 다양한 역사 경로를 통해 다져질 수 있다. 결
정적 변수는 핵심 정당의 성격이 아니라 부분이 모여 형성하는 부
분 간의 관계 배열이자 전체로서의 정당체제의 체제 특성이다.[132]

2. 정부의 경제정책

1) 석유 주도 국가경제

세계 제5대 원유수출국인 베네수엘라는 OPEC 창설 멤버로 현
재 미국으로 원유를 수출하는 주요 국가들 중 하나다. 특히 2006
년 상반기 베네수엘라는 국제에너지기구(IEA)로부터 사우디아라비
아를 제치고 세계 제1위의 원유보유국으로 인정받았다. 베네수엘
라의 오리노코 강 벨트에 매장된 증질유는 무려 1조 3천억 배럴에
달한다. 베네수엘라가 3770억 배럴의 원유 매장량만으로 세계 1위
원유국으로 등극했다는 점에서 이 같은 매장량은 가히 천문학적
수준이다. 미국 에너지부(DOE) 분석으로도 향후 100년간은 고갈되
지 않을 양이다. 또한 배럴당 70달러를 넘는 현 국제유가 시세를
크게 고려하지 않더라도 최소한 배럴당 20달러 수준이면 중질유

---

[131] 물론 정당 간의 관계 배열이라는 '2차적 분석' 수준에서 나타나는 이런 4개의 변수는 '파편화'와 '분극화'를
피하고 다른 어느 것보다 안정적인 양당체제와 온건 다당체제의 구성 인자이다(김병국 1992, 352).
[132] 김병국 1992, 337~353.

개발의 타당성은 충분하다는 지적이다.[133]

2001년 말 기준으로 베네수엘라의 산유량과 수출량을 보면, 일일 산유량 279만 2천 배럴로 세계 3위(전 세계 4.3%, OPEC 10.4%), 그리고 일일 원유수출량 196만 4700배럴로 세계 6위(전 세계 5.3%, OPEC 9.9%, 2002년 5위)인 주요 산유국이다. 또한 베네수엘라는 하루 118만 3200배럴의 원유 정제능력을 보유하고 있는데, 2001년에 하루 126만 4200배럴을 정제하여 76만 1100배럴을 수출했다.[134] 또한 미주에서 유일한 OPEC 창립 회원국으로서 OPEC 유가지지 정책에 상당한 영향력을 행사하고 있다. 특히 1990년대 말 이후 비중은 줄어들었지만 석유수출 물량의 대부분을 미국에 공급하고 산호세 협정을[135] 바탕으로 중미 및 카리브 지역에 시혜적으로 원유를 제공하고 있어 미주경제에 상당한 영향력을 행사하고 있다.[136]

'석유경제'로 지칭될 정도로 베네수엘라의 석유산업은 국가경제의 중추적 역할을 담당하고 있다. 석유산업은 매년 GDP의 30~40%, 총수출의 70%, 그리고 재정 수입의 50%를 차지하고 있다. 1950년대의 베네수엘라 경제는 석유수출에 힘입어 최대의 호황을 기록했다. 신흥부국으로 주목받았던 이 시절 구매력 기준 1인당 국민소득은 미국, 스위스 수준이었다.[137] 보다 더 많은 수익을 확보하고자 베네수엘

---

[133] 이 밖에 천연가스에서도 베네수엘라는 4조 2200억 입방미터로 중남미 최대량, 세계 9위를 기록하고 있다. 연합뉴스 2006년 5월 5일자 기사 참조.

[134] 김진오 2003a, 69.

[135] 1979년 베네수엘라와 멕시코는 중미와 카리브해의 11개 저개발 국가들의 경제 발전을 위해 원유와 산업시설 등을 특혜가격으로 공여하기로 하는 '산호세 협정(Acuerdo de San Jose)'을 체결, 2년마다 협정을 연장하고 있다.

[136] 2001년 기준으로 일일 총 수출량의 58.6%인 115만 1천 배럴(원유기준)이 미국 시장에 수출되고, 31.1%인 61만 1200배럴이 중남미 국가들에 수출됐다(김진오 2003a, 69).

[137] 당시 상류층들은 수도 카라카스의 북단에 위치한 해발 2000m의 아빌라 산 정상에 호텔을 지어 놓고 케이블카로 왕복하며 주말파티를 즐기곤 했다(곽재성 2006, 52).

라 정부는 1957년부터 석유산업의 국유화를 시작하여, 향후 20년에 걸쳐 탐사, 생산 및 정유, 운송, 항만, 철강을 비롯한 주요 부문의 국유화를 단행했다. 1977년에 이르자 베네수엘라 정부는 경제 전반을 장악하였고 대외적으로는 국제유가를 좌지우지하는 OPEC의 핵심 회원국으로 부상했다.[138]

베네수엘라는 1976년 석유산업의 국유화를 완료한다. 그러나 석유산업에 대한 높은 의존성으로 인해 전체 산업경기 및 경제성장이 국제 석유시장의 동향[139]에 따라 좌우되어 왔다. 특히 '석유경제'라는 용어에서 유추할 수 있듯이 정치도 석유산업에 대한 통제권 유지 여부에 따라 안정과 불안정으로 순환되었다.

석유수입은 경제 번영에 기여하는 한 베네수엘라 민주주의 공식하에서의 통치능력(governability)을 지원했다. 급속한 경제성장과 1960~1970년대의 사회적 이동성은 지배정당이 정당성을 확보하는 데 기여했다. 석유수입으로 재정을 확보한 국가 정책은 재계 지도자에게 도움을 줬다. 또한 엘리트들을 재정적으로 후원하고 일반 대중들에 대해서도 후원수혜 관계당이 기능하도록 했다.[140]

베네수엘라 정치학자 소사(Sosa)에 따르면 베네수엘라 국가는 지배세력의 도구이자 석유지대의 독점적 접수인 그리고 배분자의 형태로 순치됐다. 소사(Sosa)는 국가에 대해 베네수엘라의 정치적·역사적 과정에서 그렇게 돼야 한다는 법적 당위성에 적응된 법적 제도라기

---

[138] 러시아의 대통령의 경제보좌관을 역임한 Andrei Ilarionov는 이에 대해 1977년은 베네수엘라에서 '국가 자본주의(state capitalism)'의 승리로 기록된다고 한다. 하지만 이는 Ilarionov에 의해 이른바 베네수엘라판 '네덜란드병'이라고 할 수 있는 '베네수엘라병(Venezuelan disease)'이 한창 진행된 상황을 가리키며 이후 2000년대까지 경제침체의 절대적 원인으로 지적된다(Illarionov 2005). 이에 대한 논의는 5장에서 다시 상술한다.
[139] 수급상황 및 가격을 가리킨다.
[140] Coppedge 2003.

보다는 정치권력의 기구로 이해한다. 소사(Sosa)는 "국가는 국가기구 위에서 권력을 행사하는 사회 지배계급의 결정된 상관관계의 표현"이라고 한다. 두 독재자 카스트로(Cipriano Castro), 고메스(Juan Vicente Gómez) 통치 때부터 근대화로의 전환 과정에 놓인 사회에 포퓰리스트 개입을 시작할 수 있도록, 중앙집중적인 동시에 지대 추구형인 국가구조가 상호 합치(conformarse)해 나가게 된다. 근대화 과정에서 지렛대 격 후원자(palanca)로서 베네수엘라 국가 행위 총합의 균형 속에서 국가는 효과가 있었을 뿐만 아니라 효율적인 것으로 확인할 수 있다고 소사(Sosa)는 지적한다.

2) 수입대체산업화 정책

민주화 당시 석유는 이미 베네수엘라 부의 절대적 원천이었으며 이를 활용하여 산업화해야 한다는 것은 국민적 공감대를 이루고 있었다. 석유자원은 머지않아 고갈될 것이기 때문에 석유를 대체할 수 있는 산업들을 육성하거나 국제시장에서 유리한 값을 받을 수 있도록 개발을 제한해야 한다는 것이었다. 1960년대 초 석유는 총 수출의 90%를 넘었으며, 석유세 수입은 국가재정 수입의 50% 이상, GDP의 10% 이상을 차지했다. 석유를 통한 경제발전을 위해 베네수엘라 정부는 지난 반세기 간에 크게 4가지 단계의 경제적 역할을 수행했다. 민간 주도의 수입대체산업화(1958~1973), 국가 주도의 수입대체산업화(1974~1979), 구조조정과 금융통제(1979~1988), 시장 주도 경제로의 전환과 후퇴(1989~현재)가 그것이다.

베탕쿠르 정부는 1960년 제1차 4개년 계획에서 수입대체산업화 전략을 공식화하였다. 레오니 정부 그리고 칼데라 정부도 대체로 경제정책기조를 그대로 유지했다. 그 특징으로 첫째, 높은 관세 및 비관세 장벽을 통해 국내 제조업을 보호했다. 특이한 점은 제조업 분야는 민간자본 참여를 기본으로 하였으며 정부는 민간기업 육성을 위해 석유수입을 금융산업과 기본 인프라 산업 투자에 치중하였다. 예를 들면, 1961년에서 1970년까지 68개의 국유기업을 창설하였지만 70%가 금융산업이었다. 1973년까지 공공투자는 총 투자의 1/4을 넘지 않았으며, 그 증가율도 GDP 증가율을 넘지 않았다. 둘째, 엄격한 외환관리와 외국인 직접투자를 제한했다. 셋째, 토지개혁을 통해 부의 평등과 국내시장 확대를 시도했다.

1973년 OPEC의 석유가 4배 인상한 이후 베네수엘라 정부의 경제적 역할에 큰 변화가 일어났다. 1974년에 취임한 페레스 대통령은 '위대한 베네수엘라(Gran Venezuela)'라는 기치를 걸고 국가가 적극적으로 산업생산에 참여하도록 했다. 이 시기의 특징은 다음과 같다.

첫째, 국가재정의 팽창이다. 페레스 정부의 5년간 정부재정 규모는 1973년 불변가격으로 계산할 때 이전 20년간의 총 재정규모의 1.5배에 달했다. 재정팽창의 상당 부분은 공동투자였다. 1974년 국내총 투자에서 공공투자가 53%를 차지했으며 1980년대 초에는 약 70%를 차지하였다.

둘째, 공공기업의 확대이다. 1959년에서 1973년까지 연평균 7개의 공공기업이 설립됐지만, 1974년에서 1978년 사이에 페레스 정부는 연평균 30개 이상의 공공기업을 설립하였다. 또한 1973년 이전의 공공기업이 주로 사회간접자본 및 금융기관이었던 반면, 이후에는 농업 및 제조업 특히 중화학공업 부문이었다. 예를 들면, 석유산업의 PDVSA, 석유화학의 베네수엘라석유화학(JVP), 철강의 국영철강회사(SIDOR), 알루미늄의 인터알루미나(Interalumina) 등이 그것이다. 1980년 말 당시 약 335개의 국유기업 중에서 절반 정도가 1974년 이후 창설된 것이었다.

셋째, 국유기업의 폭발은 공공 부문 인력의 급속한 팽창을 가져왔다. 페레스 정부 말기 전체 노동인구의 1/4이 공공 부문에 종사하였으며 정부의 사무직 근로자는 15만 명에서 30만 명으로 증가하였다.

페레스 정부의 국가 주도 산업화는 '위대한 베네수엘라'의 청사진과는 달리 경제적 위기의 징후를 나타냈다. 무엇보다 외채의 급증, 두 자릿수의 물가상승, 정치적 부패, 국유부문의 적자경영이 나타났다. 예를 들면, 1960년에서 1973년 사이에 물가는 23% 증가했으나 1974년에서 1980년 사이에는 100%를 넘었다. 총 외채는 1973년 28억 달러에서 1979년에는 100억 달러가 넘었다. 제조업의 비중은 총 생산의 16%에 그대로 머물러 있었다. 1980년대 초 베네수엘라 최대기업 10개 중 6개가 국영기업이었으나 석유 이외에는 국제경쟁력이 있는 산업이 없었다. 베네수엘라 국유산업 중에서 석유 이외에 철강, 알루미늄, 석유화학 산업 등은 풍부한 전력과 북미의 시장 등 유리한 경쟁력 조건이 있음에도 불구하고 국제경쟁력이 있는 산업다원화에 실패했다.[141]

---

[141] 이후 1979년 COPEI의 루이스 에레라(Luis Herrera) 정부는 취임식에서 '저당 잡힌 국가'를 물려받았다고 강조하면서 이를 극복하기 위해 긴축정책과 물가자유화 정책을 추진했다. 아울러 이전의 여러 정부 주도 개발계획을 중단하거나 취소했다. 그러나 1980년 이란-이라크 전쟁에 따른 석유가 인상, 보조금 감축에 대한 이익집단의 항의, 악화되는 노동임금 항의에 굴복해 1981년 Herrera 정부는 긴축정책을 포기하였다. 1982년 초 석유가 하락으로 정부는 다시 긴축정책을 도입하였다. 또한 고정환율제를 포기하고 이중환율제를 도입했으며 일부 물가를 동결했다. 그러나 두 자릿수의 물가 상승, 재정적자는 호전되지 않았다.

제3절 협약민주주의 체제의 한계

베탕쿠르의 개인비서 출신으로 베탕쿠르 정부에서 내무장관을
지냈던 AD의 페레스가 1973년 선거에서 승리했을 때 '베네수엘라
모델'이 문제 있는 쪽으로 나아가고 있다는 우려가 있었다. AD 첫
집권기와 일관되게 단기간 내 '대(大)베네수엘라(Gran Venezuela)'를
세우겠다는 페레스 대통령의 계획은 외국자본과의 대립이 아닌 제
휴를 요구했다.[142]

1. 협약 민주화의 한계: 폐쇄적 정치대표체계

AD와 COPEI 양당 간의 타협을 통한 정치안정이 베네수엘라 민주
주의 심화와 발전으로 연결되지 못했다.[143] 양대 정당은 장기간에 걸
쳐 베네수엘라의 주요 정치세력으로 자리하였음에도 불구 정당 간의
정책대결을 통한 노력보다는 연립정권 구성의 기회에 편승하려는 안
일한 모습을 드러냈던 것이다. 결국, 정당 간 협약은 Punto Fijo 체제에
서 정치제도적 측면의 장착된(embedded) 취약성으로 드러난다. 협약
체결 1958년 당시부터 5년간 한시적으로 작동할 것이란 가정하의 권
력분점 협약으로 인해 정치체제가 매우 높은 수준으로 중앙집중화했
다. 이런 본질적인 제도적 미약함은 1980년대에 드러나기 시작했고
1990년대에 더욱 명확해졌으며 1998년 차베스 대선 승리로 Punto Fijo
모델의 최종적인 붕괴로 이어졌다.[144]

---

[142] Hellinger 1993, 15~18.
[143] 김기현 2003, 317.
[144] McCoy 2004, 268.

1) 개념상의 문제: 실제와 괴리된 민주주의 이행론자들의
  이론적 오류

  멕시코와 아르헨티나에서 연구활동을 벌이고 있는 남미 정치사
회학자 빌라스(Vilas)는 '협약 민주주의'에 대해 이른바 '협약(pacted,
스페인어 pactada)'이란 형용사가 붙은 개념화에 주목한다. 빌라스는
베네수엘라 협약민주주의에 대한 과도한 신뢰에 대해 "달(Dahl)의 폴
리아키(poliarchy)란 민주주의 이론적 패러다임과 현실의 정치 과정 간
부조화(不調和. desajuste)를 무시, 둘 사이의 잘못된 이해(desencuentro)
를 보여 주는 사례"라고 예를 들어 설명한다.

  다시 말해, 안정적 민주주의 운영이라고 하는 예외주의 테제가
기본 배경으로 깔린 협약민주주의는 중남미에서 민주주의로의 이
행 과정에 관한 모든 다양한 형태의 문헌에서 많고 적음의 정도
차이는 있을지라도 존재하는 요소라는 것이다. 이행론자들은 프랑
코 체제 이후 스페인에서의 '경제회복을 위한 정책(El pacto de la
Moncloa)'[145]의 예로 들어, 여러 형태의 독재 및 권위주의 체제 이
후 민주주의 체제 재수립 과정을 선거정치를 통한 주요 행위자들
과 퇴로에 접어든 독재 체제 대표들 간의 점진적인 협상 과정이라
는 데 초점을 둔다. 빌라스는 이론이 상정하는 바대로 결과물이
도출되지 않은 경우는 베네수엘라 외에도 여러 국가에서 목격된다
고 한다. 특히 구조적 마르크스주의자로 분류되는 빌라스는 민주
주의 이행론자들의 문헌은 'delegative democracy', 'low intensity
democracy', '시민 없는 민주주의', '권위주의적 민주주의', '갈등적인

---

[145] 1975년과 1976년 낮은 성장률을 기록하던 스페인은 1977년 이 협약을 통해 생산과 고용의 증대. 물가 상
  승률 감소, 수출력 시장 고무적인 결과를 가져온 것으로 평가된다.

민주주의' 등 이론적으로 존재하지 않았을 정치체제를 설명하거나 혹은 최소한 묘사하기 위해 쭉 늘어진 형용사의 광범위한 사용으로 이어진다는 것으로, '형용사 없는'[146] 민주주의란 '자유주의적 환영(la fantasía liberal)'과 모순되는 것이라고 분석한다.[147]

빌라스는 차베스주의(Chavismo)로 표현되는 차베스 초기 정부의 온건 개혁주의 노선과 차베스 일개인 중심의 포퓰리스트 체제란 틀에서의 논의를 거부한다. 그는 좀 더 거시적 차원의 변화가 일어나고 있다고 주장한다. 즉, 현 차베스 체제와 같이 제도와 구조를 넘어선 일개인 정치지도자가 강력한 힘을 발휘하고 결정적인 영향을 주는 사례에 있어서도 항상 ① 역사적-구조적 과정과 시나리오, ② 문화적 궤도, ③ 사회적 기회구조 등이 복잡하게 연결된 결과라고 한다.

빌라스의 시각에서 '차베스 사례'는 최소한 80년대 중반부터 계속 진행돼 온 베네수엘라의 정치체제 위기이다. 따라서 동시에 차베스 체제는 정치·사회적 관계 그리고 경제적 조직들을 광범위하게 재구성함으로써 정치체제의 위기를 극복하기 위한 시도인 것이다. 기존체제의 제도가 베네수엘라 민중계층의 광범위한 부문을 점진적으로 배제하는 결과로 정치체제의 위기가 가중되는 만큼 기존체제를 초월, 극복해 재구성하겠다는 차베스주의(Chavismo)의 테제는 베네수엘라의 소외된 민중 부문을 제도적 체제 그리고 그들의 희망과 요구사항을 진행시켜 해결해 주는 전망을 제공하는 정치·사회·경제적 체제 속으로 통합시킨다는 목적을 겨냥하게 된

---

[146] 빌라스 교수의 이 표현은 Enrique Krauze의 『Por una democracia sin adjetivos』(México: Mortiz-Planeta, 1986)에서 인용된 것이다.
[147] Vilas 2001, 129~132.

다는 것이다.

결국, 1958년 제도권 '체제'에서의 상층부 정치 행위자들 사이의 '협약 민주주의'는 민중계급의 중요한 부문, 그리고 그간 '체제'에서 배제된 주변부 소외층, 나아가 새로운 정치행위자들 사이의 암묵적인 새 '협약'에 의해 떠오른 민주주의로 대체됐다는 것이다.[148]

2) 협약민주주의하 정당정치 한계

Punto Fijo 협약 이후, 광범위한 논쟁으로부터 야기되는 당쟁과 급진화의 가능성은 정부의 최소강령에 의해 억제되었다. 이 강령은 베네수엘라의 새로운 경제계획의 골격이 무엇인지를 밝혀 AD가 받아들인 프로그램의 협상이 무엇인지를 보여 주고 있다. 모든 정당들은 민간 영역에서의 자본축적에 기반을 두고 있는 발전모델에 동의를 표했는데, 이는 새로운 헌법에 조문화되어 기본법으로 작용하였다. 모든 정당들은 베네수엘라진흥조합(Corporación Venezolana de Fomento)을 통해서 민간 영역에 보조금을 지급하며 국내 산업의 보호 조치를 강화한다는 데 동의했다. 새로운 민주주의 체제에서도 다국적기업이 천연자원 수출산업에 계속 참여하도록 보장됐는데, 이는 민주행동당이 이전의 국유화 정책으로부터 크게 후퇴했음을 의미했다. 베네수엘라의 산업, 재정 부문의 이해관계에 이처럼 실질적인 보장을 확실히 하고 나서, AD와 여타 정당들은 그에 상응한 보상을 얻어 내었다. 경제에 대한 국가의 역할이 확장되었는데, 이는 정치영역에서 정당들의 통제력을 증대시킬 수 있도록 하는 발전이었다. 국가역할의 확대는 히메네스 군사통치로부터 물려받은 실질적인 기정사실로 간주되고 있으면서

---

[148] Vilas 2001, 134~143.

도 여전히 경제엘리트들의 우려와 거부를 받고 있는 문제였다. 그러나 정치가, 관료, 기술자들에게 취업기회가 확대되었다는 것은 수많은 도시중간층에게 매력적인 것으로 간주되었으며, 전략부문을 국가소유로 한다는 국유화 방침은 암묵리에 군부에게 유리한 것이었다. 이러한 분위기에 편승하여 정당체제는 경계의 규제뿐만 아니라 직접 생산에게까지 국가의 역할을 확대하고자 시도했다.[149]

협약민주주의하 정당들은 또한 자기들이 조직한 노동자, 농민, 중간계급을 위해 중요한 몇 가지 새로운 이득을 제공해 주었다. 정부의 최소 강령은 완전고용과 빈민을 위한 주택공급계획, 새로운 노동헌장, 그리고 건강·교육·사회보장에 관한 광범위한 사회입법을 추진해 나가겠다고 약속하고 있었다. '노동이 경제성장에 필수적인 요소'임을 인정하면서 민주 정부는 노동조합권과 결사의 자유를 허용해 주었다. 이것은 실질적인 의미에서 국가가 베네수엘라노동자협의회와 농민연맹을 위한 집단적 협상과정에 개입할 수도 있음을 뜻하는 것이었다.[150] 게다가 국가는 민중 영역을 위해 식량, 주택, 복지의 차원에서 다양한 보조금을 제공하기로 하였다.

그리하여 정부의 최소강령과 Punto Fijo 협약은 일차적으로 AD와 기업가들 사이의, 그리고 '돈을 버는 권리와 통치할 권리' 간의 고전적인 교환관계를 대표하는 것이었다. 신정부 이후 확립된 정당체제는 엘리트들의 요구를 정당을 통해서 반영할 수 있는 힘을 갖게 되었지만 산업, 석유회사, 노동자, 농민에 대한 기본적인 정책들은 선거가 시행되기 전에 이미 결정되어 있었다. 그리하여 잠

---

[149] Karl 1987b, 336~337.
[150] 노동자협의회와 농민연맹, 둘 다 AD와 밀접하게 연결돼 있는 조직이다. Karl 1987b, 337~338.

재적인 쟁점들의 대부분이 선거영역에서 제거됨으로 해서 기존에 확립된 매개변수로 변화되어 버렸다. 기본적으로 생산의 전반적인 규칙과 관련한 쟁점들은 전국적인 논쟁 대상이 되기 이전에 협상을 통해서 결정되어 버렸고 반면 미래의 당파적 경쟁은 거의 많은 권력을 잃어버린 의회에 한정되었다. 이처럼 보다 광범위한 경제 문제들의 비정치화는 기본적인 협상이 모든 정당들을 구속하는 한 지속되었다. 서명자들이 최소강령에 포함되지 않은 쟁점들에 대해서는 투쟁을 벌일 수도 있었지만, 그러나 협약에서 받아들인 경제적 경계영역을 넘어설 수는 없는 것이었다.[151]

Punto Fijo 협약 이후 베네수엘라에서 형식적이나마 민주화 이행이 가능했던 것은 시민사회, 특히 민중영역이 정치적으로 활성화돼 있지 않았고 조직화의 정도도 낮았기 때문에 협소한 범위에서 엘리트들 간에 배타적인 협약이 이뤄질 수 있었기 때문이다.[152] 실제로 AD-COPEI 양대 정당은 내부적으로도 공히 수직적이고 중앙집권적인 권력구조를 발전시켜 모든 권력을 당의 핵심 인물들인 소위 '코고요스(Cogollos: 배추의 속을 뜻함)'들에게 집중시킴으로써 스스로 인물정당화했다. 더욱이 베네수엘라 정치체제는 권력계급의 하층계급에 대한 지속적인 부의 분배 능력과 과두적 민간 부문 간의 후원-수혜 관계에 의해 유지됐다.

Punto Fijo 체제는 합의제 정치(consensual politics) 혹은 사회협약 정치와 궤를 달리하는 정당 간 협약이다. 하고피안(Hagopian)은 정치협약(political pacts) 개념 속에 이 둘을 포괄하면서도 확연하게

---

[151] Karl 1987b, 338.
[152] O'Donnell 1987.

그들을 구분한다. 하고피안(Hagopian)은 정치협약이 정치를 불안정하게 할 가능성이 있는 갈등 요소는 정치 의제에서 제외시킨다는 협상을 통한 합의로서 도출되는 것이라면서, 일반적으론 민주주의로의 전환과 공고화하는 능력이 있음을 증명함으로써 상당 부분 우호적으로 평가받는다고 한다.

하지만 하고피안에 따르면 정치협약은 세 가지 종류로 구분될 수 있다. 첫 번째가 Punto Fijo 협약과 마찬가지로 순전히 정치적인 것이다. 협약 당사자들은 완전히 정치적인 이유만으로 갈라지고 또 동시에 합의를 이루도록 강제받는다. 주로 정당지도자들로 구성되는 정치 엘리트들은 전적으로 자신들의 이해관계에 기반을 두고 있으며 대중의 압력 혹은 상호 공동이익이 아니면 이 둘 모두에 의해 선거 및 국가 자원 확보 경쟁을 자제하도록 압력을 받는다. 두 번째는 합의제 정치가 이뤄지는 유럽 소국들이 그 대표적인 예다. 세 번째 종류의 정치협약은 협약 참가자들이 정책 의제를 제한함으로써 민주주의를 공고화할 목적의 사회경제개혁의 가능성을 거래, 교환하는 형태를 말한다.[153]

순전히 정치적 이유만의 정치협약과 달리, 합의제 정치는 정치시장 영역에서 다수파 정당과 소수파 정당 구분 없이 의사결정에의 참여를 통해 사회적 균열에 따르는 정치적 갈등을 조정, 해결하여 사회통합을 실현해 가는 시스템이다.[154] 협의민주주의(consociational democracy)[155]라

---

[153] Hagopian 1990, 149~150.

[154] 선학태는 사회협약정치에 대해 합의제 정치와 구조적 유질동상(isomorphism)을 갖는다고 한다. 사회협약정치는 경제시장 영역에서 노동·자본·국가 사이의 정치적 교환을 통해 계급·계층 갈등을 제도화하는 경제위기관리 시스템이다. 대부분의 서유럽 국가들은 이 두 시스템을 성공적으로 작동시켜 사회적 균열과 갈등을 조정하고 사회통합을 달성하는 상생정치를 연출했다는 게 선학태의 요지다(선학태 2006, 6). 따라서 정당 간 협약 체제는 기본적으로 사회협약정치와는 큰 차이를 보인다.

[155] 협의 민주주의는 Lijphart의 핵심 연구주제인 민주주의의 Westminster & Consensus Model 분석에 따른 것이

고도 하는 합의제 정치는 언어·종교·민족·인종이 다른 다종족 국가에서의 민주주의 공고화와 관련돼 있다. 다종족 국가에서 민주주의 공고화의 관건은 소수종족으로 하여금 영토적 경계를 인정하게 하고 계속 민주주의의 틀 내에 남게 하는 제도적 유인책을 강구할 수 있느냐에 있다. 승자독식(winner-takes-all) 지배의 다수제 민주주의(majoritarian democracy)는 소수종족집단을 영구적인 패자로 만들 가능성이 크기 때문에 종족분리운동을 격화시킬 위험성이 크다. 어떤 종족집단도 중앙정치에서의 영구적인 헤게모니를 장악하지 못하게 하고, 소수종족도 권력을 분점할 수 있게 하는 제도적 해결책을 강구해야 한다. 협의 민주주의의 해결책은 기본적으로 언어, 종교, 문화에 기초해서 형성된 종족들로 이뤄진 다원사회(plural societies)의 존재를 인정하는 데서부터 출발한다. 모든 종족지도자들이 참여하는 대연합정부, 관직과 자원배분에 있어서의 비례성, 그리고 교육·종교·문화와 같은 종족 내부의 문제를 다루는 데 있어서의 종족적 자율성의 허용 등을 특징으로 하는 협의주의가 네덜란드, 스위스, 벨기에 등에서 성공적으로 시도됐다.[156]

하지만 하고피안(Hagopian)이 브라질 사례를 통해 상술하는바, 정치협약을 통한 민주화는 많은 한계점을 노정시키고 있다. 하고피안의 논지는 정치협약이 브라질 과거 레짐의 민간 및 군부 엘리트들에게 자신들의 권력 및 자원을 회복하도록 해줌으로써 체제전환이 가능하게 했지만 동시에 새로운 브라질 공화국의 기초를 오염시켰다는 것이다. 정치협약은 전통적 민간 엘리트들이 이전 레짐의 많은 정치관행을 영속시키도록 했다. 특히 국가 중심의 후

다(Lijphart 1999).
[156] 임혁백 1997, 15~17.

원주의(clientelism)는 국가와 정당에 비민주적 성격을 입혔고 정치 대표 기능을 약하게 했다. 하고피안의 논문은 브라질에서 정치협약으로 민간체제가 재수립된 방식은 민주화에 방해요소로 작용했다는 것으로 요약될 수 있다.

하고피안은 나아가 정치협약 형태로 체제 전환을 취한 다른 나라들에서도 비슷한 모습이 목격된다고 지적한다. 즉 베네수엘라에서 1958년 Punto Fijo 협약은 공산당을 원천 배제하는 등 정치 참가를 제한하고 미리 예정된 선거결과는 현대 민주주의의 광범위하게 받아들여지는 근본적인 기준을 명백히 위반하는 것이라고 그는 강조한다. 따라서 정치협약이 단순히 정치적 디자인으로서 다수지배 논리를 파괴한 것이자, 두 번째 정치체제의 전환이 순전히 정치 엘리트의 협약 생성으로써만 타협적으로 이뤄짐으로써 많은 근본적 문제점을 안고 있다는 것이다.[157] 이에 대해서는 다음에서 곧바로 자세히 논의된다.

3) 정당체제 카르텔화[158]

Punto Fijo 체제를 지탱한 버팀목 중 하나는 엘리트 계층 간의 대화 채널이었다. 하지만 정책결정에 관여하고 필요한 정보를 교환할 수 있었던 계층은 소수 상류층에 국한돼 대부분 국민들은 이러한 과정으로부터 소외돼 있었다. Punto Fijo 체제의 포괄성은 매

---

[157] Hagopian 1990, 150~151.
[158] '카르텔 정당(cartel party)'은 정치적 시장에서 자신의 우월적 위치를 이용하여, 자신의 강력한 지위를 더욱 강화시키는 게임의 법칙(예를 들어 공적자금 지원)을 확립하고자 하는 유력한 정당이다(R. Katz and P. Mair, "Changing Models of party Organization and Party Democracy: The Emergence of the Cartel Party", Party Politics, Vol.1, 1995, pp.5~28) 사업에서와 마찬가지로, 정치에서 그러한 음모와 위험은 그것이 장기적으로 참여자의 신뢰를 해친다는 것이다. Hague & Harrop(2004), p.400에서 재인용.

우 제한적이어서 당시 상당한 세력을 확보하고 있던 공산당도 배제됐으며 양대 정당인 COPEI와 AD를 중심으로 반대세력을 흡수하는 도구로 활용됐다.[159]

협약 체결에 의해 정치적 안정을 도모한 대가는 더 높은 수준의 민주화를 포기하는 것이었다. 본질적으로 이익표출의 반민주적 형태라고 볼 수 있는 엘리트 간 협정체결은 사전에 누구를 포함시키고 누구를 배제할 것인지를 결정하고 나서 이뤄지는 경우가 많다. 베네수엘라의 경우 중요한 사회세력과 조직을 배제하자는 엘리트 간의 합의는 공산당을 협정 당사자에서 제외시키고 개혁주의적 정당 지도자들을 공공연히 몰아세움으로써 동원 전략을 폐기토록 했다. 또한 아직 조직화되지 않은 집단들을 조직하려는 어떠한 시도도 억제한다는 결정 속에서 처음부터 명시적으로 나타났다. AD가 군부·경제계 엘리트들과 실질적인 협상과정에 임함에 있어 이러한 중요한 사회세력들을 배제하였기 때문에 정치경제적 프로그램은 개혁의 수준이 심각하게 제약, 수정되는 것으로 나타났다. 협약의 이러한 제한적 측면이 공산주의자들과 AD 내의 투쟁적인 젊은 당원들로부터 커다란 반발을 받는 것은 당연한 일이었다.[160]

다시 말해 협약민주주의는 정치적 안정을 가져다주면서도 동시에 새로운 정치행위자들의 자유로운 경쟁의 틀을 막는 '정당체제의 카르텔'[161]을 형성하는 부작용을 초래했다. 협약 체결에 포함된

---

159 임배진 2007, 5: Ellner 2005, 10~12.
160 Karl 1987b, 343.
161 카르텔이란 표현은 베네수엘라 시몬 볼리바르 대학 대학원 정치학과장인 Francisco J. Monaldi 교수의 논문에서 사용됐다. 그에 따르면 협력적이고 안정적인 협정을 가능하게 하는 정치구조는 정당체제가 카르텔을 형성하고, 정치적 공간을 독차지하는 것을 가능하게 했다(Monaldi, 2003: 460). 카르텔이란 표현은 협약이 체결된 이른바 '체제 내부' 정당 간의 타협과 거래에 의존하는 정치과정이 형성돼 부패가 구조화됐고 대다수의 국민들은 정치로부터 철저하게 소외됐다는 것으로 달리 설명할 수 있다(우준모 2006, 65).

여러 다양한 조직집단들 사이에는 일종의 공모관계가 이뤄지는데, 이들은 국가의 효율성이나 균등문제, 정치적 정통성 등에 대한 장기적 영향을 전혀 고려하지 않은 채 자기들끼리 석유수익을 갈라먹으려 한다.[162] 이런 공범관계는 취약한 구조, 다시 말해 서서히 고갈되고 있는 석유자원에 근거한 사상누각에 불과한 것이라고 하겠다. 석유가 베네수엘라의 정당체제를 정착시키고 유지하는 데 중추적이고 독특한 역할을 수행했기 때문에 협약을 통한 민주주의의 장기적인 생동력과 다른 나라에 대한 모델로서의 그 가치는 석유달러가 정치적 의미와 영향력을 상실하기 시작할 때 명확하게 그 모습을 드러내게 될 것이라고 결론적으로 얘기할 수 있을 것이다.[163]

로버츠(Roberts) 역시 포퓰리즘과 제도화를 논하면서 네오 포퓰리스트의 급진적 재동원화를 가져오기 전 기존 정당체제의 '카르텔 정당들'이 갖는 위험성을 강조한다. '카르텔 정당들'은 공모, 국가자원을 독점하고 민주적 정치현장의 도전자들을 원천 배제한다. 현직 세력으로 군림해 온 '카르텔 정당들'은 자신들을 사회와 격리시키는 운명을 맞아 정치적 대표에 치명적인 악영향을 준다. 더욱이 카르텔 정당들에 의해 지배되는 정치체제는 '체제 외부' 포퓰리스트 도전을 막는 것이 아니라 오히려 체제 외부 포퓰리스트(outsider populist)가 분출하는 것을 도와주는 꼴이 된다. 1990년대 이후 중남미에서 네오 포퓰리스트 분출이 정당체제가 미약한 에콰도르, 브라질뿐 아니라 베네수엘라의 정당지배체제 등 정당체제의 참호 구축이 과도하게 완벽하거나 체제가 카르텔화했을 때 두드러

---

[162] 이를 베네수엘라의 시인 Thomas Lander는 '공범자들로 구성된 국가'라고 표현했다.
[163] Karl 1987b, 345.

지고 있는 데서도 확인된다. 선거공영제나 선거홍보비 공적 지원 등과 같은 선거경쟁의 균형을 취하는 조치 혹은 무소속 후보 출마, 후보등록 요건 등에서 엄격한 제한을 가하는 선거 통제 조항은 현직을 지나치게 보호하는 장치로 전환돼 정치대표성을 협소하게 하고 국민의 환멸을 자아낼 수 있다.[164] 따라서 기존 정당들의 건건한 발전을 이루기 위한 제도적 개혁 조치는 현직에 특혜를 줘 대표성의 왜곡을 가져올 가능성을 유념해야 한다.[165]

오도넬(O'Donnell) 역시 Punto Fojo 협약을 베네수엘라의 정치적 영역이나 정책분야에 대한 제한이라며, 이는 베네수엘라의 뿌리 깊은 사회경제적 불평등을 완화시키거나 해소시킬 수 있는 기회에 대한 무관심을 감추고 있다는 게 더 문제라고 강조한다. 따라서 베네수엘라에서 정치적 타결의 한정적인 상황에 대한 광범위한 불만이 존재하고 있음을 발견하게 된다. 협약에 의해 민주주의로 이행하게 되면 권위주의적 통치로 되돌아갈 가능성은 적다. 그러나 민주주의로의 이행이 인과적인 계기에 의하지 않고 협약을 통해 성취되는 경우에는 사회경제적 형평이라는 측면에서는 커다란 대가를 치를 가능성이 높다고 오도넬이 이미 예감했던 것이다.[166] 나아가 석유지대의 통제는 새롭게 등장한 다른 경쟁적 정치행위자들의 '진입'을 가로막는 장애물을 만드는 작용을 한 것이다.[167]

실상, 베네수엘라의 경우 민주화 이후의 세 번째 정부 때까지

---

[164] 정당들의 카르텔화 경향은 정당 내부 조직구조를 민주화해 유권자들에게 보다 반응적이고 책임성이 높아질 수 있도록 할 개혁 조치에 의해 예방될 수 있다. 하지만 중남미권 정당들은 사리를 취하고 자가 발전적인 관료주의 엘리트 혹은 후원 수혜의 인적 네크워크에 의해 통제되는, 중앙집중적이고 서열화된 조직들인 경우가 많은 것으로 지적된다(Robers 2007b, 22).
[165] Roberts 2007b, 21~22.
[166] O'Donnell 1987, 29.
[167] Monaldi 2003, 460.

영향력을 행사하고 있었던 'Punto Fijo 정신'은 1기 페레스 정부(1974~1979)나 에레라 정부(1979~1984)에 이르면 거의 의미를 갖지 못했다. 게다가 협약 체결이 이뤄졌다는 사실 그 자체가 협약의 지속성에 대한 제약으로 작용한다. 즉, 협약은 어떤 일련의 관계를 한정시키는가 하면 또한 미래의 사회경제적 구조의 변화가 가능할 수 있도록 해주기도 한다. 베네수엘라의 경우 이러한 협약들은 지난날 엘리트 협약에서 배제됐던 신흥의 정치사회적 행위자들이 정치적으로 의미 있는 등장을 할 수 있도록 하는 조건을 마련해 주고 있다. 베네수엘라가 보다 더 산업화되고 복잡해짐에 따라 자기들 선거구민에 대한 통제력을 유지하고 있는 기존 특정 엘리트들의 능력이 의문시되고 도전을 받게 되는 것이다. 이처럼 석유에 의해 수행된 발전이 지난날 권위주의적 통치의 사회적 기반을 파괴했던 것과 유사하게 이제는 현행의 정치협약의 기반을 손상시키고 있는 것이다. 또한 시간이 지남에 따라 권력의 밖에 머무는 동안 체질의 개선을 이룰 수 있었던 군부는 새로운 단합을 도모함으로써 미래에 있어 정당체계에 대한 가능한 대안으로 발돋움하고 있는 것이다.[168]

2. 석유 주도 경제의 위기

경제적 측면에서 볼 때 Punto Fijo 체제의 쇠락은 60년대 이후 베네수엘에서 20년 만에 처음으로 통화가치가 떨어진 '검은 금요일(Viernes Negro: Black Monday, 1983년 2월 18일)'로부터 시작된다

---

[168] Karl 1987b, 344~345.

는 것이 일반적 평가다.[169] 대외부채는 계속 늘어나고 있었고 더욱
이 1982년 급속한 유가의 하락은 분배정책으로의 과도한 의존 그
리고 낮은 수준의 통제능력 등으로 유발된 Punto Fijo 체제의 허약
함이 마침내 실체를 드러낸 것이다.[170]

〈그림 3-1〉 베네수엘라 경제성장률, 실업률 및 물가상승률(1974~2003)

자료: **World Bank,** *World Development Indicators 2005,* **CD-ROM**

특히 에레라(Herrera) 정부에서 자본의 해외유출은 급증하였다. 1981
년에서 1984년까지 약 300억 달러의 해외도피가 있었다. 외채는 1979
년 240억 달러에서 1983년 350억 달러로 증가하였다. 외채의 약 40%
는 국유기업의 단기외채였다. 1984년 새로 취임한 AD의 하이메 루신

---

[169] 맥코이(McCoy 2004)와 로페스 마야(López Maya 2005) 등 베네수엘라 전문가들이 대체로 이 시기를 Punto
Fijo 체제의 붕괴를 알리는 시초로 잡고 있다.
[170] McCoy 2004, 266.

치(Jaime Lusinchi) 정부는 "외채는 한 푼도 남김 없이 갚는다"고 선언하고 정부재정 축소, 가격 통제, 외환통제 등 구조조정정책을 다시 도입하였다. 특히 4단계의 복수환율제를 도입하여 외환 및 외채문제를 해결하려 했다. 다행히 1984년 석유가 상승으로 국제은행과 외채협상은 피할 수 있었다. 그러나 1986년 루신치 정부는 선거를 앞두고 긴축정책을 포기하고 팽창적 재정정책을 취하였다. 1987년에는 재정적자가 GDP의 5%를 기록하였다. 결과적으로 외채는 줄어들지 않았으며 1987년에는 국제 금융기관과 외채상환 협상을 하게 됐다. 이로써 이후 페레스 정부가 신자유주의 정책으로 선회할 수밖에 없는 상황으로 내몰리게 된 것이다.

〈그림 3-2〉 총외채 및 인당국민소득(1974~2003)

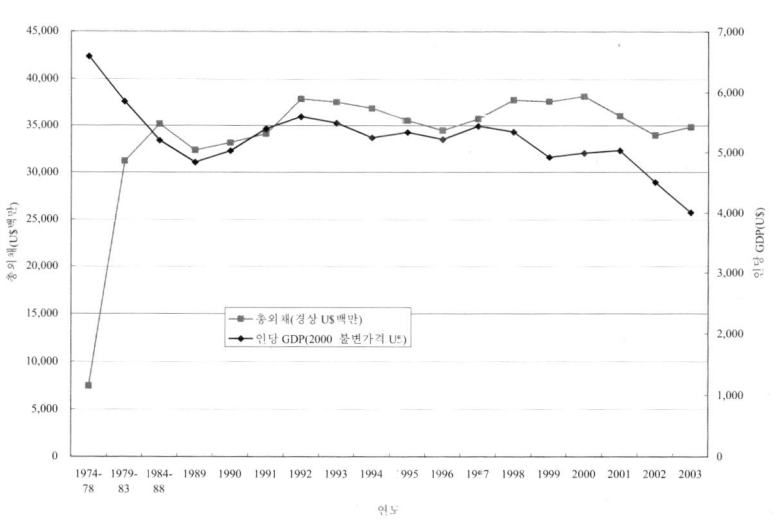

자료: World Bank, *World Development Indicators 2005*, CD-ROM(Washington: World Bank, 2005)에서 작성.

에레라 및 루신치 정부의 긴축과 팽창, 자유시장과 통제경제를 왕래하는 임시변통식(stop-go) 경제정책은 베네수엘라 경제를 탈진시키는 결과를 초래하였다. 1981년에서 1989년 사이 1인당 GDP는 16% 감소했으며 실질임금은 절반 이상 축소됐다. 특히 복수환율제 도입 이후 외환관리는 정치와 경제부패의 확산통로가 됐다. 1983년에서 1988년까지 외환평가국(RECADI)의 특혜로 유출된 외화는 80억 달러에 이르렀다. 1989년에는 불법외화대출 혐의로 2800여 명 이상의 기업인이 조사받았으며 100명 이상의 기업인이 해외로 도피했다. 실제 자국 화폐의 환율도 안정과는 거리가 멀었다. 1982년 달러당 4.3볼리바르(Bs)이던 환율이 1989년에는 34.6볼리바르까지 평가절하됐다. 국유 부문의 경제비중도 오히려 높아졌다. 1980년대 말 국내총생산의 40%, 총 고용인구의 30%, 국내총투자의 50%, 국내소비의 20%, 국부의 80%를 공공 부문이 차지했다.

〈그림 3-3〉 1인당 GDP와 실질임금

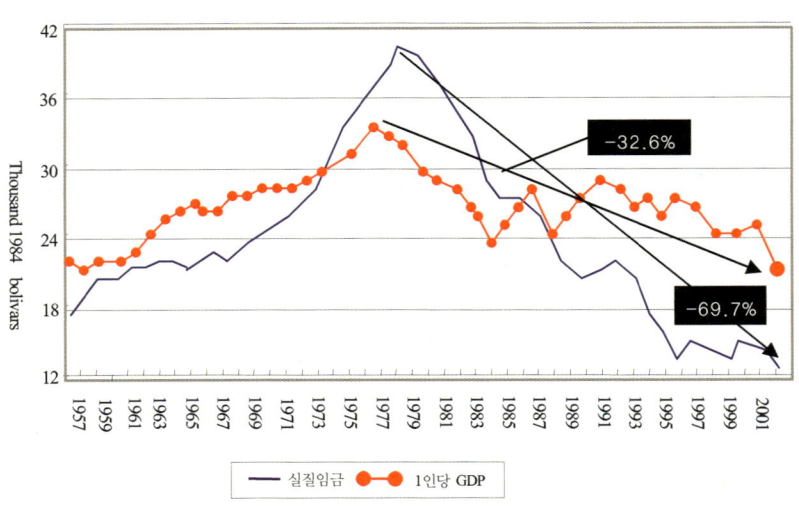

출처: Central Bank of Venezuela, Central Office of Statistics and Information, and MetroEconomica

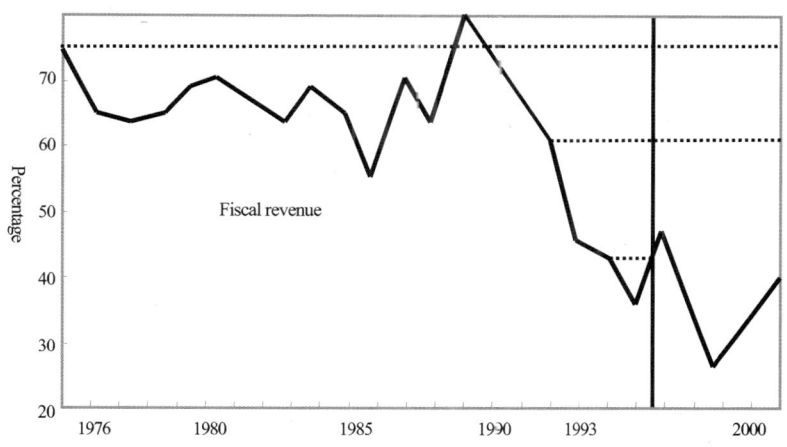

〈그림 3-4〉 석유총수입 대비 석유재정 수입, 1976~2000

출처: Ministerio de Energia y Minas, Petroleo y otros datos estadisticos(Caracas: Ministerio de Energia y Minas, 2001

석유 주도 경제의 한계는 네덜란드병이란 말로 특징지어진다 할
수 있다. 네덜란드병[171]이란 1960년대 북해산 원유붐이 네덜란의
산업생산에 미친 부정적 영향을 가리키는 말이다. 이 현상은 자원
붐이 실질환율을 상승하게 하고 노동과 자본을 호황인 자원 부문
으로 이동시킬 때 발생한다. 이 결과로 국내 생산된 재화와 서비
스의 비용이 높아지고 경쟁력을 축소시키면서 과거에 생산력이 높
았던 산업 부문이 실질적으로 '크라우딩 아웃(crowding out · 驅逐效
果)'되는 결과를 가져오게 한다. 다시 말해 네덜란드는 유전 개발
에 따른 경제호황을 누리면서 급격한 임금상승과 함께 막대한 달

---

[171] 네덜란드병과 유사하게 '자원의 재앙(resource curses)'이란 표현이 최근 언론에 소개됐다. 영국 로이터 통신
2007년 6월 20일자에 따르면 아프리카 가나에서 대규모 유전이 발견됐으나 일각에서는 이 'black gold'로
수입이 증가하면 인근 유전국 나이지리아와 비슷한 국가 · 사회 흔란을 초래할 것으로 우려하고 있다. 즉 민
주적 정치구조가 취약한 상황에서 석유수입의 과잉은 만성부패를 부추기고 사회적 분열을 조장하며 가난을
지속시켜 극도의 사회흔란상을 초래할 수 있다는 것이다. Reuters, 2007년 6월 20일자, 가나 아크라발 기사.

러 유입에 따른 소비급증 등의 현상을 목도하게 된다. 네덜란드는 이 때문에 통화 절상에 따른 제조업 부문의 수출경쟁력 약화로 탈 공업화가 급속히 진행되는 등 산업 전반에 걸쳐 커다란 어려움을 겪었으며 한동안 심각한 노사갈등 등 사회불안까지 감내해야 했다. 이후 이 말은 자원의 종류를 가리지 않고 특정 부문의 경제적 활력이 경제 전체의 호황을 불러올 것이라는 착각을 일으킬 수 있다는 경고로 사용돼 왔다.

1960년대까지 베네수엘라의 포퓰리즘은 석유수입의 국가통제, 산업화를 촉진시키는 Activist State 등 이른바 신자유주의와는 동일 선상에 있지 않은 이데올로기적 유산과 관계가 있었다. 베네수엘라의 제한된 산업 개발은 잉여자본을 제공했던 석유수입에 의해 창출된 수요에 의해 추동됐다. 중남미 기준으로서는 늦었다고 볼 수 있는 1960년대에 베네수엘라는 수입대체 정책으로 방향을 틀었다. 여기에는 미국의 시장진출을 허용해 주는 대가로 베네수엘라산 석유의 미국 수출을 확보하기 위한 '특별한 교역관계'를 구축하려는 베네수엘라의 시도를 미국이 거절한 데 대한 좌절감이 부분적으로 작용했다. 아이러니컬하게도 베탕쿠르(1958~1963년 집권)와 라울 레오니(Raúl Leoni 1963~1968년 집권) 정부는 그들 스스로 더 높은 국내 시장 점유율을 확보하기에 혈안이 됐던 베네수엘라 자본가들에 의해 자극을 받아 중남미 대륙 다른 곳에서는 위기의 순간으로 진입하려던 정확히 그 시점에 수입대체 정책을 채택했다. 수입대체 정책은 1960년대 말에 그 한계에 맞닥뜨리기 시작했지만, 1973년 중동위기에 이은 석유 붐은 국가 주도 경제성장 정책의 전통을 더 시장친화적 정책으로 대체할 어떤 유혹도 쉽사리 다가서

지 못하도록 했다.[172]

경제적인 면에서 도시화 과정은 점점 더 동질적인 국내시장의 형성을 의미했다. 특히 국가는 국내 시장을 겨냥한 비(非)석유 제조업 부문의 발전을 크게 3가지 길로 나다가게 지원한 측면이 있다. 한편으론 수입대체 정책의 일환으로 관세율 조정 및 비관세 장벽 조치로 국내 제조업을 보호했다. 또 한편으론, 국가는 부단히 재정 지출을 확대하면서 수요를 자극했다. 결국 국가는 은행 대부를 통해 그리고 무료 혹은 매우 낮은 비용으로 서비스를 제공하면서 제조업 발전을 위한 막대한 보조금 정책을 폈던 것이다. 이런 세 가지 조치로 인해 국가 보조금과 보호정책은 제조업 부문이 그들 자체 생산성을 훨씬 뛰어넘는 수입을 가질 수 있도록 조장했던 것이다. 이런 현상은 비(非)석유 모든 부문에 해당되는 것으로, 공공지출을 통해 석유지대를 이체(transferencia)함으로써 생산성 변이(variaciones)와 무관하게 매우 높은 수입의 증가란 특징을 보인다.[173]

석유와 중앙집중통치는 친화성이 있는 것으로 보이는 반면, 석유와 민주주의는 일반적으로 혼합되지 않는다. 정치학자들은 여러 사례연구들을 통해 이런 관계를 반복적으로 논술해 왔고 이들은 또 석유수입에 대한 의존과 권위주의적 정부 간에는 강력하고 그리고 통계적으로 의미 있는 친화성이 있음을 밝혀냈다. 이는 칼(Karl)이 석유 주도 발전 모델의 정치·경제·사회적 결과를 다룬 논문에서 자세히 다뤄진다.[174] 미첼(Mitchell)은 베네수엘라의 정치 행로가 석유 주도 개발전략의 결과일 뿐간 아니라 국가 리더십의

---

[172] Hellinger 1993, 14.
[173] Espinasa 2003, 475.
[174] Karl 2006.

장점과 단점의 제도화 수준에 의해 결정된다고 한다. 석유에 의존하는 경제·사회 시스템과 민주주의 안정 간 관계가 부정적이라는 논점은 충분한 증거 자료를 갖고 있다. '자원의 재앙'이라고 자주 언급됐듯이, 석유 주도 개발은 경제성장률을 낮추고, 사회복지 혜택을 악화시키며, 나아가 권위주의 정권의 희생양이 되기 쉬운 대중과 정부 간 단절을 가져오는 경향이 있다는 것이다.[175]

정치권력이 권위주의 통치의 한 형태에서 다른 형태(혹은 일정 형식의 엘리트 민주주의)로 변함에도 불구하고, 정치 엘리트들은 석유 붐 시기 국가를 통제하고 그리고 석유수입 배분을 통해 이런 형식의 통제를 공고화할 수 있기 때문에 석유지대 분배의 과정을 통제하면서 도출되는 권력을 승계한다. 그리하여 석유지대는 초기에 레짐의 공고화에 도움을 주고 나아가 이례적으로 긴 시간 레짐이 지속하도록 해 주며 심지어 석유가격 붕괴(bust)의 시기에도 레짐이 지속될 수 있도록 해 준다. 하지만 석유는 시간이 지날수록, 특히 권위주의 정권하에서 정치안정을 손상시키는 악영향을 초래한다. 사실상 거의 모든 석유 부국들이 석유수입이 떨어질 때 매우 높은 수준의 시위 사태에 직면하는 경향이 있고 일부 레짐의 경우 붕괴한다. 레짐이 사회통제 메커니즘을 발전시키고 권력의 순환을 허용하며 레짐의 정당성에 대한 기반을 석유지대에 두지 않으면 레짐은 Oil Boom-bust 사이클과 무관하게 지속될 가능성이 높다. 하지만 초기의 석유 개발이 레짐 및 민족국가 형성과 일치하고 비석유 부문의 이익집단이 형성되지 않은 상태에서 후원수혜적 렌트가 그 정체(polity)를 묶어 주는 핵심 아교라고 한다면 이런

---

[175] Mitchell 2006, 1~3.

레짐들은 유가붕괴의 시기에 특히 허약하그 취약성이 높아진다.[176]

개혁조치의 실행이 1973~1989년 16년간 좌절감을 안겨 주며 연기되면서 1958년 이후 민주주의 체제의 효율성과 유효성, 합법성의 기반을 허물었다. 더욱이 '58년 체제의 해체는 1973~1974년 석유정책 변화의 결과에 기인한다. 1973~1974년까지 유가는 수십 년간 낮은 수준이었지만 안정됐다는 점을 토여 준다. 당시 석유수출국들은 더 많은 석유수입을 원했을 때 더 많은 석유를 생산해야만 했다. 이런 조건은 경제적으로 건전한 것이었다. 완만한 석유수입 이윤폭은 높은 석유렌트로 인한 인플레이션 충격을 피하고 석유생산 증가는 경제의 다른 부문으로 자동적으로 전파돼 새로운 일거리를 창출할 수 있기 때문이다. 그러나 1973년 이후 세계 석유시장은 변했다. 이젠, 더 많은 석유수입은 더 많은 생산이 아니라 카르텔로 작동하는 석유수출국기구(OPEC)으 의도적 가격 설정을 통해 얻어지게 된 것이다. 초기에 이런 변화의 결과는 잘못 이해됐다. 분석가들은 OPEC 회원국들이 주권을 강조하며 초국적 석유대기업에 의한 이른바 '제국주의 자원 침탈'로부터 자신들을 '해방'시키려는 시도로 간주했던 것이다. OPEC 회원국들의 석유산업 국유화, 유가 인상 그리고 석유 감산 결정에서의 유동성이 더 커진 점 등은 회원국 지도자들에게 경제 침탈로부터의 해방으로 묘사됐다. 하지만 이런 새 정책이 실제로 미친 충격은 다른 곳에 있었다. 우선, 첫째로 급격한 유가 변동으로 인해 거시경제 안정성이 훼손됐고, 둘째로는 석유산업이 다른 경제 부문의 성장을 촉진시키는 능력이 줄어들었으며, 셋째론 정부 지출과 외국 석유기업의 현지 조

---

[176] Karl 2006, 23~24.

세부담 간 연계가 약화됐고 마지막으로 빈민층이 늘어나는 데 비해 국가는 더 부유해졌다는 점을 들 수 있다. 다시 말해, 1973년 채택된 석유생산량 조절 및 유가책정 정책은 경제생산을 지체시키고 민주주의를 왜곡시키는 성적표를 갖고 있다고 Gil Yepes는 지적한다.[177]

'석유 노다지'가 지속되는 한, 포퓰리스트 '원뿔꼴 종이봉지(cornucopia)'로부터 노동계급으로 똑똑 떨어지는 것이 있었다. 고질병인 빈곤은 지속됐다. 하지만 교육의 기회, 일자리, 미래에 대한 희망은 높은 채로 유지됐다. 가격 통제와 수입액은 인플레이션 한도치를 유지하고 있었다. 그러나 1981년 이후 세계유가의 붕괴 그리고 1983년 베네수엘라 볼리바르화 가치의 급락으로 민중 부문이 '석유 노다지'가 끝난 결과를 제일 먼저 실감했다. 유가의 붕괴는 미래의 석유수입을 예상해 미리 분배하는 식으로 빌려 줬던 대출금을 민간 부문이 갚아야 하는지에 대한 문제를 제기했다. 또한 1980년대엔 경제위기에 대한 책임을 거의 전적으로 포퓰리스트 국가에 돌리는 신자유주의 사고의 이데올로기 침투를 목격했다.[178]

1983년의 평가절하는 베네수엘라의 분배와 팽창정책이 한계를 알리는 신호였다. 그때까지 달러당 4.29볼리바르를 유지했던 볼리바르화의 환율이 1년 사이 거의 두 배인 7.02로 올랐다. 그후 볼리바르화는 지속적으로 평가절하돼 달러당 볼리바르화의 환율이 90년에는 46.90까지 올랐고 2002년에는 857을 기록했다. 이런 볼리바르화의 가파른 평가절하는 사실 석유수출국가로서 베네수엘라의 예외적 지위의 상실을 의미하는 것이자 후원수혜 관계에 기반을

[177] Gil Yepes 2004: 235~236.
[178] Hellinger 1993, 19.

둔 기존 정치 시스템의 정당성 상실을 의미하는 것이었다. 또한 1983년은 베네수엘라 독립의 상징인 시몬 볼리바르의 탄생 200주년이 되는 해로서 볼리바르화의 평가절하를 기존 정치인들의 부패와 반민족주의의 징후로서 비판하면서 차네스가 군 내부에서 볼리바르혁명운동(MBR)을 창설한 상징적 해이기도 하다.

〈표 3-3〉 환율 1982~2001(bolivars per dollar, end-year)

Year	Bs/$	감가상각률(%)
1982	4.3	
1983	10.87	152.8
1984	12.1	11.3
1985	13.8	14
1986	22.2	60.9
1987	28.2	27
1988	34.02	20.6
1989	43.79	28.7
1990	50.79	16
1991	61.63	21.3
1992	79.6	29.2
1993	106	33.2
1994	215.33	103.1
1995	334.12	55.2
1996	476.75	42.7
1997	504.25	5.8
1998	564.5	11.9
1999	648.25	14.8
2000	699.75	7.9
2001	763	9

출처: Central Bank of Venezuela and MetroEconomica.

Note: The Exchange rates indicated refer to the estimates of the end-of-period value in the free market, including periods of exchange control.

그러나 베네수엘라는 기존 정치경제 시스템의 이런 위기에도 불구하고 Punto Fijo 협약 체제하의 후원수혜자 관계를 유지하기 위해 분배와 국가 개입 정책을 포기하지 않았다. 특히 1985년 루신치(Lusinchi) 정부는 유가의 급격한 추가 하락이 GDP 8% 정도의 감소 효과를 가져왔음에도 불구하고 팽창정책을 지속함으로써 베네수엘라 경제는 재정적자가 확대되고 외환보유고가 감소하며 볼리바르화가 또다시 급격히 평가절하되는 문제를 경험하게 됐다. 하지만 이런 팽창정책의 지속은 당시 여당인 AD의 재집권, 즉 페레스의 재등장을 가능하게 하는 중요한 요인이 된 것도 사실이다. 즉 80년대의 베네수엘라는 유가 하락으로 인한 개혁의 필요성에도 불구하고 정치적 이유로 개혁을 미룸으로써 경제적 불안을 지속했다.[179]

특히 1981년 이후 유가의 하락은 단기부채 상환 시기의 도래와 일치한다. 볼리바르화의 평가절하 압력은 커져 갔지만 에레라(Herrera) 정부는 인플레와 경제침체란 정치적 비용을 두려워해 미봉책으로 버텼다. 그러는 사이 민간 및 공공 부문 모두에서 부르주아지는 자본의 대규모 해외유출에 나섰다. 그들은 달러당 4.3볼리바르 환율로 달러를 매입해 해외의 높은 예금금리 은행비밀계좌에 쌓아 두거나 해외 부동산에 투자했다. 부패는 베네수엘라에서 전혀 새로운 게 아니다. 그러나 1983년 이후 볼리바르화 평가절하의 맥락에서 보면, 중간 및 노동계급의 큰 비율이 빈곤층 및 실업자 대열(전체 인구의 60% 이상)로 굴러떨어지면서 공사 부문 경제 엘리트와 정부 관리들이 연루된 부패 스캔들은 이른바 전문가들에 의해 정당지배(partycracy)로 이름 붙여진 포퓰리스트 체제에 대한

---

[179] 김기현 2003, 317~319.

일반 국민의 신뢰를 좀먹었다는 점을 특히 주목해야 한다.[180]

결국, 비판적인 시각에서 볼 때 이런 경제 상황은 석유대국, 이른바 '사우디 베네수엘라'의 엄청난 낭비와 경제적 만행이 극도로 진행됐음을 보여 준다는 지적이다. 실례로 1973년과 1979년의 오일쇼크는 석유대국 베네수엘라에 사실상 혜택을 주지 못했고 1980년대 초반 이후 베네수엘라 경제는 더 빠른 속도로 붕괴하고 있었다. 베네수엘라 중앙은행(BCV) 자료에 따르면 1976년과 1995년 사이에만 베네수엘라의 석유수입은 2700억 달러에 달했다. 이는 마샬플랜 규모의 무려 20배에 해당하는 것이다. 하지만 1978~1982년 베네수엘라의 국가부채는 두 배로 늘어났다.[181]

베네수엘라 정치체제는 권력계급의 하층계급에 대한 지속적인 부의 분배 능력과 과두적 민간 부문 간의 후견-수혜 관계에 의해 유지됐다. 그런데 이러한 요구를 충족시켜 줄 수 있는 재원은 석유수출의 대가로부터 창출되었기 때문에 국제유가 시세 변동의 추이에 따라 베네수엘라 정치체제의 안정성과 권력의 정당성 그리고 Punto Fijo 협약의 존속 여부가 결정되는 상황이 구조화했다. 말하자면 베네수엘라에서 석유는 군사적 권위주의의 붕괴와 민주적 정부의 지속을 가능케 한 구조적 조건들이 무엇인가를 설명해 주는 가장 중요한 요인인 것이다. 석유에 의해 야기된 사회변화와 특정의 경제조직은 베네수엘라의 정치와 정치제도는 물론이고 지주, 농민, 기업가, 노동자들의 조직과 계급적 능력에까지 심대한 영향을 미쳤다. 베네수엘라는 석유를 매개로 국제시장에 통합됐고 정

---

[180] Hellinger 1993, 21.
[181] Severo(2006) "In Venezuela, Oil Sows Emancipation", Rebelion.org(www.venezuelanalysis.com/ articles.php?artno =1694)

당체계에 필요한 구조적 조건을 마련할 수 있었던 것이다.[182]

베네수엘라는 정치적 민주주의를 지탱할 경제적 지원 역량이 부족하게 되면 민주체제의 안정성 자체가 위협을 받게 됐다. 실제로 베네수엘라가 1980년대 후반부터 격심한 정치 변동을 겪게 된 원인은 경제적 위기를 극복하지 못했기 때문이었다. 베네수엘라는 민주화 단계에서 외국자본의 국유화, 국내 시장의 정치적 보호 등 방식으로 일시적으로 국내 산업의 경쟁력을 확보했으나 장기적으로 국내외적인 시장 변화에 대한 적응력을 약화시킴으로써 비효율적인 국가경제체제를 지니게 됐다. 베네수엘라는 석유수입으로 형성된 부를 기반으로 형식적 민주주의 체제를 운영했으나 시민경제가 다양화하고 국제시장의 신자유주의 압력이 높아지면서 더 이상 비효율적인 정치·경제구조를 유지할 수 없게 됐던 것이다.[183]

이와 관련하여, 이영조(2006)는 포퓰리스트 경제발전 전략의 한계를 예리하게 지적한다. 지배계급, 피지배계급을 막론하고 민주주의 체제에 대한 정당성은 민주적 게임규칙의 형식적 합리성이나 내재적 가치보다는 국가시혜를 분배하는 데 있어서의 그 수단성(instrumentality)에서 비롯하고 있었다. 시혜의 배분에 바탕한 정당화는 발전 전략에 대해서도 명백한 함의를 지니고 있었다는 게 이영조의 핵심 요지다(이영조 2006, 83~84). 이영조는 수입대체산업화와 포퓰리즘이 친화력을 갖게 된 이유를 포퓰리즘 연합의 이질성에 있다고 지적한다. 하층계급을 길들이는 데는 적나라한 강제로만은 충분치 못하기 일쑤이고 따라서 유인을 제공해야 한다.[184]

---

[182] Karl 1987b.

[183] 우준모 2006, 67.

[184] 이영조(2006)는 Malloy(1987, 239~240)를 인용해 이처럼 지적하고 있다.

다음에서 국제 석유시장 환경을 기준으로 베네수엘라 경제시기를 구분한 표와 원유가격 변동을 그린 그림을 소개한다.

〈표 3-4〉 국제 석유시장 환경을 기준으로 한 버네수엘라 경제 시기 구분

구분	연도	주요 사항	비고
호황	'50년대 초~'60년대 초	'48년 이익반분협정 이후 석유수출과 재정 수입 확대. '58년 푼토피호협정 체결.	석유-국가 체제의 강화
불황	'60년대 초~'70년대 초	'60년 OPEC 결성했으나 석유 생산 과잉으로 인한 저유가 지속	
호황	'70년대 초~'80년경	'73년부터 '76년까지 1차 국유화 실시. '76년 PDVSA 설립.	
불황	'80년경~'80년대 말	'83년 '검은 금요일'(볼리바르화 평가 절화와 외환 규제 선언) 발생. '86년 석유산업 일부 민영화와 개방. 저유가 재도래.	신자유주의 정책 시행
	'80년대 말~'90년대 말	'89년 IMF 구조조정 협정 의향서 체결. '96년 긴축 재정과 민영화 등 신자유주의 정책 전면 도입.	
호황	~현재	'99년 산유국 결속 강화와 석유 가격 지속 상승. PDVSA의 '완전 국유화'와 석유산업 개혁	'신사회주의' 혁명

출처: 김병권 외 공저 2007.

〈그림 3-5〉 원유가격 변동과 GDP 추이(1970~2004)

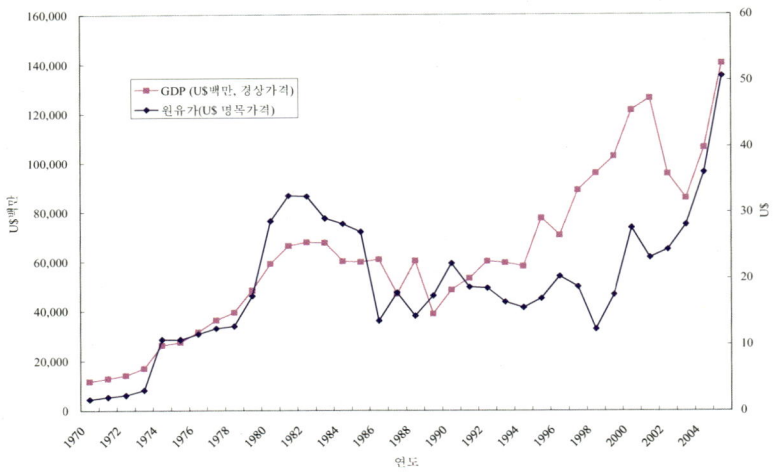

*1970년에서 1981년까지는 아랍경질유 공식가격. 1982년은 OPEC 준거가격 OPEC

출처: *Annual Statistical Bulletin 2005.*

제4장 포퓰리즘체제로의 변환: 엘리트 균열과 신자유주의 실패

1989년 초 페레스가 두 번째 대통령 임기에 취임했을 때, 중남미에서 가장 안정된 선거 민주주의 체제 중 하나로 간주돼 온 베네수엘라에 격동과 충격의 정치사가 시작될 것이라고 예측할 수 있었던 이는 거의 없었다. 하지만 지대추구형 국가와 푼토피호 정당지배체제는 페레스가 1989년 두 번째 정권을 잡았을 때 이미 위기에[185] 처해 있었다.[186] 더욱이 1990년대 전 세계는 물론이고 중남미 대륙을 강타한 신자유주의는 베네수엘라 정치에 엄청난 회오리를 몰고 오게 된다. 1958년 이래로 베네수엘라 정치에서 흔하지 않은 안정을 가져왔던 엘리트 간 협약의 정당지배체제가 신자유주의와 접목에 실패, 위기를 맞게 됐다는 점은 분명하게 됐다.[187] 결국 협약민주주의 체제는 경제적 기반의 붕괴와 체제에 포섭된 민중의 이탈로 정당성을 상실하며 체제 붕괴의 운명을 맞게 된다.

베네수엘라 여성 정치사회학자 아레나스(Arenas)는 카라카소(Caracazo)로 알려진 1989년 2월 27일 민중폭동 사건 그리고 1992년 두 번의 군사 쿠데타 사건은 엘리트 간 협약을 통한 정당지배체제에 큰 변화를 준 중대 분기점(inflection point)이라고 주장한다.[188] 이 분기점이란 표현은 협약민주주의 체제에 포섭된 민중의 이탈로 결국 체제 존립의 정당성에 대한 부정으로 나아가는 중대 계기라는 점을 잘 드러내 주고 있다. 여기에는 수입대체산업화 모델의 고갈과 신자유주의 구조조정 정책의 결과로 나타난 사회적 양극화와 정당-시민사회 간 연

---

[185] 〈표 4-1〉 참조. 그리고 베네수엘라 Simón Bolívar Aníbal(1997) 교수는 1990년대 초에 베네수엘라는 "민주주의가 죽음의 고통에 직면해 침몰하는 타이타닉 호에서 갑판 의자를 정리하는 것처럼 아무 소용도 없는 짓을 하고 있다"고 논문 제목에서 적나라하게 기술하고 있다. 논문 제목은 "Rearranging the Deck Chairs on the Titanic: The Agony of Democracy in venezuela"이다.

[186] Dávila 2007, 21.

[187] Hellinger 1993, 34.

[188] Arenas 2002, 58.

계 구조의 붕괴 등이 그 배경으로 작용했다. 체제 존립을 위한 정당성을 상실한 것은 정당 및 정당체제, 의회, 정부 등 국가제도 및 기관에 대한 국민 대다수의 불신이 가져온 당연한 결과였다.

제1절 신자유주의 개혁의 실패

1. 페레스 정부의 신자유주의 정책 시행 배경과 결과

페레스 전임 하이메 루신치(1984~1989)의 통치 기간 마지막 몇 달 동안 베네수엘라 사람들은 누구나 경제위기가 닥쳐오고 있음을 느끼고 있었다. 1989년 1월에 위기가 곪아 터지자, 루신치가 대통령으로서 취한 마지막 조치는 외채상환을 유예한 것이었다. 방만한 지출과 전대미문의 부정부패가 20년 동안 계속된 탓에 외환보유고는 바닥나고 있었다. 이 결정의 여파로 국민들은 2월에 취임하게 될 신임 페레스 정부의 정책방향에 대해 여러 가지로 추측했다. 페레스는 겉으로 보기에 베네수엘라가 부자나라 같았던 1970년대의 '베네수엘라 사우디타' 황금시기를 이끌었던 인물이다. 국민들이 그를 다시 대통령으로 뽑은 것은 대체로 그가 다시 한 번 기적을 일으킬 수 있으리라는 당치 않은 기대 때문이었다.

페레스는 계속 국민들을 기다리게 했다. 대통령 당선자의 자격으로 페레스는 몇 주 동안 사우디아라비아, 쿠웨이트, 알제리 등 주요 OPEC 회원국들을 순방함으로써, 석유를 둘러싼 국제정치판에 베네수엘라가 다시 뛰어들 계획을 가지고 있는 것 아닌가 하는 기대감을 불러일으켰다. 마침내 카라카스로 귀국했을 때 그의 마음은 결정되어 있었다. 놀랍게도 그는 신자유주의 정책을 받아들여 일대 변혁을 꾀하기로 작정했던 것이다. 더구나 당시에 신자유주의는 아직 90년대의 새로운 정설로서 그 입지가 확고했던 것도 아니다. 페레스로서는 도저히 다른 해결책을 찾을 수 없었던 것이다. 지난 반세기 동안 정치·경제 영역에서 주도적인 역할을 담당했던 국가의 역할과 규모에 철저한 수정을 가하고 국영기업은 민영화하기로 했다. 정부 주도 아래 고용창출과 경제성장을 추구하기보다는 오히려 정부는 '민간 부문의 가속적인 팽창'에 의지하기로 했다. 또한 물가와 금리를 '자유화'하고 변동환율제를 폐지하기로 했다.[189]

이에 대해 페레스는 1990년 초 영국 언론인 고트(Gott)를 만난 자리에서 다음과 같이 말하기도 했다.[190]

> 내가 내린 결정은 매우 힘든 것이었으며, 대체로 지금도 몹시 인기가 없다. 일반 국민들은 우리가 취한 가혹한 조치에 분개하고 있다. 국민들은 지금도 시위나 항의집회를 통해 고통을 호소하고 있지만, 우리는 그것이 불가피한 조치였음을 이해해야 한다. 다른 해결책이 없었다. 지난 15년 동안 세상은 정말 많이 변했다. 경제가 더 세계화되고 더 조직화되었으니, 경제관계에 대한 인식도 달라져야 한다. 경제가 세계화됨에 따라 우리 국민도 외국인 투자의 필요성을 더 잘 이해하게 될 것이다.

그 인터뷰에서 또 페레스는 베네수엘라는 지금 석유세입만 가지

---

[189] Gott 2005, 88~89.
[190] Gott 2005, 82~83.

고 경제를 이끌고 갈 수 없기 때문에 외국인 투자가 절실하다고 말했다. 지금까지 국가의 독점적 투자 부문으로 간주되었던 정유업의 경우에도 '외국자본의 참여'를 협상할 필요가 있다는 것이 그의 생각이었다. 페레스는 장래 국가 자체의 역할에 관해서도 회의적이었다. 그는 본질적으로 국가기관은 타락하는 경향이 있다는 교훈을 얻었다면서, 지금 정부는 '부정부패를 가능케 할 소지가 있는 모든 요소'를 폐지할 계획이라고 말했다. 물론 이런 부정부패 현상에서 자신의 역할에 대해서는 아무런 언급을 하지 않았다. 또 그는 환율을 자유화하고 무역규제를 철폐하면 부패가 사라질 것이라고 기대했다. 흔히 전향자에게서 볼 수 있는 열정을 담아 페레스는 '국가 개입을 최소한으로 축소하는 것이 최선책'이라고 힘주어 말했다.[191] 하지만 이는 페레스의 말 그대로 기대에 불과했고 자신 역시 정반대의 길을 감으로써 실패를 자초하고야 말았다.

이런 페레스를 재등장시킨 1988년 대통령 선거는 여러 면에서 특징적인데 첫째, 24명의 후보가 출마해 베네수엘라 역사상 가장 많은 대통령 후보가 출마한 선거였다. 둘째, 페레스가 대통령에 다시 한 번 당선되었다는 것이다. 셋째, 페레스는 많은 반대자가 있었지만 53%로 대통령 선거에 승리했다는 점이다.[192] 페레스의 1988년 선거전 자체만을 놓고 볼 때는 그가 1973년 첫 대선전을 치를 때와 마찬가지로 전통 포퓰리스트 전략에 호소하는 것이었다. 페레스의 야심찬 선거 캠페인 스타일은 과거 포퓰리즘과 전임 정

---

[191] Gott 2005, 83~84.
[192] 김달관 2007a, 248.

부의 민족주의의 기억을 불러 내는 데 맞춰졌다. 이런 스타일이 갖는 선거전략의 효과는 자신의 선거 승리를 확신하기 위한 것이었다. 유권자들도 과거 1970년대 재정지출을 크게 확대했던 페레스의 승리로 이전 정부의 '좋았던 옛 시절'로 돌아갈 수 있을 것이란 기대감으로 부풀었다. 페레스가 승리한 주요한 원인도 페레스가 재집권하면 1970년대 그의 대통령 재임 시절 국가의 경제개입 정책과 국영화 정책 등이 실시된 '황금기'로 다시 돌아갈 수 있을 것이란 유권자들의 '환영(幻影)' 때문인 것으로 분석되고 있는 것이다.

이를 의식한 듯 페레스의 전략은 낙관론 및 장막으로 둘러싸인 구세자주의(messianism)가 주요한 요소들이었다.[193] 확실히 유권자들 대다수는 페레스가 권좌에 복귀하면 베네수엘라도 대외부채의 탕감을 요구하는 중남미 국가들과 더욱 긴밀히 보조를 맞춰 전임 대통령보다 더 민족주의적인 정책을 추진하겠다는 자신의 방침을 발표할 것이라고 믿었다. 선거 기간 그는 '경제를 근대화하기 위해' 심오한 변화가 필요하다고 주장했다. 하지만 그의 담론 스타일은 자신의 실제 의도에 관해 어떤 합리적인 확정성을 갖고 알 수 있는 게 아무것도 없음을 확인시켜 주는 것이었다.[194]

'그리운 옛 시절'을 재현할 임두를 띠었던 페레스 대통령은 하지만 치명적 결점을 안고 첫출발을 했으며 베네수엘라 체제에 대한 지지는 이미 '침몰 직전' 타이타닉호를 충분히 연상할 수 있는

---

[193] Dávila 2000, 230.

[194] 이를 Dávila(2000, 230)는 "베네수엘라는 40년 넘게 포퓰리스트 정치에 의해 지배를 받았지만 베네수엘라 포퓰리스트 전통의 대표자라고 할 수 있는 페레스 대통령이 1989년 2월 2일 두 번째 임기의 대통령에 취임했을 때 구(舊) 포퓰리스트 질서체계는 이미 위기에 처해 있었다. 그 첫 번째 (페레스 자신이) 포퓰리스트 담론의 신뢰성을 잃었다는 점이다."라고 지적한다.

수준이었다.[195] 지대추구형의 정치는 국가가 국민들 권리의 저장소(repository)로서 기능해야 한다는 식의 중요한 정치적 기대감을 만들어 냈지만 이런 권리는 국민의 활발한 참여가 없으면 수동적으로 받아들여졌다. 정당은 5년마다의 선거를 통해 정치 및 사회적 삶을 지배했다. 반면 시민사회는 약했고 후원수혜식 지향의 정치 스타일은 사실상 공식적인 룰이 됐다. 지대추구형 국가와 정당은 페레스 대통령이 두 번째로 취임했을 때 이미 위기에 빠져 있었다는 것이다.[196]

다음 조사 결과는 이를 확인시켜 주고 있다.

〈표 4-1〉 민주주의에 대한 베네수엘라 국민의 신뢰도 변화(%, 1977~1990)

평가	1977	1983	1987	1988	1990
(매우 만족)	29.5	23.4	23.2	23.7	5.2
(일부 만족)	55.5	51.4	62.9	58.8	66.2
(정치체제 변해야)	15.1	25.2	13.9	17.5	28.6
설문대상자 수	2,260	1,789	400	400	2,500

출처: Romero 1997, p.26에서 재구성

주: 1987년과 1988년은 수도 카라카스(Caracas) 시민대상, 나머지는 전국 설문조사

페레스는 이른바 '위대한 베네수엘라(La Gran Venezuela)' 정책의 번영을 가져왔던 자신의 '70년대 첫 집권시절의 국가 개입주의적 경제정책을 회복할 것임을 약속하는 것처럼 보였다. 하지만 보통은 극소수 유권자들에 의해 정독되는 페레스의 선거강령은 국가의 역할 축소, 수출지향형 경제, 탈중앙집중적 정치개혁, 민영화, 국가·선거·

---

[195] Romero 1997 참조. Romero는 1997년 이 논문이 1995년 9월 워싱턴에서 열린 중남미학회에 제출된 것이라고 함으로써 베네수엘라에 대한 그의 비관적 전망이 이미 90년대 중반에 나왔음을 확인시켜 주고 있다.
[196] Dávila 2000, 230.

정당체제 등의 개혁작업 지속 등 일부 정책 가이드를 포함하고 있었다. 이런 식의 선거전은 성공이었고 페레스는 전체 유효투표의 약 52% 득표율을 올려 당선됐다. 하지만 1978년 이래 처음으로 페레스의 AD는 상원과 하원(48%) 모두에서 과반을 차지하지 못했고 상당수 지방정부 선거에서도 패배했다. 실상, 페레스를 지지했던 유권자들 대다수는 페레스가 이전 정부의 '좋았던 옛 시절'의 영광을 되찾아 줄 적임의 후보로 생각했었다.[197]

그는 그러나 아르헨티나의 메넴이나 페루의 후지모리와 마찬가지로, 선거전에서의 수사와는 완전히 다른 방향으로 정책을 펼쳐 나갔다. 그는 먼저 기존의 베네수엘라 정치를 지배하는 정당인들이 아닌 경제 전문기술관료들로 내각을 구성하고 지금까지 지속됐던 Punto Fijo 체제하의 후원수혜자 관계에서 벗어나고자 하는 모습을 보였다.[198]

효율적인 정부 행동을 긴급히 필요로 하는 심각한 경제문제는 인플레이션, 국제수지, 예산적자, 금융통제, 국가간섭 등 5개 분야로 요약된다. 페레스 새 정부에 의해 실행된 정책들은 이런 문제들에 대처하기 위한 신자유주의 시도였다.[199] 1970년대 'IMF의 적'으로 간주됐었던 페레스는 1989년 대통령에 재선 취임하자마자 IMF식 긴축조치들을 발표함으로써 베네수엘라 국민을 놀라게 했다. 그는 IMF와의 협상을 통해 신용 제공의 대가로 신자유주의적 안정화와 구조조정 프로그램의 도입을 약속했다. 즉 베네수엘라는 페레스에

---

[197] Dávila 2000, 230~231.

[198] 김기현 2003, 319.

[199] 이를 Moises Naím은 "페레스 정부는 전광석화와 같은 속도로 행동했다"는 말로 표현했다. 베네수엘라 정치경제학자이기도 한 Naím은 페레스 정부 시절 첫 2년간 산업장관을 지냈다. 그는 베네수엘라 개혁 과정을 출범시킨 테크노크라트들 중의 한 명으로 꼽힌다(Dávila 2000, 231).

의해 시장경제체제제로의 대전환(El Gran Viraje)을 시도했다. 그러나 그의 이러한 시도는 다른 나라들과는 달리 즉각적인 대중의 반발에 부닥치게 됐다.[200]

페레스는 자신의 대통령 두 번째 취임 축제 분위기를 뒤로한 채 1989년 2월 14일 일련의 신자유주의 조치를 고려한 구조조정 계획을 공개, 온 나라를 충격 속으로 몰아넣었다. 가격인상 조치는 일반 서민층에 충격을 줬고 임금 동결조치는 중간등급의 국가 관료층을 강타했다.[201] 석유가격은 두 배로 인상될 예정이었고 향후 몇 년간 두 번 더 유가는 올라갈 계획으로 있었다. 환율은 통합돼 자유롭게 변동하는 것으로 허용될 예정이어서 베네수엘라 현지 볼리바르화의 심각한 평가절하를 가져왔다. 외국투자를 유치하고 더 많은 베네수엘라 자본을 국내 은행에 잡아 두려는 노력을 펼치는 가운데, 지난 수년간 통제하에 있었던 이자율은 시장가격 수준으로 상승되는 것이 허용돼 특히 농업 부문에 영향을 주었다. 공공 부문의 고용은 재정적자를 줄이기 위해 동결됐다. IMF와의 새 협정이 곧 나올 예정이었다. 실질적으로, 협상은 이미 한창 진행됐고 긴축 패키지는 이미 도달한 합의 사항의 일부였다.[202]

2주 후 1989년 2월 27일 월요일, 국내 유가인상 정책이 대중교통비의 가파른 인상으로 이어지자 카라카스와 몇몇 다른 주요 도시들의 시민들은 거리로 나갔다. 소위 카라카소(Caracazo)로 불리는 이 폭력사태는 3월 5일 끝이 났다. 페레스 대통령은 이 폭력사

---

200 김기현 2003, 319.

201 Pérez가 카라카소의 직접적 원인이 된 IMF 프로그램을 받아들인 지 1년 만에 극빈층이 갑절로 늘었다 (Choonara 2006, 19). 카라카소(Caracazo)란 베네수엘라 수도 카라카스(Caracas)를 따라 붙여진 명칭이다. 대규모라는 뜻이 있는 -azo 접미사를 통해 '카라카스에서 일어난 대규모 봉기'를 의미한다.

202 Dávila 2000, 231.

태를 정치적으로 대응했다. 페레스는 이 민중폭동이 긴축조치에 대한 사회적 반응이라는 점을 인식하며 폭력사태를 완화하려 시도했다.[203] 그러나 페레스 정부는 이를 무력 진압한 후 안정화와 구조조정정책을 지속적으로 추진해 나갔다.

새로운 경제적 자유주의가 국가 개입주의를 대체하는 것처럼 보였다. 시장경제 체제가 지대추구적 국가 주도 정치를 갑자기 대체하는 형국이었다. 페레스 신자유주의 정부는 석유에 기반을 둔 국가 중심 체제와의 결별을 시도했다. 그렇지만 시장지향형의 경제개혁이 시도되는 사회적·정치적 맥락은 아주 우호적인 것이 아니었다. 게다가, 이런 개혁조치는 실재하는, 이념적 그리고 정치적 프로젝트에 의해 인도되는 의도적인 선택의 결과라기보다는 1986년 석유가의 폭락에 따른 충격이란 일련의 외부조건에 의해 페레스 정부에 강요된 측면이 있다.[204]

게다가, 신자유주의 정책은 베네수엘라 혹은 베네수엘라 국민에 의해 설계된 것이 아니라, 다국적 금융기구 및 다양한 다국적 기관들에 의해 조성, 발전된 '워싱턴 컨센서스'의 일부라고 할 수 있다. 이에 대해 페레스 정부 각료들은 자신들은 국가 경제의 개별적 조건에 우호적으로 행동하고 있다고 주장하고 있지만 그들이 전형적으로 적용한 것은 일반적 규칙 수준이었다고 할 수 있다. 페레스 정부의 통치 엘리트가 경제위기 대처의 유일한 처방은 신

---

[203] 1989년 2월 27일 '카라카스' 민중폭동은 베네수엘라의 장기적인 변화의 역사적 과정에서 볼 때 베네수엘라 네오포퓰리스트 정치에서 전환점으로 두드러질 것으로 나타났다(Davila 2000, 232).

[204] Dávila(2001, 232)의 주장이다. 또 그에 따르면 베네수엘라 경제우기를 설명하는 데는 많은 변수가 있다. 여기에는 ① 석유의존, ② 대외부채, 부패 및 비대해진 국가기구, ③ 석유기반 경제에서 석유 이후(post-oil) 경제질서로 나아가는, 과도기적으로 일관된 프로젝트의 부족 등이 포함된다. 따라서 Dávila는 어떤 설명 요소가 이용되는지는 각 사회부문의 이념적 위치에 달려 있고 이에 관한 일반적 합의는 없는 상태라고 한다(Dávila 2000, 232).

자유주의적 충격요법이었다고 주장하고 있지만, 페레스의 포퓰리스트적 선거 수사학으로 유권자들의 기대치를 한층 높임으로써 그런 기대가 좌절됐을 때 1989년 2월 27일 카라카소 폭력사태 발생에 기여했다고 주장할 수도 있다. 페레스는 선거에서 이길 하나의 담론 그리고 통치하기 위해 완전히 다른 또 하나의 담론을 만들었다. 신자유주의 정책을 실행한 자들은 개혁조치가 단기적으론 일부 어려움을 유발할 것이지만 종국적 결과는 몇 년 안 가 모든 국민에게 혜택을 줄 것이라고 주장함으로써 자신들을 정당화하려 했다. 그렇지만 페레스 정부는 일반서민층에 가해지는 개혁 패키지의 충격을 완화하고 그 경제적 부담을 공평하게 나눠 가질 적절한 정책을 결코 발전시키지 않았다. 따라서 일부 학자들이 주장하는바, '사회적 평등은 경제성장의 생산물'이란 가정은 내용물이 텅 빈 말잔치처럼 들렸던 것이다.[205]

결국 Dávila는 새로운 정치·경제적 정체성의 구성 없이 그리고 새로운 사회질서의 접합 없이 하향식으로 추진하는 네오포퓰리스트 스타일의 경제적 자유주의는 필연코 부패로 나아갔다고 지적한다. 페레스는 '대전환' 프로그램으로 대중의 지지를 발생시키거나 혹은 대선 당시 가졌던 지지율을 유지하는 데 실패했다. 그는 자신의 전면적인 구조조정 이니셔티브에 대한 의회의 승인을 확보하는 데도 실패했다.[206] 심지어 구조조정이 진행되는 중에도 AD와 COPEI가 거시경제 개혁의 필요성을 인정하고 베네수엘라노동자연맹(CTV)이 사회-경제적 변화의 돌이킬 수 없는 특징을 인정했다

---

[205] Dávila 2000, 232.
[206] Dávila는 베네수엘라 노동 부문 전공 정치학자인 Steve Ellner의 논문 자료를 인용. 당시 페레스는 자신의 개인 카리스마로 "전체 국민의 눈을 속일 수 없었다"고 느꼈을 것이라고 표현했다(Dávila 2000, 232).

할지라도 페레스 정부는 국가의 다른 권력과 단절, 고립됐다. 페레스 대통령은 신자유주의 정책을 정치적으로 '판매'하는 데 거의 노력을 기울이지 않거나 아니면 진전을 보지 못했던 일단의 테크노크라트들에 의해 둘러싸인 채 외부와 단절돼 있었던 것이다.[207]

페레스 정부의 구조조정 프로그램이 기술관료적 측면에서 결점이 없었을지도 모르지만 이 프로그램은 서민들의 기대를 무시했고 실질적인 정치적 합의가 부족했다. '위대한 전환'의 고통스러운 과도기는 권력층과의 접촉을 시도할 수 있는, 새로운 민중 주체(popular subject)를 구성하지 않은 채 과거의 포퓰리스트 정치를 지지했던 민중적-민주적 정체성을 파괴하는 데 기여했다. 개혁은 공공여론과는 무관하게 그리고 조직화된 정치세력의 미미한 참여 속에서 위에서 이니셔티브를 쥐고 갑작스럽게 시작되는 경향이 있었던 것이다. 페레스 주변 신자유주의론자들이 주장하는바, 그들 스스로는 정당화될지는 몰라도 희망을 갖게 하기는 어려웠다.[208]

또한 페레스 정부 내각은 정치적 경험이 없는 민간 부문 전문가와 소속 정당이 없는 저명한 학자들을 영입한 점도 임명자 자신들을 포함해 모든 이들에게 충격을 줬다. 이는 이전 체제와 다른 90년대 페레스 정부의 특징들 중 하나다. 과거 정권 시절엔 주요 정부 직책에 일선의 정치 운동가들을 일반적으로 중용해 왔다. 결국, 페레스 정부는 심지어 페레스 대통령이 소속된 정당의 지지를 유지하는 데도 실패했다. 페레스가 속하는 AD는 페레스 정부의 반

---

[207] Dávila 2000, 233.

[208] 이 부문에서도 Dávila는 Laclau(1977)의 포퓰리즘의 담론이론 분석을 원용. "(페레스 정부의) 경제정책 변화가 새로운 정치담론에 의해 지지되는 새로운 정치적 정체성을 구성하지 않고 성공할 희망을 갖게 할 수 없었다"고 주장했다(Dávila 2000, 233).

(反)민중적 정책은 물론이고 권력에서 자신이 배재된 데 대해 강하게 비난했다.[209] 페레스 정부의 '대전환' 정책은 Punto Fijo 체제를 지탱했던 구조를 허무는 데 기여했다. 차베스 대통령 등 1992년 쿠데타의 주역들이 베네수엘라의 정치 엘리트들에게 민중 지지를 너무도 당연히 여기는 일은 이제 더 이상 가능하지 않게 됐다고 상기시켰다.[210]

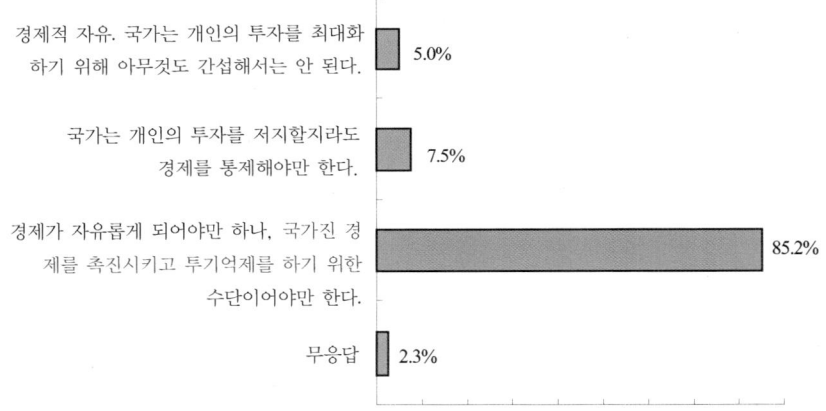

〈그림 4-1〉 신자유주의 시기 경제시스템 국민 선호도

설문: 경제시스템을 위해 당신은 어느 선택을 더 선호할 것입니까?

경제적 자유. 국가는 개인의 투자를 최대화하기 위해 아무것도 간섭해서는 안 된다. **5.0%**

국가는 개인의 투자를 저지할지라도 경제를 통제해야만 한다. **7.5%**

경제가 자유롭게 되어야만 하나, 국가진 경제를 촉진시키고 투기억제를 하기 위한 수단이어야만 한다. **85.2%**

무응답 **2.3%**

출처: Datanalisis, C. A., National Omnibus Survey, December 1994.

---

[209] Dávila 2000, 233.
[210] Dávila에 따르면 이젠, 베네수엘라에서 '민중적–민주적' 규칙이 다시 정의돼야 했다. 이는 1993년 페레스의 탄핵을 요구하는 대법원의 판결이 나올 시기에 페레스 반대 정서에 의해 증명된다. Dávila는 Ellner의 논문 자료를 인용. 대법원 판사들 중 한 명은 페레스 탄핵 결정에 대해 "단순히 부패의 문제를 초월한다. 이는 페레스란 정치인을 거부하는 것"이라고 말했다고 소개했다(Dávila 2000, 233).

<표 4-2> 대선 승리자의 득표율과 취임 8개월 후 지지율(%)

대선연도 및 당선자	당선자득표율	8개월 후 지지율	기대치 좌절감지수
1968 Rafael Caldera	29	30	+1
1973 Carlos Andrés Pérez	49	44	-5
1978 Luis Herrera Campins	47	32	-15
1983 Jaime Lusinchi	57	32	-25
1988 Carlos Andrés Pérez	53	22	-31

출처: Romero 1999, p.19.

원출처: 당선자득표율은 베네수엘라 중앙선관위, 8개월 후 지지율든 시기마다 실시된 Estudios de opnión de DATOS 여론조사 결과

기대치의 좌절감 지수를[211] 그래픽으로 그리면 다음과 같다. 이를 통해 베네수엘라 국민의 좌절감이 크게 증가해 왔음을 한눈에 알 수 있다.

<그림 4-2> 기대치의 좌절감 지수(Frustration Index)

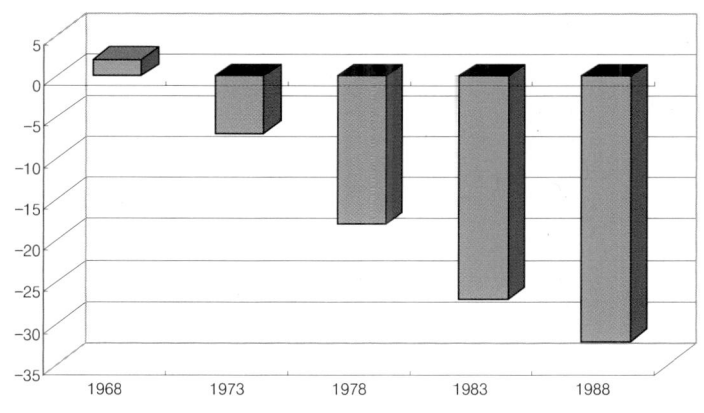

출처: Romero 1999, p.20.

---

[211] 기대치의 좌절감 지수란 <표 4-2>에서 잘 알 수 있는바, 당초 지지를 보냈던 사람들이 일정 기간 시간이 지난 후에도 기대치를 충족시켜 계속해 지지를 보내는가 를 측정한 것이다. 이런 논리로 간단하게는 특정 정치인에 대한 지지율 차가 좌절감 지수로 나타난다.

개별 국가마다 정치적 시나리오는 차이가 있을지라도 90년대 중남미 전 대륙에서 국가를 허약하게 한 똑같은 구조적 전환 과정을 베네수엘라 역시 면할 수 없었다. 세계화에 의해 유발된 중남미에서의 사회적 탈구(脫구)는 존재하는 조직에서 대표되지 않는 인구의 비율이 계속 늘어나도록 했다. 여기에 중남미 정부들에 의해 채택된 신자유주의 경제전략은 결정을 취하는 과정에서 정당과 시민사회의 참여를 원활하게 해 준 정치구조를 약화시켰다. 신자유주의 담론은 중간매개 조직들의 신뢰성을 저하시켰을 뿐만 아니라, 또한 충격 요법은 정당과 노조가 신뢰성을 상실한 시점에서 대중 인기에 반하는 경제정책의 실행을 가속화할 목적으로 기존에 있던 정치적 의견 수렴 통로를 옆으로 제쳐 두었다.[212]

석유지대를 둘러싼 투쟁을 대체하려는 어떤 역사적 프로젝트도 등장하지 않았고 부르주아지는 미주 대륙 패권국에 의해 표출된 신자유주의 긴급 처방책에 답하는 데 있어 자유로웠다. 어떤 이는 신자유주의가 아니라 부패가 베네수엘라 위기의 원인이라고 한다. 하지만 부패는 1974~1983년 석유 붐 기간에도 그 강도는 약할지라도 풍토병처럼 상존했다. 신자유주의는 베네수엘라 국민에게 미래에 대한 희망이나 확신을 심어 주는 데 실패했다. 이런 현실은 1992년 2월 차베스의 쿠데타와 같은 해 11월의 또 한 번의 쿠데타로 실감할 수 있다.[213]

신자유주의 프로젝트는 경제에 대한 정당의 통제를 줄이지 않고는 성공을 바랄 수 없었다. 하지만 신자유주의자들은 바로 이런

---

[212] Ellner 2004, 44.
[213] Hellinger 1993, 35~36.

점에서 딜레마에 봉착한다. 정당의 통제력을 느슨하게 하는 것은 전체 국가적으로 보면 노동 부문, barrios(도시 빈민가), 그리고 다른 사회 현장에서 싹터 온 새로운 사회운동의 정치적 영향력을 키울 수 있는 문호가 열린 것이다. 새 사회운동은 신자유주의자들과 마찬가지로 기득 정당들에 분개하고 이들의 행태를 의심한다. 그러나 그들은 또한 신자유주의 정책이 민중 부문에 넘기는 부담과 비용에 대한 민중의 저항을 불러일으키는 동력소다.[214]

거시경제적 관점에서, 신자유주의는 외관상 큰 성공을 거둔 것처럼 보인다. 인간 및 정치적 관점에선, 신자유주의는 재앙이었다. 1992년 2월 4일 차베스의 쿠데타 기도 후에 쿠데타를 일으킨 군인들에 반대하기 위해 정부 중심으로 지지 대중을 집결시키지 못한 것은 당시 정부 체제에 대한 지지 기반이 얼마나 많이 침식됐는지를 잘 보여 준다. 30여 년 전 베탕쿠르 정부는 군사적 위협에 맞서 대중들을 결집시킬 수 있었다. 정당정치 엘리트들은 너무 많이 온정주의에 의존, 대중들이 신자유주의 이데올로기를 열정적으로 받아들일 것으로 기대했다. 그래서, 페레스는 대통령령에 의존, 정당과 의회와는 무관하게 통치하려 시도했다. 또한 정당 내부의 알력 다툼과 스캔들은 선출직 정치인들이 행정부 이니셔티브에 저항하는 능력을 약화시켰다. 결국 선출직 정치인들은 유권자에게는 환영받지 못하나 엘리트들의 선호를 받는 정책을 페레스 대통령이 실행하는 편이 좋다는 쪽으로 기울어졌다. 반면, 페레스 정부에 대한 국민의 신뢰감은 지속적으로 하향 곡선을 그렸다. 정당을 불신하는 수준은 엄청나 어떤 정당이든 정당 공천 후보자들의 선거 도전을 비효율적으로 할

---

[214] Hellinger 1993, 22.

정도였다.[215]

1992년 2월과 11월의 쿠데타 기도는 베네수엘라 정치체제를 뿌리째 뒤흔들어 놓았다. 군 장교단의 최소한 10%는 당시 쿠데타 사건에 참여한 것으로 추정된다. 어떤 지역에서 쿠데타는 학생들 사이에서 상당한 지지를 받았다. 쿠데타 공모자들과 그들의 지지자들이 갖고 있는 정치 이데올로기는 혼동스럽지만, 민족주의적 내용물과 신자유주의에 대한 적개심은 혼동을 일으킬 수 없는 부분이다. 1992년 2월 4일의 쿠데타 기도가 군 내부에서 광범위한 지지를 자아냈고 일반 국민 사이에서도 미미하지만 승인이 있었다는 것은 놀랍지 않다. 이제, 1958년 이래로 베네수엘라 정치에서 전례 없이 안정을 가져다준 협약민주주의 체제가 신자유주의와의 접목 불가능성(incompatibility)으로 인해 침식됐다는 점은 분명해졌다.

기득 정치권이 지금까지 실행한 것 중 가장 중요한 개혁은 1990년의 주지사 직접선거 선출이었다. 당시 새 좌파세력 급진대의당(La Causa Radical)을 이끌었던 新노조주의(Nuevo Sindicalismo)의 지도자 안드레스 벨라스케스(Andrés Velásquez)가 볼리바르 주지사로 선출됐다. 하지만 AD는 이 결과를 수용하기보다는 이듬해 1991년 대부분의 시간을 벨라스케스 주지사를 탄핵하는 데 썼다. 이는 설사 개혁조치가 실행된다고 할지라도 기득층 엘리트들은 개혁으로부터 흘러나오는 정치적 결과를 수용할 태세가 돼 있지 않음을 시사한다. 더욱 놀랍게도 1992년 선거에 뒤이은 개표 결과에 대한 수많은 분쟁이 있었다는 점이다. 이는 정당체제가 중립적이라고 믿는 확신이 심각하게 침식됐음을 보여 준다. 민주적 개혁은 기득

[215] Hellinger 1993, 28~33.

권 정치 엘리트 그리고 포퓰리즘을 매우 통렬하게 비난하는 신자유주의자들 모두를 위협한다. 특히 신자유주의자들에게 관건이 되는 문제는 정당의 영향력을 침식하는 개혁조치는 자신들의 경제 프로젝트에 맞서 새로운 민중 도전세력을 형성하는 길을 열 수 있다는 점이다. 전통 좌파가 아닌, 무엇보다 신자유주의는 물론이고 정당 모두에 적대감을 갖는 사회 운동의 지도자들은 자신들을 민주주의를 되살리는 데 필요불가결한 요소로 보고 있다는 점이다.[216]

1988년 노조 지도자들은 AD 대선후보 경선에서 포퓰리스트 카를로스 안드레스 페레스(Carlos Andrés Pérez)를 승인했다. 앞서 페레스는 1970년대 첫 집권기간에 국가 개입을 확대하고 최저임금제 등을 도입했다. 그런 그가 1989년 2월 두 번째 대통령 취임 직후 '대전환'이란 정책 프로그램을 발표해 정적들과 추종자들을 모두 놀라게 했다. 대전환 프로그램은 교역자유화 조치, 거시경제조정, 국가구조 개혁 등을 포함하고 있다. 페레스 측 노조들의 이 개혁 조치에 대한 반응은 아르헨티나와 멕시코에서와 비교해 달랐다. AD가 통제하는 CTV는 페레스의 정책 전환에 맞서 베네수엘라 역사상 첫 총파업을 단행했다. 이후 일련의 시위와 사업장 파업 등이 잇따라 페레스의 노동·사회 부문 개혁 대부분의 발목을 잡았다. CTV의 반정부 시위는 노동시장과 사회안보 개혁 조치에서 양보를 이끌어 냈고 급기야 페레스 정부는 1992년 두 차례의 실패한 쿠데타와 사회 부문의 시위란 압력을 받고 개혁주의 의도를 후퇴시켰다.[217]

---

[216] Hellinger 1999, 33~35.
[217] Murillo 2000, 135~174.

2. 칼데라 정부

협약민주주의 체제의 산파역 중 한 명인 칼데라는 1994년 재선 대통령으로 취임한다. 그는 앞서 1969~1974년 COPEI 소속으로 대통령에 재임한 바 있다. 하지만 COPEI와 결별하고 새로운 정당을 대표해 출마해야 할 정도로 베네수엘라 정치 상황은 급변하고 있었다. 베네수엘라 소수 특권층은 1992년 Caracazo 민중폭동 사건 이후 그해 두 차례나 발생한 쿠데타 때문에 또다시 충격을 받았다. 1993년 말 대선전 당시 80대였던 Caldera의 지지율은 1992년 차베스 주도 쿠데타 사건 이후 의회에서 차베스를 거의 지지하는 듯한 발언을 한 덕분에 크게 올라갔다.[218] COPEI 당은 선거운동 기간에 Caldera를 지지하기를 거부했다. 그래서 Caldera는 50여 년 전에 스스로 만든 정당을 떠나 새로운 선거연합인 국민연합(Convergencia Nacional, CN)을 독자적으로 만들어야 했다. 1958년 이후 AD와 COPEI가 누려 온 권력 독점이 붕괴했음을 드라마틱하게 보여 주는 역사 현장이라고 할 수 있다. 93년 대선전에서는 또 두 신생 정당, 즉 사회주의운동당(MAS)과 급진대의당(LCR)의 역할이 두드러졌다. MAS는 Caldera를 지지한 반면, LCR은 독자 후보를 내세워 22%를 득표하는 놀라운 성과를 거뒀다.[219] Caldera는 이런 복잡한 구도 아래 강력한 반(反)신자유주의 선거전을 펼친 끝에 전체 유효투표의 31% 득표율로 간신히 승리한다.[220]

---

[218] 이런 아이러니컬한 정치적 배경은 Caldera가 1994년 초 두 번째 임기를 시작하면서 차베스를 석방시키는 상황으로 이어진다(Choonara 2006, 23).

[219] 1998년 12월 대선에서 차베스가 당선된 후 Causa R과 MAS 두 정당 모두 분열했다. 두 당의 당원들은 차베스 지지파와 야당 합류파로 갈라졌다(Choonara 2006, 22).

[220] Choonara 2006, 22.

1994년 2월 취임한 Caldera 대통령은 IMF에 구걸하러 가지 않겠다고 선언하고 이전 페레스 정부의 경제자유화 정책을 버리고 경제 간섭을 강화하였다. 또한 가격, 이자율, 외환 등을 통제하고 휘발유 보조금을 부활시켰다. 이와 함께 43개의 상업은행 중 19개의 파산위기에 있는 은행을 국유화시켰다. 그리고 재정긴축정책보다 팽창정책을 취하였다. GDP대비 재정적자율이 93년 -3.4%에서 94년 -6.5%, 95년에는 -3.6% 등으로 높게 이어졌다.

하지만 결국 1996년 4월 IMF의 요구를 수용하여 페레스 정부의 '대전환' 정책보다 더 강도 높은 시장자유화 정책인 '베네수엘라 의제'를 공표하였다. 예를 들면, 후자에는 전자어서 고려하지 않았던 부가가치세를 12.5%에서 16.5%로 인상하였고 휘발유 값을 무려 470% 인상하였다. Caldera 정부는 96년과 97년에 재정흑자를 달성했으며 임기가 끝날 때까지 더 이상 자유화정책의 기조를 바꾸지는 않았다. 그러나 공공 부문의 구조조정 및 민영화는 별 성과가 없었다.[221]

페레스의 퇴진으로 등장한 Caldera 정부도 개혁을 성공적으로 추진하지는 못했다. Caldera는 IMF에 반대하는 '국민과의 협정서'를 공약으로 내세웠음에도 불구하고 집권 후 얼마 되지 않은 1996년 IMF와 14억 달러의 대기성차관을 대가로 '베네수엘라 의제'로 불리는 안정화 패키지를 받아들였다. 하지만 사회적 합의를 모토로 내걸었던 Caldera 정부는 개혁을 본격적으로 추진할 의지도 사회적 조건도 갖고 있지 않았던 것이다.[222]

다음 그림에서도 보듯이, Caldera 집권 시기 위기의 책임소재는

---

[221] 홍욱헌 2004, 108~109.
[222] 김기현 2003, 321.

중앙정부(38.9%)가 가장 높고 뒤이어 **Calera** 대통령(24.4%), 의회
(14.4%), 정당(12.1%) 등으로 칼데라 정부에 대한 국민의 불신은
페레스 대통령에 버금갈 정도로 높아졌다. 이처럼 연속적으로 행
정부 수장에 대해 불신이 높아지면 이를 회복하기는 어렵고 정치
적 대가는 더욱 커질 것이란 점은 자명한 일이었다.

베네수엘라의 현재 위기에 대해 어떤 분야가 가장 책임이 있다
고 생각합니까?

〈그림 4-3〉 베네수엘라 위기에 대한 책임 소재 여론

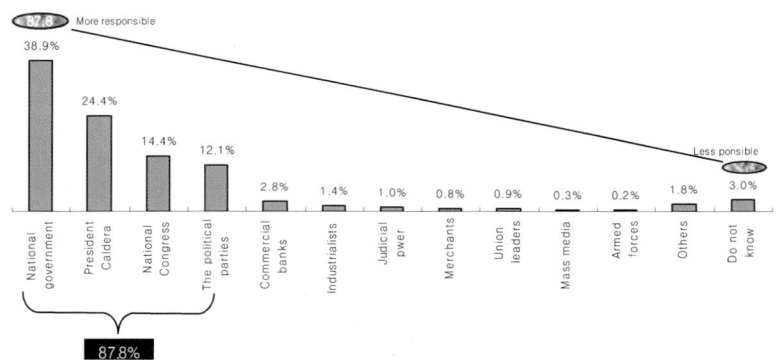

출처: Datanalisis, C. A., National Omnibus Survey, September 1996.

다음은 1980년대 이후 주요한 경제정책을 정리한 것이다.

<표 4-3> 1980년대 중반 이후 경제정책 변화

	Lusinchi 정부 (1986~1988) 經濟安定策	Andrés Pérez 정부 (1989~1993) 經濟安定策	Caldera 정부 (1994~1998) 經濟安定策
財政政策	-재정확대: 적자를 GDP의 6%에서 12%로 확대 -투자 부문 확대	-긴축재정 -조세확대	-긴축정책 -조세확대
貿易政策	-무역허가제 및 할당제: 수입금지품 확대 -고율 관세	-비관세 장벽 완화: 상징적 사치품 일부를 빼고 수입금지 폐지, 수입할당품 70% 삭제 -관세율 인하: 소비자품목 최대관세율 80%, 산업재는 50%로 인하(1989 6월) 최대 관세율 다시 50%와 30%로 각각 인하(1990 3월)	-좌동
外換政策	-복수환율제: 공식 및 자유시장 환율 -평가절하: 달러당 7.5에서 14.5 볼리바로 -외환통제 강화	-단일 변동환율제 -외환통제 철폐	-단일 고정환율제: 암시장 가격 고시 불법화 -외환통제
民營化 및 外國 直接投資	-석유, 전기·통신, 철도, 가스, 수도, 항만, 해운, 철강, 조선 및 개발은행 등 주요 공익 및 기간산업에 민간 참여 유도 -해외직접투자 억제	-전력, 전기·통신, 항공, 가스, 수도, 항만, 철강, 석유화학, 상업은행 등을 민영화 추진 -석유산업에 외국투자허용 -3개 은행 민영화 -AEROPOSTAL 민영화 -통신회사 CANTV, VIA-SA 민영화 -항만관리 지방정부로 이관 -창고업 민간참여 허용	-8개 은행 국유화 또는 정부관리: 1995년 하반기 민영화 계획 -민영화 및해외직접 투자는 좌동
物價政策	-공공요금 및 식료품가동결	-10개 품목을 제외한 전 품목 자유화	-11개 식료품 및 100개의 약품 가격 통제

출처: 홍욱헌 1995, p.78.

원출처: 堀板浩太郎, "ラテンアメリカ民營化の時代: 政府主導の産業發展から民間活動の利用へ," 遲野井
茂雄 編, 「冷戰後 ラテンアメリカの再編成」 (東京: アジア經濟研究所, 1993): pp.65~89: Ricardo
Hausmann, "Venezuela", in John Williamson, ed., Latin American Adjustment: How Much Has Happened?
(Washington: Institute for International Economics, 1990), pp.224~244; Latin American Economy & Business,
January 1994-May 1995; EIU, Country Report: Venezuela, 1st Quarter 1994-1st Quarter 1995.

3. 신자유의정책 실패 원인

1989년 이후 10년간 페레스-칼데라 두 정부의 신자유주의 정책이 베네수엘라 체제에 미친 영향은 국가와 시장의 관계 속에서 국가개혁의 실패란 분석틀로 이해될 수 있다.[223] 개혁의 필요성은 국가와 사회세력이 격변하는 시장의 조건에 대응하는 과정에서 나타나는 현상과 관련돼 있다. 시장의 팽창과 변화라는 보편적 충격은 국가마다 특수한 구조적 조건과 지정학적 상황의 여과를 거치면서 그 구체적 의미가 결정된다. 베네수엘라 역시 '경제가 격변할 때 정치는 크게 달라지지 않았다'는 논제와 맞닿아 있다. 시장이 드라마틱하게 변화하는데도, 국가는 과거의 역사 속에서 다져진 이념적 지형과 권력구조의 속박을 떨쳐 버리지 못하였다. 시장이 변화의 한복판에 서 있었다면 국가는 연속성의 굴레에서 아직 벗어나지 못한 상태였다. 국가가 시장의 변화를 따라가지 못하고 뒤로 처질 때 게임에서의 패자는 국가만이 아니었다. 경쟁에서 처진 약자가 파산과 실직이라는 시장의 심판에 반발하지 않을 리 없었고 기득권 계층이 시장의 부활로 지대가 축소되는 것을 방관할 리 만무하였다. 시장은 국가가 지켜 주지 않는 한 원활히 기능할 수 없었다는 것이다.[224]

이런 분석틀의 맥락은 베네수엘라 신자유주의 시대 연구에도 의미를 갖는다.[225] 1974~1978년 첫 임기 동안 페레스 대통령은 국가

---

[223] 김병국 1995; Uk-Heon Hong 2000.

[224] 김병국 1995, 9~19.

[225] 멕시코의 경우에도 살리나스 시대부터 본격화한 개혁은 큰 마찰을 빚었다. 그 원인은 ① 국가의 시장의 원리에 우호적이라고 해서 시장으로부터 동등한 대우를 보장받는 것이 아니었고 ② 개혁과정에서의 패자(敗者)가 무조건 침묵을 지키고 무한정 정치적 상황의 반전을 기다릴 리 만무했으며 ③ 국가는 개혁을 추진하면 추진

의 핵심 경제 부문인 석유 및 철강산업을 국유화했고 국영 기간산업의 급속한 확대를 주도했다. 그가 '89년 12월 두 번째 임기 초기 국가경제 위기 상황에서 신자유주의 민영화 프로그램과 시장지향적 해결책으로 이동했을 때, 자신으로선 개인적 이데올로기 변화라고도 할 수 있다. 하지만 더욱 중요한 것은 이런 정책은 페레스가 몸담아 온 AD가 지난 50년간 옹호해 온 사회, 경제 정책으로부터의 일탈을 의미한다. AD의 지난 50년간 정책은 정치적 민주주의 기반으로서 부르주아지, 농민, 노동계급을 AD가 묶은 역사적 동맹을 강화해 왔던 것이다.[226]

베네수엘라 민주주의는 이익집단정치 또는 당파정치의 폐단으로 민주주의의 위기를 맞이했다는 분석도 제기된다. 민주화 이후 90년대 말까지 베네수엘라 정부는 주요 이익단체를 정책결정 과정에 포용하였으며 물질적 특혜도 부여하였다. 특히 노동조합은 주요 정당의 하부조직으로 구성되어 제도적으르 정부지원을 받았다. 이로 인해 1960년대 초 쿠바식 계급혁명은 억제하였지만 부작용도 함께 나타났다. 부작용으로는 첫째, 경제가 불안정해지면서 특혜를 받지 못하는 일반 국민들의 반발이 크게 심화되었다는 것이다. 이익집단이 정당 또는 정치인과 후원관계의 인맥을 형성하여 부패의 온상이 되었으며 경제위기에 아랑곳 없이 정치적 특혜를 받았다는 것이다. 둘째, 특혜를 받는 집단은 정부의 지원이 줄어들자 반정부 운동의 선봉에 섰다는 것이다. 마지막으로 정당과 이익단체의 유착은 결과적으로 사회의 지나친 '정치화'를 가져왔다는 것이다. 정

할수록 시장의 구조적 불안정성과 패자의 정치적 저항이라는 두 가지 문제와 관련하여 정책수단과 권력자원을 잃어버리는 악순환에 처했다는 3가지로 지적된다(김병국 1995, 16~17).
[226] Hellinger 1993, 2.

치 엘리트가 관여하는 일이 지나치게 많아졌을 뿐만 아니라 시민 단체도 정치적 단체로 변모되는 경향을 보였다. 60년대 중도 노동 조합에 대한 정부지원과 급진적 노동운동의 약화, 80년대 높은 인 플레 속에서도 CTV가 경제자유화를 반대한 점, 경제인연합회가 80년대 초경제자유화 정책에 찬성했으나 보조금 삭감에 반대한 것, 차베스 정부의 CTV에 대한 보조금 삭감과 후자의 반정부 데모 파 업 주도 등은 이익집단정치로 설명된다는 것이다. 그러나 70년대 후반 정부가 높은 임금상승 정책을 폈고 CTV 지원을 하였으나 노 동쟁의도 이전 어느 때보다 빈번했던 것은 설명하기 어렵다.[227]

또한 정책결정과정과 관련해 AD 및 COPEI의 정치 엘리트, 특 히 페레스 대통령의 권위주의적 지도력이 국민들의 반감을 얻게 됐다는 것이다. AD 및 COPEI 정치가들이 국민에게는 고통을 감내 하라고 요구하면서 자신들은 부정과 부패를 자행하는 것을 국민들 을 더 이상 용납하지 않게 되었다.

즉, 경제호황기에 일반대중은 부패를 관용으로 받아들였으나, 1980년대에 이르면서 베네수엘라의 구조적 취약성이 고용·성장·소 비수준과 충돌하기 시작하면서 부패는 중요한 이슈로 등장했다. 예를 들면, 1983년 레카디(Recadi) 스캔들은 베네수엘라에서 가장 큰 부패사례이다. 레카디 스캔들은 1983년 고정 환율제도에서 4개 환율(Régimen de Cambio Diferencial)로 국가가 관리하는 과정에서 110억 달러의 부정부패가 발생한 사건이다. 이것은 정부가 정당의 영향력에 의해 유리한 환율을 제공함에 따라 정치부패가 발생한 것이다. 레카디 스캔들의 특징은 외국기업, 정당, 고위관리 등이

---

[227] 홍욱헌 2004, 101~102.

포함되고 베네수엘라의 주요한 경제·정치 엘리트가 참여한 대형 부패사건인데, 최종적으로는 귀화한 중국인게게만 유죄가 선고되었다. 이 사건으로 Punto Fijo 체제의 부패에 대한 국민의 인식이 확대되었고, 베네수엘라에서 부는 국민의 재산을 '훔친 것'으로 인식되었다. 이후에도 중요한 정치부패가 발생했다. 1989년 두 번째 취임한 페레스가 대통령직에서 탄핵된 사건이 이를 보여 주는 또 다른 예다. 페레스 대통령은 자신이 연루된 불법적인 1700만 달러 규모 비밀계좌의 정체가 밝혀지면서 탄핵된 것이다. 불법적으로 횡령한 자금을 페레스가 개인적 용도와 정치적인 목적으로 사용했음이 밝혀졌다. 이로써 오랫동안 안정된 국가를 유지했던 Punto Fijo 체제가 위협받게 됐다. 공적인 자금이 개인적인 용도로 사용된 것은 선거에 의한 책임과 처벌이 작동되고 있지 않음을 보여 주었고, 이것은 국민에게 Punto Fijo 체제에 대한 의구심을 촉발시킨 것이다.[228] Punto Fijo 체제 이후 AD와 COPEI 사이에 형식적 연합이 성립되었고, 이에 따라 공직 배분에 기초한 엽관제 활용, 정당자금 지원, 딘간기업·행정부·국영기업 순환 업무, 정당과 기업의 사적 네트워크, 재정연계성, 심지어는 평화로운 노조관계 등 폭넓은 범위에서 연합으로 부패구조가 형성됐다.[229] 이처럼 정치인들에 의해 되풀이되는 부패 스캔들 그리고 상대방에 대한 비난과 역습이 계속되면서 국가의 능력에 더한 국민의 신뢰는 허물어져 갔다. 특히 통신 부문 공공 서비스의 실패는 정당지배체제가 완전히 실패했다는 진단에 더욱 힘을 실어 줬다.[230]

결국, 다빌라(Dávila)는 40년 넘게 지속된 협약민주주의 체제의

---

[228] 김달관 2006, 103~104.
[229] Karl 1997, 106.
[230] Hellinger 1993, 21.

정당성이 위기에 처하게 된 이유를 설명하는 데 4가지 원인을 연결시켜 종합적으로 설명한다.[231]

① 첫 번째는 정당지배세력의 담화가 그 신뢰성을 잃었다는 점이다. 선거공약조차도 언론매체만을 대상으로 한 것이었고 지키지 못하는 약속으로 채워진 '말잔치 게임'이 됐다.

② 두 번째 원인은 실질적인 정치 프로젝트가 부족한 모습으로 스스로를 드러내면서 정당들의 이데올로기적 위기가 가시화됐다. 선거 기간 발표하는 각종 성명서들은 5년마다의 선거에서 그저 이기기 위해 만들어진 종잇조각이었다. 이런 분위기에서 정치는 장시간을 갖고 이념적 프로젝트를 수행하는 방식이 아니라 셀프서비스식 행위가 됐다. 이념적 프로젝트는 민주주의를 심화시키면서 석유의존 사회에서 포스트 오일(post-oil) 사회로의 전환을 위한 도전에 직면하는 것을 가리킨다. 새로운 사회질서를 도입하는 게 무엇보다 어렵고 성공 가능성이 극히 불투명하기도 했지만, 이런 시도를 한다는 것 자체가 명확한 이념적 기준이 없는 상태에서는 거의 불가능했던 것이다.

③ 세 번째 원인으로는 석유지대, 다시 말해 공공재산을 국가로부터 민간 수령인으로 이전하는 체제는 신중하지 못하고 부도덕한 정치행위로 나아갈 여지를 열어 두도록 한 부패의 고리를 촉발시키게 된다.

④ 마지막으로 네 번째 원인으로는 석유지대에 기반을 둔 모델의

---

[231] Dávila 2000, 230.

위기를 들 수 있다. 다시 말해 석유지대를 배분하는 것을 중심으로 구조화된 정치체제와 국가재정·경제위기 간 결합은 역경에 직면해선 모순적이고 극도로 경직한 것으로 증명됐다.[232]

한편 비슷한 맥락에서 신자유주의 실패 원인[233]을 논의한 Levine의 분석도 주목된다. Levine에 따르면 경제위기로 인해 어떤 종류든 집단행동에 참여하는 데 있어서의 어려움을 더 악화시켰다는 것이다. 신자유주의 개혁이 집단행동의 조건을 파괴한 가운데 치열한 경쟁시장에서 일상적 생존을 위한 투쟁에 대한 심한 압박감은 어렵게 유지되는 주민 공동의 노력을 많은 사람들에게 멀리 영향을 미치도록 하는 것을 가능하게 했으며, 경제위기의 충격은 민주적 전환 이후 분열과 증가하는 정치적 변화에 의해 더욱 커지게 됐다.[234]

제2절 민주주의 체제 균열과 붕괴

1. 체제 균열: 사회적 양극화

신자유주의 정책은 IMF, 세계은행, WTO 그리고 다국적 기업 등

---

[232] 이는 'Petro-state'로 베네수엘라를 조망한 Karl(1987a, 1997)의 주된 논지라고 할 수 있다.

[233] 주정립(2006)은 80년대 이후 최근 20년 사이 서유럽이서 우파 포퓰리즘이 괄목하게 성장한 것과 관련해 무엇보다도 지구화의 '패자'들이 세계화 과정 속에서 점증하는 소득격차와 실업, 상대적 주변화(marginalization)에 대해서 그리고 기존 정당과 정치 엘리트들이 이러한 현상들에 효과적으로 대응할 능력과 의지를 보이지 못하는 것에 대해서 반기를 든 결과로 설명하고 있다. 기는 우파 포퓰리즘 정당의 '프롤레타리아화' 경향에서도 확인된다. 실제로 2000년에 실시된 오스트리아 총선에서 미숙련 및 숙련 노동자의 45%, 전문 노동자의 48%가 오스트리아 자유당에 표를 던졌다. 이로써 오스트리아 자유당은 전통적 노동자당인 사회민주당을 능가하는 제1의 '노동자당'이 됐다(주정립 2006, 72~73).

[234] Levine 1998, 203~204.

에 의해 추동된 이른바 '워싱턴 컨센서스'로 대표된다. 이는 공공
서비스의 민영화, 탈규제, 관세철폐, 외국자본의 무제한적 투자, 대
기업의 공공계약 및 국내시장에 대한 자유로운 접근 등으로 구성
된다. 신자유주의 정책은 국제차관 등의 명목으로 중남미 정부에
의무사항이 된다. 하지만 '개발의 도구'로서 강조된 신자유주의 정
책은 거의 어떤 지표로도 확연한 실패를 했다는 게 일반적 평가다.
이를 구체적으로 살펴보면 다음과 같다.[235]

① 1960~1980년 사이, 중남미에서 1인당 소득은 82% 증가했지
   만 1980년 이후 1인당 소득은 단지 9% 성장에 그쳤다. 더욱
   이 마지막 5년에는 1% 수준의 성장이었다.
② 1990년대 이후 단 10년 만에 빈민층의 수는 1400만 명이나
   증가했다.
③ 1990~2002년, 미국 은행들과 다국적 기업들은 중남미로부터
   얻은 수익, 이자 수령액, 로열티 등으로 1조 달러를 송금했다.
④ 1990년대, 국영 산업체의 민영화 규모는 금액기준 1780억 달
   러를 상회하는데, 이는 옛 소연방 붕괴 이후 러시아에서 민
   영화된 금액 규모의 20배를 훨씬 넘는 것이다.[236]

특히 베네수엘라는 일찍부터 시작된 석유산업의 결과로 중남미
대륙에서도 가장 미국화된(Americanized) 중간계급을 갖고 있다. 이

---

[235] Economic Commission for Latina America and the Caribbean(ECLAC) 등의 자료를 재인용한 것이다(Páez Victor 2006).
[236] 이런 결과의 어느 것도 중남미 엘리트들과 그들에게 종속된 중간계급의 '자발적인 협력'이 없었다면 발생하지 않을 것이라고 한다(Páez Victor 2006).

들에 의해 1958년 이후 40년간 주도된 민주주의는 1998년 석유자원
국 베네수엘라의 모습을 다음과 같이 위치시킨다.[237]

① 전체 인구의 80%가 빈곤층으로 전락했다.

② 경작 가능한 토지의 75%를 전체 인구의 5%가 독점하고 있다.

③ 교육 및 보건 서비스가 붕괴 직전에 이르렀다.

④ 학교 중퇴율이 70%에 달했다.

⑤ 기본적인 의료치료를 받지 못한 인구가 전체 인구 60~70%를
차지한다.

〈그림 4-4〉 GDP 대비 보건비 항목 국가예산안 지출 비율

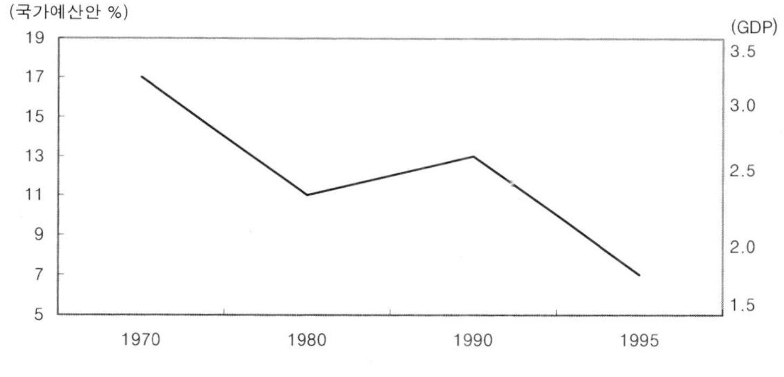

출처: SOCSAL, Servicio de Apoyo Local, "Realidad Nacional de Venezuela 1997".

시장개혁은 높은 사회적 비용을 야기했고 그로 인해 페레스 정
부는 거의 모든 사회 부문의 반대에 직면하게 됐다.[238] 먼저 민영

---

[237] Páez Victor 2006.

[238] 이에 대해 Choonara는 "빈민들이 고통에 신음하는 동안, 소수는 신자유주의로의 전환 덕분에 계속 번영을
누릴 수 있었다"고 비난한다. 그에 따르면 1981년부터 1997년까지 베네수엘라에서 가장 부유한 상위 10%
가 국민소득에서 차지하는 몫이 22%에서 33%로 증가했다. 그것은 세계에서 불평등이 가장 크게 증가한 사

화와 구조조정으로 인해 일자리를 잃게 된 노조와 공무원들이 들고 일어났다. 특히 AD가 통제해 온 CTV조차도 1991년 임금인상을 요구하며 총파업을 선언했다. 하층계급과 중간층도 신자유주의 구조개혁에 반대하기 시작했고, 페레스 대통령이 속한 AD 역시 후원수혜 관계의 붕괴로 인해 자신의 정치적 기반이 감소할 것을 두려워해 신자유주의 개혁에 확고히 반대하는 입장을 취했다.[239]

1960년대와 70년대에는 신자유주의 시대와는 사회적 · 정치적으로 큰 차이를 보인다. 과거에는, 사회적 부가 형평하게 분배되지 않아도 계층 간 갈등이 심각하게 드러나지 않았으므로 Punto Fijo식 민주주의 체제가 유지될 수 있었다. 석유수출·수입과 외자유치를 통해 확보된 재원으로 사회복지 정책을 광범위하게 시행했으므로 국부의 불공평한 분배로 인해 야기되는 사회적 문제들이 표출될 여지가 적었기 때문이다. Punto Fijo 정권은 석유수출 수입이 높은 수준을 유지하는 동안에는 별 무리 없이 기존의 정책을 견지할 수가 있었다.[240]

신자유주의 시대 사회적 양극화는 다음과 같이 최소한 5개 전선 (front)에서 그 모습을 발견할 수 있다.[241]

① 비공식 부문 경제의 성장과 사회적 불평등이 악화되었다.
② 하류 계층과 상대적으로 특권층인 국민 간에 상호 적개심이 발생하였다.
③ 하류 계층을 겨냥해 과도하게 호소하는 정당들이 출현함으로

례 중 하나였다고 한다(Choonara 2006, 19).
[239] 김기현 2003, 319~320.
[240] Ortiz 2004, 91.
[241] Ellner & Hellinger(2003c)의 핵심적 개념이라고 할 수 있다.

써 베네수엘라의 다계급정당(multiclass parties)에 의한 안정적 정치체제 전통에 균열이 갔다.

④ 차베스와 같은 정치 지도자들, 이들의 담론과 일정한 정도의 행동은 과거 특권 그룹을 희생시키면서 빈민들을 위했다. 이 지도자들의 스타일과 담론은 낮은 계급에 호소했고 동시에 중간계급을 소외시켰다.

⑤ 이전 선거에서와는 달리, 저층 그리고 중간계급 유권자들 모두에게서 특정 대선 후보와 특정 정책에 대해 강한 선호도를 보였다.

〈그림 4-5〉 빈민층 가구 비율(%, 1980~1996)

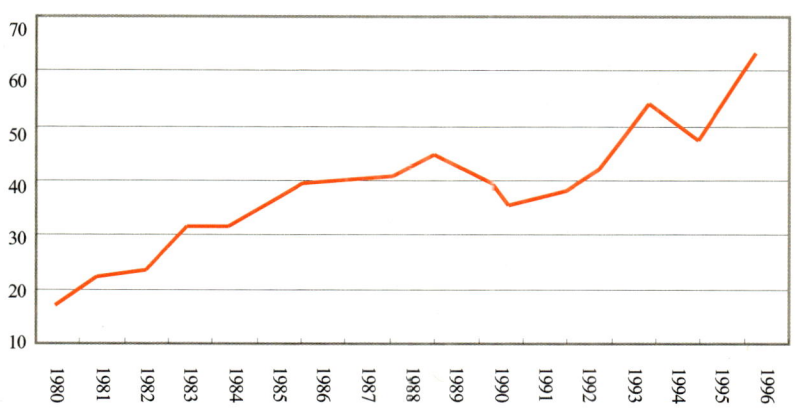

출처: Oficina Central Estadisticas e Informatica, Encuesta de hogares por muestreo.

〈그림 4-6〉 사회적 양극화: 중간층의 축소, 주변부 및 하층민 증가

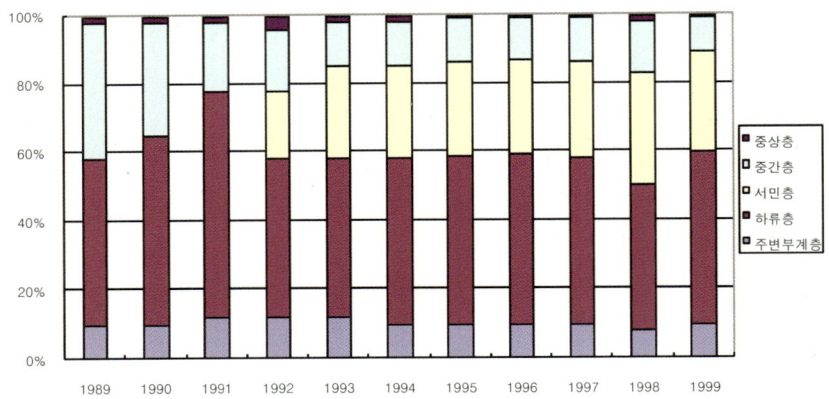

출처: Consultores 21, 2000. 주=1/4분기 자료의 퍼센트

출처: Ellner & Hellinger(2003c).

사회적 양극화는 조직화되지 않은 인구 부문과 조직화되고 특권화된 부문 사이의 거리와 긴장을 증가시켰다. 그렇지만 이런 경향은 특권이 적었던 하층에 계급의식을 고양시키진 못했다. 하층은 잘 정의된 정치적 비전, 조직화하는 기술, 조직적 훈련 감각 등이 결여됐다. 이런 결점은 1999년 헌법에 구현된 새로운 사회구조뿐 아니라 비특권층을 대표하는 응집적 정당을 구축하는 일을 방해했다.[242]

이런 사회적 양극화는 민중반란으로 이어진다. 카라카소(Caracazo)[243]로 알려진 1989년 2월 27일 민중폭동 사건 그리고 1992년 두 번의 군사 쿠데타 사건은 민주주의 체제의 중대분기점(inflection point)이 도래했음을 상징적으로 보여 준다고 할 수 있다.[244] 루신치(Lusinchi) 정부 때 만들어진

---

[242] Ellner & Hellinger(2003c), 21.

[243] 카라카소(Caracazo)란 '카라카스(베네수엘라 수도) 폭동, 타격 또는 사태'의 뜻을 가진 합성어다; Gott 2005, 16.

[244] Arenas 2002, 58.

대통령 직속 국가개혁위원회(COPRE)는 정당의 시민사회에 대한 강한 통제력을 느슨하게 하는 데 목적을 둔 건의안보다는 경제정책과 관련된 건의안을 받아들일 준비가 더 돼 있다는 사실을 알았다. 동시에 정당이 대중의 요구를 효율적으로 전달하지 못할수록 신자유주의 정책에 대한 반대는 폭력적으로 됐다. 치솟는 범죄율과 1989년 총선 및 지방선거에서 50%에 달할 정도로 전례 없이 높은 선거 기권율은 페레스의 두 번째 정부가 출범한 지 채 한 달도 되지 않은 1989년 2월 27일의 민중폭동 사례를 예고하고 있었다. 이때는 페레스(Pérez)가 두 번째 대통령 취임 선서를 한 지 불과 한 달도 안 되던 시점이었다.

이틀간 시민들은 슈퍼마켓과 상점을 약탈했고 어떤 경우에는 경찰과 국가수비대 병력들이 약탈을 그대로 지켜보거나 심지어 조직적으로 도움을 줬다. 약탈의 강도는 이미 줄어들고 있었지만 페레스는 군대를 보내 폭동을 강제 진압했다. 군은 노동계급 거주지(barrio) 건물과 군중을 향해 발포했고 대규모 소탕작전을 벌였으며 물품을 압수하는가 하면 란초(rancho · 슬럼가) 지역 거주민 수만 명을 억류했다. 정부는 340명이 사망했다고 주장했지만 교회 및 보건 관계자들은 최대 1천 명이라고 밝히고 있으며 실제로는 수천 명에 달하는 것으로 추산된다. 3년 뒤 실패한 쿠데타 지도자들은 당시 정부의 경제정책을 강행하기 위해 국민에게 발포한 사태가 자신의 무장행동을 일으킨 여러 불만요인들 중 하나라고 주장했다. 막 취임한 페레스 대통령이 IMF와의 협상을 통해 나온 긴축 계획을 발표한 게 민중폭동의 촉매제였다.[245] 카라카스 사태의 촉발의 원인은 고트(Gott)에 의해 구체적으로 설명된다. 아래에 그 내용을 요약 정리해 본다.[246]

---

[245] Hellinger 1993, 22.
[246] Gott 2005, 73~81.

"카라카스에서 동쪽으로 30킬로미터쯤 가면 페레나스라는 곳이 있다. 수도 카라카스에서 일하는 수천 명의 서비스직 노동자들이 살고 있는, 한마디로 활기라고는 찾아볼 수 없는 따분한 위성도시이다. 그런데 1989년 2월 27일 월요일 이른 아침에, 바로 이곳에서 소요사태의 징후가 처음으로 나타났다. 그날 아침 카라카스로 출근하기 위해 버스를 타러 나온 사람들은 버스요금이 2배로 인상된 것을 알게 되었고, 너도나도 항의하기 시작했다. 급기야 우발적인 항의소동은 페타레(카라카스의 대표적인 빈민촌)로 퍼져 나갔으며, 이 사실이 TV를 통해서 알려지면서 이미 오전 중에 마라카이, 발렌시아, 바르키시메토, 시우다드 과야나, 메리다 등 전국의 주요 도시들로 소요는 확대되었다. 버스들이 전복되고 불에 탔지만, 그것은 폭동의 시작에 불과했다. 몇 시간도 안 되어 상점과 슈퍼마켓의 약탈과 파괴 행위가 확산되면서 점점 본격적인 폭동양상을 띠어 갔다. 교외에 사는 가난하고 분노에 찬 청소년들이 카라카스의 상업지역으로 몰려들었고, 도심 가까이에 있는 아비라 산기슭의 부유층 고급 주거지역으로 떼거리로 몰려갔다. 밤새도록 계속된 폭동과 약탈은 다음 날까지도 그칠 줄 몰랐다. 소요사태는 '카라카소'로 불리는 본격적인 폭동으로 발전하였고, 마침내 군대의 잔혹한 탄압이 이어졌다."

〈그림 4-7〉 연도별 시위발생 건수(1989~1999)

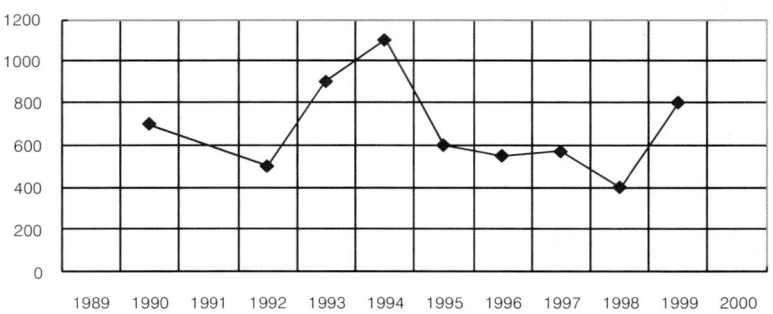

출처: Ellner & Hellinger(2003c).

주: 해당 연도 1년 전 10월에서 다음 해 9월까지가 1년의 기준이다.

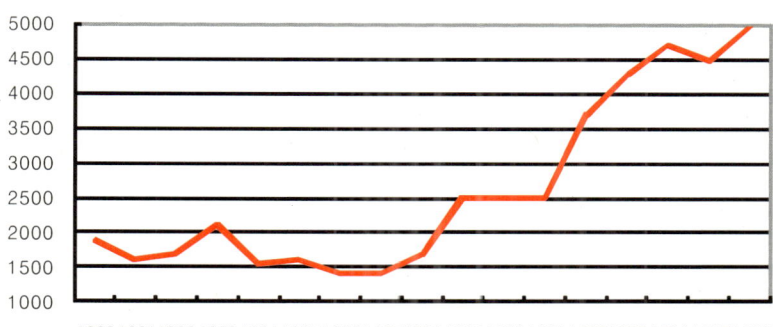

〈그림 4-8〉 신고된 자살자 수(1980~1996)

출처: Ellner & Hellinger(2003c), p.205.
원출처: Oficina Central Estadisticas e Informatica, Anuario estadistico.

로버츠(Roberts)는 베네수엘라 체제 변동, 특히 신자유주의 시대를 거치며 체제가 붕괴할 정도로 급격한 변동을 가져온 원인을 사회적 상관물(social correlate)이란 거념을 동원, 정당과 시민사회 간 연결고리의 단절을 강조한다. 로버츠가 제시하는 베네수엘라 정당 체제의 붕괴는 제도주의, 구조주의, 합리적 선택이론, 정치문화 등의 분석틀보다는 정당들이 자신들을 지지해 온 유권자들과 격리되는 과정을 살펴보는 것이 우선돼야 한다는 입장을 취한다. 로버츠는 특정 역사적 중대국면에서 정당-사회 간 연결고리가 침식되고 단절되는 과정을 분석해야 한다고 한다.[247]

1958년 이후 몇십 년 지배적인 위치를 점해 온 베네수엘라 정당들은 정당 내부 관료적인 구조 측면에서는 중남미의 다른 어떤 국가들보다 더 높은 수준으로 발전했다는 점을 부각시킬 수는 있지

---

[247] Roberts 2003b.

만 정당과 사회 간 연계(bonds)의 성격은 다른 국가들과 크게 다르게 변하지 않았다. 로버츠의 핵심 요지는 이런 사회적 연계가 국가 주도 개발의 ISI 시대에 더욱 강화됐지만 ISI 위기 그리고 긴축 경제정책 및 국가 개입의 축소라는 신자유주의 시대로의 전환으로 인해 심각하게 손상된다.[248]

역사적으로, 중남미 정당들은 유권자 지지를 동원화하는 두 가지 주요한 사회적 연계 양식에 의존해 왔다. 후원주의(clientelism)로 정치적 지지를 주는 대가로 물질적 혜택을 제공하는 것을 말하는데, 중남미 정치체제에서 거의 일반적인 정당-사회 연결 메커니즘이다. 두 번째는 조직노동에 대한 통제된 지지동원 구조[249]인데, 이는 ISI 개발전략과 함께 이를 통해 대중의 정치 참여가 활발해진 데 따른 것이다.[250] 이 둘은 모두 정치적 지원의 대가로 물질적 혜택을 교환해 주는 방식이다.[251]

이런 후원주의 및 통제된 지지동원 구조는 노동동원형 정당(labor-moblizing party) 구조를 가진 여러 중남미 국가들에서 발견된다.[252] 비교적인 측면에서 볼 때 베네수엘라는 막대한 석유수입의

---

[248] Roberts는 베네수엘라도 신자유주의개혁이 완전하지 않았을지라도 'ISI→시장자유주의' 변화틀 속에 있다고 한다(Roberts 2003b, 43~44).

[249] 조직노동에 대해서는 통제된 동원(controlled mobilization)이 이뤄졌다는 것이다. 하지만 이런 동원은 연합 내의 다른 계급을 안심시키기 위해 일정한 통제가 필요했다. 훗날 이 통제가 제도화된 것이 국가조합주의적 노동통제였다. 조직노동에 대해 정치권과 사회권을 인정했지만 자발적인 정치적 표현에는 일정한 한계가 설정됐다(이영조 2006, 81).

[250] Roberts는 조직노동에 대한 통제된 지지동원 구조를 'encapsulating'이란 말로 표현한다. 이는 본 연구가 주목하고 있는 핵심 개념인 '민중 병합(incorporation)'과 등가적인 성격을 갖는다고 하겠다. 하지만 전체적으로 포퓰리즘의 민중 동원화와 병합, 이탈이란 측면에서 볼 때는 후자가 더 유용성이 높다는 판단이다. Roberts는 집단적 지지동원 구조가 후원수혜관계보다 중남미에서 공통적으로 나타나는 빈도와 수위가 훨씬 낮다고 한다(Roberts 2003b, 44).

[251] 후원수혜는 수직적 서열관계 속에서 이뤄지는 구조다(Kaufman 1977, Roberts 2003b에서 재인용).

[252] 이에 대해 O'Donnell은 "실제 포퓰리스트 운동이 일반대중의 정치적 조직화, 특히 노동조합의 소생 등을 앞장서 실현시켜 주게 되는 이면에는 대중의 정치적 욕구불만을 해결해 주는 듯한 인상을 주면서 그들을 정치제도권 안으로 흡수함으로써 보다 효율적으로 통제·관리할 수 있으리라는 것을 계산한 것"이라고 지적한다

혜택으로 이 연계망을 생성하고 유지하기 위한 자원을 더 많이 갖고 있다는 점이다. 특히 베네수엘라의 경우 AD, COPEI 두 지배적인 정당과 사회의 연결망을 유지하는 데 더 큰 물질적 자원을 주게 되는 것이다. 나아가 물질적으로 기초를 둔 정당 네크워크에 병합된 개인과 사회적 행위자의 받위를 훨씬 넓혀 주었다.

하지만 이런 식으로 나타나는 정치적 괴표 형태의 구조적 기반은 전 세계적 외채위기와 급락하는 유가가 베네수엘라 재정에 심각한 문제를 야기한 1980년대 초반 이후 사회적·경제적 변화에 의해 점진적으로 침식됐다는 게 토버츠 교수의 핵심 논지다. 먼저, 집단적 지지동원 구조는 경제적 곤란의 지속과 노동시장 변화의 결합으로 약해진다. AD와 전통적으로 동맹 관계를 유지해 온 노동과 농민 운동 모두가 그 과정에서 무기력하게 됐다. 유가로 촉발된 베네수엘라 환율과 통화가치의 변동은 농업의 경제력을 허물었다. 이는 베네수엘라 경제의 다른 구조적 변화와 결합해 농업에 전념하는 노동력의 비율은 1961년 40.3%에서 1996년 단지 10.8%로 떨어졌다. 이는 AD와 농민단처 간 연계의 정치적 중요성을 무력화시켰다. 농업으로부터의 이탈은 1989~1992년 시장지향형 개혁의 첫 4년간 가장 드라마틱하게 이뤄졌다. 농촌을 떠난 인구가 60만 명을 헤아린 것이다.

유사하게, 노조를 중심으로 한 이른바 조직노동(organized labor)도 큰 타격을 받았다. 베네수엘라 공식 노조원의 수는 시장친화적 개혁 등으로 인한 경제위기가 심화하던 1988년과 1995년 사이에 거의 3분의 1이 줄었다. 같은 시기 전체 노동 부문에서 공식 노조

(1973, 58~59). 서병훈 1988, p.56에서 재인용.

부문이 차지하는 비율은 26.4%에서 13.5%로 급감했다. 1980년대와 1990년대를 거치면서 고용 시장은 공공 부문, 대기업 등에서 거대 노조를 갖춘 형식의 공식 부문이 대부분을 차지한 구조로부터 노조 조직화가 흔하지 않은 비공식 부문 위주 노동구조로 변화해 갔다. 비공식 부문의 경제활동 노동력 비율은 1980년 34.5%에서 1999년 53%로 급상승한다.[253]

〈그림 4-9〉 비공식 경제 부문 증가(1978~1996)

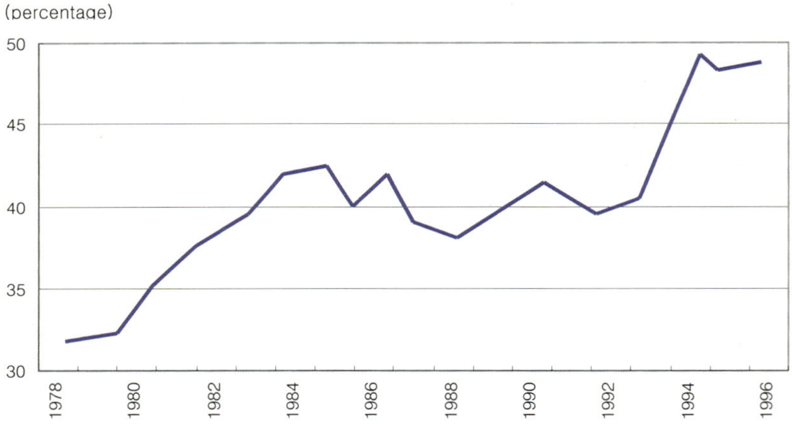

(percentage)

출처: Roberts 2003b.

오랜 기간 공식 노조의 대표자 지위를 누려 온 CTV는 노조에 소속된 노동자들 가운데서도 그간의 지배적인 노동 대표성을 잃게 됐다. 이를 가장 특징적으로 보여 주는 사례가 베네수엘라에서 산업적으로 중요한 남부 볼리바르(Bolívar) 주에서 세력이 급속하게

[253] Roberts 2003b, 49.

커진 좌파 정당 LCR와 정치적으로 연겨된 독립적이고도 강력한 노조가 생겨난 것을 들 수 있다.[254]

베네수엘라 조직노동의 핵심인 CTV의 노동 패권 상실은 비공식 부문의 증가, 경쟁 노조연맹의 출현에다 정당지배체제의 붕괴 조짐으로 더욱 가속화한다.[255] 1989년 신자유주의 개혁에 시동을 건 페레스 대통령은 첫 임기 시절의 이미지를 벗는다. 이는 페레스 대통령이 AD와 결별하고 테크노크라트식 정책결정에 의존하는 방식과 맞닿아 있다. 1970년대 중반 오일 붐이 한창이던 첫 임기 시 과도한 공공지출로 유명했던 포퓰리스트 지도자 페레스는 1988년 대선에서 정당지배체제가 선호한 후보에 맞서 AD 노동국의 지지를 얻어 당선됐다. 하지만 페레스는 대선에서 승리하자 AD의 국가 중심적 전통과 결별하고, 가혹한 안정화 정책 및 구조조정 프로그램을 실행함으로써 자신의 포퓰리스트 이미지를 떨어 버리려한다. 경제위기와 1989년 2월 카라카소(Caracazo) 민중폭동 사태와 군의 강경진압 등은 CTV의 행동반경을 좁히는 올가미로 작용한다. 계속해서 페레스의 AD에 대한 정치적 지지를 보내자니 CTV 일반 노조원의 신자유주의 반대 요구를 수용해 대표노조연맹으로서의 정당성을 유지해야 할 필요성과 고순을 일으키는 것이다. 신자유주의 개혁에 대한 광범위한 정치적 대치전선의 형성은 조직화된 노동의 정치적 접근을 더욱 위태롭게 할 것이라는 인식이었다. 더욱이 조직노동의 정치 협상력은 페레스 대통령의 테크노크라트적 정책결정 스타일 그리고 페레스와 AD 간 균열이 커져 가면서 위

---

[254] López Maya 2007.
[255] CTV의 약화가 정당지배체제를 가져온 측면도 있지만· 정치의 중심이었던 정당과 행정부(대통령) 간 연계가 끊어지면서 결과적으로 정당의 지배를 받아 온 CTV에 힘을 실어 주지 못하는 결과를 낳고 있음을 말한다.

협받고 있었다.[256]

한편으론, 과도하게 온건하고 타협적인 자세를 취하면 CTV 지도부가 독립적인 좌파 노조들과 시민 운동단체들의 보다 과격한 반대 전략으로 협공을 당할 수 있었다. CTV는 따라서 한 차례의 총파업을 선언했고 신자유주의 개혁 조치에 온건한 비난을 표출한다. 하지만 종국적으론 더욱 협조적인 자세로 전향하고 특정 분야에선 정부와 협상하게 된다.[257]

그러나 이 과정에서, 조직노동은 신자유주의 개혁에 대한 늘어나는 민중 저항을 전달(channel)하는 능력의 많은 것을 잃었다. 또한 새로운 풀뿌리 운동단체들이 도시 빈민들 사이에서 생겨났는데, AD의 조직적 침투는 완전한 것과는 거리가 멀었다. 갈수록 복잡하고 다양화된 시민사회는 전통적인 협의제 제도들에서 배제됐으며, 이 제도에 참여한 노동과 사용자 단체들은 협소하고, 정치적으로 타협적인 이익집단으로 치부되기에 이른다. 이런 이익단체들의 계속되는 지대추구적 요구는 공공자원 축소, 시장주의 개혁, 테크노크라트식 정책결정의 현실과 충돌하게 된다. 더욱이 현실적으로 계속되는 경제위기 맥락에서 베네수엘라의 정당들은 정치적 대표 구조 변동의 미묘한 맥락에서 균형점을 찾는 데 실패하게 된다. 이제 확실해진 건, 베네수엘라 정당체제는 물질적 혜택을 배분하는 기능을 멈췄다는 것이고, 이로 인해 도구적[258] 성과를 내는 기

---

[256] 신자유주의시기 중남미 구조조정의 정치에서 정부-노조 간 관계를 핵심 변수로 파악하고 있는 연구는 하버드대 박사학위논문 Murillo(1997)의 연구가 대표적이다. 그는 1990년대 이후 중반까지 중남미 정치경제학의 중요 흐름을 'From Populism to Neoliberalism'으로 규정짓고 노조를 둘러싼 정당 간 경쟁, 노조 내부 및 노조 간 관계를 독립변수로 설정한 뒤 멕시코와 베네수엘라, 아르헨티나를 비교 분석한다(Murillo 1997; 2000).

[257] Ellner 1995.

[258] 앞에서 언급한바 '관료적 후원수혜관계(bureaucratic clientelism)'처럼 국가기구에 고용을 창출하는 능력 등을 가리킨다.

준의 기반에서 지지를 동원화하는 능력을 잃게 된 것이다.[259]

　이로 인해 후원주의 모델을 신자유주의 방식으로 대체한다는 페레스 정부의 테크노크라트 정책을 수용할 수 없다고 반대를 표명하는 비율은 거의 전체 인구의 80%에 달했다. 이는 다음 표를 통해 확인할 수 있다.

〈표 4-4〉 후원주의 모델 반대 인구 비율(%) 변화

1991년 1/4분기	42%
1991년 2/4분기	52%
1991년 3/4분기	52%
1991년 4/4분기	60%
1992년 1/4분기	66%
1992년 2/4분기	76%

출처: Romero 1999, p.21.

　AD와 COPEI 사이의 제도적 합의로 결정(結晶)된 권력분점 협정과 조직노동의 통제된 지지동원 구조는 경제적·정치적 근대화가 진행됨에 따라 새롭게 영향력을 확보한 그룹을 편입(incorporate)시키는 데 실패했다. 이 그룹들은 점차 분개심을 높여 갔고 결국 그들을 대변할 목소리(voice)를 찾게 된다. 이 그룹에는 도시 빈민을 비롯해 지식인층, 중간계급 시민운동 세력, 소장파 군장교 등이 포함된다. 이들을 대표해 주고 이들을 위한 자원 배분에 실패함으로써 종국적으로 이들 그룹의 중요 부문이 Punto Fijo 레짐을 버리도록 유도했다.[260]

---

[259] Roberts 2003b, 50.
[260] McCoy 2004, 268.

결국, 베네수엘라는 갈수록 국가에 의해 지배되는 경제에서 높은 수준의 보호에 의존하는 민간 부문 그리고 경쟁하는 민간 부문 단체들과 동맹을 형성한 정치인들 사이에 공생 관계가 수립된 것으로 분석됐지만, 성장과 평등의 약속을 전달하는 데 실패함으로써 분배정책의 위기를 가속화해 Punto Fijo 체제의 생명이 다하는 운명을 맞았다.[261]

2. 엘리트 균열과 정당체제 붕괴

위기는 단지 경제적 성격만 갖는 것이 아니었다. 또한 협약민주주의 정치체제는 AD-COPEI 기존 정당의 무능력으로 인해 붕괴했다. 다수 국민은 1958년 이래 오랜 기간 지배적인 위치를 점해 온 이 두 정당이 자신들의 요구를 존중하지 않는 데 분개하고 있었음에도 두 정당은 국민의 요구 사항을 해석해 반영시키는 능력이 없었던 것이다. 더욱이 국가제도는 기력을 상실했고 부패가 국민들이 느끼고 있는 모든 불행과 고통의 근원이라는 생각이 집단적 가상(imaginario colectivo)의 공간으로 퍼져 나가기 시작한다.[262]

레이(Rey)는 이른바 협약민주주의 체제를 오랜 기간 지탱시켜 온 요소를 3가지로 설명한다. 레이에 따르면 엘리트 간 협약을 통한 정당지배체제에선 첫 번째로 경제적 자원이 상대적으로 풍부함으로써 국가는 사회적 요구에 응답할 수 있었다는 것이다. 두 번

---

[261] Mouzelis는 남미사회가 도시화와 정치인구의 급증이라는 충격을 정통적 의미에서의 정치참여를 확대하기보다, 포퓰리스트적인 정치 동원과 후원주의 전통적 형태에 관료적 요소를 가미한 동원 등 두 가지 편법으로써 급격한 현상변화를 방지하고 사회안정을 도모하고자 한다고 보았다. '관료적 clientelism'에서는 중간지역단위의 patron이 어느 정도 자율적 재량권을 갖고 대중과 중앙정부 patron을 중개하는 역할을 수행하지만, 포퓰리즘의 경우 지도자가 대중을 직접 관장한다는 점에서 양자 간에 차이가 있다고 한다(Mouzelis 1985, 331~336). 서병훈 1988, p.560에서 재인용.
[262] Arenas 2002, 57.

째로는 국민들의 이런 요구가 갖는 수준도 상대적으로 낮았고 단순했다고 평가된다는 점이다. 나아가 정당, 압력단체가 이런 요구를 병합해 전달되는 통로를 만든 뒤처리를 끝내는 능력이 있었다는 점을 레이는 마지막 세 번째 요소로 꼽았다.

레이의 판단에 따르면 이런 세 요소의 일부에서 부정적인 변화가 일어나 체제의 안정을 위험에 빠뜨렸다. 물론 일부 변수의 위기는 나머지 다른 변수들과 적절히 분리됨으로써 회복될 여지는 있을 것이다. 하지만 베네수엘라에선 이 세 변수가 동시에 실패한 것으로 나타나 급기야 체제의 한계를 드러내는 위기를 낳았다. 결국 협약민주주의 체제는 만족스럽게 기능을 더 이상 이어갈 수 없었다. 근대화 발전을 이어가지 못하고 정체됨으로써 발생한 결과-물인 체제의 무질서가 나타날 수밖에 없었던 것이다.[263]

1) 정당체제 제도화의 한계

중남미에서 1990년대 이전 가장 안정됐다던 베네수엘라 정치체제가 90년대 중반 이후 상당 기간 중남미 전체 평균보다도 정치안정도가 떨어진 것으로 나타난 점은 주목할 대목이다. 다음 도표와 이를 그래픽으로 표시한 그림은 이를 여실히 보여 준다.

〈표 4-5〉 중남미 및 베네수엘라 정치안정드(%, 1996~2002)

	1996	1998	2000	2002
베네수엘라	28	33.9	31.5	17.3
라틴아메리카 평균	42.21	43.02	48.81	43.79

---

[263] Arenas 2002, 57.

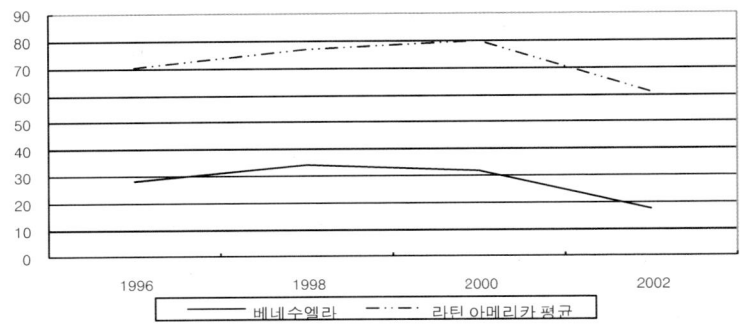

출처: World Bank Institute

가장 획기적인 변화와 대표체제 위기의 증거는 **AD-COPEI**에 의해 지배되는 정당체제의 소멸(demise)이라고 할 수 있다. 이런 결과는 1990년대 초반 학계의 일반적인 기대를 저버리는 것이었다. 1980년대 후반 지방자치단체장 직선 등 선거제도 개혁과 정치권력의 분권화가 정당들 사이에 새로운 동력이 자유롭게 작용하게 하고 서로 간 자유경쟁을 유발한 측면이 있었다. 하지만 **Punto Fijo** 체제를 구하기에는 제도적 개혁이 너무 미미했고 시기도 놓쳤다.[264] Punto Fijo 체제의 쇠퇴는 구 정치권이 부패의 일상화를 제어하지 못하고 1983년 이후 경제위기를 낮추는 데 실패함으로써 두드러졌다. 1993년 대선을 계기로 현실화된 **COPEI**의 분열 이후, 사회·경제적 위기의 영향은 대통령을 둘러싼 정치구조와 베네수엘라 정당체계의 발전에 비춰 볼 때 결정적으로 감지된다. 양당체제의 한 축이었던 **COPEI**는 하층민들에게 모습을 드러낼 선택의 도구로 더 이상 간주되지 않았다. 이제 대부분 국민들은 **AD-COPEI** 양당

---

[264] 상당수 학자들은 이런 현상의 원인에 대해 Punto Fijo 체제하의 높은 수준으로 제도화된 정당체제에서 정당 지도자들이 실수를 범했고 지방자치확대 등의 정치분권화로 정치공간이 개방된 데 따른 것이라고 지적한다 (Molina, 2004).

이 정치권에서 축출(out)되기를 원했던 것이다. 다음 대통령 선거 (1958~2000) 및 총선(1958~2005)에서 나타난 정당별 득표율은 이를 확연히 보여 준다.

〈표 4-6〉 대통령 선거 정당별 득표(%, 1958~2000)

	1958	1963	1968	1973	1978	1983	1988	1993	1998	2000
AD	49.2	32.8	27.6	48.7	43.3	55.4	52.8	23.2	&	^
COPEI	15.2	20.2	28.7	35.4	45.3	32.7	40.1	22.1	&	^
CN*								27.6	&	
MVR#									56.2	59.8
PV$									40.0	
LCR								22.0		37.5
좌파 전체@	3.2			4.4	5.3	4.9	3.3	47.6	56.2	97.3
기타	32.4	47.0	43.7	11.6	6.2	7.0	3.9	7.1	3.8	2.7

*: 1993년 득표율은 CN(Convergencia Nacional)은 MAS와 연합하여 얻은 것임. #: 1998년 득표율은 Polo Patriótico의 것이며 여기에는 MVR, MAS, PPT, IPCN, MEP, PCV, GE, SI, AA 등이 참가함. @: 1993년까지 좌파로는 PCV, MAS, LCR, MIR 등이 있었음. $: PV는 Proyecto Venezuela 임. &: 대통령 후보 내지 않음. ^: 대통령 선거에 불참함.

출처: Consejo Nacional Electoral, "Resultados Electorales", www.cne.gov.ve/

〈표 4-7〉 국회의원(하원) 정당별 선거 결과(%, 1958~2005)

	1958	1963	1968	1973	1978	1983	1988	1993	1998	2000	2005
AD	49.5	32.7	25.6	44.4	39.7	49.9	43.2	23.3	24.5	16.1	0.2
COPEI	15.2	20.8	24.0	30.2	39.8	28.7	31.1	22.6	12.3	5.1	0.2
CN								13.8			
MVR									16.7	44.4	60.0
좌파*	6.2		15.7	11.5	9.4	9.5	12.7	32.5	40.4	63.1	95.0
기타	29.1	46.5	34.7	13.9	11.1	12.0	13.0	7.7	22.8	15.7	4.6

*: 좌파 정당의 득표율은 전국 통계를 기준으로 함.

출처: Consejo Nacional Electoral, "Resultados Electorales", www.cne.gcv.ve/

충분히 예견된 일이었지만 1993년의 총선 총결과는 새로운 정당
체제가 생성됐음을 보여 준다. <표 4-7>에서 보면 알 수 있듯이
1988년 AD-COPEI 두 당의 합산한 득표율은 거의 75%에 가까웠지
만, 두 당을 합한 득표율은 1993년 46%, 1998년 36%, 2000년 21%로
급속히 줄어들더니 결국 2005년 0.5%에도 채 미치지 못하는 상황으
로 이어졌다.[265]

레빈(Levine)은 베네수엘라 정치대표체제의 위기에 대해 "1990년
대 이후 목격되는바, 동원화를 위한 역량과 새롭게 생겨난 사회적
권력의 종류가 그간 존재해 온 카테고리나 채널에 일치하지 않게
된 것"이라고 표현했다.[266] 도시화의 가속, 교육의 확산, 대중매체
에 대한 접근로 증가, 드라마틱한 개인적·집단적 유동성 등은 기득
권으로 하여금 그들의 유권자에 대한 대표성이 떨어지게 했고, 새
로운 그룹이 이들에게 도전하게 되는 경향을 보인다는 것이다.[267]

레빈에 따르면 "정당과 국가제도의 견고한 힘은 권력 집단이 변
화에 저항해 한동안 새 그룹의 출현을 제한하는 데 일정한 역할을
했지만, 90년대 이후 주민결사의 도구는 여러 사람들의 손에 쥐어
지게 됐고 정치는 더 이상 기득권 보수 정당의 전국적 리더십에
의한 독점적 영역이 될 수 없었다"는 것이다. 이웃 주민들의 운동
으로부터 독립적인 정치적 기동력(vehicle)을 창출하려는 움직임이
활발했다. 또한 기존 '체제 내 정당들'에 대한 환멸은 유권자들을
기권토록 하거나 다른 신생 정당들을 지지하도록 했다. 특히 1987년

---

[265] 앞에서 설명했듯이 공산당에서 분리된 온건 사회민주주의 성향의 정당 MAS도 1993년 11%를 얻었지만
1998년 9%, 2000년 5%로 급속하게 득표율이 줄었다(Molina 2004, 164~165).
[266] Levine은 58년 이후 정당체제를 '제도화된 정당체제'라고 명명한다(Mainwaring and Scully 1995).
[267] Levine 1998, 204.

에는 지방정치의 길을 여는 주민운동이 있었다. 지방도시를 관장하는 기본법의 개혁을 요구한 이 운동은 14만 명의 서명을 받는 데 성공, 베네수엘라 역사상 비폭력적인 동원운동의 한 사례로 평가된다. 이 개혁운동에 힘입어 주지사 및 시장 직선 그리고 지방행정구의회(parish council) 건설, 선거직 공무원 주민소환 제도 가능성이 마련됐다. 정치적 발언(voice)과 표현(expression)을 찾기 위한 정치적 대안을 모색한 것은 중산층 집단만이 아니었다.[268] 대표적인 예가 LCR이었다. LCR은 'La Causa Radical(The Radical Cause, 급진대의당)'의 줄임말이다. 1960년대 공산주의 게릴라 지도자 알프레도 마네이로(Alfredo Maneiro)에 의해 창당됐으며 노동 부문에 뿌리를 두고 있다. 이처럼 LCR의 원래 기원은 협약민주주의 체제의 거대한 구조 밖에 있었다. 과거 LCR 지도자들은 체제에 대한 급진적 비판을 개진했다. 이제 그들은 보수 체제가 희망을 가질 수 없을 정도로 부패했고 비민주적이며 대부분 베네수엘라 국민과의 현실 상황과는 전혀 접촉하지 않는 구조라고 맹비난했다.[269]

무엇보다 이와 관련해, 정당체제가 제도화된 곳에서는 포퓰리즘이 등장하지 않았다는 지적은 매우 중요한 의미를 지닌다. 포퓰리즘의 개연성은 정당제도화의 수준과 역관계에 있는 것으로 여겨진다.[270]

같은 맥락에서 메인웨어링 & 스컬리(Mainwaring & Scully)에 따르면 '제도화된 정당체제'가 존재하느냐 않느냐 하는 문제는 민주

---

[268] Levine 1998, 200~201.

[269] 여기서 Levine은 "이는 단순히 모델의 생명력이 다한 것(exhaustion of model)에서뿐만 아니라 정치적 발언과 표현 그리고 참여를 찾는 데서도 그 원인을 찾아볼 수 있다"고 지적한다. 이 표현에서 '발언', '참여'란 단어가 쓰인 것은 차베스에 의한 급진 포퓰리스트 체제의 민중 재동원화가 이뤄질 수 있음을 시사한 것으로 해석된다.

[270] 이영조 2006, 77~78.

주의를 공고화하는 데 있어 큰 차이가 나게 한다. 제도화된 정당 체계를 갖추지 않고 있다면 근대 대중 민주주의를 지탱하기 어렵다고 판단되는 것이다.[271]

메인웨어링에 따르면 정당체제의 제도화 수준이 높을수록 정치 안정과 민주주의 질은 높아진다. 또한 높은 질의 민주주의는 인격주의 정치(personalism)와 포퓰리즘의 가능성을 줄이고 공공정책의 연속성을 높여 준다고 한다. 특히 메인웨어링은 정당체제 분석에서 제도화 수준(level of institutionalization)을 측정하는 지표들을 구체적으로 제시한다. 정당체제의 제도화 수준은 체제를 구성하는 정당들이 어느 정도로 선거에서의 안정적 영향력과 함께 시간이 흐름에 따라 영속성을 얻고, 자신들이 대표하려고 추구하는 시민사회에 상당히 침투해, 강한 조직을 보유한 정도에 따라 측정된다. 구체적으로 정당체제의 제도화 수준을 측정하는 지표는 정치안정, 시민사회침투, 정당성, 조직적 세력화 4가지 차원으로 나뉘어 제시된다.[272]

메인웨어링은 제도화 수준은 정당체제가 개발도상국, 특히 중남미에서 어떻게 정치체제의 형태를 규정짓고 나아가 민주주의 안정을 이루게 하는지를 이해하는 데 있어 핵심적인 변수라고 강조한다. 메인웨어링은 정당체제를 아주 약한 제도화를 한 극에다 놓고 그로부터 제도화의 정도에 따른 연속선상(continuum)에 위치시킨다. 유동적(fluid) 체제로 이름 붙여진 가장 미약한 제도화는 정당의 선거유동성이 심하고 사회 침투도 약하며 낮은 정당성과 약한 조직화로 특징지어진다. 그 예로는 에콰도르, 페루, 브라질 등이 있다.

---

[271] Mainwaring & Scully 1995, 1~2.
[272] Mainwaring 1999.

높은 제도화 수준의 정당체제는 낮은 선거유동성, 시민사회와의 폭넓고 심도 깊은 연계, 강한 정당성 그리고 강한 조직력 등을 보여 주며 그 예로는 코스타리카 그리고 1973년부터 1993년 이전의 베네수엘라 등을 꼽을 수 있다고 메인웨어링은 설명한다.

이런 논리에 따라 베네수엘라 정치학자 몰리나(Molina)는 메인웨어링 & 스컬리가 논한 정당체제 제도화(institutionalizing of a party system)를 베네수엘라 정당체제 분석의 세 번째 차원으로 추가한다. 이를 근거로 몰리나(Molina)는 1993년 이후 베네수엘라 정당체제를 탈제도화된 분극 다당제로 분류한다.[273] 여기서 몰리나(Molina)의 정당체제에 대한 유형 분류에 있어 핵심적인 제도화 수준을 바로 앞에서 설명한 바의 4가지 차원별로 상술해 정당체제 변동을 구체적으로 살펴본다. 몰리나(Molina)는 제도화 수준을 나타내는 지수가 1990년대 이후 급격하게 변한다고 한다.[274]

(1) 정치적 안정도(stability)

1993년 이전 체제의 양태와는 대조적으로 1993년 이후 정당체제는 높은 수준의 선거유동성을 보여 준다. 적실성을 갖고 있는 일부 정당들은 혜성처럼 정치적 지평선에 걸쳐 번쩍이다가 모습을 드러낸 속도만큼이나 순식간에 사라지고 마는 것이다. 선거 기간별로 이전 선거 결과와 관련시켜 본 유동성 지수는 1998~1993년 32%, 1993~1998년 41%, 1998~2000 32%로 매우 높았다. 이는 1973과 1988년 사이 Punto Fijo 정당체제의 유동성 지수가 결코 13%가

---

[273] Molina(2004)에게 Giovani Sartori의 정당체제 분석에서 제시된바, 의미 있는 정당의 수와 정당 간 이데올로기 간극이 베네수엘라 정당체제 분석을 위해 전제된 두 차원이다.
[274] Molina 2004, 167~169.

넘지 않았음과 비교해 매우 대조되는 유동성 지수라고 하겠다.

(2) 사회적 침투(social penetration)

Punto Fijo 체제에서 지배적이었던 AD-COPEI에 의해 행사된 강력한 사회적 침투[275]와 관련해선 선거 역관계보다는 느리게 점진적으로 침식됐다. 그럼에도 불구하고, 1990년대 중반에 이르면 새로운 사회집단이 중요해졌고 정당은 이들을 체제 내화(co-opt)시킬 수 없었다. 사회적 침투의 지표로서 간주되는 정당 일체감 역시 1990년대에 침식됐다. AD-COPEI에 대한 긍적적 유대감을 표출했던 인구 비율은 감소했다. 하지만 이런 1990년대 후반을 기준으로 할 때 탈정렬(dealignment)은 새로 등장한 정당들에 대해서도 아직은 지속적인 일체감을 낳지 못했다는 평가다.

(3) 정당성(legitimacy)

정당체제의 제도화 수준에 영향을 주는 세 번째 차원으로서 정당화와 관련해서도 마찬가지 추세를 보여 준다. 일반적으로 베네수엘라 정당제도는 어느 정도의 정당성을 보유하고 있는 것으로 평가돼 왔지만 1993년 이후에는 Punto Fijo 시절과는 다르게 정당성이 훨씬 낮게 나타난다는 것이다. 이런 정당성의 위기는 과거 지배적인 정당들은 물론이고 신생 정당들이 대중지지와 정당일체감의 안정적인 기반을 구축하려 시도하는 가운데서도 경험한 어려움을 잘 설명해 준다. 달리 보면, 카리스마적 지도자가 발휘하는

---

[275] 오랜 기간 이러한 체제는 시민사회로부터 만들어지는 유권자들의 요구를 '질식사'시키는 요소로 간주됐다 (Molina 2004, 168).

정치적 공간이 확대된 점이 정당의 정당성 감소를 보여 주는 한 지표가 된다고 하겠다.

이처럼 정당 중심의 정치가 쇠퇴하고 일개인의 카리스마적 지도력에 의한 정치공간이 급부상한 데는 두 가지 주요한 원인이 있다고 하겠다. 첫 번째는 전통 지배정당들에 대한 일체감이 붕괴했다는 것인데, 대개는 지배적 세력의 실수, 부패 그리고 경제위기 대처 실패 등에 따른 것이다. 두 번째는 1989년 주지사 및 기초단체장 직선을 허용한 지방선거제도 개혁 등 정치개혁을 들 수 있는데, 이런 선거제도적 변수는 중앙 및 지방정계에서의 정치 지도자들을 충원하는 데 있어 과거의 중앙집중적 정당 관료제와 다른 새로운 채널을 가동시켰던 것이다.

조직과 정당에 의존하지 않는 개인적 역량 중심의 정치가 이처럼 중요하게 된 것은 Convergencia(수렴당)가 1993년 대선에서 칼데라의 선거 참여를 위한 임시도구 그 이상의 역할을 하지 못한 것이나, 같은 식으로 'Proyecto Venezuela'는 1998년 대선에서 엔리케 살라스 뢰메르(Henrique Salas Römer)를 대선 후보로 띄우기 위해 급조된 단순한 조합에 불과했던 사례 등에서 드러난다. 지역에 기반을 둔 새로운 정당들도 각기 지도자들의 개인적 인기에 의존했다. 심지어 한때 강력한 정당일체감을 누렸던 AD-COPEI 그리고 MAS는 2000년 선거에서 차베스에게 대항하는 정당의 능력이 중앙정계의 전통 지도자들이 아니라 지역에 자리 잡은 지도자들의 역량에 크게 의존하고 있음을 실감하게 된다.[276]

---

[276] Molina(2004)는 베네수엘라 정당체제 유형의 변화를 분석하던 2004년을 기준으로 전제로 할 때 MVR는 차베스의 사유물에 불과하다고 한다. 그 사유물의 운명은 차베스 개인의 부침에 따라 함께 한다고 한다.

(4) 조직 역량(organizational strength)

AD-COPEI가 아닌 새로운 정당들은 조직 역량을 키울 시간을 갖지 못한 것으로 진단된다. 새 정당들 대부분은 국가의 정치적 인프라를 구축하는 데 관심이 없이 지역에 기반을 두고 개인화된 측면이 강하다. 전통 정당들도 COPEI의 경우가 특히 그렇지만 당 조직이 파괴됐거나 AD와 MAS의 경우 심각하게 약화됐다. MAS는 창당 주역들 대다수가 1998년 대선에서 차베스를 지지하자는 당원 다수의 결정을 수용하지 않으면서 분열을 겪었다. MAS는 이후에도 지역 지도자들과 중앙 파벌들 간의 연방적 형태로 지속됐지만 공동의 이념과 '역사 속의 영웅적 지도자들'에 의해 그간 주어졌던 내부 일관성은 사라지게 됐다.[277]

AD와 COPEI는 1990년대 이후 잇따른 선거 패배와 중앙 및 지방 중진급 당료들이 당을 떠남으로써 충격에 휩싸였다. 더욱이 두 당의 수도 카라카스 본부 지도부는 서로 죽이는 살육적 분쟁 속으로 빠져들어 내분이 그칠 줄을 몰랐고 그들의 정당 하부구조는 급속도로 붕괴했다. AD의 몇몇 지방조직들은 중앙당 노선에 반기를 들고 'Alianza Bravo Pueblo', 'Un Nuevo Tiempo' 등 새로운 정당을 만드는 데 참가하게 된다. COPEI의 경우 당원들의 이탈이 더욱 심각했다. 대표적으로 Convergencia, Projecto Venezuela, Primero Justicia 등 3당이 COPEI 소속의 당원들의 전통 고객들을 뺏었던 것이다.[278]

이런 정치적 환경 변화는 급진변화를 원하는 인구 비율이 63%

---

[277] MAS의 창당 세력 중 생존한 주요 두 지도자 Teodoro Petkoff와 Pompeyo Márquez는 1998년 MAS를 버리고 떠났다(McCoy & Myers 2004, 304). 이 두 지도자는 Molina가 언급한 '역사 속의 영웅적 지도자들'에 해당된다고 하겠다.

[278] Molina 2004, 167~169.

에 달했고 아무런 변화를 바라지 않는다는 의견이 7%에 불과한 것으로 나타난 다음 표에서도 분명히 예고되고 있었던 것이다.

〈표 4-8〉 변화를 원하는 연구 비율(1995~1998)

	1995 3rd qtr	1996 1st qtr	1997 2nd qtr	1998 1st qtr	1998 3rd qtr
급진변화	51%	55%	55%	60%	63%
부분변화	26%	27	25	20	27
무변화	17	13	13	13	7

출처: Ellner & Hellinger(2003c), p.35. 원출처: Consultores 21, 1998.

2) 정당체제의 붕괴[279]

로버츠(Roberts)는 한 국가의 정당들이 중대한 상황에 직면했을 때 행하는 것에 대한 일반적인 기술(記述)로서 정당체제 전환(transformation)이란 분석틀을 도입한다. 이런 분석틀 아래 로버츠는 중대한 정치경제적 조건에서 주어지는 세 가지 응답이 있다고 한다. 그것은 정당체제의 재구성(recomposition), 재편성(realignment), 해체(decomposition)라고 그는 제시한다.[280]

이에 대해 디츠 & 마이어스(Dietz & Myers)는 정당체제의 '붕괴(collapse. 스페인어 colapso)'란 개념을 도입한다. 즉 그들은 '붕괴'란 용어를 로버츠가 제시한 3가지의 정당체제 전환의 변수들 가운데 하나가 되는 '해체'의 특정 형식으로 다룰 것을 제안한다. 로버츠의 개념화에서 '해체'는 정당체제 변형의 하위유형인 것처럼 정당체제의 '붕괴'는 정당체제 '해체'의 하위 분류에 해당한다는 것

---

[279] 이 부분의 논의는 Dietz & Myers(2002)의 논의를 중심으로 설명되고 있다.
[280] Roberts 1997.

이다. 즉 디츠 & 마이어스에 따르면 '해체'는 점진적으로 목격이 가능한 수준과 속도에서 체제가 기우는 것을 의미함에 반해, '붕괴'란 보다 빠른 속도로 체제의 기반이 허물어지는 것을 말한다. 일반적인 원리로서도 정당체제의 '붕괴'는 한 선거와 다음 선거 사이에서 발생할 수 있고, 정당체제의 '해체'는 보다 긴 시간에 걸쳐 나타난다고 한다.

똑같은 방식으로 '정당'의 붕괴와 '정당체제'의 붕괴를 구분해야 한다. 정당은 경쟁력의 부침을 경험, 경쟁력 상실의 극단적인 경우 정치권에서 사라질 수 있는 것이다. 그러나 없어진 정당이 소속하고 있는 정당체제는 유효하게 계속 유지될 수 있다. 왜냐하면 다른 정당들이 기존의 그런 체제를 유지하기 위해 '퇴출 정당'을 메우기 때문이다.

그럼에도 정당체제는 붕괴할 수 있다. 정당체제의 붕괴는 ① 정당체제를 떠받치는, 경쟁력 있는 모든 구성 멤버(정당)들이 모두 한꺼번에 전체 유권자들에 의해 버림받았을 때 그리고 ② 정당체제를 구성하는 정당들이 자신들을 재편성(realignment) 혹은 재구성(recomposition)할 수 있는 역량이 없을 때 각각 발생할 수 있다는 것이다.[281]

이제, 디츠 & 마이어스는 정당체제의 붕괴가 발생하는 과정을 3단계로 제시한다. 이는 ① 붕괴로 나타나기 전의 해빙(解氷. deshielo) 단계, 그리고 ② 붕괴에 맞서 체제의 부분들 그리고 체제의 구성요소(개별 정당)들, 엘리트층이 나름대로 응답을 제시하거나 그렇게 하려고 시도하는 단계, 마지막으로 ③ 전술한 노력들이 성공을 거두지 못함에 따라 정당체제의 파손과 실질적인 붕괴를 가져오는 단계로 이어진다는 것이다.

---

[281] Dietz & Myers 2002, 1~6.

디츠 & 마이어스는 정당체제의 붕괴를 분석하기 위해 립셋 & 로칸(Lipset & Rokkan)의 결빙명제를 수정할 필요가 있다고 강조한다. 립셋 & 로칸에 따르면 각 사회에는 그 사회 고유의 역사적 경험에 의해 형성된 사회적 구분의 도장이 찍혀 있는데, 이런 사회균열이 정당체제에 영향을 준다고 한다.[282] 특히 사회균열은 급속히 변화하는 것이 아니라 상당히 오랜 기간 고착돼(freeze) 있기 때문에 정당체제는 안정성을 유지하는 경향이 있다고 한다.[283]

이에 대해 디츠 & 마이어스는 정당체제가 오랜 기간 지나도 변하지 않는 '풍경(paisaje)'으로서 조망돼야 하는 것이 아니라, 이른바 '녹을 수 있는 빙하(glaciar)'로 대체돼야 한다고 지적한다. 정당체제가 여러 세대에 걸쳐 그 구조를 유지, 보존할 때 이는 '빙하 체제(sistema glaciar)'와 유사하다는 것이다. 즉 빙하에서 목격되는바, 빙하 표면의 인지되는 특징 일부들은 오랜 기간에 걸쳐 지속될 수 있지만 빙하 깊숙한 곳에서는 끊임없는 변화가 상수(constante)처럼 계속되고 있다는 것이다. 결국 빙하 깊숙한 곳에서 계속된 이런 변화가 때때로 매우 강력해 지표 위의 빙하에 균열을 가할 수 있다는 것이다.[284]

(1) 해빙 전 단계

베네수엘라 정당체제의 해체 과정은 과거 오래전 역사부터 살펴

---

[282] 서유럽을 예로 들면, 근대 유럽사회 형성에 있어서 가장 중요한 혁명이라고 할 수 있는 국가혁명(National Revolution)과 산업혁명(Industrial Revolution) 과정에서 사회균열이 형성됐고, 그렇게 만들어진 사회균열이 정당체제에 영향을 주었다는 것이다.

[283] 김민전 2007, 41~43.

[284] 심지어 Dietz & Myers는 Lipset & Rokkan이 '결빙'이란 용어를 사용하면 정태적이거나 변하지 않는 어떤 현상을 의도했다면 '거짓된 주장'이라고 한다(Dietz & Myers 2002, 7).

봐야 할 측면이 있다고 디츠 & 마이어스(Dietz & Myers)는 지적한다. 이 부분은 앞의 3장에서 다뤘지만 간략하게 다시 정리해 본다. 1908년 집권한 고메스(Gómez) 장군의 탄압적 정부 28년은 19세기 베네수엘라 정당체제의 모든 흔적을 파괴해 버렸다. 이후 정당들은 독재자 고메스가 사망한 1935년 12월 새롭게 생겨나기 시작했다. 먼저 마르크시즘의 낭만적 도전에 사로잡힌 대학생들은 앞으로 다가올 수십 년 안에 베네수엘라 좌파를 형성하게 될 주요 정당 3개를 창당한다. PCV, URD, AD가 그것이다. 그리고 중도 우파로는 진보적 친(親)가톨릭 지도자들이 COPEI를 창당했다. 마지막으론, 상류계급과 중상계급 지도자들이 정치적 우파 진영에서 정당을 구체화하기 위한 노력을 펼쳤다. 이런 식으로 우파 진영에선 처음으로 베네수엘라 민주당(PDV)이 만들어졌다. 하지만 PDV는 이 정당을 창당하고 이끌었던 온건적 군부 정부가 포퓰리스트 혁명세력에 의해 쫓겨나게 된 1945년 10월 붕괴했다.

AD의 베탕쿠르가 주도한 '포퓰리스트 혁명(1945~1948)'의 3년간은 AD를 지배적 위치로 올려놓게 된다. 그러나 AD 내부의 일부 세력이 행정권한을 이용해 URD, COPEI, PCV의 성장을 제한함으로써 AD가 건설하려 시도했던 대의제 민주주의로부터 소외됐다. 이에 따라 URD, COPEI, PCV는 군부가 AD의 선출된 대통령 로물로 가예고스(Rómulo Gallegos) 대통령을 타도한 1948년, AD와 상대적으로 별개의 한쪽 편으로 쏠리게 된다. 그럼에도 불구, 군부는 URD, COPEI, PCV가 통치하는 것을 허용한다는 생각을 전혀 않고 있었다. 이로 인해 이 세 정당은 AD와 연합, 1958년 1월 23일 히메네스(Marcos Pérez Jiménez) 장군의 군사정부를 타도한 비밀운동을 형성토록 한 것이다.

이어 AD, COPEI, URD 세 당 지도부는 권력을 공유하고 나아가 기업가들, 교회, 지주들이 위협감을 느끼지 않도록 극단적 좌파 정책을 펴지 않겠다고 합의한다. 이 Punto Fijo 협약은 다양한 이념적 스펙트럼의 정당들이 권력을 잡기 위한 경쟁에 참여할 수 있도록 하는 환경 조성을 촉진하게 된다. 현실 정치권의 우파 진영에서는 민주국민전선(FND)을 출범시키지만 이 우파 정당은 1963년 대선에서 초기 정치적 역량을 결집시키는 데 실패했다. URD 내부 좌파 및 중도파들은 심각한 내분에 빠져들어 무의미한 정당 세력으로 후퇴시킬 정도로 당의 역량에 막대한 타격을 주게 된다. PCV는 1950년대 혁명에 성공한 피델 카스트로 추종 게릴라들과 연합했으며, 이어서 소련이 체코슬로바키아에서 보여 준 제국주의적 행동으로 불거져 나온 노선 투쟁은 PCV의 보다 열정적이고 카리스마적 지도력의 젊은이들로 하여금 기존의 노선을 버리고 사회주의운동당(MAS)이란 자신들만의 정당을 만들게 한다. MAS는 이후 베네수엘라 정치에서 세 번째로 중요한 위치를 점하게 된다. 1947~1993년 총선 득표율을 정리한 <표 4-9>에 나타난 바와 같이, MAS는 1973년 5.3% 득표율에 머물렀으나 1993년 10.8%까지 득표율을 기록했다. 하지만 MAS의 Punto Fijo 체제에 대한 지지는 열성적인 것과는 거리가 멀었다. MAS는 1990년대 중반까지 권력의 바깥 언저리에 머물렀다. 이렇게 되면서 결국, Punto Fijo하 베네수엘라 정당체제는 특히 1973년과 1993년 사이는 AD와 COPEI의 양당이 주도하는 것으로 특징지어진다.[285]

---

[285] Dietz & Myers 2002, 9~10.

(2) 해빙단계

1988년 12월 대선은 베네수엘라 선거 결과상으로 AD와 COPEI 두 정당의 안정적 권력지배를 보여 주는 마지막 사례였다. 이 두 정당은 <표 4-10>에서 나타나는 바와 같이 1988년 대선에서 자신들 두 후보의 득표율을 합하면 94%를 기록했고 같은 해 총선에서도 두 당이 상하 양원에서 얻은 특표율은 74%로 전체 득표율의 거의 4분의 3 수준에 이른다.

1988년 12월의 선거 결과에서 AD 지도부들이 인식한 우려의 유일한 동기는 유권자들의 선거 기권율이 18%로 지난번에 비해 6% 포인트 상승했다는 점 정도였다. 그럼에도 불구, 중요한 사실은 당시 페레스(Carlos Andrés Pérez) 대통령이 1970년대에 이어 두 번째로 취임하면서 곧바로 경종이 울리기 시작했다. 페레스 대통령은 자신의 전임 대통령이 외환보유고를 이미 모두 탕진해 검은콩이나 커피 등과 같은 기본 식품을 수입하는 데 필요한 결제대금도 남아 있지 않았다는 사실을 알게 된 것이다. 이런 긴급상황은 국제통화기금(IMF)에 차관을 요청하게 만들었고 IMF는 필요한 자금을 제공하면서 국가적인 긴축프로그램을 실시할 것을 의무사항으로 요구했다. 그 결과는 1989년 2월 수도 카라카스를 비롯한 주요 10개 대도시에서 민중들의 상점 약탈 등 소요사태 카라카소(Caracazo)로 이어졌다. 하지만 이런 현실에 대한 정부 당국자들의 무지는 절대적인 수준이었다.[286]

소요사태 이후 베네수엘라 전역에서 평온은 회복됐다. 겉으로는

---

[286] Dietz & Myers 2002, 11.

모든 게 정상으로 돌아갔다.[287] 소요사태 이후 약 10개월 뒤 실시
된 지방선거에서 AD와 COPEI는 다시 지배적인 위치를 이어 갔다.
그럼에도 두 가지 중요한 사항은 베네수엘라 정당체제의 '외관상'
얼어붙은 풍경 아래로 큰 변화가 가까이 다가왔음을 암시해 주고
있다. 주목해야 할 그 첫 번째 사항은, 좌파 게릴라 운동으로 시작
했던 급진대의당(LCR)이 볼리바르(Bolívar) 주지사 선거에서 승리
했다는 점이다. 볼리바르(Bolívar) 주는 중심 산업지역 중의 하나로,
알루미늄 및 철강산업 산별노조 노동자들의 지지를 받았던 AD의
절대적인 아성이 오랜 기간 지속됐던 지방이었다. 두 번째 사항은
당시 지방선거에서 유권자들의 선거 기권율이 55%로 치솟았다는
점이다. 비슷한 시기 대선과 총선에서의 기권율은 모두 18% 수준
에 그쳤던 것에 비해서는 유의미한 결과라고 할 수 있다. 하지만
AD-COPEI 양당 지도부는 여전히 안도의 한숨을 쉬었다. 일반적으
론 그때까지도, 지방선거에서의 ㄱ 권율은 대선 혹은 총선에 비해
선 높았다는 것이고, 두 당 중심의 정당체제는 그간에도 위험한
폭풍우에도 살아남았으며 개별적이고 고립돼 나타나는 위험에 큰
손상을 입지 않았다고 생각했던 것이다.[288]

이와 함께 이어진 두 해(1990~1991년)어 베네수엘라의 거시경제
지표는 호전됐다. 외국인직접투자(FDI)의 물결이 베네수엘라로 쇄
도했고, 1991년에 베네수엘라 경제는 전 세계에서 1인당 GDP 면에
서 가장 높은 성장률을 기록했다. 그럼에도 불구하고, 이런 낙관주
의는 1992년 2월 4일 차베스 주도의 소장파 군장교들의 쿠데타 감

---

[287] 이에 대해 Dietz & Myers(2002, 11)는 '자연에 반하는(antinatural) 평온, 잔잔함'이라고 표현한다.
[288] Dietz & Myers 2002, 11.

행이란 소요사태에 직면하는 아이러니를 연출한다. '사령관' 차베스는 정부 관료들과 정치인들의 부패를 척결하고 신자유주의 정책을 폐기시키려 무력을 동원했다고 명분을 내세웠다. 차베스는 신자유주의 정책이 페레스 정부와 연합한 특정 그룹에만 혜택을 주는 성장을 이끌어 내고 있다고 지적한다. 같은 해 11월 27일에는 공군 및 해병대 사령관들에 의해 쿠데타가 다시 감행돼 페레스 정부에 재차 타격을 가했다. 이런 가운데서도 실패한 쿠데타 사건이 두 번이나 있었던 1992년의 12월 6일 실시된 지방선거는 아직도 AD-COPEI 두 정당의 지배적 위치가 온존하고 있음을 보여 준다. <표 4-10>에서도 나타나는바, 체제 내부 정당에 대한 득표율이 78%로 그 직전 지방선거와 비교해 약 7%포인트 상승한 것이다. 그러나 이는 핵심 중앙권력과는 상당한 거리가 있는 지방선거 결과이다. 더욱이 이듬해 1993년 12월 실시된 대선은 체제 유지 두 정당 간 관계에 미묘한 변화가 감지됨으로써 체제 붕괴의 전조로서 충분한 것으로 분석된다. 즉 전통적으로 AD의 대안세력으로 전체적으로 체제 유지에 버팀목이 돼 온 COPEI는 비리 혐의로 물러난 페레스 대통령의 AD 정권을 탈취하라는 임무를 띤 모습으로 유권자들의 선택을 받은 것으로 보인다는 점이다.[289]

<표 4-10>은 1992년 12월~1993년 12월 사이에, 특히 COPEI에 대한 지지도가 급격히 떨어져 AD-COPEI 두 정당을 합한 득표율이 1958년 이후 체제가 들어선 이후 처음으로 50% 밑으로 떨어지는 결과를 동시에 낳고 있음을 보여 준다. 1993년 대선은 더욱 의미심장한 변화가 있었다. Punto Fijo 체제를 떠받치는 거물 중의 한

---

[289] Dietz & Myers 2002, 12.

명인 칼데라가 자신이 직접 세우고 세력을 키워 온 COPEI를 버리고 독자 출마한 것이다. 당시 80대의 고령 칼데라는 MAS, URD, PCV 그리고 개인적 정당들의 연합을 이끌어 내 두 번째 대통령에 오른다. <표 4-12>는 1993년 대선에서 수렴당(Convergencia)의 칼데라가 어떻게 승리했는지를 자세히 보여 준다. 또 전투적 좌파 정당인 LCR는 1993년 대선에서는 1988년의 0.37% 득표율에서 무려 20% 포인트 넘게 상승한 21.95% 득표율을 기록했다. 이는 AD(23.23%), COPEI(22.11%)와 비교해 불과 1%포인트밖에 차이가 나지 않는 놀라운 기록이다.[290] 이는 베네수엘라 Punto Fijo 체제를 건설하고 지탱해 온 AD-COPEI 중심의 수십 년간 이어진 정당체제가 붕괴의 위기에 직면했음을 의미한다.

그러면 의문은 남는다. 30년 이상 이어진 '정당체제의 빙하'가 1992년 12월의 지방선거와 1993년 12월 전국 대선을 갈라 놓은, 단 12개월 동안에 녹게 된 원인은 무엇인가 하는 점이다. 무엇보다 먼저, 앞서 밝힌 바처럼 1992년 12월의 선거에서 이미 '정당체제의 얼어붙은 풍경'이 일정 부분 녹기 시작하는 현상이 나타났다는 점을 재차 언급해야 할 필요가 있다. 그러나 정당체제의 '진짜' 분열은 그 이후에 도래한다. 그 즉각적인 원인은 COPEI 내부의 심각한 내분을 들 수 있다. 이로 인해 COPEI가 일관되게 통치할 능력을 갖춰 진정으로 AD의 대안 정당이 될 수 있을지 심각한 의문이 제기됐던 것이다. 이 문제는 1960년대 후반 대통령을 지낸 칼데라가 재차 대선에 출마할 것이라고 결정하면서 80년대 중반으로 추정되는 COPEI 내부 묵은 갈등의 불씨를 다시 지핀 것이다. 80년대 중반 이후 COPEI 소장파 지도자들은 칼데라를 COPEI 최

---

[290] Dietz & Myers(2002, 12)는 이에 대해 '정치적 지진(terre-moto politico)'이라고 표현한다.

고 지도자 자리에서 물러나도록 하고 1988년 대선에서 그 대신으로 에두아르도 페르난데스(Eduardo Fernández)를 후보로 내세웠다. 1988년 대선에서 페르난데스는 페레스에게 패했지만 대선 이후에도 COPEI 사무총장으로서 당 주도권을 유지했다. 이후 1992년 2월 4일 차베스 주도의 불발 쿠데타 사건 이후 페르난데스는 당시의 정치위기를 민주주의에 대한 중대한 위협으로 진단하고 페레스 대통령에게 지지를 보냈다.

이와는 대조적으로, 칼데라는 페레스 정부의 신자유주의 정책을 비난하고 상당히 미묘한 뉘앙스로 '쿠데타 주동자' 차베스를 두둔하는 자세를 취한다. 노회한 정치인 칼데라의 이런 전략은 당시 베네수엘라 일반 국민 대다수의 정서에 상당히 부합하는 것이었다. 또한 칼데라는 COPEI 전통 당원 그리고 그들의 연합 세력들 사이에서 상당한 지지를 유지했다. 이런 배경으로 칼데라가 사실상의 무소속 후보로 나서면서, 과거 같으면 COPEI 대선 후보를 지지했을 유권자들은 COPEI를 이탈해 칼데라에게 표를 던지게 된 것이다.[291]

1993년 대선에서 사실상 무소속으로 출마한 칼데라의 승리는 1958년 이후 베네수엘라 대선 역사에서 찾아볼 수 없었던 일이었다. 좀 더 자세히 관찰해 보면, 유권자들은 AD, COPEI 두 전통적 정당에 직접적인 기대를 하지 않았을지라도 아직은 한 번 더 1958년 체제에 새로운 기회를 부여하려 했었음을 시사한다. 실상 기존 체제와 동일시된 AD-COPEI 두 정당들 중 어느 정당도 과거 시대에 유효했던 국가 중심적 분배체제가 이젠 실행 가능하지 않다고 유권자들과 합의를 도출해 낼 형편이 되지 못했던 것이다.

---

[291] Dietz & Myers 2002, 12~13.

기존 지배정당들의 실패는 이른바 신자유주의 '판매실적'을 올리기 위한 모든 노력에 치명적 손상을 가했다. 페레스 대통령은 집권하면 국가 중심적 분배 정책을 다시 펼칠 것이라는 선거 공약으로 유권자의 기대감을 한층 부풀리게 했지만 취임하자마자 이를 180도 전면 수정함으로써 파멸로 나아가는 운명을 자초했다. 이로 인해 그가 속한 AD의 지지 기반도 심하게 흔들렸다. 나아가 페레스를 대체토록 마지막 기대를 받았던 칼데라마저 페레스와 유사한 정책으로의 변화를 실행토록 할 수 없는 상황이 되자 AD와 COPEI가 직면한 결과는 앞의 페레스 탄핵보다 훨씬 더 크게 될 것이란 점은 명약관화했다.[292]

(3) '해빙'을 저지하려는 시도

오랫동안 유지된 정당체제의 붕괴를 가져올 수 있는 '해빙'의 초기 시점에서 어떤 형태의 반작용이 주어질 수 있을까? 디츠 & 마이어스는 이런 의문을 던지며 베네수엘라 정당체제 붕괴의 두 번째 단계를 분석한다. 그들에 따르면 첫 번째 반응은 이런 해빙을 가져오게 한 장본인과 사실 관계를 특정시켜 책임을 돌리게 하는 것이다. 두 번째 반응은 해빙 과정을 저지하고 뒤로 돌려 어떤 형식으로든 대처하려는 시도라고 할 수 있다.[293] 첫 번째 반응의 경우, 체제를 지탱하는 개별 정당 그 내부 그리고 체제 구성 정당들 간에 상호 비난과 함께 특정 대상을 지목해 책임을 지우는 일

---

[292] Dietz & Myers(2002, 13)는 이같이 평가하면서 이런 식의 베네수엘라 대의제 민주주의 체제에도 중대한 결과를 낳고 있다고 진단한다.

[293] 이 둘은 이론적으로나 역사경험적으로나 상호 배제적이지 않으며 공존할 수 있다고 한다(Dietz & Myers 2002, 18~22).

이 벌어질 수 있다.

이런 형태의 책임 공방은 ① 제로섬적 정치게임 상황의 수위가 높아지면서 '과연 누가 전체 해방자가 될 것인가'란, 다분히 비(非)정치적 정서(mentalidad)로 나아가고, 그리고/혹은 ② 한 정당 혹은 여러 정당들이 정당체제를 버리려 하거나 이미 잃어버린 대의(大義.causa)에 속하고 있다는 이미지에서 벗어나겠다고 시도함에 따라 정당체제 내부 혹은 전체 정당체제의 파열로 이어진다는 것이다. 그럼에도 불구, 이와 동시에 기존 정당체제를 지탱해 온 엘리트들은 일련의 개혁조치를 시도하려 한다. 이런 두 가지 대응은 베네수엘라 정당체제의 파열을 막으려는 과정에서도 나타난다고 디츠 & 마이어스(Dietz & Myers)는 분석한다.

베네수엘라 정당체제의 '얼어붙은 빙하'가 해빙하기 전에 이 정당체제와 동일시된 AD-COPEI 두 정당이 내놓은 응답은 Punto Fijo 체제를 얽어매고 있는 '실타래 그 자체가 풀어 헤쳐지고 있다(desenredar, 영어 unravel)'[294]는 인식과 긴밀히 연결돼 있다. AD-COPEI는 1958년 이후 체제를 압도적으로 지배해 왔는데, 자신들에 대한 지지와 이른바 Punto Fijo 체제에 대한 지지가 언제나 그랬던 것처럼 한결같았기 때문이었다. 그래서 AD와 COPEI에 대한 '지지의 마진·용해'를 저지하기 위한 노력은 자체 메커니즘의 민주주의를 보존하려는 노력과 긴밀히 얽혀 있다고 디츠 & 마이어스는 지적한다.

---

[294] '실타래가 풀어 헤쳐진다(unravel)'는, 즉 '와해된다'는 표현은 David J. Myers 그 자신이 2년 뒤 Jennifer M. McCoy와 함께 편집한 『The Unraveling of Representative Democracy in Venezuela』(Johns Hopkins University Press, 2004) 저서의 제목에 그대로 재등장했다. 차베스 체제 이전이 'Representative Democracy'였다는 분석도 그대로 이어졌다. Dietz & Myers(2002) 참조.

더욱이 디츠 & 마이어스는 1989년부터 시작되는 Punto Fijo 체제의 위협은 ① 카라카소(Caracazo)로 대표되는 폭동, 약탈 그리고 ② 경제의 긴축, ③ 군부 쿠데타 사건 등으로부터 비롯된다고 한다. 하지만 이런 위협은 정당체제 위에 군림하는 AD-COPEI 지배가 무너지기 시작하는 조짐이 수면 위로 떠오른 1993년 대선에서야 본격적으로 실감된다. 결국, 그때까지도 양당 지배체제의 붕괴에 대해 누가 책임인지 소재처가 분명히 소경되지 못했던 것이다. 이젠, 1993년 대선 결과로 볼 때 AD와 COPEI는 그간 노력을 펼쳤음에도 심대한 타격을 피할 수 없었음을 여실히 증명해 주고 있다는 것이다. 다시 말해 1958년 이후 체제를 계속 '굴러가도록(a flote)' 하는 노력이 실패로 돌아갔음을 뜻한다.

(4) '대홍수' 단계

디츠 & 마이어스에 따르면 총선, 대선 등 전국적인 선거 기간에 정당체제와 동일시된 정당들에 대한 지지도가 50% 밑으로 떨어질 때 정당체제의 해빙이 시작된다고 가정하고, 이후 그 다음 전국 규모 선거에서 체제와 동일시된 정당[295]들의 총 득표율이 15%(혹은 10%) 미만으로 추락할 경우, 그러면 정당체제의 빙하 구조가 노아의 방주에 비견되는 '대홍수(diluvio)'를 맞아 오랜 기간 지배해 온 정당체제 그리고 해빙에 따른 '범람(aluvión)' 이후 '충적토(alluvial deposit)'[296]로 존재해 온 것을 붕괴시킨다고 한다.[297]

---

[295] AD-COPEI를 말한다.
[296] 이는 이른바 '대홍수'로 나아가기 전 어느 정도 경작. 즉 체제의 지탱이 가능한 'post-aluvión'으로 표현된다 (Dietz & Myers 2002, 26).
[297] Dietz & Myers 2002, 26.

특히 이런 크기의 붕괴에선, 역사적으로 체제와 동일시된 정당은 선거에서 득표를 얻기 위한 능력을 상실하게 되며, 이런 붕괴는 일시적인 것이 아니라는 점이 중요하다.[298] 기존체제와 제도에 기반을 두지 않고 일개인의 지도력으로 이끌어지는 정치운동 혹은 새로운 정당이 출현, 이른바 기존 정당체제를 끝장내겠다고 하는 운동 혹은 선거강령을 띄운 후 선거의 책무를 정복하게 된다는 것이다. 나아가, 기존체제에 반대하는 이른바 '반(反)체제(anti-sistema)'의 정부가 일단 권력에 오르게 되면 이전 정당체제로의 모든 복귀 가능성을 사실상 제거하는 일련의 제도적 변화를 수립하게 된다.

그러므로 정당체제의 붕괴는 기본적인 두 가지 구성요소를 갖게 된다고 한다. 그 두 가지 중 첫 번째는, 역사적으로 지배적인 정당 그리고 그런 정당이 주류를 이루는 식의 전체 정당체제를 향한 선거 지지도가 급속하고도 치명적으로 추락한다는 점이다. 두 번째는, 체제에 반대하는 대안적 정치세력이 출현한다는 것이다. 특히 오랜 기간 지배적이었던 정당체제를 허물고 등장한 세력은 권력을 장악하는 것에서 나아가 이미 패퇴시킨 기존체제를 땅에 묻기 (enterrar) 위해 가능한 한 모든 것을 활발하게 한다는 것이다. 이 지점에서 디츠 & 마이어스는 중대한 주장을 하게 되는데, 즉 기존체제를 완전히 허물고 나타나는 정치세력은 자주 그렇지만 '네오포퓰리스트'적 성격을 띤다고 하는 점이다.[299]

<표 4-10>의 1995년 12월 지방선거 결과에서도 나타나는바, 앞

---

[298] '체제의 붕괴'는 〈표 1-1〉에서 나타나는바, 포퓰리스트 레짐에 병합된 민중섹터가 레짐 외부로 쫓겨 나가 그 자체 레짐으로서의 존재가 없어졌음을 보여 주는 것이다. 다음 5장은 기존 레짐의 외부에 있는 민중섹터를 새로운 레짐 속으로 재동원화하는 과정을 자세하기 기술하고 있다.

[299] Dietz & Myers 2002, 27.

서 이미 일부에 의해 목격됐던 정당체제의 파열과는 거꾸로 된 상황이 연출됐지만 이는 미혹에 빠뜨리는 것에 불과한 것으로 증명됐다. 90년대 초반 시작된 정당체제의 '해빙'은 90년대 후반 '대홍수'로 대미를 장식하고야 만 것이다. 단지 1998년 12월 대선에서 유권자들의 11%만이 AD-COPEI 두 당 후보들에게 지지를 보냈을 뿐이다. 이어 2000년 7월 대선에선, 과거 오랜 기간 정치현장을 주름잡았던 AD와 COPEI는 대선전에 참가하지도 못하는 '기현상'을 연출하고야 만다. 그 대선과 같이 실시된 총선에서 AD-COPEI는 전체 의석의 21%를 얻었을 뿐이었고, 지방선거에서도 단지 AD만이 규모가 적고 전국적으로 중요도가 떨어지는 몇 개 주의 주지사 선거에서 승리했을 뿐이다. 이런 똑같은 틀은 2000년 12월 실시된 주민자치의회(Consejo Municipal) 선거에서도 목격됐으며 2001년 AD와 COPEI의 조건은 더욱더 악화됐다.[300] AD는 노쇠한 중앙지도브와 상대적으로 참신한 지역 중진들이 각각 지도력을 행사하는 드 그룹으로 나뉘게 됐다. COPEI는 중간 서열의 간부급을 계속 잃어 나갔는데 이 중간그룹은 대체될 수도 없는 상황이었다. 두 정당 중 어느 정당도 가까운 장래에 다시 권력을 회복할 어떤 기회를 얻지 못한 것이다.[301]

이런 정당체제의 빙하 구조가 해빙을 넘어 대홍수를 맞은 원인들을 추적하면 칼데라 대통령이 1992년 2월의 쿠데타 주동자인 '사령관' 차베스를 사면한 1994년으로 거슬러 올라간다. 차베스가 감옥에서 풀려나 정치활동을 재개토록 한 겻이다. 이제 차베스는 기존 쿠데타 주도 세력을 재규합하고 거의 활동을 정지한 URD 그리고 소

---

[300] 〈표 4-10〉을 참조할 것
[301] Dietz & Myers 2002, 26~27.

수 세력으로 존재를 이어 간 PCV를 자신의 세력권으로 추가한다. 디츠 & 마이어스(Dietz & Myers)는 차베스의 초기 정치운동에 대해 '민족주의적 포퓰리즘'이라고 규정짓는다. 차베스는 여기에 마르크스주의적 분위기를 풍기면서 베네수엘라의 지도적인 좌파 지식인들을 끌어들였다고 한다. 차베스는 이어 1997년 말에 MVR를 창당했고, 이듬해 대선에서 좌파연합 후로로 출마, 당선된다.[302]

〈표 4-9〉 정당별 총선 득표율(%, 1947~1993)

	1947	1958	1963	1968	1973	1978	1983	1988	1993
AD	70.83	49.45	32.71	25.55	44.44	39.68	49.90	43.24	23.34
COPEI	16.95	15.20	20.81	24.03	30.24	39.80	28.68	31.06	22.62
MAS	-	-	-	-	5.30	6.16	5.74	10.14(a)	10.81
MIR	-	-	-	-	1.00	2.35	1.58	-	-
URD	4.34	26.76	17.38	9.25	3.20	1.68	1.91	1.44	0.56
PCV	3.65	6.23	-	2.82(b)	1.20	1.04	1.75	0.96	0.45
LCR	-	-	-	-	-	-	0.54	1.65	20.68
MEP	-	-	-	12.94	4.97	2.23	1.96	1.61	0.59
Convergencia	-	-	-	-	-	-	-	-	13.84
FDP	-	-	9.59	5.29	1.24	0.25	-	-	-
IPFN/FND	-	-	13.36	2.61	0.24	-	-	-	-
CCN	-	-	-	10.93	4.31	0.20	-	-	-
Others	4.23	2.36	6.15	6.58	3.86	6.61	7.94	9.90	7.11
Turnout	74%	92%	91%	94%	96%	88%	88%	82%	60%

출처: McCoy & Myers 2004, p.157. 원출처: 베네수엘라 중앙선관위(1987, 1990, 1994).
   (a) 1988년 MAS와 MIR는 선거연합을 구축.
   (b) 1968년 PCV는 '동맹을 위한 연합(Unión Para Avanzar, UPA)'이란 당명으로 선거에 참여.

---

[302] Dietz & Myers 2002, 27.

<표 4-10> 베네수엘라의 총선 및 지방선거(1988~2000)

연도	선거 종류	당선자/다수당 득표율(%)	체제 내부[303] 정당들의 득표율(%)	체제 외부 정당들의 득표율(%)	투표 기권율 (%)
1988	President	Pérez/AD/53	94	6	18
1988	Legislature	AD/43	74	27	18
1989(12월)	Region/local	AD/40	71	39	55
1992(12월)	Region/local	Copei/42	78	32	60
1993(11월)	Congress	AD/24	46	54	40
1993(12월)	President	Caldera/CN/MAS/31	46	54	40
1995(12월)	Region/local	AD/35	56	44	55
1998(12월)	President	Chávez/MVR/56	11	91	36
		MVR/56			
1998(11월)	Congress	AD/25	37	63	46
2000(7월)			0	100	44
	President	Chávez/MVR/59	전체 의석의 21%	전체 의석의 79%	44
	National Assembly	MVR/46% de los curules			
2000(12월)	Local committee	MVR/39% de	전체 의석의 28%	전체 의석의 72%	74

출처: Dietz & Myers(2002), p.11.

원출처: 베네수엘라 최고선거위원회(Consejo Supremo Electoral) 1958~1988 통계자료, 중앙선거위원회 (Consejo Nacional Electoral) 2000 통계자료.

<표 4-11> AD 및 COPEI 의회 의석수 비율(1988~2000)

정당 \ 연도	1988	1993	1998	2000
민주행동당(AD)	97	55	64	29
기독민주당(COPEI)	67	53	26	5
의회 총의석수	201	203	208	165
(AD+COPEI)/총 의석수	82%	53%	43%	21%

*1998년까지는 하원의 의석수임.

출처: 홍욱헌 2004, 110.

원출처: "Political Database of the Americas(2000) Venezuela: Parliamentary Elections. 2000", In
http://www.Georgetown.Edu/pdba/Elecdata/Venezuela/leg2000.html.4 February 2001; and Consejo Nacional Electoral. "Diputados al Congresso Nacional(1958~1998) por Partidos". In
http://www.cne.gov.ve/estadisticas/e003.pdf

---

[303] Punto Fijo 체제의 주축인 정당을 말한다. 쉽게 설명하면 AD-COPEI 두 거대 기득권 정당을 가리킨다.

<表 4-12> 정당별 대선 득표율(%, 1947~1993)

	1947	1958	1963	1968	1973	1978	1983	1988	1993
AD	74.47	49.18	32.81	27.64	48.65	43.30	55.38	52.75	23.23
COPEI	22.40	15.18	20.18	28.68	35.35	45.28	32.66	40.08	22.11
URD	-	30.67	17.50	11.82	3.07	1.07	1.30	0.69	0.59
PCV	3.12	3.23	-	-	0.69	0.55	1.02	0.34	0.34
MAS	-	-	-	-	3.71	4.70	3.81	2.71	10.59
LCR	-	-	-	-	-	-	0.09	0.37	21.95
MEP	-	-	-	17.35	4.38	1.10	1.12	0.39	0.49
FDP	-	-	9.43	6.46	0.80	0.16	-	-	-
IPFN/FND	-	-	16.08	3.55	0.14	-	-	-	-
Convergencia	-	-	-	-	-	-	-	-	17.03
Others	-	1.74	4.00	4.50	3.21	3.84	4.17	2.67	3.67
Turnout	74%	92%	91%	94%	96%	88%	88%	82%	60%

출처: McCoy & Myers 2004, p.158. 원출처: 베네수엘라 중앙선관위(CNE)(1987, 1990, 1994).

주: 베네수엘라 대선에선 일부 정당들이 개별적으로 대선에 참가하면서도 공동 후보를 내세우는 경우가 흔하다. 아래는 대선 실시 연도별로 주요한 선거연합을 이룬 정당들을 나타내는 것이다. 참고적으로 전체 득표율이 2% 미만인 선거연합은 그 득표가 유효표로 인정되지 않는다.

1958 – URD/ PCV/ MENI; COPEI/ PST/ IR 1963 – URD/ PSV/ MENI

1968 – AD/ API/ AIR/ OPIR; COPEI/ MDI; MEP/ PRIN/ OPINA; URD/ FND/ FDP/ MENI

1973 – AD/ PRN; COPEI/ FDP/ MPJ/ IP; MAS/ MIR; MEP/ PCV

1978 – COPEI/ URD/ FDP/ OPINA; MAS/ VUC

1983 – AD/ URD/ VOI; COPEI/ FUN/ MIO/ NGD/ ICC/ CIMA; MAS/ MIR/ IRE; MEP/ PCV/ NA/ LS/ GAR/ SI

1988 – AD/ PN; COPEI/ MIN/ FNP/ ICC; MAS/MIR; MEP/ PCV/ Renovatión/ MONO; URD/ IRE

1993 – Convergencia/ MAS/ URD/ MEP/ PCV and twelve other parties; AD/FDP and seven other parties; COPEI/ PAZ/ GE and three other parties

The winning candidates were Rómulo Gallegos (AD) in 1947, Rómulo Betancourt (AD) in 1958, Raúl Leoni (AD) in 1963, Rafael Caldera ((COPEI) in 1968, Carlos Andrés Pérez (AD) in 1973, Luis Herrera Campíns (COPEI) in 1978, Jaime Lusinchi (AD) in 1983, Carlos Andrés Pérez (AD) again in 1988 and Rafael Caldera(Convergencia) again in 1993.

〈표 4-13〉 하원 및 의회 선거 정당별 득표율(%, 1993 · 1998 · 2000)

	하원				국회	
	1993		1998(a)		2000(a)	
Party	Votes (%)	Seats	Votes (%)	Seats	Votes (%)	Seats
MVR-CONIVE(b)			19.9	35	44.23	80
MAS	10.8	24	8.9	24	5.12	21
AD	23.3	55	24.1	61	16.10	30
COPEI	22.6	53	12.0	26	5.10	8
Proyecto Venezuela			10.4	20	6.92	7
Primero Justicia					2.46	5
Convergencia-LAPY	13.6	26	2.5	6	1.07	4
LCR	20.7	40	3.0	5	4.41	3
PPT			3.4	11	2.27	1
Un Nuevo Tiempo					1.75	3
Alianza Bravo Pueblo					1.10	1
Puama					0.04	1
Migato					0.47	1
Apertura			1.5	3		
Renovacion			1.2	2		
IRENE			1.3	3		
Others	9.0	5	11.8	11	8.86	0
Total seats		203		207		165
Parties with seats		10		21		13
Volatility	32%		41%		32%	
Effective numbers of parties	5.6		7.6		4.3	
Turnout	60%		54%		56.5%	

출처: McCoy & Myers 2004.

원출처: Consejo Supremo Electoral, Dirección de Estacísticas Elec-orals, Elecciones de 1993(electronic file); Consejo Nacional Electoral, Resultados Electorales 1998, CD-ROM; Consejo Nacional Electoral-INDRA, Eleccions 2000, CD-ROM.

Note: For full party names, see list of abbreviations.

(a): The distribution of seats among the parties is based on a survey of members of the National Assembly by the newspaper El Universal, as well as on personal research. El Universal, January 18~22, 1999, and August

14, 2000, 1~10.

(b): For the year 2000, although in some cases the Movimiento Quinta República(MVR) and MAS presented separate candidates, they integrated an alliance of national character. For this reason it is better to understand the results as those of an electoral coalition. Under this alliance other political parties also participated without obtaining positions. These parties and their percentage of votes for the year 2000 are as follows: PCV(0.36%); MEP(0.08%); SI(0.34%); IPCN(0.17%); GE(0.11%); and NRD(0.10%). These minority parties are grouped together in the table with the rest of the parties that did not obtain positions in the category "Others". CONIVE was the denomination taken by the NVR candidates in the three single member seats for indigenous population; therefore, the NVR won 77 seats and CONIVE 3 seats.

〈표 4-14〉 1998년 12월 6일 대선 결과(후보 및 정당별 득표율)

Candidate	Vote (%)	Parties Supporting the Candidate and Voting Percentage of Each One
Huge Chàvez Frías	56.20	MVR(40.17); MAS(9); PPT(2.19); PCV(1.25); IPCN(1.03): GE(0.86); MEP(0.84); SI(0.57); AA(0.29).
Henrique Sales Römer	39.97	Proyecto Venezuela(28.75); AD(9.05); COPEI(2.15); PQAC(0.02)
Irene Sáez	2.82	IRENE(1.96); ED(0.37); La Llave(0.30); INCVF(0.19)
Luis Alfaro Ucero	0.42	ORA(0.12); URD(0.08); RENACE(0.08); VU(0.05); ICC(0.05); FIN(0.03); ONDA(0.01)
Miguel Rodriguez	0.30	APERTURA(0.30)
Alfredo Ramos	0.11	LCR(0.11)
Others	0.18	
Turnout :	6,988,291(63.76%)	Valid votes: 93.55%
Abstentions :	3,971,239(36.24%)	Void votes: 6.45%

출처: McCoy & Myers 2004.

원출처: Consejo Nacional Electoral, *Resultados Electorals 1998*, CD-ROM(this id the last report with 99.61% of the votes tallied, on December 10, 1998).

Note: For full party names, see list of abbreviations.

Candidate	Vote (%)	Parties Supporting the Candidate and Voting Percentage of Each One
Huge Chàvez	59.8	*Polo Patriotico Coalition:* MVR(48.11); MAS(8.7); PCV(0.91); IPCN(0.47); GE(0.21); MEP(0.22); SI(0.70); AA(0.24); NRI(0.19)
Francisco Arias	37.5	LCR(18.95); ID(2.36); MIN(1.07); MDD(1.02); Bandera Roja(0.25); personal votes for the candidate(13.87)
Claudio Fermín	2.7	Encuentro Nacional(2.72)
Turnout	6,600,196(56.5%)	Valid votes: 95.3%
Abstentions	5,081,449(43.5%)	Void votes: 4.7%

출처: McCoy & Myers 2004.

원출처: Consejo Nacional Electoral-INDRA, *Eleccions 2000*, CD-ROM(this id the last report with 99.66% of the votes tallied, August 11, 2000).

3. 정당체제 붕괴론의 의미

1) 해석과 가설

베네수엘라 정당체제의 붕괴는 협약민주주의 체제에선 정렬-이탈-재정렬로 진행되는, 이른바 특정 정당체제 틀내에서의 체제의 전환 및 민주주의 공고화 과정이 어렵다는 점을 보여 준다. 그래서 체제 외부에서 기존 정당체제가 갖는 대표성과 정당성을 부정하고 이를 일거에 붕괴, 결국 해체시키는 反체제-反정치의 급진체제를 재구성하게 된다는 것이다.[304]

이는 민주주의 체제의 제도화가 어려움을 보여 주는 증거가 된

---

[304] 차베스하에서 나타나는 이런 급진체제는 대의민주주의와 정당정치의 발전을 저해함은 물론이다.

다. 엘리트 지배층이 자신들의 권력만을 위한 방향으로 나아갈 경우 오히려 정당체제 등의 경직성이 커짐과 함께 민중을 배제시키는 결과로 이어졌음을 베네수엘라 정치 변동 연구를 통해 확인할 수 있었다.[305] 협약민주주의 정당체제가 제도화하는 과정의 종착역은 자신들을 소수특권지배층(oligarchy) 세력으로 몰아넣도록 함으로써 자신들이 내세운 통합의 정치를 스스로 허무는 상황으로 나아갔다. 이는 차베스 체제에서 나타나는 정당정치의 해체와 의회정치 기능 상실 등의 극단적 대립의 체제 혼란상을 낳고 있는 현실로 이어지고 있다.

레빈(Levine)은 Punto Fijo 정당지배체제의 폐쇄성으로 체제 자체의 해제란 파국적 결과를 낳았다고 지적한다. 시위자들과 개혁주의자들은 더 큰 접근과 더 넓은 참여를 추구했다. 이는 부패척결 주장과 그리고 엘리트들이 처벌을 회피하는 현실에 대한 비판으로 나타났다. 그들은 책임성과 요구의 투명성을 주장했다. 즉 정치적 합의는 공론화[306]를 통해 결론 내려져야 하고 그 합의 내용에 대해서도 일반 국민이 심사할 수 있도록 접근 가능하게 해야 한다는 것이다.[307] 벅스턴(Buxton) 역시 베네수엘라에서 정치개혁이 실패한 원인에 대해 Punto Fijo 체제가 매우 제한되고 정당성을 잃어 정치적 대표의 새로운 형태가 출현하는 것을 가로막았기 때문이라고 분석했다.[308]

정당체제는 시간이 흘렀다고 해서 동결되는 것은 아니다.[309] 그

---

[305] 하지만 이를 포퓰리스트 레짐의 근본적 한계 나아가 태생적 한계, 배태(胚胎)된 취약성 등으로 규정짓는 것은 너무 단정적인 결론이라고 하고 싶다.

[306] 이에 대해 Levine은 Punto Fijo 정당체제의 중앙집중화되고 위계적인 성격 그리고 강력한 정치 보스들이 밀실에서 모종의 합의를 함으로써 대폭 정부예산 지원을 받는 식의 국가-정당 연계구조를 고려하는 그 대조되는 모습을 가히 놀랍다고 평가한다.

[307] Levine 1998, 202.

[308] Buxton, 2001.

[309] Roberts & Wibbles(1999)는 정당체제의 제도화 개념에 대해 부정적이다. "정당 제도화는 선거적 안정(electoral stability)을 가져올 것인지 중요한 예보자일지는 모르지만 정당체제 자체의 전환을 전망하는 데는 한

리고 탈제도화의 가능성은 여러 사례에서 목격된다. 강력하고 깊게 보호 장치를 갖췄던 정당체제가 유권자들에 의해 갑자기 거부당한 1990년대 베네수엘라의 경험은 중남미 지역에서 정치적 대표체제의 탈제도화로 나아가는, 보다 광범위한 경향의 극단적인 사례라고 할 수 있다.[310] 베네수엘라 정당체제가 경험한 변화는 엄청난 규모였고 속도도 빨랐다. 더 중요한 것은 돌이킬 수 없다는 점이었다. '붕괴'라고 명명한 이런 형태의 변화는 그 사실이 알려지지 않은 것은 아닐지라도 대부분의 나라들과 비교해서 예외적이라고 할 수 있다. 정치변화의 과정으로서, 정당체제의 붕괴는 전국적인 규모로 선거가 실시되는 사이에 지배적인 정당들에 의한 체제가 완전히 사라져 다른 것으로 대체됨을 의미한다.

앞에서 살펴본바 정당체제의 붕괴는 오랜 기간 선거정치를 지배해 온 정당들의 총체에 대한 유권자들의 지지도가 급격하게 떨어지면서 시작된다. 이 해빙은 지배정당들 측에 의한 대응조치를 유도할 수 있다. 또한 책임 소지자를 지목함과 함께 정당체제의 '틀을 새로 짜는' 움직임으로 이어질 수 있다. 일부 개혁조치는 단기간에는 성공할 수 있다. 하지만 이런 조치들은 체제를 지탱해 온 정당들의 지지가 떨어지는 기간 표출된 광범위한 불만족을 해소하기에는 불충분하다. 이미 정당체제의 해빙이 처음으로 출현(파열단계)한 선거 사이클은 종국적으로 정당체제의 빙하구조에 대홍수가 들이닥쳐 정치 풍경을 변화시키고야 만다. 한동안 지배적이었

계가 있다는 것이다." 즉 멕시코의 PRI, 페루의 APRA, 베네수엘라의 AD가 1990년대 이전 오랜 역사를 자랑하고 일견 높은 수준으로 제도화된 정당으로 분석됐지만 이들 정당이 겪은 정치적 피해는 영원할 것이란 조짐이 있다는 것이다. Roberts & Wibbels는 이들 정당이 그리 오래지 않은 과거에 누렸던 지배적 위치로 돌아갈 수 있으리라고 상상하기는 어렵다고 진단한다(Roberts & Wibbles 1999, 586).

[310] Roberts & Wibbels 1999, 586.

던 정당들의 체제는 이 지점에 이르면 평판에 심대한 손상을 받아 이 체제와 동일시되는 정당들의 후보들이 선거에서 이기는 경우는 매우 드물고, 결국 기존의 정당체제는 '범람후(post-aluvión)' 정치 풍경에서 더 이상 자신들의 존재를 찾을 수 없게 된다.[311]

여기서 디츠 & 마이어스(Dietz & Myers)는 베네수엘라 정당체제의 붕괴에서 '네오 포퓰리스트' 지도자의 역할을 논한다. 정당체제 붕괴의 초기 단계는 기존체제에 반대하고 그 체제하의 제도성에 반하는 정치 지도자에 의해 훨씬 빨라지고 그 수위도 깊어질 수 있다는 것이다. 그들에 따르면 이런 유의 지도자는 자신들이 반체제 대안이라고 주장하면서 불만족스럽지만 결심을 하지 못하는 유권자들을 설득시켜 나간다. 즉 그간 지지를 보냈던 정당들과 이 정당들의 체제 그 자체를 버리도록 촉구하는 것이다. 체제의 붕괴가 임박함에 따라 이런 성격의 지도자는 더욱더 매력적인 차기 지도자로 떠오른다. 이 지도자가 이른바 '민주주의 게임규칙'을 준수하는가 안 하는가는 이 지도자가 붕괴하는 체제와 연결돼 있지 않다는 인식을 더욱 중요하게 여기는 유권자들에게 변수가 되지 못한다. 사실상, 이런 식의 지도자가 과거 지배적인 체제는 구제할 가치가 없어 붕괴함이 마땅하다고 유권자들을 설득시킬 수 있다면 이 말은 그 성공을 가늠하는 가장 중요한 열쇠들 중의 하나가 된다는 것이다. 다시 말해 베네수엘라 정당체제는 기존체제에 반대하는 '개인기 위주'의 네오 포퓰리스트 지도자 앞에 무릎을 꿇는다는 것이다.[312]

---

[311] 정당체제의 개별 구성요소들은 그 자신들 자체의 힘으로 세력을 회복할 수는 있다. 즉 옛 모습과 관련되지 않는 새로운 지도자가 한 정당의 조직을 소생시킬 수 있는 능력이 있을 수 있고 심지어 그 정당의 이름으로 옛 광영을 되찾을 수 있다. 그러나 앞서 봤던 식으로의 '정당체제'는 불가능한 것이다(Dietz & Myers 2002, 30~31).

[312] Dietz & Myers 2002, 31.

결론적으로 디츠 & 마이어스(Dietz & Myers)는 메인웨어링 & 스컬리(Mainwaring & Scully)의 정당체제의 제도화 수준을 원용해 가설을 제시한다. 즉 정당체제가 그 제도화 수준의 양극단인 '제도화된 정당체제' 혹은 '미완성의(inchoate) 정당체제', 어느 한쪽에 치우쳐 위치할 경우 붕괴할 가능성은 더 높고 원상으로 회복될 가능성은 훨씬 더 적어진다는 가설이다.[313]

2) 체제 정당성 상실: 기득권 제도 부정

베네수엘라 정당지배체제의 붕괴는 체제 정당성이 물질적 혜택을 주는 능력과 후원주의에 지나치게 의존함에 따라 장기적 기준에서 국민소득 수준이 크게 줄어들면 사회적 연계 단절과 체제의 정당성 상실로 체제 유지에 치명타를 입는다는 점을 증명하고 있다.[314] 이는 체제수용적 반대세력(loyal opposition)이 아니라 반체제적인 반대세력(disloyal opposition)이 등장했음을 의미한다.[315]

다시 말해, 정당지배체제가 거의 종착역으로 치닫던 1996년 '위기의 책임자'로 지목된 자는 다름 아닌 국가제도 그 자체였던 것이다. 이런 체제의 정당성 상실은 국가기관과 제도에 대한 신뢰도가 크게 떨어진 것으로 나타난 다음 표에서도 확인된다. <그림 4-10>은 국가제도에 대한 불신이 선거 기권율의 급상승으로 나타났음을 보여 준다.

---

[313] Dietz & Myers 2002, 32.
[314] 이런 점은 베네수엘라와 함께 가장 급격한 체제 변동을 보인 페루에서도 확인된다. 1980년 대비 1996년 실질임금지표는 베네수엘라 38.8%, 페루 42.4%로 중남미 지역 평균 ˉ02.6%에 크게 미치지 못하고 있는 것이다(Roberts 2003b, 52~53).
[315] 이영조 2006, 73.

<표 4-16> 국가기관, 이익단체에 대한 국민의 신뢰도(%)

국가기관 및 제도	1987년			1998년		
	신뢰도			신뢰도		
	높다	낮다	없다	높다	낮다	없다
사법부	13.25	30.26	36.02	7.33	51	39.47
의회	12.98	28.63	41.11	5.33	45.2	47.6
대학	41.8	17.59	17.17	51.27	33.87	13.53
CTV	9.29	27.45	47.38	6.93	39.87	49.47
중앙정부	9.38	30.76	40	6.8	54.27	37.73
교회	49.83	15.9	13.38	55.53	29.6	13.87
경영자총연합회	9.59	28.71	46.41	6.33	42.8	47.73
경찰	10.62	24.52	44.93	10.8	39.67	48.27
군(軍)	28.17	20.94	25.9	34.27	40.67	23.73

출처: Boletin RedPol n1, Caracas, 1999, p.12.

<그림 4-10> 선거 기권율,[316] 1958~1999

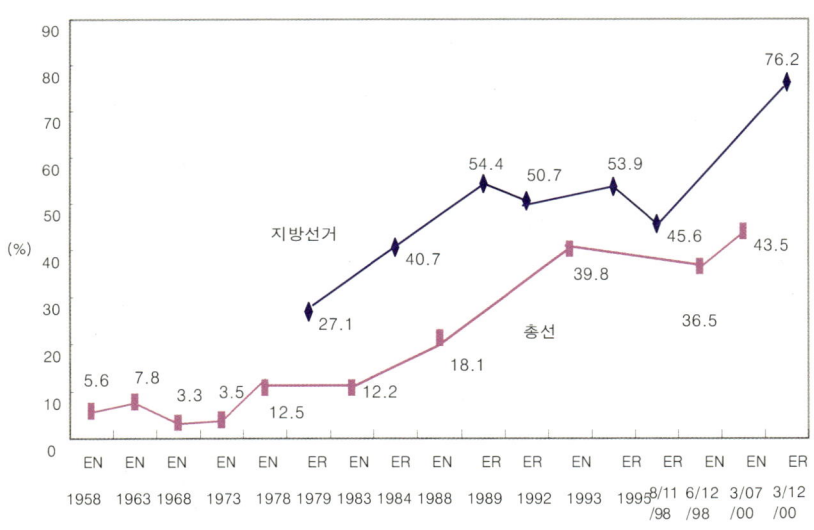

출처: 베네수엘라 중앙선관위, 1999.

---

[316] 선거 불참이란 '선거 이탈(desalineación electoral)'로 표현되기도 한다(Carrasquero, Maingon, and Welsh 2001, 49).

제3절 차베스 포퓰리즘 체제로의 변환

베네수엘라에서 정당지배체제의 종말은 1998년 대선으로 구체화한다. 보다 인치적(personalist)이고, 조직적인 동력에 덜 의존하는 정치적 선택을 중심으로 정치행위자들을 재정렬시킨 새로운 정치세력이 부상한다. 그 중심에는 차베스 대통령이 자리 잡고 있다. 결국 반(反)정당지배체제(anti-partidismo)는 기존 부패 엘리트들만의 정치를 반대하는 반(反)정치(antipclítica)의 형태로 전환한 것이다. 정치 프로젝트를 둘러싸고 양극화적 분리로의 경향이 심화했다는 것이며 이는 곧 양당 지배체제의 특징이었던 이데올로기적 수렴의 분위기가 종결했음을 의미했다.[317]

볼리바르 혁명 이념을 전면에 내세우면서 부정부패와 빈부격차 해소를 지향한 총체적 개혁을 추구하고 있는 차베스는 헌법을 개정하고 정치제도를 혁신하는 등 개혁에 대한 강한 집념과 추진력을 보이고 있으며, 인민의 소외를 초래한다는 근거로 대의제 정치제도들에 대한 불신을 표명하면서 국가적 중대 사안에 대해 국민이 직접 투표로 결정하는 직접 민주주의를 시도하고 있다. 한편 대외적으로는 신자유주의를 강요하는 미국과 대립각을 세우면서 쿠바와의 교류와 연대를 강화하는 등 좌파적·독자적·포퓰리즘적 노선을 추구하고 있다.[318]

---

[317] 베네수엘라 정치학자 Thanaldí Patruyo는 이를 탈공고화 및 탈제도화 개념으로 설명한다(Patruyo 2005, 376~380).
[318] 이상환·김웅진 외 2006, 4.

1. 중남미 정치지형 변화: '좌파 바람'의 본질

신자유주의 정책의 실패는 2000년대 이후 중남미 정치의 핵심적인 키워드가 '좌파'라는 진단을 나오게 했다. 2005~2006년 동안 칠레, 브라질, 멕시코, 콜롬비아, 페루, 베네수엘라 등을 포함해 모두 12개 국가에서 대통령 선거전이 치러졌고 많은 국가에서 좌파 성향의 지도자들이 당선됐다. 이들이 집권할 수 있었던 배경에 20년간의 중남미 지역의 지배적 통치 패러다임이었던 신자유주의 실패가 자리 잡고 있음은 주지의 사실이다. 이른바 신자유주의 10년 이후 중남미의 빈곤과 소득불평등은 오히려 강화되는 양상을 보였기 때문이다.[319]

하지만 중남미에서 진보성향의 후보들이 집권하는 현상을 '좌파 바람'이라고 단순화하기엔 위험이 따른다는 지적에 주목해야 한다. 이데올로기보다는 어떤 인물의 경력이나 상징성이 선거의 변수로 등장했다는 것이다. 볼리비아의 유권자들은 코카 재배 농민이나 원주민의 권리회복을 주장했던 에보 모랄레스(Evo Morales)를 뽑았다. 또한 멕시코 대선에서 끝까지 선전했던 로페스 오브라도르(López Obrador)에 대한 지지가 높았던 까닭은 그가 멕시코 시장직

---

[319] 2000년 이후 2007년 현시점에 이르기까지 중남미의 빈곤계층은 2000년에 잠시 감소한 것을 제외하고는 1997년 이후 지속적인 증가 추세를 보이고 있다. 그 증가세는 인구에서 차지하는 빈곤의 비율보다 절대수에 있어서 더 두드러진다. 1980년에 1억 3천, 1990년에 2억이었던 빈곤층은 2003년엔 2억 2700만 명으로 집계되며, 기본적인 의식주를 영위하기 힘든 상태인 극빈층도 6200만, 9300만에서 1억 명 이상으로 증가했다. 빈곤층은 전체 중남미 인구의 44%로 추산된다(곽재성 2007, 1). 특히 중남미 경제는 1998~2003년 장기간 침체를 거듭해 연평균 1.3% 성장에 그쳐 다시 '잃어버린 6년(media década perdida)'이란 용어까지 등장하게 됐다. 1990년대 하반기 이후 미국경제 호조, 중국 등 아시아 경제권 고도성장 지속 등 경기의 호재가 등장했어도 정체기조를 반전시킬 만큼 충분하지 못했다. 이는 이미 1990년대 중반에 제기됐던 '워싱턴 컨센서스'를 배경으로 한 신자유주의 개혁에 대한 비판 입장을 강화, 확신시키는 계기가 됐다(김원호 2005, 52~57).

을 수행하면서 미혼모, 고령자를 위한 사회보장정책이 효과가 있었기 때문이다. 자신의 이혼경력을 거리낌 없이 내세운 칠레의 바첼레트(Bachelet) 후보는 여성 문제에 대한 진솔한 접근방식을 표로 연결시키는 데 성공한 사례이다.[320]

이와 함께 중남미에서 최소주의적 민주주의가 이른바 '민중의 정치화'를 낳고 있다는 분석이 설득력이 있다. 중남미의 민주주의가 그간 꾸준히 성장해 과거와 같이 공권력에 의한 선거부정이나 매표 행위 등이 그리 많지 않고 언론자유가 신장되었기 때문에 어떤 정파도 국민의 지지를 받는다면 집권할 수 있는 길이 열렸다는 것이다. 소위 최소주의적 민주주의가 뿌리를 내리고 있는 것인데, 많은 국가에서 도시화가 촉진되고 있고 매체의 발달로 인해 보다 많은 정보가 공개돼 이를 이용한 적극적인 선거전략 덕분에 민중의 정치화가 가속화되고 있다. 즉 민주화 이후 선거라는 합법적이고 평화적인 수단을 통해 기존 질서에 대한 재편이 가능해졌기 때문에 그동안 정치 과정에서 소외됐던 사람들이 더욱더 투표소로 몰리고 있다는 것이다.[321] 이를 반영한 중남미 정치에서 '스타 정치인'은 차베스 대통령에게서 두드러진다는 평가가 있다.[322]

중남미 좌파의 재등장과 관련해 그랜딘(Grandin)의 짧은 글은 많은 시사점을 준다. 그랜딘은 중남미 좌파의 재등장에 대해 민주적 발전론(democratic developmentalism)이 재생하는 신호탄이면서, 동시

---

[320] 곽재성 2007, 1~2.

[321] 곽재성 2007, 2.

[322] 차베스의 1998년 대선 승리는 이런 스타성이 참신한 이미지와 맞아떨어진 경우라고 볼 수 있다는 평가가 있다. 차베스는 1992년 쿠데타에는 비록 실패했지만 동료들에게 투항을 권유하러 TV에 출연한 단 1분 동안에 "국민과 여러분 앞에서 이번 볼리바르주의 군사봉기는 전적으로 제가 책임을 지겠다"라고 하여 신선한 충격을 던졌다. 그 이전까지 베네수엘라에서는 어떤 정치가도 국민 들 앞에 사과하거나 책임진다는 말을 해본 적이 없었다(곽재성 2007, 4).

에 과거의 좌파와 큰 차이를 보인다고 한다. 그랜딘에 따르면, 1940년대 개혁주의자들은 정당 혹은 지도자들과 수직적으로 연계된 노조와 농민단체를 통해 정치권력을 확장하려고 했지만, 오늘날 개혁주의자들은 고도로 집중화된 부와 정치권력에 맞서기 위해 수평적 배열(horizontal array)의 다양한 새 사회운동에 의존하고 있다는 것이다.[323]

특히, 중남미권에서 경제에 규제를 가하는 권한을 되찾은 국가와, 여러 다양한 대열(隊列)의 신자유주의 반대 사회운동 사이에 가장 앞선 제휴관계(partnership)를 가진 나라는 바로 베네수엘라라고 그랜딘(Grandin)은 진단한다. 이런 점에서 차베스주의(Chavismo)를 중남미의 과거 포퓰리스트 실험 체제와 확연히 구분시켜 주는 것이 여러 사회운동의 이질성(異質性,heterogenity)이라고 할 수 있다. 다시 말하면 차베스 체제를 떠받치는 여러 사회운동이 수직적·집단적으로 통합되는 것이 아니라 다양하게 수평적으로 산포돼 있다는 것이다.[324] 차베스의 부상 이전에 많이 존재했고 일부는 차베스 집권 이후에 설립된, 좌파 시민사회 조직들의 대항권력(countervailing power)은 베네수엘라를 '활기 넘치는' 민주주의 국가로 변화시켰다고 그랜딘은 평가한다.

---

[323] Grandin은 '새로운 사회운동'의 예로 브라질의 '토지 없는 농촌 노동자운동(MST)'과 Evo Morales 볼리비아 대통령의 권력 기반이 된 코카 재배 농민들의 '사회주의로의 운동' 등을 들고 있는데, 이들은 정당의 형태가 아니라 '사회운동 연합체'라는 것이다. 에콰도르의 경우에도 2006년 대선에서 '정치신인' Rafael Correa가 '제2의 차베스' 열풍을 몰고 오며 대통령으로 당선되는 데 큰 기여를 한 강력한 원주민 그룹을 들 수 있다 (Grandin 2007). http://www.venezuelanalysis.com/analysis,2673

[324] Grandin(2007)은 이를 "베네수엘라 도시 서민 거주자(barrio)에서 협동조합 구성원들, 공동체 언론 및 다른 문화적 행동가들과 어울려 시간을 보낼 때나 혹은 농민단체원들과 시골에서 같이 어울릴 때 그들이 추구하는 이익의 다양성, 시민적 열정, 더 인간적인 사회를 건설하기 위한 헌신에 감명받지 않고는 못 배길 것"이라고 표현한다.

2. 차베스는 누구인가: '혁명적 포퓰리스트' 지도자

1) '혁명가' 차베스

고트(Gott)는 차베스가 '라틴아메리카어서 실로 독창적인 인물'이라고 말한다.[325] 차베스는 1954년 카라카스에서 약 320km 떨어진 시골에서 교사 부부의 아들로 태어나 양친의 소양을 물려받았다. 한때 카라카스 사관학교의 인기 높은 명석한 교수였던 그는 청중을 매혹시키는 웅변가이면서도 타고난 교사답게 교훈벽을 지닌 인물이다. 그는 아프리카계와 인디오계의 혈통을 이어받은 전형적인 베네수엘라 메스티소 혼혈의 신체적 특징을 지니고 있다. 그는 항상 편안한 미소를 짓는 붙임성 있고 사귀기 쉬운 남자이며, 사람들을 편안하게 만드는 능력을 타고난 인물이다.[326]

차베스는 15년 동안 쿠데타 계획을 모의했다. 그는 17세에 군에 입대했고, 23세 때부터 군대 내에서 운동을 건설하기 시작했다. 차베스는 라틴아메리카 민족주의 군 장교들의 전통에서 영향을 받았다.[327] 차베스는 군대 내에서 모의를 진척시키는 한편, 베네수엘라 민간좌파―쿠바 혁명에 고무된 일련의 게릴라 투쟁에 가담한 노련한 투사들도 포함된―와도 접촉했다. 이와 관련해, 1980년대 베네수엘라 군부가 지니고 있던 흥미롭고도 특이한 특징 하나는 민간 부문과의 관계라고 할 수 있다. 민간대학에 파견돼 사회과학을 공부

---

[325] Gott는 "차베스는 아옌데와 같은 마르크스주의자도 아니고 페론과 같은 포퓰리스트도 아니다. 그는 급진적 민족주의자이며 그의 국제주의적 통찰력은 라틴아메리카의 그 어떤 인물보다 피델 카스트로에 근접해 있다"고 한다(Gott 2005, 19).

[326] Gott 2005, 19~20.

[327] 자국의 후진성과 부패에 좌절한 민족주의 군 장교들은 군사적 수단을 이용해 자국 정부를 현대화하려 했다. 파나마의 Omar Torrijos, 페루의 Juan Velasco Alvarado, 아르헨티나의 Juan Domingo Peron 등이 그런 전통에 포함된다(Choonara 2006).

하던 하급장교들이 민간사회를 돌아다니는 동안 60년대 개릴라운 동에서 살아남은 생존자들과 접촉하게 됐던 것이다.[328]

우고 차베스가 처음으로 베네수엘라인들의 주목을 끈 것은 1992년 2월 곤경에 처한 페레스 정부를 전복하기 위해 쿠데타를 감행했을 때였다. 차베스와 다른 급진파 장교들이 주도한 그 쿠데타는 베네수엘라의 석유소득에서 배제된 사람들의 폭넓은 지지를 받았다. 그러나 그 쿠데타는 군사적으로 실패했고, 차베스는 투옥됐다. 차베스는 TV에 잠깐 출연해 자신의 권력 장악 노력이 실패했다고 발표했다. 그는 국민들에게 이렇게 말했다. "불행히도, 우리의 목표가 지금 당장 실현되지는 않았습니다. …… 새로운 가능성이 다시 나타날 것이고, 베네수엘라는 분명히 더 나은 미래를 향해 나아갈 것입니다."[329] 차베스가 지휘하던 공수부대의 붉은 베레모와 '지금 당장'이라는 구호가 카라카스의 판자촌에서 큰 인기를 끌었다.[330]

2) '포퓰리스트' 차베스

'포퓰리스트' 차베스의 모습은 베네수엘라에서 가장 인기 있는 프로그램 가운데 하나로 국영방송이 내보내는 "알로 프레시덴테!(Alo Presidente, 안녕하세요 대통령)"라는 방송을 통해 확연히 드러난다. 국민과의 소통을 중시하는 차베스 대통령은 매주 한 번씩 이 프로그램에 출연해 시청자의 전화를 직접 받고 즉석에서 대화를 나눈다. 일반 시민들은 누구나 전화를 통해 정책이나 정부 업무에 대해 궁금한 것을 묻기도 하고 민원사항을 이야기할 수도 있다. 전체 시간 중 그

---

[328] Gott 2005, 68.
[329] Gott 2005, p.67에 나오는 차베스 연설 중 일부를 번역한 것이다.
[330] Choonara 2006, 21.

날의 메인 통화자 또는 출연자를 선정해 놓을 뿐, 대화는 아무런 제약도 막힘도 없이 진행된다.

이 프로그램의 시청률이 40%에 달하는 이유도 주목된다. 차베스는 이 프로그램에서만큼은 대통령이기 이전에 능숙하고 쾌활한 토크쇼 사회자다. 여러 분야 지식이 해박하고 무엇보다 남미 역사와 민속에 정통한 차베스 대통령의 말솜씨와 열정은 시청자들을 울리고 웃긴다. 대화에 흥이 나면 자리에서 일어나 춤을 추기도 하고 출연자와 함께 노래도 한다. 스튜디오의 방청객들이 환호를 하면서 박수를 치는 모습을 흔히 볼 수 있다. 방송은 스튜디오에서만 진행되는 것도 아니다. 국영석유회사의 개혁에 관해 국민들 관심이 높을 때는 석유회사 유조탱크 앞에서, 협동조합 조합원들과 대화를 나눌 때는 인큐베이팅 지원기지인 파브리시오 오혜다 등 이른바 '내생적(endogeno) 발전지대'를 찾아가서 방송을 진행한다. 외국에서 중요한 손님이 방문했을 때 이 프로그램에서 직접 대담을 나누기도 한다.[331]

3. 선거를 통한 '정치혁명'

차베스는 쿠데타를 주도한 군인 출신임에도 불구하고 그의 권력 장악과 강화는 모두 선거라는 메커니즘을 통해 이뤄졌다. 1992년 쿠데타 이후 투 옥됐던 차베스는 칼데타(Caldera) 정부의 사면에 따라 투옥 2년 만에 석방된 뒤 군복을 벗고 본격적인 민간 정치인으로 나섰다.

---

[331] 새사연 2007년, 차베스 집권2기 자료집.

먼저, 차베스는 빈곤층과 변화를 추구하는 베네수엘라인들의 절대적 지지를 바탕으로 대중의 인기를 확보, 군부 내의 혁명세력과 구 게릴라 세력을 포함한 진보적 시민세력을 규합해 제5공화국운동(MVR: Movimiento V(Quinta) República)을 창당했다. 결국 1998년 대선 직전 열린 총선에서 차베스는 자신의 MVR 그리고 MAS, PPT를 연합한 중도좌파 성향의 애국축(Polo Patriótico)에 참여, 하원의석수에서 AD의 30% 득표를 앞지르는 34% 득표로 제1당을 확보했다. 그리고 개별 정당으로 자신의 MVR은 AD에 이은 제2당의 위치를 차지했다. 이어 그해 12월 대선의 양상은 '정치적 양극화'의 신호탄을 보여 주는 것이었다. 빈곤층을 대변하면서 제헌의회 소집을 통해 기존의 정치시스템의 대변혁을 요구하는 차베스와 또 다른 변화를 내세우나 기존 정당을 포함한 현상유지 세력들의 지지를 기반으로 하는 엔리케 살라스 뢰메르(Henrique Salas Römer)와의 결전에서 차베스는 57%의 지지를 얻어 39%의 득표율을 올린 살라스를 누르고 당선됐다.

차베스는 이로써 베네수엘라 사상 최연소 대통령이자 최다득표 대통령 당선자가 되며 베네수엘라 정치를 좌지우지하는 인물이 된 것이다. 이 결과에 대해 Salas는 패배를 깨끗이 인정했고 객관적으로도 이 대선은 베네수엘라 40년 민주주의 역사상 가장 공정한 선거로 평가받고 있다. 따라서 공정한 민주적 선거 틀에 의해 집권한 차베스 정권의 정당성은 누구에게도 의심받지 않았다.[332] 1998년 대선에서 정당별로 득표율을 보면 <그림 4-11>과 같다. 그리고 <그림 4-12>는 1998년 대선에서 언제 후보자를 선택했는지를 보여

---

[332] 김기현 2003, 327~328.

준다. 총선도 실시되기 한참 전인 1998년 8월 이전(63%)이 가장 높은 비율을 차지한 점은 기존체제에 반대하는 여론이 얼마나 팽배했는지를 잘 보여 주는 결과라고 하겠다.[333]

〈그림 4-11〉 1998년 12월 대선에서의 정당별 유효투표율

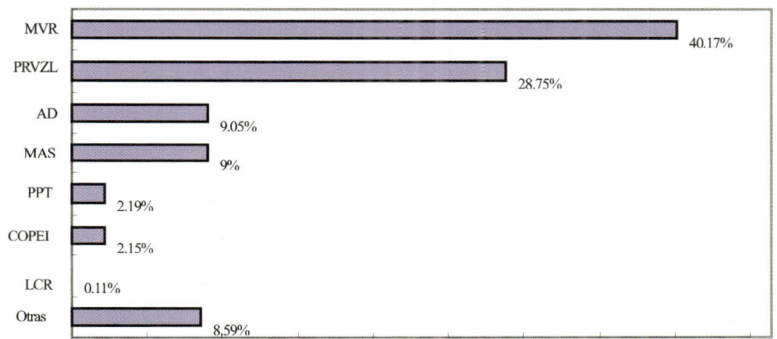

출처: Carrasquero, Maingon, Welsch(eds)(2001), p.118
원출처: CNE-indra. Direccion de Estadisticas Electorales. Calculos propios.

〈그림 4-12〉 1998년 대선 시, 후보는 언제 선택했는가?

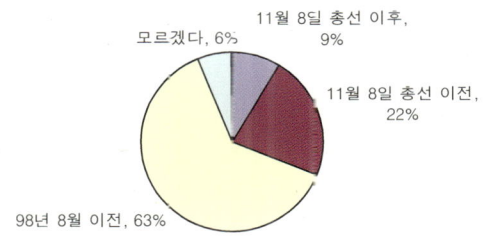

출처: Carrasquero, Maingon, Welsch(eds)(2001), p.94.

---

[333] 98년 대선 상황에 대해선 Carrasquero, Maingon, Welsch (eds) (2001)에 자세하게 다뤄지고 있다.

또한 정권을 잡은 이후 차베스와 그 주변 인물들이 몰두한 주요 과제는 제헌의회를 소집해 새 헌법을 제정하겠다는 오랜 약속을 실현하는 것이었다. 1999년 4월 국민투표에서 88%가 새 헌법 초안을 지지했고, 이에 따라 그해 7월 실시된 제헌의회 선거에서 차베스가 내세운 후보들이 전체 131석 가운데 121석을 차지했다. 이후 12월 국민투표에서 새 헌법을 승인한 국민은 71%로 감소했다. 이 '볼리바르 헌법'이 승인되자 모든 선출직 정치인들의 위임을 갱신하기 위해 2000년 7월 새로운 선거가 실시됐다. 당시 대선에서 차베스는 59%를 득표해 2위와의 격차를 21%포인트 이상으로 늘렸다. 새로 구성된 의회에서도 차베스 지지파가 확실한 다수파가 됐다.[334] 이렇게 차베스는 18개월 동안 5번의 선거를 통해 자신의 권력을 공고화했다. 그 이후에도 2006년 12월 대선까지 주요한 선거가 이어졌다.

1998년 이후 지난 9년간 베네수엘라에서 진행된 각종 선거와 국민투표를 요약하면 아래와 같다.

① 1998년 12월 대통령 선거
② 1999년 4월 제헌의회 소집 여부를 묻는 국민투표
③ 1999년 7월 제헌의회 선거
④ 1999년 12월 새 헌법 동의 국민투표
⑤ 2000년 7월 대통령/국회의원/지자체 동시 선거

---

[334] 이에 대해 Choonara는 베네수엘라 국민이 볼리바르식 혁명에 대해 '끊임없이 열광하고 있다'는 것을 보여준다고 해석한다. 실제로 제헌의회 움직임이 활발했던 2000년, 영국 일간 Financial Times 여론조사 결과 정치제도에 대한 베네수엘라 국민의 지지율이 1998년 35%에서 2000년 55%로 상승한 것으로 나타났다는 것이다(Choonara 2006, 27).

⑥ 2004년 8월 대통령 소환 여부를 묻는 국민투표

⑦ 2004년 8월 지자체 선거

⑧ 2005년 12월 국회의원 선거

⑨ 2006년 12월 대통령 선거

차베스식 '선거정치'에 대한 많은 논란에도 불구, 2006년 12월 대선과 그 8년 전 1998년 12월 그가 첫 집권할 때 얻었던 득표수를 비교해 보면 객관적인 지표로 작용할 수 있다고 지적할 수 있다. 즉 2006년 대선에서 차베스는 730만 표를 얻었고 야권 지지표는 420만 표였다. 1998년 대선에선 차베스 지지표는 360만 표, 야권표는 280만 표로 집계됐다.[335] 차베스 지지표가 절대적인 기준으로 두 배 이상으로 늘어났고 상대적으로 야권 성향 유권자들도 증가했지만 그 폭이 차베스 진영과는 훨씬 적다는 점이다. 무엇보다 이런 객관적 수치에서 정확히 드러나듯이 선거 참여 유권자들의 수가 가히 폭발적으로 늘어난 것은 차베스 진영에서 볼 때 참여민주주의를 보여 주는 한 요소라고 주장하는 하나의 명분을 제공한다는 지적이 있다.[336]

---

[335] 미국 하버드대 정치학과의 중남미 전공 Jorge Dominguez 교수는 차베스 인기 비결에 대해 "1990년대 경제 상황이 악화하고 부정부패가 만연해 염증을 느끼고 있던 베네수엘라 국민은 98년 12월 대선에서 차베스를 선택했다. 하지만 대통령에 오른 뒤에는 정치적 불안정이 계속돼 지지도가 하락세로 돌아섰다. 이때 그를 구한 것이 고유가였다. 원유 값이 올라 오일머니가 유입되면서 차베스 정부는 '마치 돈이 나무에서 나듯' 선심성 정책을 폈다. 석유회사를 국영화해 대박이 터졌다. 그 돈을 물 쓰듯 쓰는 것이다"라고 말했다. Dominguez 교수는 또 선심성 정책에 대해 "오일머니를 이용해 외국의 인력을 들여왔다. 쿠바에서 의사·간호사·교사·스포츠 감독들을 초빙해 농촌 주민들에게 무상 서비스를 제공해 주고 있다. 2006년에는 이 같은 일에 종사하는 쿠바인이 베네수엘라에 3만 5000명가량 됐다"고 지적했다. 중앙일보, 2007년 6월 21일자 8면, 김영희 중앙일보 대기자의 호르헤 도밍게스 하버드대 부총장보 인터뷰.

[336] 이른바 '차베스 포퓰리즘'과 민주주의 참여민주주의 논쟁에 대해서는 5장에서 자세하게 다룬다.

4. '볼리바르 혁명'은 무엇인가

1) 형성과정

베네수엘라의 여성 정치사회학자 로페스 마야(López Maya)에 따르면 볼리바르 운동은 1980년대 베네수엘라에서 태동, 성장하기 시작한 더 큰 시민사회조직들의 일부분을 이뤘다. 볼리바르 운동은 비밀조직이라는 점에서 다른 급진 운동들과 차이가 난다고 할지라도, 수십 년간 중단 없이 이어진 경제성장과 민주주의에 이어 베네수엘라 사회가 직면하고 있는 얽히고설킨 도전들에 의해 촉발된 다른 사회운동들과 같은 성격이었다고 할 수 있다.[337] 이와 동시에 MBR-200[338] 창설 멤버들의 미천한 집안 배경, 그들과 파워엘리트 간 물리적 근접성, 높은 수준의 교육 등은 그들에게 사회적 병리에 대한 경각심을 주었고 또한 그들이 볼리바르 운동의 이데올로기 근간을 구성하게 되는 민족주의적이고 좌파적 이념을 수용토록 해 줬다.

이후 1989년의 카라카소(Caracazo) 민중폭동은 국가 전반적인 사회경제적 과정에서와 마찬가지로 MBR-200의 역사에 있어서도 중요한 전기를 이룬다. 볼리바르주의자들은 카라카소(Caracazo)를 통해 1980년대 말 당시 정부가 '반(反)민주적이고 반(反)민중적'인 성격을 갖는다는 점을 눈앞에서 확인한 것이다. 나아가 볼리바르주의자들은 대안적 정치세력으로서의 역할을 강화해 나가게 된다.

---

[337] López Maya 2003.

[338] MBR-2000이란 볼리바르혁명운동(Movimiento Bolivariano Revolucionario)의 약자이며 1983년 12월 차베스와 그의 동료 소장장교들에 의해 베네수엘라 사회에서 인식되는 불평등과 부패를 일소할 목적으로 조직, 군내 정치적 운동의 성격을 띠고 있다(Hawkins 2003, 1140).

이 민중폭동 이후 현 체제 전복을 위한 쿠데타는 볼리바르주의 그룹의 명확한 목표가 됐으며 군과 민간 부문 간 병합을 더욱 폭넓게 함으로써 쿠데타 계획은 더 강도 높은 리듬감으로 추진됐다.

볼리바리안 서클의 핵심 관계자 로드리고 차베스(Rodrigo Chavez)는 볼리바리안 운동의 목적에 대해 다음과 같이 설명한다.[339]

> "볼리바리안 운동의 목적은 사회경제적으로 정의로운 사회와 민중들의 실질적인 정치적 참여가 보장되는 사회를 건설하려는 혁명적 과정을 수호하는 것입니다. 민중들의 실질적인 정치 참여가 보장돼야 한다는 점이 특히 중요합니다. 민중들이 중간매개 없이 대의체계 없이 자신의 발전 계획을 직접 짜고 감득하고 실행할 수 있어야 합니다. 볼리바리안 서클을 통해서, 그리고 주민조직들이 협동조합 등을 통해서 민중들은 관료들 앞에서 자기 자신을 표현할 수 있습니다. 시민의회는 헌법이 부여한 권리입니다. 헌법의 166조와 192조는 지역공동체가 지방정부의 예산을 짜거나 집행하는 데 참여하는 것을 시장이나 도지사가 허용해야 한다고 명시하고 있습니다. 당신은 이런 것을 뭐라고 부릅니까? 사회주의? 공산주의? 포퓰리즘? 당신이 뭐라 불러도 상관없습니다. 그러한 과정이 잘 이루어지는 한 이름은 아무래도 상관없습니다. 우리는 그것을 볼리바리안 사상이라고 부르며 참여민주주의라고 부릅니다."

2) '포퓰리스트 차베스' 체제의 성격

홍욱헌은 차베스 체제를 과거 자유민주주의에서 퇴행한 체제로 진단한다. 사실상 권위주의 체제의 범주에 있다고 홍욱헌은 주장한

---

[339] 미국 시카고에 있는 콜롬비아 연대위원회의 Tom Burke가 베네수엘라 볼리바리안 서클의 조정자인 Dr. Rodrigo Chavez를 인터뷰한 내용이다. 임승수 2006, p.168에서 재인용.

다. 홍욱헌에 따르면 차베스 체제는 자유민주주의의 기본인 입법, 사법 및 행정 간 상호 견제가 약화되었다는 점에서 위임민주주의 (delegative democracy) 내지는 '나홀로' 민주주의이다. 일반적으로 자유민주주의의 정도는 최고 정책결정자가 경쟁적 보통선거에 의해 선출되느냐와 국가정책의 결정 및 집행에 다수 또는 소수의 횡포를 방지할 수 있는 권력분립과 견제가 이뤄져 있느냐가 중요하다. 정책결정자들을 선거로 충원하지만, 정책결정 및 집행에 있어 다수 또는 소수의 횡포를 견제할 수 없다면 이는 '나홀로' 민주주의라고 홍욱헌은 지적한다.[340]

엘너(Ellner)는 차베스 포퓰리스트 체제가 급진적 동원형의 고전적 포퓰리즘인지 아니면 1990년대 이후의 네오포퓰리즘인지 구체적으로 유형화를 시도한다. 차베스는 우선, 정당에 반대하는 담론으로 기존 정당을 공격하지만, 이와 동시에 그는 국민투표, 민중의회, 자발적인 민군(民軍) 협력 프로그램 등의 형태로 직접적인 시민참여를 요구한다. 차베스는 노동, 재계, 정부 등을 대표하는 노사정 형식의 3자위원회 등과 같은 네오코포라티즘을 공격했고 귀족·보수화한 CTV의 정당성에 의문을 던졌다. 하지만 차베스 정부 하에서 과거 정권과의 급격한 단절이 이뤄질 것이라고 예상한 많은 이들은 차베스를 아르헨티나 페론 그리고 심지어 베탕쿠르의 전통을 잇고 있는 것으로 보고 있다.[341]

엘너는 또 오도넬에 의해 개념화된 위임민주주라기보다는 1930년대,

---

[340] 홍욱헌 2004, 99.

[341] 엘너는 베탕쿠르를 중심으로 대중동원이 이뤄진 1945~48년 AD 정권을 급진적 포퓰리스트(radical populist)로 규정한다. 따라서 그는 상당수 면에서 차베스 체제는 포퓰리스트의 재급진화로 특징지을 수 있다고 강조한다(Ellner 2001, 10~12).

1940년대의 급진 동원화형 포퓰리즘의 모습을 띠고 있다고 한다. 고전적 급진 포퓰리스트들은 정치제도를 비특권 부문에 활짝 열었다. 우선 이들은 노동조합의 구성을 장려했고 그러고 나서 노동 지도자들이 정책결정 과정에 주기적으로 요구를 투입(input)하는 네오코포라티즘적 구조를 만들었던 것이다. 이와 유사하게[342] 차베스주의(Chavismo)는 제헌의회의 주요한 목적이라고 할 수 있는 참여민주주의 슬로건 아래 대중의 참여를 넓히려 시도했다.[343]

마찬가지 맥락에서 포퓰리즘을 특징짓는 핵심요소로 꼽혀 온 포퓰리스트 리더와 대중 간 직접적인 접촉도 외양으로 비치는 모습은 비슷하지만 큰 차이를 보인다. 다시 말해 Chavismo는 네오포퓰리스트 운동, 위임민주주의와 비슷하게 일반적으로 정치 조직을 뛰어넘거나 무시, 우회하지만 동시에 정당화의 주요한 원천이 되는 리더-대중 간 특별한 관계를 발전시킨다. 하지만 이 역시, 신자유주의 시대 이후 리더는 고전적 포퓰리즘과는 달리 특별히 전체 인구의 비조직화된 부문들과 접촉을 강화한다는 점은 중요하다.[344]

베네수엘라 대표적 정치학자 중 한 명인 로메로(Romero)는 이제 차베스 치하에서 포퓰리즘의 여러 요소들이 구체적으로 실행되는 정치체제의 변동을 다음과 같이 강조하고 있다.[345]

"나는 포퓰리즘을 정치 지도자의 일정한 행동 방식은 물론이고

---

[342] 유사하다는 것은 그 최종 목적이 그렇다는 점에서 유의해야 한다. Chavismo가 대중의 참여를 위해 활용한 방식은 고전적 포퓰리즘에 비해 비조직적인 모습을 띠고 있다.

[343] Ellner 2001, 22.

[344] 이런 차이는 남미 포퓰리즘의 구조적 변형을 보여 주는 중요한 요소라고 파악할 수 있다. Ellner 2001, 36.

[345] 베네수엘라 Simón Bolívar 대학 정치학과 석좌교수인 Romero는 베네수엘라 정치 변동과 관련해 정치문화적 접근법으로 유명하며 저서로는 『Estudios de Filosofía Política』(1988), 『Disolución Social y Pronóstico Político』(1997) 등이 있다.

(국가 중심적이고 대중주의적인) 사회·경제정책도 아울러 총체적으로 정의하겠다. 이로써 '이런 정책과 정치방식이 실행되는 정치체제의 형태가 바뀔 수 있다'는 사실이 분명해진다.[346] 지난 40년간 베네수엘라에서 포퓰리즘이 코포라티즘적이고 '정당들에 의한' 민주체제의 요체(parte integral)를 구성했다는 점을 인식해야만 한다. 이 체제는 차베스 취임으로 군부 나세르주의적이고 후견인 혹은 위임적(delegativa)인 체제로 전환하는 쪽으로 나아가고 있다."[347]

이처럼 로메로(Romero)는 포퓰리즘에 대해 정태적 연구가 아니라 변화와 연속성 측면에서 분석해야 한다고 제시한다. 즉 포퓰리즘의 여러 요소들이 작동, 실행되고 있는 정치체제의 변동이 중요한 문제로 나타난다. 포퓰리즘에 대한 정의와 포퓰리즘에 대한 이해가 다차원인 만큼 이 모두가 총체적으로 실행되는 정치체제, 즉 포퓰리스트 레짐에 대한 다차원적 분석이 이뤄져야 한다는 것이다.

이처럼 중남미 정치에서 포퓰리즘이 갖는 의미는 1990년 전후로부터 시작해 90년대 중반 이후 두드러진 포퓰리즘 부활론을 전면에 내세우는 네오포퓰리즘 유형화로 다시 주목을 받기 시작하며 신자유주의 구조조정정책 소용돌이 속에서 민주화 이행 및 공고화 논의와도 맥이 닿아 있다. 네오포퓰리즘의 핵심 논자인 웨일랜드(Weyland)의 포퓰리즘 정의는 정치적 포퓰리즘(political populism)에 기반을 두고 있다. 웨일랜드(Weyland)는 1990년을 전후해 등장한 아르헨티나의 메넴, 페루의 후지모리를 중심으로 네오포퓰리스트 지도자로 묶는다. 이들은 과거 초기 포퓰리즘과 마찬가지로 정당 등 기존의 조직이나 제도를 통하지 않고 인격주의적 리더십(personalistic leadership)이란 '정치적' 변

---

[346] ' ' 강조점은 본 연구에서 임의로 추가한 것이다.
[347] Romero 1999, 181~182.

수를 여전히 충족시키면서도 신자유주의-의 친화성(affinity)을 보이는 거시경제적 경험을 공유한다는 것이며 이런 모습이 네오포퓰리스트의 핵심을 이룬다.

그러나 차베스의 反신자유주의 경제정책은 네오포퓰리스트 그룹의 핵심인 이른바 '네오포퓰리스트와 신자유주의와의 친화성' 테제와 정반대 모습을 띤다. 웨일랜드(Weyland)와 비슷한 시기에 신자유주의시대 포퓰리즘 재등장론에 동참했던 로버츠(Roberts)조차도 네오포퓰리즘 유형화의 한계를 인정하고 있다. 즉 '네오'란 접두어는 20세기 초부터 이어지는 포퓰리즘의 역사적 연속성을 마스크로 가리고 함축적 의미도 부정확하다는 것이다.[348] 엘너(Ellner)는 웨일랜드(Weyland)의 네오포퓰리즘 유형화 사례였던 메넴, 후지모리 체제가 생명력 있는(viable) 모델로서의 적실설을 잃었다고 예리하게 분석한다. 메넴의 아르헨티나는 2001년 국가부도 사태, 후지모리는 2000년 일본으로 정치적 망명을 떠나는 상황으로 이어졌다는 것이다.[349] 특히 파니자(Panizza)는 네오포퓰리즘의 일부 특징이 신자유주의 개혁에 유리한 국면을 조성한다고 할지라도 그 자체로서는 네오포퓰리스트 지도자들이 왜, 어떻게 등장했고 그들이 어떻게 통치하고 있는지를 설명하지 못한다고 강조한다.[350] 데라토레(de la Torre)에 따르면 웨일랜드(Weyland)는 포퓰리즘을 '정치적 전략'으로 개념화, 지도자의 행동에만 특권적 지위를 부여한다는 것

---

[348] Roberts 1995.

[349] Ellner 2003b.

[350] Panizza는 본 연구가 포퓰리즘 분석의 핵심 차원으로 제시하고 있는 제도(institution)를 통해 네오포퓰리즘을 설명한다. 즉 네오포퓰리스트 지도자들은 기존의 사회·정치 제도가 정치적 주체들(subjects)을 상대적으로 안정된 사회질서 속으로 동원, 그 틀 안에 머무르게 하며 경쟁 규칙·규제조치를 마련하는 능력을 갖지 못할 때 정치 세력화한다고 한다(Panizza 2000, 146).

이다. 그래서 웨일랜드(Weyland)는 대중의 탈조직화에 지나친 집착을 보임으로써 포퓰리즘의 제도적 차원에서 중요한 요소들인 정당조직과 후원수혜 관계망을 포퓰리즘과 대립시키는 결과를 낳고 있다.[351] 서유럽 학계 일부에선 1990년대 전후 중남미 정치를 남미포퓰리즘의 신자유주의화로 규정짓고 이를 기적적 변신(Miraculous Metamorphoses)이라고 표현했다.[352]

요약하면, 네오포퓰리즘은 신자유주의 시대 특정 포퓰리스트 레짐이 특정국면에서 갖는 경제정책을 특징지은 것에 불과하며 이를 포퓰리스트 레짐의 유형으로 봐서는 안 된다는 점이다. 포퓰리스트 정책을 중심으로 한 웨일랜드(Weyland)의 네오포퓰리즘 유형화는 포퓰리스트 레짐 특정단계에서의 변형(Transformation Within the Populist Regime)을 포퓰리스트 레짐의 변동(Change of the Populist Regime)으로 보면서 신자유주의 시기 포퓰리스트 레짐의 핵심적 변화를 놓치고 있다. 고전적 포퓰리스트 지도자 스타일과 신자유주의 정책이 결합된 '네오포퓰리스트 지도자'란 말은 할 수가 있지만 '네오포퓰리스트 체제'라고 유형화할 수가 없다는 것이다. 따라서 네오포퓰리즘은 정확하게는 '네오포퓰리스트 지도자'의 특징이며 이 요소만으로 다른 여러 요소들이 포함돼 작동하는 포퓰리스트 체제의 하위유형으로 분류될 수 없다. 이는 곧 네오포퓰리즘으로서는 차베스 포퓰리스트 체제를 규정지을 수 없고 그 변화를 설명할 수 없는 한계점에 부닥치게 하는 원인이 된다.[353]

---

[351] de la Torre 2003 참조. 이와 관련해 오히려 이른바 Laclau(1977)의 담론 분석 포퓰리즘 연구가 포퓰리즘을 '순수한 정치적인 관념'이자 위기와 연결되지 않도록 영역을 축소한 정치전략으로 다루는 Weyland의 네오포퓰리즘 접근법보다 훨씬 더 큰 분석력을 제공한다고 한다(Cammack 2000, 152).

[352] Demmers, Fernánsez Jilberto & Hogenboom 2001.

[353] 아르헨티나 정치학자 Di Tela가 메넴의 신자유주의 정책 채택에 대해 'Menemista transformation of Peronism'

요컨대, 네오포퓰리즘 등장 혹은 포퓰리즘에서 신자유주의로의 변화가 아니라 포퓰리스트 레짐 변동(From one populist regime to another populist regime)에 주목해야 한다는 사실이다. 정책 내포는 충분히 변할 수 있는 성격으로서 그 자체를 종속변수로 규정, 사실상 포퓰리즘이 신자유주의로 대체돼서는 안 된다는 점이다.[354] 포퓰리즘은 신자유주의를 취하거나 버리거나에 있어 매우 자유롭다. 오히려 우리는 신자유주의에 대해 보수 포퓰리스트 레짐을 실패하게 만드는 독립변수로 본다.

한편 데라토레(de la Torre)도 오도넬(O'Donnell)의 위임민주주의론에 대해 "위임적 민주주의가 단지 종속과 경제위기로 초래된 역경의 사회경제적 조건하에서 이뤄진 민주화의 결과만은 아니다"라고 강조한다. 데라토레(de la Torre)에 따르면 위임민주주의는 대중의 의지를 직접적으로 대표하는 것으로 민주주의를 구축해 온 정치적 전통에 또한 기반을 두고 있다. 이런 정치문화는 중남미 지역의 추정되는바 권위주의적 전통 혹은 '문화적 요체주의(cutural essentialism)'에 의해 설명되지 않는다. 오히려 이것은 보통인(common people)을 정치 커뮤니티로 정치적으로 병합시키는 특정 개별 양식의 결과라고 한다.[355]

으로 표현한 것도 같은 맥락이다. 즉 Di Tella는 메넴 대통령이 신자유주의 경제정책으로 돌아서자 페론주의가 결국은 보수주의 운동이 됐고, 나아가 전 국민적 보수주의(popular-conservative) 운동으로 탈바꿈, 포퓰리스트 요소들을 벗어 버렸다(shed)는 분석에 대해 상황을 잘못 평가한 것이라고 지적한다. 그에 따르면 이는 유럽 사회민주주의에도 흔한 것으로 구조적 특징(structural trait)을 경제정책과 혼동한 경우라는 것이다. 페론주의가 단순히 보수주의 운동이었다면 거의 반세기에 걸쳐 지배계급으로부터 그렇게 많은 분개를 자아내지 못했을 것이라고 Di Tella는 강조한다. 설사, 페론이 1940년대 초기 자신의 운동을 시작했을 때 전 국민적 보수주의 혹은 심지어 파시스트 모델을 상정했을 수 있을지 몰라도 그가 성취한 결과와는 달랐던 것이다(Di Tella 1997, 198~199).

[354] Murillo의 하버드대 정치학과 박사학위논문 역시 독립변수와 종속변수에서 차이는 있을지라도 기본적으로 '포퓰리즘에서 신자유주의로'란 틀 안에 있다. 그는 노조-정부 간 관계에 대한 당파이론(Partisan Theory)을 제시했다(Murillo 2000, Chapter 1).

[355] de la Torre 2000, 136~137.

오도넬은 중남미에서 민주주의로의 공고화를 다룬 '민주주의로의 전환' 논문에서 성급한 낙관주의를 비판했다. 오도넬은 행정부 권력의 과도함, 견제와 균형이라는 '수평적 책임성' 부족 그리고 정부 효율성 축소 등에 주목해 이를 '민주주의의 새로운 한 종류'로서 위임민주주의로 개념화한다. 그는 중남미에서 위임민주주의가 90년대 이전 민주주의보다는 '더 민주적'이지만 '덜 자유적'이라고 한다. [356] 이에 대해 카리온(Carrión)은 위임민주주의는 달(Dahl)의 폴리아키 정의를 충족시키기 때문에 민주주의 체제라고 동의한다. 즉 위임민주주의는 선거로 선출된 지도자가 자신의 권력을 제한하는 헌정적 견제와 균형적 조치를 초월하기 위해 국민 지지를 동원하는 '민주주의 체제의 한 하위유형'이라는 것이다. 하지만 네오포퓰리즘은 '약한' 정당체제에서 권력을 쟁취하고 행사하기 위해 지도자들에 의해 이용되는 정치전략이라고 카리온(Carrión)은 평가한다.[357]

이어 카리온(Carrión)은 위임민주주의하에서 대통령이 누리는 초월적 행정부 권력 그리고 제도가 보이는 약점을 고려할 때 위임민주주의 체제가 선거 권위주의(Electoral Authoritarianism, EA 체제)와는 어떻게 다를 수 있는가 의문을 제기한다. 카리온(Carrión)은 두 가지 변수를 제시한다. 즉 어떤 체제가 자유롭고 공정한 선거를 제공함으로써 의미 있는 정치적 경쟁을 수용할 준비가 돼 있느냐 하는 점과, 두 번째는 민주적 절차를 존중함에 있어 그 체제가 보이는 총체적인 기록에 따라 달라진다는 것이다. 다시 말해 의미

---

[356] O'Donnell 1994.
[357] Carrión 2006, 301~303.

있는 정치적 경쟁과 민주주의 존중에 대한 총체적인 기록이 위임
민주주의와 선거권위주의(EA) 체제를 구분하는 핵심 변수라는 것
이다.[358]

차베스와 후지모리의 비교와 관련해선 엘너(Elnner)가 2003년 발
표한 논문 "The Contrasting Variants of Populism of Hogo Chavez and
Alberto Fujimori"에 잘 나타나 있다.[359] 엘너는 이 논문에서 ① 두
지도자들의 담론과 스타일 그리고 개인적 행동, ② 페루-베네수엘
라 지지계급의 차이, ③ 페루-베네수엘라 정당체제의 차이, ④ 페
루-베네수엘라 양국과 미국 간 관계 등으로 나누어 설명하고 있다.

웨일랜드(Weyland)는 차베스를 아르헨티나의 메넴이나 후지모리
와 같이 네오포퓰리스트로 부르고 있다. 그 이유는 첫째, 이들 모두
가 기존의 정치적 엘리트들을 몰아내고, 국가를 경제적·사회적·
정치적 위기로부터 구출할 것을 약속하면서, 대중의 인기에 호소
해 정권을 잡았기 때문이며, 둘째, 이들 모두 자신의 정치적 기반
을 정당이나 이익그룹과 같은 제도적 기구에 두는 것이 아니라 대
중과의 직접적·개인적 접촉에 의존하고 있기 때문이라고 한다.
이러한 측면만을 놓고 보면 차베스는 분명 정치적 의미에서 포퓰
리스트라고 규정되는 데 큰 문제가 없다고 본다. 그러나 앞서 지
적한 바대로 경제적 측면에서 이들 네오포퓰리스트들은 분명 과거
와 다른 모습을 보여 주고 있다. 주지하는바 메넴과 후지모리는
중남미에서 신자유주의 시장경제정책을 가장 강력히 실시한 대표
적 인물이다. 반면 차베스는 베네수엘라의 예외적인 경제사회적·

---

[358] Carrión 2006. 303. 선거권위주의에 대해선 '자유롭지 못한 경쟁의 동학'이란 부제로 앤드레스 셰들러
(Andres Schedler)에 의해 편집된 저서가 있다. Schedler 2006.

[359] 『Journal of Latin American Studies』Vol.35, pp.139~162에 실려 있다.

문화적 조건을 반영하여 집권 후에도 최소한 표면적으로는 급진적 수사를 유지하고 있다. 메넴이나 후지모리가 경제 안정과 성장을 위해 신자유주의 정책을 일관되게 밀고 나가는 것이 불가피했던 것과는 달리 차베스는 오일 가격의 상승으로 긴축과 신자유주의가 아니면 안 된다는 그런 급박함에서는 다소 벗어날 수 있었다. 차베스 정부는 지금까지 국가 소유의 석유산업 민영화에 대해 반대 입장을 취하고 있다. 뿐만 아니라 석유산업은 국가의 전략적 산업이며 그로 인해 산출되는 부는 국가의 경제사회적 발전을 위해 효과적으로 배분돼야 한다는 입장을 취하고 있다.[360] 또한 90년대 초 유사한 상황의 아르헨티나와 페루가 시장경제를 성공적으로 이식한 데 반해 베네수엘라의 시장경제개혁 이식 시도는 국민들의 강력한 반발과 두 번의 쿠데타 시도를 겪으면서 결국 실패로 돌아가고 말았다. 그리고 90년대 대부분의 중남미 국가들이 어떤 방식으로든 시장경제 개혁을 성공적으로 이식시킨 것에 비해 베네수엘라는 결국 신자유주의적 민주주의와 시장경제에 반대하는 차베스 정권을 탄생시켰다.[361]

---

[360] 김기현 2003, 332~334.
[361] 김기현 2003, 342.

제5장 차베스 포퓰리즘 체제의 작동 메커니즘

제1절 급진적 동원화

차베스 포퓰리즘 체제의 가장 큰 특징은 급진적 민중 동원화[362] 라고 할 수 있다. 이는 정치적 양극화를 특징으로 하며 엘리트와 민중이 분할된 포퓰리스트 체제로 나아가게 하는 중요한 과정이라 고 할 수 있다.

1. 정치적 양극화

사회적 양극화는 1980년대 갈수록 심해졌으며 정치적 양극화로 발전했다. 5명의 주요 후보가 1998년 대선에 참가했으나 차베스 반 대파들의 선호는 최선의 후보로 간주됐던 살라스 뢰메르(Salas Römer)에게로 이어졌다. AD와 COPEI가 대선 운동기간 마지막 주 에 그들의 각 당 후보에 대한 지지를 철회하고 살라스 뢰메르의 손을 들어 줬다. 이러한 양극화는 1998년 대선 이후 더욱 심화됐 다. 중산층은 1998년보다 내부적으로 더욱 단합해 차베스에 반대 했고, 차베스 및 그의 운동에 대한 의견을 표명함에 있어서도 격 렬함의 정도가 훨씬 강해졌다.[363] 상대적으로 특혜를 받은 부문의 영역인 인터넷에선 이러한 '계급적 편견'이 드러났다. 베네수엘라 유력 일간 <엘 나시오날>이 이 신문의 온라인 독자들을 상대로 2000년 차베스 정부의 여러 정책에 대한 여론조사를 한 결과 차베

---

[362] 예수회 사제 신분으로 여러 정치학 논문을 활발히 발표해 온 Sosa는 차베스 치하 베네수엘라 사회가 강한 변화의 열망으로 인해 매우 심도 깊은 동원화로 특징지을 수 있다고 평가한다. 그러나 차베스 체제에 비판적 인 그는 차베스 재동원화에도 개인 혹은 특정집단의 편협한 이익이 계속 지배적인 현상으로 지속되고 있다 고 지적한다(Sosa 2003, 444).

[363] 차베스의 정책은 베네수엘라 자본 그리고 보다 중요하게는 미국을 적으로 만들었다(Sustar 2007).

스의 입지는 약 4대1의 비율로 패배당했다.

양극화는 정치적 분리의 양측이 취한 입장과 그들이 사용한 담론에 의해 더욱 악화됐다. 차베스를 포함해 MVR 지도자들은 상대방에 대해 상당한 공격성을 내보였다. 이는 낮은 계급의 지지자들을 유인할 수 있는 스타일일지도 모른다. 이런 불관용의 태도는 MVR가 그 동맹세력, 특히 PPT, MAS에 보인 관계에서도 반영돼 있다. 야권은 그들대로 비타협적 태도를 견지, 1999년 차베스의 임기 첫해 새 헌법 제정부터 시작해 차베스의 모든 정책에 반대했다. 차베스에 완전한 반대는 하지 않았지만 집권 연정과는 독립적이었던 LCR, 민주주의좌파(Izquierda Democrática) 등과 같은 중도좌파들로 채워질 수 있었던 보다 중립적인 공간은 대부분 점유되지 않은 채로 남았다. 反차베스 야권이 갈수록 정도를 더해 간 정치적 양극화는 또한 미국 언론의 보도에서도 명백했다. 이는 특히 차베스 집권 첫 6개월 동안 두드러졌다. 뉴욕타임스, 워싱턴포스트 등 미국 신문들은 차베스 대통령을 '베네수엘라의 제멋대로인 대통령', '선동가'로 불렀고 그의 정책은 '자코뱅식'이며 그의 운동은 '반미(反美)적 요소'를 포함하고 있다고 비난했다. 두 신문의 기사는 정부의 군대화, 군의 정치화, 포퓰리즘으로의 의존, 모든 문화제도에 대한 '숙청' 등을 생생하게 묘사했다. 가끔씩 차베스는 두 정권 사이의 기본적 차별점에 대한 언급 없이 페루의 알베르토 후지모리와 체계적으로 비교됐다. 더욱이 워싱턴포스트는 아니었지만 뉴욕타임스는 2002년 4월 당시 차베스를 일시적으로 권좌를 떠나도록 했던 야권의 쿠데타를 높이 평가하기도 했다.[364]

---

[364] Ellner & Hellinger 2003, 21~22.

이런 양극화는 **AD-COPEI** 전통적 지배정당들 내부 근대화-보수화 파벌들 사이의 정책 프로그램이 차이를 보이고 새로운 지도세력의 등장이 복합적으로 작용한 결과다. 특히 경제모델을 둘러싼 양극화에다 민주주의 그리고 그 제도와 실행이란 관점에서의 양극화가 포개져 나타난다.[365] 베네수엘라 학자 로페스 마야는 "1989년 2월 27일 카라카소가 발생한 1989년부터 중산계급 측에 의한 민중 부문 쪽으로의 분리와 격리, 배격 그리고 증오나 두려움의 과정이 사회 내부 깊숙한 곳에서부터 시작됐다는 사실을 지적하는 것은 중요하다. 지난 90년대 베네수엘라를 특징지은 '사회적 양극화'와 제도의 타락으로 인해 더욱 골이 깊어지그 있다. 이젠 1998년 대선을 보면 '정치적 양극화' 현상으로서, 증간-상류층의 민중 부문에 대한 사회적 편견 및 인종차별의 특징이 목격되고 있다는 사실이다"고 진단했다.[366]

더욱이 카라카소(Caracazo) 사태가 초래된 1989년과 1992년 사이에 페레스 대통령은 실질적인 사회개혁 조치를 도입하지 않고 자신 정부의 경제프로그램을 계속해 나갔다. 차베스의 98년 대선 승리 이후, 이 같은 사회적 양극화는 정치무대에서 표출됐다. 대화를 나누고 합의에 나설 만한 포용력을 보이지 않는 '두 블록'이 나타난 것이다. 구체적으로 표현하면, 한쪽에는 차베스 정부와 친차베스 성향의 정당들, 그리고 다른 한쪽에는 분열된 야권이 두 블록을 형성했으며, 대선 직후 야권은 급진적 반(反)정부 움직임을 보였고 자신들의 의견을 개진하기 위한 상당한 경제력과 수단을 확

---

[365] Patruyo 2005, 379.

[366] López Maya는 지난 200여 년간 자신의 논문을 모아 2005년 출간한 『Del Viernes Al Referendo Revocatorio』에서 베네수엘라 주요 정치사회사를 다룬다(López Maya, 2005: 290).

보하고 있었다.[367]

　로페스 마야(López Maya)에 따르면 1998년 이래 치러진 여러 선거경쟁의 결과는 급진적인 정치적 양극화(aguda polarización política)로 대표되는 선거지도를 보여 준다. 정치적 양극화는 지난 수십 년간 전환 과정에 의해 생산된 사회경제적 그리고 공간적 양극화 위에 투사(透寫)되고 있다. 사회는 두 개의 조각으로 분리된 모습을 드러내고 있다. 분리된 양측[368]은 서로를 무시하고 존중하지 않고 혹은 상호 두려움을 느끼고 있다는 것이다.[369] 로페스 마야(López Maya)는 또 1999년 취임 초기부터 차베스 정부는 '사회적 분리와 혐오'의 정부란 오명이 붙어 다니고 있다고 지적한다. 그러나 중요한 사실은 1998년 대선기간 때부터 생명이 이어지고 있는 '정치적 양극화'는 오랜 역사를 갖고 성격도 복잡한 과정 속에 그 뿌리를 깊이 내리고 있는 급진적인 사회경제적 분리의 표현이다. 1998년 대선 시 유명한 시사만화가 사파타(Pedro León Zapata)는 부자들이 차베스에 대해 이른바 '이혼장'을 내미는 것에 비유하며 이런 측면을 잘 묘사했는데, 차베스가 순수 백인이 아님을 빗대어 이른바 '람보(Rambo)가 아니라 삼보(zambo, 인디오와 흑인의 혼혈) 때문'이라고 삽화 표현을 자주 사용했던 것이다. 주지하다시피 2001년 말 상공인연합회(Fedecámaras)가 주도한 첫 전국적 민간 부문 파업의 성공적 시행으로 볼리비안 프로젝트에 반대하는 정치·사회적 행위자들, 즉 근본적으로 反차베스 기득권층 출신인 이들

---

[367] López Maya 2003, 73~91.
[368] 홍욱헌은 "차베스 정부가 적대적인 표현을 구사하여 정치개혁을 추진하는 것도 민주주의 위기 극복에 도움이 되지 못할 것"이라며 "투쟁적 수사들은 동맹뿐만 아니라 원수도 같이 만들어 낸다"고 지적한다(홍욱헌 2004, 112).
[369] López Maya 2005, 293.

은 현시점 베네수엘라에 존재하는 이데올로기적 결정체(結晶體)를 자신에게 유리하도록 수정하기 위허 단합해 '원칙적으로 반란적 성격'을 갖는 전략에 돌입했다. 이런 정치적 양극화는 더욱 악화돼 사회적 일상생활의 모든 측면으로까지 확대됐으며 사회적 그리고 인종적 편견은 grafittis, 언론, TV드라마 등에서 강하게 표출됐다.

2004년 8월의 소환투표 결과는 두 조각 난 사회의 이런 분열상을 단지 재현했을 뿐이다. 경제적·사회적·공간적·문화적 그리고 정치적인 면에서 분열의 경계는 계급논리어 따라 그려진다. 실질적으로, 가난한 사람들은 차비스타(chavistas)[370]로 자신과 자신 자녀들을 위해 변화의 희망을 갖는다. 볼리바르 담론과 프로젝트는 그들에게 정체성과 소속감을 부여하는데, 이는 초국적 금융자본에 의해 세계화된 지구상의 '혼란'에서 움직일 수 있게 해준다. 상층계급이라면 안티차비스타(antichavista)[371]로 그들에겐 '서양적' 그리고 '현대적'인 가상체를 약속해 주는데 본질적으로 백인, 앵글로색슨적인 성격을 갖는 이런 것을 통해 완전하게 정체성을 갖게 된다. 야권 지도자들은 '같은 배를 탄 사람들'로 군중(turbas)의 위협으로부터 자신들의 재산과 자유를 보호해 줄 것이라고 확신하고 있다. 야권 지도자들은 그들에게 세계평화주의자이자 '세계의 시민'으로 느끼게 해 준다. 중간계급은 어느 한 극(polo)으로 기울고 있지만, 가장 잘 눈에 띄고 가장 큰 권력을 가진 자들은 야권의 길을 가고 있다.

그들은 최근 25년간 민중 부문과는 의사 교환이 단절된 채 도시

---

[370] '차비스타'란 맹렬한 차베스 지지파를 일컫는다.
[371] '안티차비스타'란 차베스를 강력 반대하는 세력을 말한다.

의 자기 영역에서 키워졌고 사립학교에서 교육을 받았으며 대부분은 가톨릭교이다. 비천한 출신의 학생들은 아직도 공립학교에 다니는 것도 어려운 게 사실이면서도 얼마 전까지 아주 드물게 입학할 수 있었던 대학을 졸업할 수 있는 상황이 됐다. 기득권 세력은 자신들에게 친근한 환경과 유사한 업무로 둘러싸여 이곳에선 빈자들은 점점 더 멀어지는 존재가 됨에 따라 '그들의' 현실이 '진실의' 현실이고 '그들의' 국가가 '국가 그 자체'인 것으로 혼동하게 했다. 언론매체들은 이런 왜곡을 더욱 강화하는 일을 충실히 수행해 왔다. 이는 최근 몇 년 더욱 두드러졌는데 민영 TV채널[372]이 동조할 때마다 일부분만 묘사하고 왜곡된 세계가 눈앞에 나타나고 있다. 반면, 국영채널의 경우 극단적인 대치 속에서 메스티소, 인디오, 물라토로 가득 차고 문화적 다양성과 가난으로 채워진 '다른 나라'가 등장하고 있다. 이 '다른 나라'는[373] 다수라고 느끼기 때문에 이젠 의기양양한 모습으로 거리를 활보하고 있다고 로페스 마야 (López Maya)는 진단한다.[374]

1998년 이래 2005년 8월 소환투표까지 모두 8번의 선거는 국가의 다수가 어느 쪽인가를 매우 분명하게 보여 줬다. 그럼에도 불구하고, CD로 뭉친 야권 세력들은 이런 현실을 인정하기를 거부했다. 야권은 다수의 대표권을 제 것으로 만들었다. 2001년부터 2005년 8월 소환투표까지 헤게모니 쟁탈전의 결과를 자신들의 승리로 만들기 위한 전략으로서 '반란'적 행동을 실행했다. 소환투표에 이

---

[372] 대부분 언론매체들을 명백한 차베스 반대세력으로 분류된다. 2007년 RCTV 허가 갱신 거부 사태도 이런 맥락 속에서 벌어진 일이었다.

[373] 이에 대해 López Maya는 "두 나라로 갈라진 균열을 어떻게 치유할 수 있을까. 미래의 공동 프로젝트로 수렴할 수 있도록 할까"라고 강한 의문을 던진다(López Maya 2005).

[374] López Maya 2005. 291~293.

르는 몇 개월 동안을 포함해 반역적 행위를 유지하면서 차베스 진영의 대규모 전자투표 부정의혹을 제기했다. 하지만 이런 증가는 설득력 있는 것으로 제시될 수 없었다. 미주기구(OAS)와 카터센터 등 국제옵서버들은 소환투표 과정과 결과가 투명했다고 평가했다. 야권의 이런 결정은 결과적으로 그들의 위신이 떨어지고 정치적 고립을 더욱 깊게 했다. 1998년 이래 치러진 여러 선거경쟁의 결과는 '급진적인 정치적 양극화(aguda polarización política)'로 대표되는 선거지도를 보여 준다. 정치적 양극화는 지난 수십 년간 전환 과정에 의해 생산된 사회경제적 그리고 공간적 양극화 위에 투사(透寫)되고 있다.[375] 사회는 두 개의 조각으르 분리된 모습을 드러내고 있다. 분리된 양측은 서로를 무시하고 존중하지 않고 혹은 상호 두려움을 느끼고 있다. 이처럼 구성된 사회는 사회적 조직을 아우르고 상처를 치유해야 할 커다란 도전에 직면해 있다.[376]

차베스가 전체 인구층의 특정 섹터(부둔)의 관심사에 특별히 호소하는 형태는 1989년 이전 정치와의 차별화를 대표한다. 이전 정치는 압도적으로 다계급 연합이었고 상대적 수준에서 계급 간 유동성을 반영하고 있으며 상당 시일에 걸쳐 유지됐다. 이어 1989년 이후 계급적인 태도 견지와 위치 지음이 강화됨으로써 절대적인 것과는 확실히 다른 것이지만 차베스주의(Chavismo)의 부상을 가져온 사회적 배경을 제공했다.[377]

실상, 차베스가 하층민을 열광시키는 여러 이유들은 중간계급 대부분 그리고 부유한 베네수엘라 국민에게는 차베스에게 반대하

---

[375] 양극화는 2002년 12월 2일 시작된 두 달간의 전국파운 시 절정에 글했다(Hawkins 2003, 1144).

[376] López Maya 2005, 293~294.

[377] Ellner & Hellinger 2003, 52.

는 요소들로 똑같이 제시된다는 점이다. 즉 "인민 혹은 민중을 정치 과정의 핵심적 요소로 지목하는 것은 중간계급·부유층에 의해 선동가적 포퓰리즘으로 독해된다, 그의 서스럼 없는 비공식적 행위(informalty)는 즉흥적인 행동과 진배 없다, (야구광) 차베스가 자주 야구에 빗대 발언하는 것은 진정성이 없고 정치가로서의 자질이 부족하는 걸 보여 준다, 유머 감각의 부족은 그의 촌스러움을 대변한다, 차베스의 현학적인 연설 톤(tone)은 원시적이고 교양이 낮으며 요구되지 않은 바를 행하는 것이다"라고 인용된다.[378] 이런 형태로 나타나는 친차베스 세력의 포퓰리즘 연합은 하층민은 물론이고 중산층까지도 아우르는 고전적 포퓰리즘과는 큰 차이를 보이는 것이라고 하겠다.[379]

---

[378] 베네수엘라의 저명한 학자인 López Maya Margarita와 Luis Lander의 논문 "La popularidad de Chávez"에 나오는 내용인데, Coppedge(2003)에 의해 재인용됐다. Coppedge는 여론의 계급별 양극화는 온라인상에서 각종 여론조사를 실시할 때도 나타난다고 한다.

[379] 이영조 교수는 포퓰리즘 세력의 연합에 대해 "과두세력이 충분히 약화된 상황에서는 연합의 범위가 축소될 수도 있으며 민중주의라고 해서 반드시 20세기 초중반의 남미와 같은 형태의 다계급연합을 형성하지 않을 수도 있음을 의미한다"고 민중포섭 구조의 변화 가능성을 지적한다(이영조 2006, 80~81).

〈그림 5-1〉 여론의 양극화

설문: 국가의 복지를 위해 Hugo Chavez Frias가 취한 행동을 어떻게 평가할 것인가?

전체 지지 혹은 거부

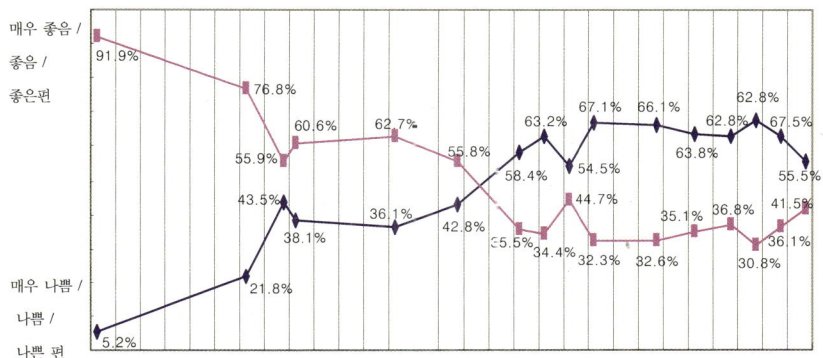

응답: '모른다', '무응답'은 통계에 포함되지 않았음.

Hugo Chavez의 행동 평가. 자료: Datanalisis National Polls. 지역, 성별, 나이, 그리고 사회경제적 지위로 구분된 1,300명을 설문 대상자로 조사.

출처: McCoy & Myers 2004.

차베스가 집권 중의 모든 선거에서 좋은 성과를 거두었음은 주지의 사실이지만, 새 헌법 제정 등 차베스 체제의 대대적인 개혁 조치 이후 베네수엘라에서 실시된 각종 선거에서 선거 투표율이 매우 낮은 점도 정치적 양극화의 다른 표현이라 할 수 있다. 72% 찬성률의 절대다수 지지로 통과된 신헌법의 경우 투표율은 45%에 불과했다. 다른 선거들도 50% 미만의 투표율을 기록했고 야당이 거부한 가운데 치러진 2005년 12월 총선의 경우 25% 수준에 그쳤다.[380]

---

[380] 곽재성 2005, 42.

2. 새로운 정체성 등장: 민중 단일체 신화[381]

차베스하 급진적 포퓰리스트 재동원화 과정은 포퓰리즘이 '이해관계의 정치' 대신 '정체성의 정치'를 추구한다는 명제를 재삼 떠올리게 해 준다. 의회민주주의의 근간을 이루는, 이해관계의 대변을 위한 정책이나 분석은 뒷전으로 물러나고 카리스마를 지닌 인물이 정치의 중심에 놓이게 된다는 것이다. 국민정당화의 결과이건 세계화의 결과이건 정치에 있어 본질적 내용의 증발은 전통적 정당-유권자 결합을 점차 해체시키고 있다. 이는 커다란 사회적 문제들의 해결에 있어 의지와 능력이 부재한 것으로 보이는 기존 정당들에 대한 염증과 정치적 무관심의 증대로 이어진다.[382] 이해관계를 둘러싼 정치라는 의회민주주의 체제의 본래적인 정치적 내용은 실종되고 사회적 배제와 분열, 사회적 집단들 사이의 경쟁이 부추겨진다.[383] 베네수엘라에서 정당의 쇠퇴는 사회집단들을 자유롭게 했지만 자유롭게 된 것과 같은 정도로 표류하고 내부 힘을 약화시킴으로써 인격주의적 지도자들과 한 개인의 인기를 중심으로 뭉치는 정치에 희생물이 되기 쉬운 상황을 초래했다. 모든 여론조사는 이젠 정당이 정치적 정체성을 독점하지 않게 됐다는 점을 확인시켜 준다.[384]

이런 점에서 우리는 볼리바리안 그룹이 볼리바르 숭배와 같이

---

[381] Nelly ARENAS y Luis Gómez CALCAÑO(2005), "Los círculos Bolivarianos: El mito de la unidad del pueblo", AMÉRICALATINAHOY Vol.39, abril de 2005, pp.168~193.

[382] 이와 관련, 우파 포퓰리즘 정당들은 '억눌린 주제들에 대한 시장의 공백'을 파고들어 기존 정당들이 시민들의 이해에 반해 쳐 놓은 '문제 은폐의 카르텔'을 깨뜨리고 사태의 진행을 있는 그래도 보여 주겠다고 공언하며 주목을 끌고 있다(주정립 2003, 53~55).

[383] 주정립 2003, 53~55.

[384] Levine 1998, 205.

정치적 신화(mito político)의 상징체를 민중 포섭의 재동원화를 위한 도구를 활용하고 있다는 데 주목한다 볼리바르는 현 시기 베네수엘라 사회에서 '정치적 정체성(la identidad política)'의 근본적인 담지자로 그려지고 있는 것이다.[385]

볼리바르 숭배는 갈수록 수위가 높아지고 있고 더욱이 1980년대 이후 베네수엘라가 겪고 있는 사회정치적 위기의 심화는 이런 유의 '정치적 신화'가 '차베스 사령관' 한 사람을 중심으로 한 구세주적 인물로 꾸며지고 있다. 나아가 '차베스 사령관'은 민중 계층 상당수로부터는 '남미 해방자'의 현현(顯現)으로 받아들여진다는 것이다. 이런 신화의 힘은 사회 단일체 조직으로서 볼리바리안 그룹이 탄생하는 것을 가능하게 했다. 볼리바리안 그룹에는 세 가지 역할이 부여된 것으로 분석된다. 사회를 조직하는 주체로서의 역할, 정치적 요구를 해결하는 통로로서의 역할, 이데올로기를 구축하는 주체로서의 역할이 그것이다. 정치적 신화의 주조는 무엇보다 사회정치적 위기의 순간에 완전한 추동력을 갖는다. 이때는 이상하고도 위험한 순간을 맞은 시점이고 '브통인'을 넘어서는 '신화적 인물'이 필요하기 때문이다.[386] 따라서 정치적 신화는 종종 그렇지만 구세주적 정치실력자(caudillo)로 대표되면서 희망이 없는 것으로 비치는 미래에 대한 확신을 재확립하기 위한 것으로 보인다. 바로 '재탄생과 위대한 재출발'을 위한 시점이라는 것이다. 여

---

[385] 이하 논의는 Arenas & Gómez Calcaño(2005) 논의를 중심으로 하고 있다.

[386] 일례로, 베네수엘라의 빈곤층에 영향력 있는 종교 집단 중 하나인 María Lionza 숭배교는 영혼의 강신설을 믿는다. 그리고 그들이 숭배하는 영혼 중 시몬 볼리바르는 신과 예수, 성모 마리아와 María Lionza 그리고 주요 가톨릭 성인 다음으로 가장 강력한 영혼으로 여겨지고 있다. 그리고 그들은 최근 볼리바르의 영혼이 차베스를 통해 나타났다고 믿고 있다. 따라서 차베스를 통해 환생한 볼리바르는 베네수엘라를 위해 기적을 행할 것이라고 또한 그들을 빈곤과 실업과 부패로부터 구할 것이라고 믿고 있다. María Lionza 숭배교에 따르면 차베스는 그들이 오랫동안 기다려 왔던 메시아와 같은 인물이다(김기현 2003, 336).

기서 관련 학계에서 표현하는 것처럼, 현재에서 벗어나 '종국적 행복한 왕국'의 새 행복을 약속하는 '본원적 시간', 즉 신성한 시간의 회복이 타당성을 갖는다.

그러나 신화 속에서 약속되는, 이 행복한 왕국은 물질적 실현을 위해 그 실현을 방해하는 요소들을 제거할 필요가 있다. 더욱이 이에 성공하기 위해서는 이해관계가 충돌하는 권력들 사이의 투쟁에서 해방돼야 한다. 신화적 실체에 본질적인 이런 전망은 정치적인 것의 지형 위로 쉽게 확장해 적용된다. 정치적인 것의 지형에서는 당연히 현실적으로 긴장과 대치가 존재한다. 결과적으로, 정치적 투쟁이 극단적으로 전개될 때 이성(理性)을 대체하고 신화적 전망으로 미끄러져 들어가는 길목이 열리게 된다. 이런 상황에서 세 가지 일이 벌어진다. 이는 다음과 같이 요약된다.

> "첫 번째, 상대편 적(敵)은 가장 나쁜 사람으로 그려진다는 점이다. 두 번째로는 이와 동시에 '우리들은' 가장 좋은 것들을 가진 '같은 우리들'로 자체 전환한다. 세 번째, 이런 양극화는 상대방에 대해 그들의 테두리 내에 머물러 '우리들'과 같이 있지 않은 '저들'로 인식할 때까지 확장되고 물론 우리 또한 '저들'과 같이하지 않는다. 이런 상황이 만들어지면, 인간이 할 수 있는 가장 나쁜 것들을 '도려 내기' 위해 한판 승부의 장이 마련될 것이다. 우리와 다른 적을 전멸시키는 일이 지상과제가 된다. 바라마지 않던 종말적 '행복한 왕국'과의 만남은 이런 걸 요구하고 있는 것이다."[387]

차베스도 "내 탓은 아니지만 '차베스 신화'가 존재한다"는 점은

---

[387] Arenas & Gómez Calcaño(2005)가 M. García Pelayo를 인용한 표현이다.

인정하며 또한 자신이 민중과 직접적인 접촉을 한다고 했다.[388] 호킨스(Hawkins)는 정당정치 붕괴를 차베스 포퓰리스트 운동의 비제도화 과정에 의해 설명한다.[389] 그에 따르면 차베스의 광범위한 운동은 어쨌든 새로운 선거연합으로서의 형태로 추동력을 얻었다는 점에서 낮은 수준의 제도화는 분명하지만, 더 중요한 점은 차베스가 이끄는 정당에서의 독립적인 정체성과 규칙 기반(rule basis)의 부족은 유독 비상한 대목으로 눈길을 끈다는 것이다.[390]

3. 제헌의회: 요구의 제도화

1989~1992년 헌법 개혁 기간, 검토 대상이었던 36개 항 개정안 가운데 단지 2개 항만이 시민사회 조직에 의해 제시됐다. 또한 1992년 개혁조치를 구성한 128개 법조항 가운데 단지 5개만이 사회단체에 의해 입안됐다. 시민사회 행위자들이 자신들의 요구사항을 충족시키는 헌법 개혁이 되지 못했던 것이다. 하지만 차베스 제헌의회 시기에는 시민사회에 의해 의제로 상정된 624개 헌법 제안들 가운데 50% 이상이 1999년 볼리바르 안 헌법에 포함됐다.[391]

---

[388] 차베스는 "당신 질문에서 당신은 '차베스 신화'를 언급했고 내가 제안한 것은 아닐지라도 그것은 존재한다. 아리아스 카르데나스(Arias Cárdenas)는 내가 그 신화를 조장했다고 나를 비난하는 사람들 중의 하나다. 하지만 나는 그에게 '지금 당장은(por ahora)'이라고 말했던(쿠데타 당시) TV인터뷰에서 단 30초 동안 출연한 이후 형성된 신화와 이 현상을 설명할 수 있을 일련의 요소들에 대해 나의 책임은 없다고 말했다." Marta Harnecker 2002, 『Hugo Chávez Frías Un homre, un pueblo』, pc.171~178.

[389] 텍사스대(댈러스) Jennifer Holmes는 베네수엘라 정치개혁의 실패를 다룬 Buxton(2001)의 저서에 대한 서평을 통해 베네수엘라의 '드라마틱한' 정당정치 붕괴가 이른바 민주주의의 최소 정의에 대한 위험성을 보여 주는 것이라고 지적한다. 민주주의의 최소 정의는 공개적이고 경쟁적인 선거, 시민권과 자유, 제도적 견제와 균형 3가지를 말한다고 한다. 그는 이어 AD-COPEI 체제와 관련, 민주주의에 대한 국민의 지지란, 이른바 '동시적인 일(coincidencia)'로 불리는 중도지향적 합의체제의 안정적 양당제를 급속한 민주주의의 공고화 사례인 것처럼 보인다고 규정했다고 지적한다(Holmes 2002, 200~201).

[390] Hawkins 2003, 1149~1153.

[391] 이는 베네수엘라 시민사회가 포괄한 다양한 이슈들은 서민들의 정치참여가 광범위하게 이뤄지고 있음을 보

1999년의 새 헌법은 그해 12월 국민투표를 통해 승인됐다. 이른바 '볼리바리안 헌법'은 탄생했고, 차베스 대통령의 제5공화국운동 (MVR) 당명과 같은 제5공화국이 탄생하게 된 것이다. 볼리바리안 헌법은 정당의 역할을 축소시켰고 선출직에 대한 주민 소환, 대통령 소환을 위한 국민투표 등 국민의 직접적인 정치 참여 메커니즘을 새로이 확립했다는 평가다. 볼리바리안 헌법은 1999년 이전 10년간 이어졌던 신자유주의 정책을 폐기시킬 것을 약속했다. 이 헌법은 경제에 대한 국가 개입 모델을 적극 옹호하고 비특권 계층에 대한 복지향상을 국가가 책임지겠다고 확고히 한 것이다.[392]

쿠데타가 실패하자 차베스는 선거를 통한 정치제도의 개혁을 전략으로 채택해 권력에 대한 접근 방식을 근본적으로 바꾸었다. 그 방향성은 국민(주로 하층)의 참여를 극대화한 가운데 대통령의 권한을 강화해 정부와 국민이 함께 호흡하는 강한 국가를 건설하는 것이다. 특히 볼리바리안 신헌법은 모든 국민이 주된 역할을 하는 참여민주주의[393]를 강조해 삼권분리에서 나아가 선거부와 시민부를 추가해 오권분립을 명시했다.[394] 입법 발의도 기존의 대통령과 의회에 더하여 대법원, 공화국윤리위원회 및 0.1% 이상의 유권자도 가능하게 됐다.[395]

차베스가 1961년 헌법의 개정도 아닌 이를 폐기하고 새로운 헌

여 주는 것이라고 차베스 진영은 주장한다(Gable 2004). Garcia-Guadilla 2003, 184~185 참조.

[392] Ellner 2005, 167.

[393] 급진 우파 포퓰리즘도 '진정한 민주주의'를 위한 첫 단계로서 참여민주의를 강조한다. 이를 위해 국민투표와 소환투표 등을 중요한 교정장치로 선전한다. 우파 포퓰리즘의 이런 요구와 제안의 목표는 국가범위 (scope of the state)를 급진적으로 축소시켜 그리하여 굳건히 자리 잡은 보수 기득권층의 정당들과 정치계급의 권력자원을 '박탈'하려는 것이다(Betz 1998, 5).

[394] 볼리바리안 신헌법에는 '참여'나 '참여민주의'라는 단어가 무려 40회나 등장한다(곽재성 2006, 42).

[395] 홍욱헌 2006, 274.

법제정을 위한 제헌의회(The Constituent Assembly) 소집에 나선 이유는 중요하다. '혁명'을 꿈꾼 차베스 입장에서, 1961년 헌법이 안고 있었던 가장 큰 문제는 차베스의 정적들이 의회와 사법부 등 핵심 헌정 국가제도를 장악토록 해주고 있다는 것이다.[396] AD와 COPEI가 자신들의 패배가 기정사실화된 1998년 12월 대선 실시 정확히 한 달 전에 총선을 실시토록 한 것은 그 대표적인 예라고 Coppedge는 지적한다. 차베스의 강력한 정치력에 의해 그 추종세력이 편승(coattail)하는 것을 막기 위해서 총선 시기가 조정됐다는 점이다. 그래서 차베스는 자신의 행동을 견제하는 기존체제 제도를 모두 무력화했던 것이다.[397] 차베스 체제는 새로운 헌법에 의거해서 2000년에 대통령 선거, 국회의원 선거, 주지사 선거 등 모든 선거를 한꺼번에 새로 치렀으며, 사법부도 새로 구성하게 됐다. 차베스는 다시 임기 6년의 대통령으로 선출됐으며 국회의원의 과반을 차베스 측에서 장악하게 됐다. 바로 이러한 정계 개편이 차베스가 제헌의회를 통해 이루려고 한 것이었다. 만약 차베스가 제헌의회를 통해 의회, 행정부 및 사법부 등 3권을 접수하는 시도를 하지 않았다면, 1998년 형성된 보수적인 의회가 사사건건 대통령의 발목을 잡았을 것이고 결국 혁명은 제대로 추진될 수 없었을 것이다.[398]

---

[396] 이와 관련해 "차베스 정부가 미시적 수준에서 관료주의와 충돌을 회피하려고 노력했더라도 국가적 수준에서의 개혁을 신속하고 과감하게 추진할 수 있었던 조건은 큰 틀에서 국가적 정책 추진의 기반을 국민이 직접 제어하도록 헌법적 구조를 확보했기 때문이다"라고 하는 분석이 있다(김병권 외 공저 2007, 202~203).

[397] Coppedge 2003.

[398] 차베스는 70년대 칠레의 아옌데 사회주의 정권이 보수적 의회에 발목 잡혀 개혁을 제대로 추진하지 못하고 결국은 피노체트의 반동 쿠데타에 의해 실패한 점을 잘 알고 있었다. 차베스는 선거에 참여하면서 지속적으로 제헌의회 전술을 강하게 주장해 왔고 대선에 당선된 후에 실제 그것을 실행함으로써 선거를 통한 제헌의회 전술이라는 새로운 가능성을 보여 주었다. 이런 급진개혁을 위한 제헌의회 전술은 Bolivia의 Evo Morales 대통령, Ecuador의 Rafael Correa 대통령에게 그대로 전수됐다(곽재성 2006, 43). 하지만 차베스의 경우와

특히 베네수엘라 새 헌법은 국민투표(referendum)에 대해 유례 없이 강력한 권한을 부여했다. 우선, 새 헌법은 제70조에서 총괄적으로 국민의 정치 참여를 강력하게 선언했다.[399]

> 제70조: 국민의 직간접적 참여에 따른 주권 행사는 공무와 관련해서는 공직 선출, 국민투표, 여론 수렴, 국민 소환, 입법 청원, 국민 발의, 여러 사람이 결부돼 있는 사안 등에 대한 공개토론과 시민 집회가 있고, 사회·경제 부문과 관련해서는 민간 서비스 기관, 자주경영, 노사 공동경영, 금융조합을 포함한 모든 형태의 협동조합, 상호금고, 공동체 기업, 그외 상호 협력과 연대의 가치관으로 운영되는 단체와 조직이 있다. 본 조항에서 제시된 참여 수단이 유효하게 제 기능을 발휘할 수 있도록, 제반 조건을 법률로 정한다.

그리고 이후 71조부터 74조에 걸쳐 별도의 국민투표 관련 상세 조항을 두어 국민투표에 대한 포괄적인 권한을 부여했다. 무엇보다 대통령을 포함한 선출직에 대한 소환투표를 규정한 72조는 2005년 8월 근대 정치사에서 유례를 찾아보기 어려운 현직 대통령 국민소환투표를 실시하게 하는 근거가 됐다는 점에서 주목되는 대목이다. 그 주요한 내용을 보면 다음과 같다.

> 제71조: 초국가적 중대사안은 공화국 대통령이 제안하고 국무회의의 의결을 거쳤을 때 또는 다수결 투표를 통한 국회의 결정이 있을 때 또는 호적과 선거인 명부에 등록된 선거권자 10% 이상의 청원이 있을 때, 국민의 의견을 묻는 국민투표에 부쳐진다. 주(州)·자치도시·지방행정구역의 특별 중대사안 역시 주민의 의견을 묻는 국

달리 Morales와 Correa는 제헌의회 구성과 운영에 상대적으로 어려움을 겪게 된다.
[399] 김병권 외 2007, 203~206.

민투표에 부쳐질 수 있다. 지방행정구 평의회, 자치도시의회, 주(州) 입법부의 구성원 2/3가 찬성했을 때 또는 시장이나 주지사의 제안이 있을 때 또는 당해 지역 등록 선거권자 10% 이상의 청원이 있을 때 실시된다.

제72조: 국민투표로 선출된 모든 공무원과 치안판사는 소환될 수 있다. 선출 이후 임기의 절반이 경과하고, 당해 지역 등록 선거권자 20% 이상의 의견이 모아지면 해당 공직자에게 위임됐던 권한을 철회하기 위한 국민투표 실시를 청원할 수 있다. 등록된 선거권자의 25% 이상이 투표에 참여하고, 투표 결과 소환에 찬성한 투표자의 수가 애초 해당 공직자를 선출했던 투표자 수와 같거나 많다면, 그 공직자의 권한은 철회된 것으로 간주되며, 즉시 본 헌법과 법률이 정하는 바에 따라 궐위(闕位)를 충원하기 위한 조치가 취해진다. 합의제로 운영되는 조직 7의 권한 철회는 법률로 정한 바에 따라 행한다. 공직자 소환 청원은 해당 공직자의 임기 중 한 번 이상 제출될 수 없다.

제73조: 의회에서 논쟁이 된 법안은 국회의원 2/3 이상의 찬성이 있는 경우, 국민투표에 회부될 수 있다. 투표 참여자가 호적과 선거인 명부에 등록된 선거권자의 25% 이상이 되고 투표 결과가 법안 승인에 찬성하는 것으로 나면, 그 법안은 법률로 제정되어 확정된다. 국가의 주권을 양보해야 하거나, 그 권위를 초국가적 기관에 이전해야 할지도 모를 국제 조약, 협정, 협약은 공화국 대통령의 제안과 국무회의의 의결을 거쳐, 국회의원 2/3의 투표 또는 호적과 선거인 명부에 등록된 선거권자 15% 이상의 요구가 있을 때 국민투표에 부쳐진다.

이를 종합해 보면 국가 중대사안, 대통령을 포함한 공직자의 소환, 법률과 조약의 승인, 법률의 폐지에 대해 국민투표 회부가 적용되고, 국민투표 자체가 대통령과 국회에 의해 상정될 뿐만 아니라 일정한 유권자의 요구가 있으면 국민에 의해 직접 발의가 가능하도록 돼 있음을 의미한다.[400]

4. 2007년 12월 개헌 국민투표 부결 원인

차베스의 영구집권을 가능하게 하는 것이라는 논란과 함께 세계의 이목을 집중시켰던 2007년 12월 2일 개헌안 국민투표가 부결됐다. 차베스 대통령이 "육상경기의 결승점에서 육안으로 승부를 확신하기 어려워 사진 판독을 하는 것과 같은 상황이었다"고 할 만큼 박빙의 결과였다. 350개 조항의 헌법 중에 69개를 손질하는 이번 개헌 국민투표는 차베스 대통령이 내놓은 33개 조항과 의회가 제출한 11개 조항에 대한 찬반을 물은 A블록에서 반대가 50.7%로 찬성 49.3%보다 불과 1.4%포인트 많았으며, 의회가 개헌안을 심의하면서 추가한 23개 조항으로 이뤄진 B블록에서는 반대가 51.0%로 찬성의 48.9%보다 2.1%포인트 많은 것으로 집계됐다.

이번 개헌 국민투표가 부결된 가장 큰 이유는 우선 저조한 투표율에 있는 것으로 분석된다. 지난 2006년 12월의 대선에서의 투표율은 75%에 달했다. 하지만 거의 1년 뒤 개헌투표에서는 투표율이 56%로 하락했다. 투표율이 하락한 이유 중 하나는 친차베스 세력 내부의 일부 이탈에 있는 것으로 지적된다. 외신에도 나왔듯이 차베스 진영 내

---

[400] 김병권 외 2007, 207 참조. 차베스는 2007년부터 본격화하고 있는 개헌 추진안에서도 국민참여적 요소를 강조한다. 차베스는 헌법 70조에서 "민중들이 직접 통치권을 행사하는 경험, 공직 선출, 국민투표, 민중협의, 대통령을 포함한 중앙선출직 관료의 국민소환, 국민발안, 그리고 공개집회를 통해 민중들의 참여와 주인정신의 의미를 되새길 수 있게" 하는 내용을 추가하자고 제안하고 있다는 것이다. 김병권(새로운사회를여는연구원 연구센터장) 한겨레 인터넷판 2007년 9월 28일자 '신자유주의 넘어선 21C 사회주의가 뜬다' 글 참조.

에서 개량적 사민주의 정당인 포데고스(Podemos: 우리는 할 수 있다는 뜻)가 차베스 반대세력에 붙었다. 이들은 개헌안에서도 특히 지방정부 및 지방의회를 대신해 국민 스스로의 자치권력을 강화하는 부분에 크게 반발했다.

개헌안 부결의 원인으로는 차베스의 급속한 사회변혁 프로그램도 거론된다. 단기간에 급속도로 '21세기형 사회주의'를 전진시키기 위해 다소 무리한 개헌안을 제출하게 되면서 대중들이 정서적으로 부담을 느꼈을 것이란 점이다. 부결된 개헌안에는 대규모의 토지소유 금지, 1일 근로시간 8시간에서 6시간으로 축소, 투표 연령을 18세에서 16세로 조정, 공동재산제도 도입, 사회주의에 입각한 경제시스템 건설 등의 정책들이 '개혁안'이란 이름으로 포함돼 있다.

또한 실제 베네수엘라의 보수 언론들은 차베스식의 사회주의로 바뀌면 집도 빼앗기고 자식들도 빼앗긴다는 유언비어식 비방을 일삼았다는 주장도 제기된다. 차베스도 "내가 내놓은 제안들이 너무 과도했다는 사실을 이해하며 인정한다"고 밝히고 "국민투표를 통해 베네수엘라 민주주의가 성숙해지고 있다는 것을 확인했다"고 말했다. 하지만 앞서 이미 2차례의 대통령 선거를 포함해 지난 9년 동안 치러진 각종 선거에서 절대적 신임을 보내는 지지층의 변함 없는 성원에 힘입어 압승했던 차베스 대통령은 다소 의기소침한 표정으로 패배를 인정하면서도 "당장 지금(por ahora, 영어 for now)은 하는 수 없다"는 말을 잊지 않았다. 이 말은 차베스 대통령이 지난 1992년 쿠데타에 실패할 때도 사용했던 말로 베네수엘라에서는 널리 회자되고 있다. 따라서 차베스 대통령이 정국운영

계산을 하면서 번민의 시간을 거쳐 국민투표 결과에 대한 승복을 선언했지만 어디까지나 전술적인 일보 후퇴라는 점을 분명히 한 것으로 받아들일 수 있다. '21세기형 사회주의' 건설을 내건 차베스 대통령으로서는 임기가 2013년 1월까지 5년 이상 남아 있는 데다 배럴당 100달러에 육박하는 고유가로 원유수출에 따른 외화가 넉넉하고 게다가 의회까지 장악하고 있는 만큼 앞으로 얼마든지 개혁정책을 펼 수 있는 기회가 남아 있다고 할 수 있다. 야당들이 총선을 아예 보이콧하는 바람에 거의 친차베스 의원들로 구성돼 있는 의회가 2008년에도 차베스 대통령에게 포고령으로 의회를 거치지 않고도 법을 공포할 수 있는 권한을 부여한 만큼 앞으로 차베스 대통령의 막강한 권력은 계속해서 그 위력을 발휘할 것으로 쉽게 짐작할 수 있다.

한편 반차베스 진영은 개헌안을 저지함으로써 의회에서 투쟁의 거점을 상실한 후 계속됐던 오합지졸의 위기를 극복하고 앞으로 반차베스 투쟁에 새로운 계기를 마련했다고 할 수 있다. 차베스의 혁명 동지이기도 했던 라울 바두엘 전 국방장관이 차베스 반대로 돌아선 것도 무시할 수 없는 요인으로 꼽힌다. 차베스의 최측근으로 분류됐던 바두엘은 국민투표를 불과 20여 일 앞둔 시점에서 국민투표에서 적극 참여해 반대표를 던질 것을 호소함으로써 반대운동에 불을 지폈다고 할 수 있다. 차베스 대통령에게 정면으로 반기를 들고 일어선 바두엘 전 장관은 '배반자를 용서하지 않겠다'는 차베스 대통령의 위협에도 굴복하지 않고 개헌 반대운동의 최선봉에 섬으로써 최대의 승자가 됐다고 할 수 있다. 올해 58세의 바두엘 전 장관은 지난 1983년 차베스와 함께 군내 볼리바리안 비밀조직 결성을 주도했으며 지난 2002년 4월에는 차베스 대통령이 일시적으로 쫓겨났을 때 차베스 대통령을 권좌에 복귀시키는 데 앞장서는 등 차베스의 최측근 인물로 분류됐었다. 바두엘은 그 후 군참모총장(2004~2006년)을 거쳐 지난 2006년 6월부터 2007년 7월까지 국방장관을 역임함으로써 차베스 대통령 정부의 핵심인물로 활동했었다. 이런 바두엘 전 장관이 가톨릭계와 대학생들 그리고 인권단체들을 아우르는 지도력을 발휘하면 그가 원하든 원하지 않든 이번 개헌안 부결의 최대 영웅으로 차베스 대통령의 영구 집권 야욕을 저지한 공적을 배경으로 차기 대권후보로까지 연결될 수 있을 것으로 예상할 수 있다.[401]

이와 관련해 차베스가 관객 혹은 국민투표 민주주의(plebiscitarian democracy)에 의존하는 전술을 보인다는 분석이 있다. 차베스가 여러 차례 국민투표를 통해 자신의 볼리바르 혁명을 추진해 나갔다는 것은 앞에서 밝힌 바다. 특히 차베스가 제헌의회를 통해 의회를 장악한 것은 관객민주주의의 일환이라는 지적이 나온다. 차베스는 70년대 칠레의 아옌데 사회주의 정권이 보수적 의회에 칼목 잡혀 개혁을 제대로 추진하지 못하고 결국은 피노체트의 반동 쿠데타에 의해 실패한 점을 잘 알고 있었다. 차베스는 선거에 참여하면서 지속적으로 제헌의회 전술을 강하게 주장해 왔고 대선에 당선된 후에 실제 그것을 실행함으로써 선거를 통한 제헌의회 전술이라는 새로운 가능성을 보여줬다는 것이다.[402]

---

[401] 연합뉴스 2007년 12월 4일자 보도 및 2007년 12월 보도 참고.
[402] 곽재성 2006, 43.

제2절 차베스 포퓰리스트 레짐의 작동구조

1. 차베스 체제의 실험적 제도: 볼리바리안 민중 포섭

베네수엘라에서 국민의 참여와 주도적 정책결정(protagonism)을 실현하기 위한 제도적 표출은 혼란스럽고 복잡해 헷갈리는 측면이 많은 것으로 일반적으로 지적된다. 한 형태의 조직이 실패할 때마다 차베스와 그의 자문관들은 다른 것을 실험했고, 실제적으로 어떤 측면에선 국민 스스로가 새로운 구조를 만들었고 나중에 수용돼 공식화했던 것이다. 래비(Raby)[403]는 이런 평가를 내리면서 차베스 체제하 정치 참여 및 결정의 제도적 표현체로서 볼리바리안 서클(Los Círculos Bolivarianos)이 먼저 나타났고 이후 2001년 지역공공계획위원회(Local Public Planning Council, 약칭 CLPP), 2006년 입법화한 주민자치위원회(스페인어 Consejos Comunales, 영어 Communal Council, 약칭 CCs)라고 할 수 있다. 래비(Raby)는 또 이외에도 좀 더 구체적인 기능을 가진 다른 제도체를 소개한다. 여기에는 의료 미션 추진을 위해 조직된 '의료위원회', 소외계층의 삶을 개선하기 위해 정부 지원 아래 지역별 주민 단체와 '도시토지위원회'를 비롯해 '선거전투단위'(나중에 '내생적개발단위'로 전환), '주민공동체수자원위원회', '전기위원회'[404] 등이 포함돼 있다. 이들은 주민공동체 자치 정

---

[403] 영국의 정치학자 Raby는 2006년 저술한 『Democracy and Revolution: Latin America and Socialism Today』(London & Ann Arbor, MI: Pluto Press; Toronto: Between the Lines)가 시작되는 첫머리에 "이 책을 Fidel Castro Ruz, Hugo Chávez Frías 그리고 전세계 민중운동에 바친다"고 할 정도로 진보적 학자로 평가받는다(Raby 2006).

[404] 이들은 베네수엘라 차베스 체제 초기에 주민 공동체 단위에서 먼저 조직되기 시작한 것이다(김병원 외 2005, 181).

부의 갈수록 강화되는 전 지구적 제도와 더불어 계속 기능하고 있다고 래비(Raby)는 평가한다.[405] 2002년과 2003년에 가장 주목받던 조직이 볼리바리안 서클이었다면 2006년 한 해 동안 베네수엘라에서 급부상하면서 이목을 끌었던 조직은 단연 주민의 자율적 참여와 자율적 결정조직인 주민자치위원회가 꼽힌다고 할 수 있다. 아래서 세 가지 '실험적 제도'에 대해 상술해 본다.

1) 볼리바리안 서클

(1) 형성과 역할

볼리바리안 서클은 1998년 이전에도 단초적인 형태는 존재했지만 직접적으로는 2000년부터 자생적으로 만들어지기 시작하고 2001년 말부터 본격화되며, 2002년과 2003년에 이르는 반혁명 쿠데타에 대항하는 과정에서 대규모로 확산된다.[406] 볼리바리안 서클은 2001년 6월부터 차베스 대통령에 의해 본격 추진된 정치사회 조직이다. 그 목적은 베네수엘라에서 차베스 리더십에 따르는 볼리바르 혁명 과정을 추동하고 유지하기 위한 것이다.[407] 미국에서 활동하는 서클 회원이 요약해 기술한 볼리바리안 서클의 건설과정을 보면 다음과 같다.[408]

---

[405] Raby 2007, 6~7.

[406] 베네수엘라 여성 정치사회학자 Lopez Maya는 볼리바리안 서클의 초기적 원형을 차베스의 집권전 운동조직인 MBR-200의 기초단위에서 찾는다. 그녀는 이 기초단위 세포가 '혁명적 볼리바리안 서클'로 지칭되며 나타나기 시작했다고 밝히고 물론, 지금의 볼리바리안 서클과는 직접격으로 연결되지는 않고 있다고 지적한다(Lopez Maya 2003, 80).

[407] 베네수엘라 주요 대학 중앙대학(UCV) 부설 대학원 과정 겸임 CENDES 연구소의 대표적인 정치사회학자 Arenas와 Gómez Calcaño는 볼리바리안 서클의 신화적 요소를 분석했다. 이 연구에 따르면 "이른바 볼리바르주의 우산 아래에 놓인 '민중 단일체 신화(El mito de la unidad del Pueblo)'는 우리가 판단하기에 '하나의 실체'이고, 이를 통해 아직은 맹아 혹은 세포(célula) 형태인 차베스 '혁명의' 미래 운명이 어떤 디자인(diseño)으로 어떻게 작동할 것인지가 그려진다는 점이다(Arenas 2005, pp.138~193)."

[408] 김병권 외(2007) 새사연 저서에 나오는 인용문을 재인용한 것이다.

"볼리바리안 서클은 2000년에 헌법을 공부하는 모임으로 처음 만들어지고 지극히 국지적인 공동체 개선 프로젝트에 참여하기 시작한다. 그후 이 모임은 의료나 교육과 같은 좀 더 큰 문제들을 제기한다. 점차로 이 모임들은 지역 공동체에 영향을 주는 의사결정에 직접적으로 참여하고자 한다. 2001년에 차베스 대통령은 이들의 참여 요구에 답하며, 참여 방식으로 볼리바리안 서클 창설을 요청한다."

그리하여 수많은 자생적인 스터디 모임들이 차베스의 요청에 따라 볼리바리안 서클이라는 이름으로 통일적이고 전국적인 범위로 조직돼 나간 과정임을 알 수 있다. 여기서 주목할 점은 차베스가 공식적으로 볼리바리안 서클을 조직하자고 민중에게 요구한 2001년이라는 시점이다. 2001년 11월은 차베스가 미뤄 뒀던 49개 개혁 법률을 전격 공표한 시기다. 당시는 반차베스 진영의 반발 수위가 극도로 높아졌을 때였고, 빠르게 조직화한 볼리바리안 서클은 2002년 4월 쿠데타가 발생했을 때 차베스 복귀를 요구하는 대중 시위조직에서 핵심적 역할을 했던 것이다.[409]

나아가 그해 말 무렵인 2002년 12월 반차베스 진영의 '보수노조' 총파업 시기에 볼리바리안 서클 멤버들은 무상으로 노동력을 제공하고 석유산업 시설을 방어했으며, 이 과정에서 수많은 석유산업 노동자들을 서클 회원으로 가입시키는 등 중대한 진전을 이룬다. 보수진영 총파업이 끝날 무렵인 2003년 초에는 서클 회원이 무려 200만 명을 넘는 수준으로 발전했으며 연이어 착수된 다양한 미션 (Mission)에 참여하는 등 정부의 사회적 프로그램의 심장부 역할을

---

[409] 이에 대해 한국의 진보진영은 "차베스는 사회 개혁이 본격화될 결정적 고비에서 다수 대중을 전국적 규모에서 규합해 낼 정치적 지점을 찾으려 했고, 당시에 자생적으로 성장 중이던 헌법 공부 모임을 질적으로 비약시키는 방 법을 선택한 듯싶다"라고 해석한다(김병권 외 2007, 170).

맡는다. 볼리바리안 서클은 2003년 중반기 기준으로 220만 회원이 등록했다. 동등한 권한을 갖는 회원들 7~10인으로 하나의 서클이 구성되며 이를 기준으로 볼 때 약 20만 개의 서클이 활동하는 셈이다.

각 서클의 당장의 임무는 자신이 속한 ㅈ역의 요구를 공동체 안에서 해결하는 것이다. 서클이 공동체 과제에 참여하는 방식은 각 주민지역의 인프라 수리, 문화 이벤트 또는 국가적 규모 프로젝트에의 참여 등 다양한 형태로 전개된다. 서클이 발전함에 따라 완전히 개별적인 단위로 머물지 않고 일정한 조직적 계통을 갖게 된다. 단위 볼리바리안 서클-지역 볼리바리안 조정자-광역 볼리바리안 조정자-전국지도부라는 체계가 그것이다. 볼리바리안 서클은 2004년부터 '볼리바리안 하우스(영문으로 Bolivarian House, 스페인어로 Casas Bolivarianos)'로 확대 발전된다. 이 새로운 조직은 지역적·국가적 심지어 국제적인 복잡한 문제들을 풀 목적으로 다른 다양한 시민사회 단체와 더불어 서클 역량을 통합하면서 모색되었다. 첫 볼리바리안 하우스는 2004년 1월 23일 카라카스 시 구역에서 설립됐다.[410]

(2) 시민사회 및 정당과의 관계와 제도화 문제

또 다른 문제는 볼리바리안 서클이라는 정치조직과 공식적인 집권 정당인 MVR는 어떤 관계인가 하는 점이다. 현재로선 볼리바리안 서클이 적어도 정당조직이 아니고 정당의 하부조직도 아닌 것은 분명해 보인다. 이는 차베스 포퓰리스트 체제를 재차 확인시켜 주는 것이기도 하다. 차베스는 기존 국가기구의 관료주의에 대해

---

[410] 볼리바리안 서클이 볼리바리안 하우스로 확대 발전돼 가는 2004년 시점은 차베스 대통령에 대한 반대파의 소환운동이 본격화된 시기다. 친차베스 진영은 반대파의 대통령 소환투표 운동에 대해 조직적으로 대응할 목적으로 '선거전투단위(Unidad Batalla Electoral, UBE)'라는 정치조직을 새로이 결성한다(김병권 외 2006, 172).

불신을 가졌던 것처럼 기존의 정당조직 안에 존재하는 관료주의에 대해서도 상당히 불신했다. 차베스는 연속되는 사회변혁 과정에 대중의 정치적 참여를 보장하는 방법으로 정당조직의 하향 확대에는 큰 관심을 기울이지 않았다.

비슷한 맥락의 지적은 볼리바리안 서클 핵심 관계자로부터도 나온다. 서클의 전국 조정자 팀 구성원인 울리시스 카스트로(Ulisis Castro)에 따르면 "20만 개의 서클 가운데 많은 경우, 상부의 지도와 지원 부족 때문에 자신들의 공동체 안에서 활동적인 기능을 제대로 수행하지 못하고 있다"는 것이다.[411]

2) 지역공공계획위원회

차베스와 베네수엘라 혁명의 지도 그룹은 집권 초기부터 지역단위의 자치 조직에 대해 관심을 가졌다. 여기에는 브라질 포르투 알레그레의 참여예산 제도나 인도 캘커타의 풀뿌리 참여민주주의의 경험이 영향을 줬다. 이런 개념은 1999년 볼리바리안 헌법에도 반영했고 차베스 체제는 민중이 국가의 의사결정 과정에 더 많이 참여할 수 있도록 구상해 왔다는 것이다.

그 구체적 첫 시도는, 지역 정부예산 검토 승인 작업을 지역정부와 함께 할 지역 대표를 선출해 조직한 2001년의 지역공공계획위원회(이하 CLPP)였다. 그런데 불행히도 CLPP의 실험은 실패로 끝난다. 그 주된 이유는 수십만 주민 가운데 대표를 뽑는 등 단위가 너무 컸기 때문에 대개의 경우 기성 정당들이나 관료들이 자신의 지지자들을 대표로 내보내서 CLPP를 장악하는가 하면, 수십만

---

[411] Gable 2004.

명의 단위로 대표가 선출되는 구즈에서 진정 주민의 의사와 의지를 대표하기도 어려웠기 때문이다.

3) 주민자치위원회

볼리바리안 서클은 법적 근거가 없기 때문에 2006년 4월 법적 근거를 갖춘 주민자치위원회가 차베스 체제의 핵심 제도로 급부상하고 있다.[412] CLPP 실패의 경험으로부터 시작된 주민자치위원회 건설은 '실행을 통한 학습'의 방식으로, 시행착오(2002~2004)→실험(2005년 말)→확장(~2006.4.)→법적·재정적 보증(2006.4.10.)→전면 확산(2006.4.10.~) 경로를 밟아 생겨났다고 할 수 있다. 차베스 체제 출범 초기 주민공동체 단위의 초보적 조직들은 지역사업을 추진하면서 여러 가지 현실적 난관에 봉착한다. 각 지역에서의 개별적 미션 추진 조직들과 기존 관료 조직의 충돌, 개별적 미션 조직들 사이의 긴장 관계 그리고 주민들 내부에 존재하는 기존 관행, 이런 것들이 통합적인 주민자치위원회가 제대로 조직되기 이전의 전형적인 모습이었다. 지금까지 CLPP가 발생시킨 문제를 피하기 위해 광역 단위가 아닌 풀뿌리 단위에서 시작하는 새로운 공동체를 구축하는 프로젝트가 추진됐던 것이다.[413]

이리하여 주민자치위원회는, 도시에서는 200~400가구 단위로, 농촌에서는 20여 가구 단위로, 원주민 거주지에서는 10여 가구 단위로 구성되는 '공동체'라고 할 수 있다. 주민자치위마다 20인의 대표를 선발해 이들이 6개월 이내에 공동체 내의 주택을 모두 방문해 누가 살고 있으며 어떤 문제점을 갖고 있는지 파악하게 한다.

---

[412] 베네수엘라 정부는 주민자치위원회를 지원하기 위해 '대중참여–사회발전부(MINPADES, Ministerio de Participación Popular y Desarrollo Social)'를 신설했다.
[413] 김병권 외 공저 2007, 178~184.

동시에 일정한 시기에 주민자치위 대의원 선거가 있음을 개별적으로 홍보해 최대한의 관심을 도출한다. 이렇게 총 13인의 주민자치위 대의원을 주민 직접선거로 선출하고 각 의원에게 교육, 문화, 과학기술, 치안 등 분야별 업무를 할당한다.

그러면 아래서 주민자치위원회의 실체를 확인하기 위해 Fox(2006)의 보고 자료를 중심으로 '4·13주민자치위원회'라는 이름으로 자치위원회를 결성한, 서부 카라카스 남쪽 언덕의 Enero 23 구역의 사례를 살펴본다. 이 글은 Fox의 경험담 형식으로 진행된다.[414]

"2006년 초, Enero 23 구역 주민들은 새로운 길을 가기 시작했다. 아파트 45, 46, 47 블록에 사는 주민들은 전국적으로 만들어지고 있는 새로운 주민자치위원회에 대한 이야기를 들었다. 이 새로운 자치위원회는 새로운 유형의 '풀뿌리' 지역 통치기관으로 불리기 시작했으며, 그 지역에 사는 주민들은 (주민자치위원회를 통해) 그들 지역에서 최종적인 의사결정권을 소유하게 된다는 것이다. 이 위원회는 심지어 공동체와 공공의 프로젝트를 수행하기 위해, 이전에는 지방정부에 대해 길고도 지루한 싸움을 통해서만 얻었던 기금(재원)을 정부로부터 직접 받을 수 있게 된다. 지역의료위원회 회원들이 자치위원회를 만들기 위해 먼저 나섰다. 그들은 자치위원회의 의미에 대해 워크숍을 개최한 후, 지역 주민들 사이에서 공감대를 만들었고 지역의 필요 요건을 도출하기 위해 2006년 3월에 추진 준비팀을 뽑았다. 이어서 주민자치위원회 대표 선출을 관리하기 위한 선거관리위원회를 선출한다. 어린이날인 6월 16일, 선거관리위원회의 관리 아래, 지역의 520개 아파트에서 온 수백 명의 주민들이 주민자치위원회의 대표들을 선출하기 위해 나왔다. '그것은 굉장했다, 줄의 끝이 안 보였다.' Hector Haraque라는 지역 주민이 말했다. 지역주민들

---

[414] 글의 많은 부분은 김병권 외 공저 2007년 저서를 참조, 정리한 것이다.

은 자치위원회의 재정을 관리하기 위해 5명의 재정 상임위원을, 자치위원회가 처리하는 업무를 감사하기 위한 5명의 사회적 통제 상임위원을, 그리고 의료·교육 등 기능별로 지역의 9개 위원회 각각을 대표하는 상임위원을 한 명씩 선출했다. 그달 말까지 취임 선서를 한 19명의 상임위원들과 함께 '4·13주민자치위원회'가 공식적으로 출범했다. Enero 23 구역에서 최초다."[415]

주민자치위원회의 주요 임무는 도시토지위원회, 문화위원회 등 공동체 내에 이미 결성돼 있는 단체들의 활동을 조정하고 통합하는 것이다. 이를 기초로 주민자치위는 관계 당국에 프로젝트를 제안하고, 이를 유관 당국에 전달하며, 협동조합의 형태로 운영되는 '공동체은행'을 통해 할당받은 재원을 직접 관리한다. 각 프로젝트의 상한선은 최대 3천만 볼리바르(약 1만 2천 유로)이지만, 비용이 그보다 더 소요되는 프로젝트를 이듬해 참여예산 지출항목에 추가하려면 언제든지 시나 주정부 또는 공공계획지역위원회에 요청할 수 있다.

베네수엘라 서부에서 가장 발전된 지역인 바리나스, 메리다, 타치라, 트루히요 4개 주에서는 3천 개가 넘는 프로젝트에 이미 5천만 달러가 지출되었다. 2007년부터는 지방분권을 위한 정부간기금(Fides) 자금과 광산·석유 특별경제할당법(LAEE) 할당액의 반, 즉 거의 15억 달러에 달하는 금액이 주민자치위원회의 프로젝트 자금으로 사용될 예정이다. 지금까지 각 시와 주정부로 가던 자금이 주민자치위로 몰리게 된 것이다.[416] 현재 주민자치위원회는 정부의 조세수입과 국영석유사(PDVSA)[417]로부터 받는 정부 수입의 1/3을

---

[415] '4·13 주민자치위원회'는 2002년 반혁명 쿠데타 직후 차베스가 복귀한 날을 기념하기 위해 붙인 명칭이다 (Fox 2006).

[416] 곽재성 2006, 42~44.

[417] PDVSA는 2007년 기준 하루 300만 배럴의 석유를 생산하고 연간 650억 달러의 수익을 얻어 중남미에서

사용하고 있다.[418] 2006년 4월 이후 전국에서 주민자치위원회들이 우후죽순 격으로 출범했다. 수도인 카라카스에만도 이미 500개 이상의 주민자치위가 존재하며, 전국적으로는 약 5만 개에 달할 것으로 추정된다.[419] 부자동네에도 주민자치위가 생기고 있다.[420]

이에 대해 2007년 7월 방한한 베네수엘라 국회의원 브롤리오 알바레스(Brolio Alvares)는 다음과 같이 설명했다.

> "주민자치위원회는 2006년 의회를 통과해 법으로 제정됐다. 최소 인원 10명이 있으면 구성할 수 있다. 현재는 도심뿐 아니라 농촌 지역, 원주민 거주 지역에서도 건설되고 있다. 전국적으로 2만 3천 개의 자치위원회가 건설됐다. 주민자치위를 통해 결정한 결과는 직접적으로 정책입안에 적용된다. 주민자치위는 지역 안의 여러 기관들과 접촉하면서 법적으로 인정받은 발언권을 행사할 수 있다. 이는 결코 소극적인 참여라고 볼 수 없다. 수적으로도 절대다수가 참여하고 있는 대중적인 모임이다. 최소 인원 10명의 자치위원회가 여러 개 모이면 더 큰 자치위원회가 된다. 이런 식으로 자치위가 모일수록 등급이 올라가고, 마지막에는 국가단위까지 이어진다. 상위 자치위원회는 하위 자치위원회의 대표들이 자신의 모임에서 결정된 내용을 갖고 회의를 한다. 이 회의에서 입장이 조율된다. 국가 차원의 자치위원회 대표들은 실제 내각의 의사결정 자리에 참여할 수 있다."[421]

　두 번째로 큰 회사로 꼽힌다.
[418] 김수행 2007.
[419] 주민자치위의 전체 규모에 대해 분석자들마다 비교적 큰 편차가 난다. 적게는 1만 개에서 많게는 5만 개까지 차이가 있다. 이는 공식적인 등록 기관의 통계와 기존 관료조직의 통계가 다른 데 기인한다. 예를 들어 Fox(2006)에 따르면 "주민자치위를 설립하는 데 있어서 몇몇 조직들 사이에서 갈등과 경쟁이라는 문제가 있어 왔다. 2006년 9월에 FUNDACOMUN(공식등록조직)은 카라카스에서 단지 54개의 주민자치위를 등록시켰는데, 동일한 지역에서 카라카스 시청에서는 약 400개의 주민자치위를 계산하고 있었다. 시청은 별도의 주민자치위 목록을 갖고 있는데 FUNDACOMUN의 그것과 일치하지 않았다. 같은 해 11월 중순 FUNDACOMUN의 대표성에 따라 조직들 사이에서 상황이 다소 진정됐고, 해당 지역 주민자치위 숫자는 54개에서 192개로 증가했다"는 것이다(김병권 외 공저 2007, 184~185).
[420] 곽재성 2006, 44.
[421] Alvares 의원은 2007년 7월 7일 한국사회포럼 〈식량주권 대토론회〉에 발제자로 참석. 차베스 정부의 식량주

2. 차베스 체제에서의 정당과 군, 노동

1) 차베스 체제에서의 정당

베네수엘라 정당정치 전공 학자 알바레스(Álvarez)에 따르면 차베스 체제와 이전 Punto Fijo 체제의 가장 큰 차이는 '정당 헤게모니'에서 '정당 없는 민주주의'로의 변화이다. 1999년 국민투표에 의해 통과된 볼리바리안 헌법[422] 조문상으로도 민중이 주역이 되는 (protagónica popular) 민주주의를 강조하며 정당은 사실상 아무런 실질적 역할을 갖고 있지 못하고 있다.[423]

누구보다 차베스 자신 역시 소속한 정당을 포함해 정당이란 제도에 대해 큰 관심을 가져 본 적이 결코 없었다. 노조에 대한 차베스의 입장도 큰 차이가 없다고 할 수 있다.[424] 차베스는 1958년 이후 수십 년 동안 베네수엘라를 통치해 온 양대 정당을 매우 혐오하며, 아예 정당 자체를 좋아하지 않는다. 정당에 대한 이 같은 적대감은 한때 급진대의당(LCR)에서 활동하던 정치이론가들 때문에 생긴 것이기도 하다. 독일의 녹색당과 비슷한 이념을 갖고 제4공화국의 기성정당들을 비판했던 이 70년대 좌파 정당의 큰 분파는 90년대에 '만민을 위한 조국(PPT)'을 결성하며, 차베스를 지지

권 입법화 과정과 농업개혁 투쟁 현황을 소개하면서 '새로운 사회를 여는 연구원'(원장 손석춘)과의 별도 회견에서 이같이 말했다. 당시 그는 "1992년 차베스가 일으킨 시민과 군부의 연합 쿠데타 과정을 나도 같이 준비했다. 그 일로 연행돼 6개월 실형을 살았다. 92년 11월에 있었던 그뤼버 제독의 쿠데타에도 참여했다. 2002년 반차베스 진영의 쿠데타가 일어났을 때는 민중의 뜻을 지키기 위해, 민중이 부여한 차베스 대통령의 권리를 지키기 위해 거리로 나왔다"고 했다. 새사연 자료집 참고.

[422] Álvarez에 따르면 1961년 의회에 의해 선포된 제4공화국 헌법은 '대의 민주제적이고 정당에 의한' 민주주의 모델이 소진된 것으로 간주되면서 나온 반응이다(Álvarez 2003, 7ff).

[423] Álvarez 2003, 77.

[424] 영국 〈가디언〉지의 중남미특파원으로 취재활동을 했던 Gott는 〈가디언〉지 2007년 1월 10일자에 'Revolutionary leadership'이란 제목으로 이같이 전했다.

하는 연립정부에 참여했다. 또한 차베스 자신의 MVR는 사사건건 서로 싸우기만 했다는 것이다. 역시 연립정부에 참여했던 옛 공산당은 실체 없는 그림자일 뿐이었다. 실제로 '볼리바르주의 혁명'을 뒷받침한 것은 훈련받은 활동가와 합의된 이념을 갖춘 그 어떤 정당이 아니라, 기층 민중의 폭넓은 연합세력이었다.[425]

차베스 정부가 2007년 초부터 창당을 본격화하고 있는 새 통합정당 PSUV(Partido Socialista Unido de Venezuela, 베네수엘라 통합사회주의당)도 볼리바리안 혁명의 실질적인 참여 및 지지 세력인 사회저층 사회운동가들에게 더 큰 영향력을 부여하려는 데 목적을 두고 있다는 것이다.[426]

차베스 체제하에서 노동 부문이 Punto Fijo 체제와는 달리 지배적 정당의 수직적 구조 내부에 들어 있지 않다는 점은 중요하다. 베네수엘라 언론에 따르면 보수적 CTV에서 분리해 나온 UNT(Unión Nacional de trabajadores, 전국노동자연합)는 소속 노동자 200만 명이 차베스 대통령의 새 통합 정당 PSUV(Partido Socialista Unido de Venezuela, 베네수엘라통합사회주의당)와 연합하는 문제를 놓고 내부 논쟁이 벌어지고 있다.[427] UNT 내부 파벌들 간에 노선과 전략 등을 둘러싸고 심각한 내분과 갈등을 겪고 있으며 UNT 차원의 볼리바르 혁명 참여가 불투명한 것으로 지적된다. UNT 조직책 스탈

---

[425] Gott 2005, 419.

[426] Gott는 〈가디언〉지 같은 기사에서 이같이 기술하면서, 쿠바와 달리 베네수엘라는 일당국가체제는 되지 않을 것으로 전망한다. 나아가 Gott는 카스트로 사후 이른바 '포스트 카스트로' 쿠바 체제는 이런 베네수엘라 모델에 주목할 만하다고 지적한다. 비슷한 맥락에서, 2007년 7월 베네수엘라와 쿠바를 방문한 서울대 김수행 교수도 "쿠바는 베네수엘라의 민주주의적 실천을 배울 수 있고, 베네수엘라는 쿠바의 사회복지프로그램을 배울 필요가 있겠다는 생각이 들었다"고 적고 있다. 김수행 2007년 9월 20일 오마이뉴스 게재 기행문 참조.

[427] UpsideDownWorld.org Sep 12, 2007 "Venezuelan Workers to Join Chavez's PSUV"(베네수엘라 전문 인터넷 사이트 게재 기사[www.venezuelanalysis.com/articles.php?artno=2132 검색일 2007년 9월 14일])

린 페레스(Stalin Pérez)는 소속 노동자들에게 거주지(barrio), 작업장별 정당 지부 성격의 'battalions'를 조직, PSUV에 입당토록 촉구하고 있다. 하지만 이것 자체가 잘해야 '뉴스'로 받아들여지고 있음은 2003년 출범한 UNT 내부 정치적 파벌들 간에 적대적 관계가 어느 정도인지를 잘 보여 준다. UNT는 2002년 4월 반(反)차베스 쿠데타 기도 당시 CTV 위원장이었던 카를로스 오르테가(Carlos Ortega)가 이 사건에 깊숙이 관여한 것으로 알려진 이후 전통적인 노조 구심체 CTV로부터 많은 노동자들이 이탈한 이후 본격 활동을 시작했으며 이후 내부 갈등을 계속 겪고 있다. '추락한 엘리트' 정당 AD와 노동 간 후원수혜자 관계 및 조합주의적으로 연결된 고리는 UNT가 노동 부문 헤게모니 장악, 차베스와 볼리바르 혁명에 대한 지지에 나서면서 빛이 바래졌다. 하지만 UNT가 차베스 대통령을 어느 정도로 지지해야 하는가를 놓고 UNT에서 다른 파벌로 조직된 노동자들 사이에서 벌어지고 있는 토론은 노동자들을 정치적 내분으로 내모는 분열로 발전했다.

UNT에서 통제력 장악을 위해 다투고 있는 정치적 '조류'는 5개인 것으로 분석되고 있다. 가장 두드러지고 강력한 양대 계파인 CCURA(Corriente Clasista Unitaria Revolucionaria Autónoma, 자율·혁명·통합·계급운동)와 FSBT(Fuerza Socialista Bilivariano de Trabajadores, 사회주의 볼리바르 노동자 운동)는 UNT가 FSBT가 원하는 식으로 차베스 통치하 노조연맹이 돼야 하는지 심각한 충돌을 빚고 있다. CCURA는 UNT가 보다 독립적으로 활동해야 한다고 주장하고 있는 것이다. 이런 노동운동 내부의 이견 그리고 전략·노선에 대한 민주적 토론은 베네수엘라 정치에서 UNT의 영향력을 높이고 노동자의 볼리비아 혁명 참여를 강화시켰을 수도 있다. 하지만 노동정치는 개인적인 수준으로 하향해 UNT가 분산, 파열, 거의 분열되는 지점으로까지 이르렀다는 평가가 나온다.[428]

2) 民-軍 관계

차베스 체제에서 그의 출신배경이기도 한 군(軍)은 무시 못 할 위치를 차지하고 있다. 차베스도 일단 군인이다. 그가 숭앙하는 두 역사적 인물, 시몬 볼리바르와 에세키엘 사모라도 분명히 군인이었다.[429] 차베스는 군대를 시민사회에 끌어들이고자 했다. 차베스의 집권 초기에 군대는 자체의 사회사업, 즉 대통령 취임 첫 달에 발족한 '볼리바르 2000 계획'을 추진했다. 이 구상은 군대의 잉여인력을 지역사회 집단과 연계시켜, 휴면상태에 있는 사회적 인프라를 복원한다는 것이었다. 군대는 막사, 운동장, 취사도구 등 군시설을 지역사회에 제공하도록 권장되었다. 군대는 여분의 인력을 동원하여 학교시설과 도로 보수작업을 지원하였고, 외딴 마을과 빈민촌에는 이동식 야전병원이 '마치 교전지대에 가듯이' 파견됐다.[430] 차베스는 군대가 단순한 사회봉사에만 머무르지 않았다는 것 역시 시인한다. 군대가 "차츰 정당정치는 아니더라도 정계지도자들과 어울리게 되었다"는 것이다. 차베스는 또 군대를 균형 잡힌 국제주의를 증진시키는 데도 활용했다. 차베스는 여전히 장교

---

[428] UpsideDownWorld.org Sep 12, 2007. 같은 기사 참조.

[429] Gott(2005, 415)는 이에 대해 "차베스는 언젠가 나에게 '나는 군대정신을 이해하며, 나도 그 일부'라고 말한 적이 있다. 그의 한 가지 야심은 군대를 시민사회에 통합하는 것이다"고 적고 있다.

[430] Gott(2005, 418~419)에 따르면 이에 대한 비유로서는 1999년 12월 바르가스 주의 산사태 참사 후에 실감이 났다. 차베스는 "우리는 고맙게도 그때 이미 볼리바르 계획을 경험했었다. 그때 10개월 동안 해안지방에서 일했는데, 이를 통해 사람들을 구조하고 목숨을 살리는 좋은 경험을 했다"고 말하고 있다.

들이 미국으로 파견되지만 "그러나 지금은 장교들이 쿠바, 볼리비아와 브라질에도 파견돼 현재 베네수엘라 군대가 수행하고 있는 사회적 기능에 대해 설명하고 있다"고 말한다.[431]

베네수엘라 군의 정치 참여는 인근 중남미 지역에서의 군부 상황과도 관련이 있다. 특히 1968년 이후에 페루에서는 군부에 의한 급진적인 정치실험의 현장이 되고 있었다. 1968년에 리마에서 정권을 장악한 매우 진보적인 후안 벨라스코 알바라도 장군은 군부 내 혁명세력과 일부 좌익정당들의 지지를 받아서 급진적인 개혁정책을 펼쳐 나가고 있었다. 차베스는 이때 처음으로 급진적인 군사정부를 접하였다. 1974년 차베스를 비롯한 베네수엘라의 사관생도들은 벨라스코 대통령으로부터 조그만 기념품을 받았는데, '페루 민족혁명'이라는 제목의 연설집이었다. 지금도 차베스는 이 소책자와 페루를 방문했던 당시의 경험 그리고 대통령을 열렬히 지지하던 페루 사관생도들을 생생하게 기억하고 있다는 것이다.[432]

이어 1980년대 베네수엘라 군부가 지니고 있던 흥미롭고도 특이한 특징 하나는 민간 부문과의 관계라고 할 수 있다. 민간대학에 파견돼 사회과학을 공부하던 하급장교들이 민간사회를 돌아다니는 동안 60년대 게릴라운동에서 살아남은 생존자들과 접촉하게 됐던 것이다. 베네수엘라에서 혁명을 꿈꾸는 젊은 장교들은 긴급하면서 점차 쿠데타를 일으킬 가능성을 생각하기 시작했다. 1992년이 최초의 호기였던 것으로 간주됐었다. 이때가 되면 그들이 군대 지휘권을 갖게 되기 때문이었다. 이들 그룹은 '마카테(MACATE, 소령 majores, 대

---

[431] Gott 2005, 419~420.
[432] Gott 2005, 62.

위 capitanes, 중위 tenientes의 머리글자를 딴 합성어)'로 알려지게 되었고, 이어 '코마카테(COMACATE, 그중 일부가 지휘관 comandante이 되면서 CO가 첨가된 것)'라고 불렸다. 이와 같은 조직이 비밀리에 유지된다는 것은 어려웠을 것이고, 마침내 군사정보국(DIM)이 이들의 동태를 주시하게 됐다. 그러나 DIM은 사관학교에서 이들이 가르치는 급진적 강의 내용에 대해서는 파악했지만, 어떤 종류의 음모가 얼마나 광범위하게 추진되고 있는지는 알지 못했다. 당국은 이들을 군대 내에서 가장 유능하고 인기 있고 승진 가능성이 높은 장교집단의 일원이라고 보았기 때문에, 이들을 징계하거나 추방하면 그로 인해 군 내부에 심각한 불만이 조성될 것을 우려했다.[433]

1980년대의 정치·경제 위기 동안에, 민간과 군부 내의 여러 그룹들이 간헐적으로 접촉을 가졌다. 베네수엘라의 무능하고 부패한 정치체제에 반대하는 광범위한 민간단체들은 군부의 요주의 인물들을 접촉하는 것을 좋아하였다. 1980년대 당시 차베스의 볼리바르주의 혁명운동이 군부 내의 유일한 정치조직은 아니었다. 해군에도 세포조직이 있었는데, 이 조직에 관해서는 1992년에 차베스에 이어 두 번째 쿠데타를 일으킨 에르난 그뤼버 제독이 이끄는 그룹과 연관이 없다는 점 말고는 별로 알려진 것이 없다. 또 공군에도 하버드대학에서 공부한 트로츠키파 성향의 윌리엄 이사라 중위가 이끄는 그룹이 있었다. 차베스가 육군 내에 볼리바르주의 혁명운동을 조직하고 있던 80년대 초에 이사라 중위는 이미 공군 내에 현역군인혁명동맹(ARMA)이라는 그룹을 조직해 놓고 있었다. 차베스처럼 이사라 중위도 한때 좌파의 대통령 후보인 MAS의 테오도로

___

433 Gott 2005, 68~69.

페트코프와 호세 비센테 랑헬 등 민간 정치인들과 만나고 있었다. 차베스는 늘 민간인 참여의 필요성을 역설했다. 1970년대 페루의 군사혁명으로부터 많은 영향을 받은 차베스는 발레스코 군사정부가 실패한 것은 민간인 참여가 없음으로 해서 대중들의 지지를 받지 못했기 때문이라는 것을 잘 알고 있었다. 차베스와 그뤼버 제독 모두가 자신들의 '군사적 개입'이 성공하려면 민간인들의 지지가 있어야 하며, 따라서 엄선된 민간 정치인들이 처음부터 가담해야 한다고 생각했다. 군사혁명에 동조할 사람들 가운데는 LCR의 지지세력도 있었기 때문에, 차베스는 이들이 할 수 있을 만한 역할을 구상했다.[434]

특히 1992년 2월 차베스의 실패한 쿠데타로 베네수엘라에는 큰 변화가 일어났다. 단일한 구조로 통합돼 있었던 군대가 심각하게 양분됐고 대다수 국민은 쿠데타 지도자들을 한결같이 지지하게 됐다. 당시 쿠데타에서 항복을 조건으로 내세운 TV방송 연설을 통해 차베스는 국민에게 큰 각인을 남긴다. 정치인이 어떤 식으로든 사과하는 것을 들어 본 적이 없는 베네수엘라 국민들에게 차베스란 군 장교 한 사람이 잘못된 일에 대해 책임을 지겠다고 하니 전혀 새로운 일이 아닐 수 없었다. 기성 정치인들은 이 새로운 현실에 맞춰 담론을 수정해야 했다. 1992년 차베스의 쿠데타 직후에 소집된 의회의 임시회기에서, 전 대통령 라파엘 칼데라는 쿠데타를 지지하는 듯한 연설을 하였다. 그리고 국민들은 그의 말을 액면 그대로 받아들였다. 2년 후 1993년 12월에 칼데라는 다시 대통령으로 선출되었고, 많은 사람들로부터 국민들 정서를 읽을 줄 아는 유일

---

[434] Gott 2005, 97~98.

한 정치거물이라는 평을 들었다.[435]

3) 노동

고전적 동원형 포퓰리스트들은 수직적으로 구조화되고 내부 규율이 강한 정당을 수립하는 데 능숙했다. 이런 동원형 포퓰리스트 정당은 조직화된 노동 및 다른 제도들과 강하게 연계돼 있다. 노조를 중심으로 한 노동운동은 많은 고전적 포퓰리스트 정당들의 구조에 병합돼 그들의 조직적 유대성을 강화했음에 비해, 차베스가 이끄는 MVR의 노동 대표부문은 당의 정책결정에서 적극적인 역할을 하는 데 실패한다. 차베스는 조직적 노동 부문에 대한 영향력이 부족하다. 차베스주의(Chavismo)의 조직적 기반은 지지의 대부분을 공식 및 비공식 경제에서 비조직화된 노동자들로부터 이끌어 내기 때문에 크게 빈약하다고 할 수 있다.[436]

특히 차베스 집권 이후 베네수엘라의 노동운동은 차베스 지지 세력과 반대세력으로 분열됐다. 차베스 반대세력은 주요 노총인 CTV를 장악하고 있었다. CTV 지도부 선출을 둘러싸고 부정시비가 이는 등 과거 조직적 노동운동은 매우 정치적이었고 차베스 반대세력의 중심 역할을 했다. 이 때문에 차베스는 CTV 지도부를 정통성을 가진 협상 상대로 인정하길 거부했다. 물론 차베스는 자신을 지지하는 노조운동을 갖고 있다. 볼리바르 노동연맹(Bolivarian Labor Federation)이 그것이다. CTV를 비롯해 반(反)차베스 노동조합들은 주요 야당 가운데 하나인 AD가 장악하고 있었다. AD는 차베스가 선

---

[435] Gott 2005, 112~113.
[436] Ellner 2001, 35~37.

거를 통해 권력을 장악한 이후, 이전에 누리던 권력을 상당 부분 잃어버렸다. 하지만 노조운동 안에서의 영향력은 건재하다. 2002년 말부터 이듬해 초까지 몇 개월간 전면파업으로 차베스 정권을 위기로 몰았던 PDVSA 노조도 대표적인 수구파 노조로 알려져 있다. 차베스 집권 이후 기존 노조는 보수정치권 및 기득권층과 결탁해 반(反)차베스 운동을 선동해 왔고, 이 때문에 기존 노조가 개혁에 장애가 되고 있다고 판단한 차베스는 친정부 노총인 볼리바르 노동연맹을 후원하는 한편, 2000년 11월 국민투표를 통해 주요 노총과 9천 개에 달하는 산하 노조 위원장들의 자격을 박탈하는 강경책을 실행한 바 있다. 차베스 집권 이후 상당 기간 노조운동은 여전히 베네수엘라에서 믿을 수 없는 집단으로 간주되고 있는 상황이었다.[437]

3. 병행 구조(Parallel Structure)로서의 제도

차비스타(Chavista) 강경파들은 공공영역, 시민사회, 경제, 언론매체 등에서 '병행 구조'[438]의 설립을 적극적으로 옹호한다. 병행적 새 구조에 부여되는 중요성과 긴급성은 친차베스 진영의 믿을 수 있는 사회운동가들로 하여금 의료보건 및 교육 부문에서 '병행 구조'에 해당하는 미션 프로그램(Mission Program)을 운영하도록 발탁한 데서도 나타난다. 차베스 진영의 강경파들은 기존 및 현존의

---

[437] 윌퍼트 2002, 54.

[438] Parallem Structure에 대해서는 차베스 정부하에서 '혁명즉창론(Revolutionary Opportunity)'와 '비(非)혁명적 변형노선(Non-Revolutuinary Transformation)' 간 역학관계를 논한 Ellner 논문 참조(Ellner 2005a). 간단히 설명하면 전자는 새로운 제도가 구제도를 완전히 대체할 것이라고 보는 데 반해, 후자의 경우 차베스 체제하의 긴급제도와 조치는 보완적이며 임시적인 역할을 하는 더 그칠 것이라고 주장한다는 것이다. 병행 구조란 차베스 체제 이전의 제도와 '병행'해 같은 기능의 새로운 제도를 운영한다는 의미를 담고 있다. 각종 Mission으로 나타나는 차베스 체제의 독특한 정책이 '병행 구조'하의 제도라고 할 수 있다.

구조들은 후원수혜적 관계망의 정당에 의해 완전히 침투됐고 부패와 비효율로 점철돼 있다고 주장한다. 강경파들은 이른바 사고의 '혁명주창론'적 방침에 맞춰 과거와 깨끗이 단절할 것을 선호한다. 그럼에도 불구하고, 친차베스 강경파들은 현존 구조를 관용해 수용할 것을 요구하는 평화롭고 민주적인 '혁명'이란, 일반적인 차비스타(Chavista) 비전을 공유한다. 물론 강경파들은 '혁명 과정'을 거치면 옛 구조는 갈수록 실행 가능하지 못하게 될 것이라고 확신하고 있다. 강경파들은 야권에 의해 야기되는 반차베스 반격에 맞서는 도구로서 새로운 구조의 창출이 전략적 필수물인 것으로 간주한다. 그리하여, 예를 들어 정부 보조금을 받는 농업 협동조합과, 바리오 서민거주지의 슈퍼마켓이라고 할 수 있는 미션 메르칼(Mission Mercal)[439] 식료품 체인은 거대 생산업자와 상업적 슈퍼마켓과 경쟁한다는 것이다. 유사하게 강경론자들을 노동귀족 노조, CTV의 저항에 맞서기 위해 2003년 UNT를 출범시킨 것이다.[440] 그리하여 각종 미션들은 기존의 정부부서 외부에 설치돼 운영되는 구조를 갖추고 있다.

아래에서 주요 미션들이 어떻게 기능하고 어떤 효과를 거두며 그 한계점은 무엇인지 짚어 본다.

1) 미션 바리오 아덴트로(Mission Barrio Adentro)

무상의료 제도로 요약된다. 차베스 대통령 임기 초기에 250명의

---

[439] Mission Mercal은 의도적으로 생겨난 게 아니라 역사적으로 생겨난 '병행 구조'라고 할 수 있다. 상술하면, 차베스 정권을 경제적으로 몰락시키기 위해 국영석유회사의 경영진과 CTV 상층부가 결탁해 2002년 12월부터 10주간 '자본파업'을 단행했다. 이때 대형 슈퍼마켓도 문을 닫았으므로, 정부는 생필품을 유통시켜 주민들의 삶을 보장하기 위해 Mission Mercal이라는 슈퍼마켓을, 특히 달동네마다 연 것이다. 김수행 기행문(2007년 9월) 참조. 김수행은 "미션 메르칼은 국내 중소기업의 공산품과 식량을 세금 없는 가격으로 싸게 파는데, 달동네 주위의 중산층들도 많이 모여들고 있었다"고 적고 있다.

[440] Ellner 2005, 182~183.

쿠바 의사 그리고 간호사들이 베네수엘라에서 봉사하고 있었다. 그 당시 베네수엘라 보건부는 베네수엘라 의사들에게 월급 600달 러를 지급할 테니 빈민 거주 지역에서 무료로 의료 혜택을 줄 것 을 호소했으나 극소수의 베네수엘라 의사들만이 참가했다. 반면 여러 나라에서 국제 자원봉사를 경험한 의사들은 2003년 3월부터 베 네수엘라에 들어오기 시작했다. 쿠바 의사들은 정부로부터 한 달 생 활비로 250달러를 받고 빈민가에 살견서 병원이나 그 밖의 의료 시설 을 운영한다. 그들은 또한 쿠바가 기부한 약품을 무료로 제공한다. 쿠 바 의사들은 아침에 환자를 치료하고 오후에 가까운 지역을 방문해 그 지역 주민들에게 예방의학에 대한 지식을 알려 준다. 이런 모든 의료 활동은 당연히 무상으로 빈민들에게 제공된다. 베네수엘라에서 활동하고 있는 쿠바 의사는 현재 2만 명 가까이 된다.[441]

2) 미션 메르칼(Mission Mercal)

정부 지원을 받는 슈퍼마켓이다. 시장가격보다 훨씬 저렴하게 전국에 생활필수품을 제공하는 프로그램이다. 차베스 정부는 국가 지원을 받는 생필품 지급 네트워크가 필요함을 역설하고 있다. 프 로그램은 천천히 시작됐고 2003년 11월 전국 100개 이하의 지역으 로 보급됐다. 그후 정부는 시장을 세우는 데 박차를 가해 12월에 는 해당 지역이 200개로 늘어났고 2004년 2월에는 20배인 2천여 개로 늘어났다. 차베스 반대파들은 이 프로그램을 비판하면서 메 르칼(Mercal) 슈퍼마켓은 사유재산의 기본권을 침해한다고 말한다.

---

[441] 빈민가 주민들은 한결같이, 베네수엘라 의사들과 달리 쿠바 의사들은 환자를 인간적으로 대우하고 한밤중에 도 필요하면 찾아온다고 말한다. 차베스가 집권하기 이전에는 빈민가에 병원이 없어서 치료를 받으려면 멀 리까지 가야 했고 제대로 치료받지도 못했다(베네수엘라 혁명연구고임 2006, 197).

3) 미션 로빈슨(Mission Robinson)

2003년 10월 차베스는 빈곤을 추방하는 7가지 다른 '미션'들을 선언했다. 첫 번째 미션은 시몬 볼리바르의 스승이었던 시몬 로드리게스에서 이름을 딴 미션 로빈슨(Mission Robinson)이다. 미션 로빈슨은 문맹 문제를 다룬다. 베네수엘라의 문맹률이 낮았던 시기에는 문맹률이 단지 7%였지만 그 당시에도 문맹률은 분명 빈곤과 관련해 가장 중요한 요소 중 하나였다. 이 프로그램의 실행을 위해 베네수엘라와 쿠바는 협력 조약을 맺었고 수백 명의 쿠바인 전문가들이 베네수엘라에 들어가 교사로 투입됐다. 프로그램은 2003년 7월 1일 시작됐다. 대부분의 사람들이 문맹이어도 숫자는 알고 있기 때문에 숫자를 사용하는 쿠바의 교육 방식으로 학생들에게 읽기와 쓰기를 가르쳤다. 정부 통계에 따르면 100만 명 이상의 사람들이 각 지역에서 나온 10만 명의 언어 선생님들과 이 프로그램을 진행하고 있다. 두 번째 미션인 미션 로빈슨II는 언어교육을 마친 참여자가 기초교육 과정과 동등한 수준의 지식을 쌓도록 한다. 프로그램은 매우 집약적이어서 베네수엘라의 1차 교육기관을 다니는 일반 학생들은 6년을 공부해야 하지만 미션 로빈슨II 프로그램은 그 과정을 2년 만에 끝낼 수 있다. 미션 로빈슨II는 2003년 10월 28일 시작했고 한 해 동안 62만 9천 명의 학생들이 참여했다. 그들은 거의, 첫 번째 로빈슨 프로그램에 참여한 사람들이었다.[442]

---

[442] 이와 관련, 반차베스 진영에서는 교육 프로그램이 쿠바의 사상 주입 교육이 다름 아니라고 주장한다. 그러나 친차베스 진영은 사용된 자료들(참여자들이 무료로 제공받은 이른바 '도서관'이라는 불리는 많은 책들)은 대강 훑어보거나 프로그램을 이수한 사람들과 대화한다면 그러한 비난이 아무 근거가 없다는 것을 알 수 있다고 맞서고 있다. 베네수엘라 혁명연구모임(2006, 193) 저서 참조.

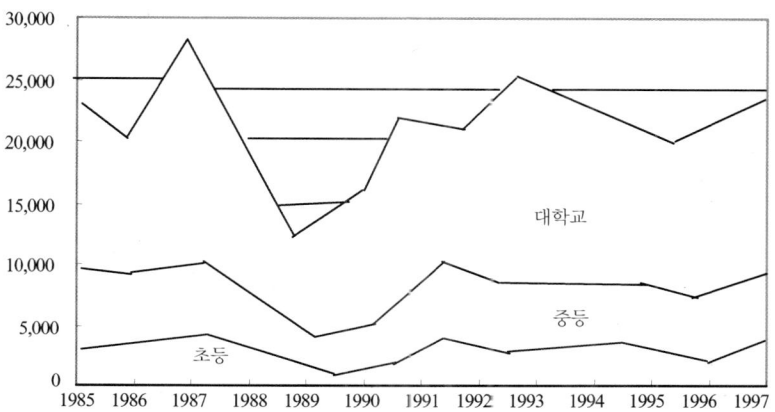

〈그림 5-2〉 각급 학교별 1인 기준 투자금(1984년 볼리비아 화폐기준)

출처: Ministerio de Educacion, Memoria y cuenta(various anos).

4) 미션 리바스(Mission Ribas)

베네수엘라 정부 통계를 보면 현재 500만 명 이상의 사람들이 고등학교에 가지 못하고 있다. 그래서 정부는 미션 로빈슨(Mission Robinson)의 문맹 퇴치 및 1차 교육 프로그램과 병행하여 독립전쟁의 영웅 리바스(Jose Felipe Ribas)의 이름을 따 미션 리바스(Mission Ribas)를 개발하여 고등학교에 입학하지 못한 사람들을 위한 고등교육 과정을 시행하도록 했다. 미션 리바스는 최대 2년에 걸쳐 고등교육 과정을 이수하도록 한다. 에너지광산 장관이 프로그램의 주요한 11월 초 미션 리바스에 약 70만 명의 사람들이 참여할 것이라고 선언했고 11월 17일부터 20만 명의 사람들이 수업을 시작했다. 다른 미션과 마찬가지로 프로그램은 무료다. 또한 10만 명에 이르는 참가자들은 재정적 필요에 따라 장학금을 받는다. 이수 과정의 대부분은 감독자의 도움 아래 비디오 수업 또는 원격 수업을 받게 된다. 정해진 공부를 마치면 학생들은 PDVSA나 전기공사인 CADAFE의 광업, 석유, 에너지 부문에서 일할 자리를 마련한다.

5) 미션 수크레(Mission Sucre)

대학생들은 종종 가족도 부양해야 하기 때문에 학업을 거의 지속할 수 없는 경우다. 이런 문제점을 해결하려고 시행되는 미션 수크레(Mission Sucre)는 베네수엘라 독립영웅의 이름을 따서 만들어진 것으로 본래 대학교육의 장학금 제도에서 출발했다. 2003년 11월에 시작하여 초기에는 10만 명의 빈민층 학생들이 대학 과정에 이수할 동안 매달 100달러를 지원받았다.

특히 미션 수크레의 일환으로 진행되고 있는 베네수엘라 볼리바리안 대학(UBV)을 주목해야 한다. 볼리바리안 대학은 대학의 수가 부족해서 대학에 가고 싶어도 갈 수 없는 학생들의 수를 줄이려는 데 목적이 있다. 게다가 빈민층 출신 학생에게 입학 우선권을 부여한다. 지금까지 2400명의 학생들이 대학에 등록했고, 2003년 10월 첫 학기를 시작했으며 2006년 말 기준 2만 명이 등록대기 상태다. 차베스 정부는 전국에 대학을 개설해 최종적으로 등록자 10만 명을 달성할 계획이다.[443]

---

[443] 1984년에는 대학에 지원한 빈민층 출신 학생 중 70%가 입학할 수 있었으나 1998년에는 19%에 불과했다. 노동계급의 학생들도 67%에서 27%로 감소했다. 결국 형식적으로는 입학할 권리가 있고 입학을 희망하지만 대학 입학시험의 기준치에 도달하지 못해 대학에 들어가지 못하는 사람이 40만 명 이상이라고 한다(베네수엘라 혁명연구모임 2006, 191).

4. 사회경제 프로젝트

1) 사회적 경제

차베스 정부의 사회경제 프로젝트는 가난 퇴치 프로그램 이상의 의미를 지니며 볼리바리안 프로젝트의 중심 요소에 속한다.[444] 차베스 정부의 사회경제 개발부 인터넷 홈페이지에는 다음의 7가지 요소로 사회경제를 표현하고 있다.

① 사회경제는 대악적인 경제다.
② 민주적이며 자주적인 방식으로 운영된다.
③ 단순히 돈벌이가 아닌 협력에 기반을 두고서 사업을 진행한다.
④ 생산수단은 공동의 소유로 한다.
⑤ 잉여소득은 평등하게 분배한다.
⑥ 개발은 환경친화적이어야 한다.
⑦ 경제와 정치권력에 대해 독자적으로 운영된다.[445]

일반적으로 차베스 정부의 사회경제 프로젝트는 협동조합과 소액금융으로 압축된다. 소액금융 사업은 다양한 방면에서 방글라데시의 그래민(Grameen) 은행의 모델에 기초하고 있으며, 몇 가지 다른 제도적 기반을 갖고 있다. 무엇보다 여성은행(Banco de la Mujer), 경제사회개발은행(Bandes), 안데스지역개발은행(Banfoandes), 민중은행(Banco del Pueblo) 등과 같은 다양한 은행들이 소액금융 사업을 지원

---

[444] 친차베스 진영은 사회경제 프로젝트가 빈곤퇴치라는 목적뿐 아니라 동시에 더욱 평등하고 민주적이며 연대의 정신에 기반을 둔 사회를 건설하려는 목적을 갖고 있다고 강조한다.
[445] 베네수엘라 혁명연구모임(2006) 저서를 참조해 정리한 것이다.

하고 있다.

또한 소액금융 개발기금이나 사회경제 개발부 같은 기관들이 존재하며, 기존의 은행들이 그들의 대출금 중 일정한 비율을 소액금융에 지원하도록 하는 은행법을 마련해 놓았다. 2001년과 2003년 사이 거의 5천만 달러의 자금이 위의 은행들을 통해 소액금융 사업에 유입됐다. 그중에서도 여성은행과 민중은행은 7만 건의 소액금융 대출을 했다. 여러 공공은행, 사립은행들은 2003년 9월 한 달 동안 7500만 달러의 소액 금융거래를 했다.

이 프로그램의 가장 중요한 수혜자는 사회경제를 광범위한 영역에서 실현하는 협동조합이다. 차베스 정부가 집권했을 당시 베네수엘라에는 조합 수가 800개에 불과했지만 2003년 11월 현재, 4만여 개로 추산되는 등 50배의 양적 성장을 하였다. 협동조합의 비약적인 성장은 소규모 경제 부문을 촉진했고, 더불어 이전의 사업 방식과 달리 그들의 수익을 균등하게 배분하는 방식을 통해 조합원 사이의 평등성을 더욱 보장할 수 있게 됐다.

2) 공동경영제도와 협동조합

공동경영제도[446]는 차베스 정부가 내세우는 '새로운 사회주의' 혹은 '사회적 경제'의 핵심이다. 차베스의 베네수엘라 볼리바리안 공화국 헌법 70조는 "모든 국민은 사회적, 경제적 차원에서 상호 협조와 연대성의 가치들이 가리키는 연합의 형태를 포함한 모든

---

[446] 한국 진보진영의 평가에 따르면, 차베스 체제는 '정치적으로는' 대다수 주민이 참여하는 주민자치위원회를 민중참여 권력의 토대로 삼고 있으며, 나아가 '경제적으로는' 노동자가 참여하는 '공동경영제도'의 심화 확산, '협동조합적 기업'을 통한 150만 개 이상의 일자리 창출 등을 들며 베네수엘라 사회가 '실행을 통한 학습'이라는 경로를 통해 진보적이고 혁신적인 21세기 혁명의 모습을 보이고 있다고 한다. 김병권 한겨레 기고글 (2007년 9월 28일자) 참조.

형태들에서 자주관리, 공동경영, 협동조합을 통해 참여와 개입의 권리를 지녔음"을 보장한다.

구체적인 공동경영 운영방식은 기업별르 상이하다. 소유 구조를 보면 초기에는 국가와 노동자가 51:49의 비율로 주식을 보유하며 경영진은 국가가 파견하는 관리와 노조 대표들로 구성된다. 이후 국가의 소유 비중과 국가 파견 관리의 수를 점차 줄여 나가고 노동자의 소유와 통제의 권한을 확대해 나간다.

협동조합은 2002~2003년의 反차베스 CTV 파업 시 폐쇄된 유휴 공장을 재건하는 과정에서 대대적으로 확산됐다. 2004년 3월 "볼리바리안 헌법이 보장하는 내생적 사회경제 발전에 따라 유지되는 법과 정의의 국가를 건설하기 위하여 국가의 경제적·사회적·정치적 그리고 문화적 모형을 변화시키기" 위한 국가적 프로젝트로서 미션 부엘반 카라카스(Mission Vuelvan Caracas)가 전국적으로 실시된다. 미션은 '자신의 힘으로' 협동조합을 형성해 실질적으로 '생산관계를 변화시킴으로써 실업과 소외'의 문제와 직접 트쟁하도록 기획된 직업 교육이다. 미션에 참여한 학생들은 대부분 실업자이거나 미숙련 임시직 고용자들이다. 협동조합 등록에 대한 행정적 서비스와 협동조합 운영 개선을 책임지는 협동조합감독위원회(SUNACOOP)에 따르면 현재 전 세계에서 가장 많은 15만 3천여 개의 협동조합에 150만 명의 농민과 노동자가 참여 중이다(김병권 외 공저, 2007, 215~255). 다음은 지금까지 논의한 차베스 정부의 주요 경제정책과 차베스 집권 시기 빈곤율과 극빈율의 변화를 추세를 보여 준다.

<표 5-1> 차베스 정부의 주요 경제정책(1999~2007)

	주요 시장지향적 경제정책	주요 사회주의적 경제정책
빈민복지 확대 (1999~00)	-재정긴축정책 유지 -변동환율제 유지 -거시경제안정기금 설치 -부가가치세율 2% 인하 -미국과 쌍무세금협정 체결 및 양자투자협정 논의 -외국인 자본유치 강조	-볼리바르계획2000(Plan Bolívar 2000)을 통해 빈민 층의 식료품, 건강 및 교육을 지원(1999년 2월) -OPEC의 석유감산 주도(2000년) -헌법개정: 취업, 의료, 교육 등을 기본권으로 보 장함; 대통령 6년 중임제로 개정(1999)
21세기 사회주의 경제추진 (2001~03)		-토지개혁, 탄화수소법, 외국자본 유치제한, 물가 통제, 민간은행의 소액신용대출 의무화 등 49개 긴급조치령 발표(2001년 11월) -민관공동기업 또는 노사공동경영기업 창업지원 (2001년) -빈민층의 교육, 의료, 주거, 식품, 사회참여 등 17 개 이상의 볼리바르 과제(Misión Bolívar)를 통해 광범위한 사회복지정책 추진(2002년) -외환 및 물가통제, 중앙은행자율권 제한(2003년) -대통령 전권의 발전기금 설치(2002년) -국영베네수엘라석유회사(PDVSA) 경영자율권 축 소(2002년)
반세계화 결성(2004~06)		-미주자유무역지대 결성 반대(2004년) -볼리바르 아메리카 대체시장(Alternativa Bolivariana por las Américas, ALBA) 및 Petrocaribe, S.A 결성(2004년) -국가발전기금(Fondo de Desarrollo Nacional)을 설립: 정부예산과 별도로 기간시설과 복지사업 운영 (2005년) -MERCOSUR 가입, 반미지역공동체 주도(2006년)
재국유화 (2007)		-통신, 전기 및 석유기업 재국유화 추진 -헌법개정 추진: 대통령 임기 무제한

출처: 홍욱헌 2006, p.7.(원출처: http://en.wikipedia.org/wiki/Bolivarianism *Economist* 2007 외 최근호)

<図 5-3> 빈곤율과 극빈율의 변화 추세(가계 수 기준)

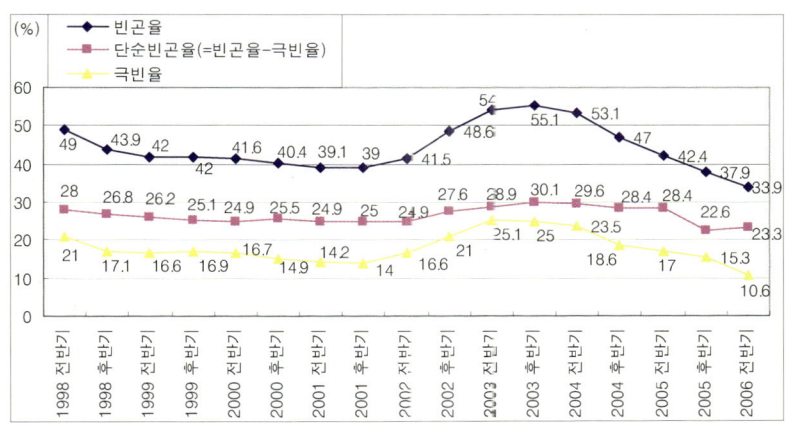

출처: 베네수엘라 통계청

3) 새로운 제도 실험의 제도경제학적 해석

임배진은 차베스 정부가 다양하게 새로운 제도의 실험을 시도하고 있는 데 대해 제도경제학적 해석을 제시한다. 임배진에 따르면 더글러스 노스(Douglass C. North)가 주장하듯이 최적의 정책을 선택하기 위해선 각각의 정책에 수반되는 기회비용을 비교해 봐야 한다. 차베스 정부는 엘리트 집단과 중·하층민의 불만이 야기할 수 있는 각각의 사회적 비용을 비교한 결과, 후자의 불만으로 인한 비용이 더 크다고 판단했으므로 전자의 불만에도 불구하고 참여민주주의를 확산시키는 정책을 추진했다는 것이다. 베네수엘라의 중·하층 계급이 품고 있는 사회적 불만은 점점 증가해 1990년대 이르러서는 폭발 직전의 상태에 있었다. 윤리적 관점에서뿐만 아니라 정치적 관점에서도 베네수엘라 사회는 소외계층을 더 이상 방치할 수 없었다. 정부는 이들의 요구사항을 정책결정에 반영하지 않을 수 없었고 그러기 위해서는 기존 제도를 대체할 새로운 제도의 도입을 모색해야만 했다. 이러한 시대적 요구가 새로운 제도의 도입에 수반되는 재정적·정치적 부담보다 차베스 정부의 정책결정에 더 큰 제약 요인으로 작용했을 것이라는 점에서다.[447]

특히 차베스 정부 정책기조의 미묘한 흐름을 살펴보면 그 이면에서 카리스마적 리더십과 여러 제도들 간의 역동적 상호작용이 일어나고 있음을 알 수 있다. 차베스의 리더십은 기존의 제도와 새로이 형성되는 제도를 서로 연결하는 매개 역할을 해 왔다고 할 수 있다. 하지만 차베스 정부가 체제 변환의 시기에 나타나는 과도기적 딜레마를 겪고 있다는 것이다. 한 집단의 선택 영역을 확대하는 과정에서 다른 집단의 선택 영역을 좁히고 있기 때문이다. 차베스식 정책의 문제점은 새로운 종류의 사회적 분열과 소외를 야기하고 있다는 것이다.[448]

차베스가 집권한 1999년 이후 베네수엘라 정부는 신자유주의 성향에서 벗어난 정치·경제·사회 정책을 단행했다. 이러한 정책기조의 변화는 베네수엘라 경제의 근간인 에너지산업에도 큰 변혁을 야기했다. 1976년에 국유화된 베네수엘라 에너지산업은 페레스 대통령이 재집권한 1989년부터 베네수엘라 국영석유사(PDVSA)의 주도하에 점진적으로 사유화하기 시작해 차베스가 집권하기 직전인 1998년에는 베네수엘라산 원유의 25%가 해외자본과 결탁한 PDVSA에 의해 생산되고 있었고 그 비율은 지속적으로 증가할 전망이었다. 또한 1980년대 초에 OPEC가 도입한 쿼터 시스템의 운영에도 베네수엘

---

[447] 임배진 2007, 37~38.
[448] 임배진 2007, 48.

라 정부 및 PDVSA는 비협조적이었다. 당시 베네수엘라는 OPEC 의 산유량 제한 정책을 무력화시켜 국제유가의 안정에 기여함으로 써 석유 소비국들의 권익을 보장해 주고 있었다. 신자유주의 경제 정책의 맥락에서 시행돼 온 베네수엘라의 에너지정책은 차베스가 집권한 이후 새로운 국면에 접어들었다. 차베스는 에너지 자원과 PDVSA에 대한 정부의 통제권한을 강화하는 한편 OPEC의 쿼터 시스템을 수용함으로써 국제유가를 높이는 전략을 채택했다. 이러 한 신자유주의 경제정책 및 석유정책으로부터의 일탈은 베네수엘 라 국내뿐 아니라 국제사회로부터도 상당한 반향을 불러일으켰다. 특히 선진 석유소비국들과 국제정유회사들은 차베스 정부의 정책 을 자유주의 시장경제체제를 위협하는 유해요소로 간주하고 강하 게 비판했다.[449]

제3절 차베스 체제의 가능성과 한계

1. 차베스 체제의 가능성

현재 베네수엘라가 직면하고 있는 과제는 강화된 행정부와 많은 권한을 부여받은(empowered) 시민사회 간의 긴밀한 제휴관계를 어 떻게 제도화하는가에 달려 있다. 물론 이 과정에서 개인의 권리를 보호하고 부패를 예방해야 할 것이다. 이런 문제의식은 이른바 2007년 이후 차베스 집권 2기에서 진행되고 있는 개헌 논의와 연

---

[449] 임배진 2007, 2.

계돼 있다. 차베스 정부는 볼리바리안 헌법의 개헌안을 2007년 12월 국민투표에 부쳤지만 이를 통과시키는 데 실패한다. 미국 등 서방 주류 언론들이 차베스가 영구집권을 획책하고 있다는 점에 초점을 맞추는 가운데서도 차베스 정부는 '참여민주주의'의[450] 주춧돌로서 2006년 4월 입법화된 주민자치위원회의 역할을 강화하고 있다.[451] 앞서 살펴본 대로 주민자치위는 교육, 의료보건에서 위생, 도로 보수에 이르는 사실상 지역 공동체에서 일어나는 모든 것을 다루고 있다. 차베스 비판 진영에서는 차베스가 자신의 권력을 강화하려는 또 하나의 메커니즘에 불과하다고 비난한다.[452]

2. 차베스 체제의 한계

차베스 체제에 우호적인 미국의 사회학자 Wilpert도 볼리바리안 프로젝트의 실행은 미완성이라고 지적한다. 그는 차베스 옹호체제 내부 및 외부로 나눠 도전과 장애물들을 분석했다. 옹호체제 내부적 장애물은 개인숭배(Personality Cult), 배타적 소집단(in-group culture), 외부적 장애물은 옛 지배 엘리트, 국내 및 국제자본세력, 미국 정부의 개입 등을 꼽고 있다. 여기서 내부적 장애물을 차베스 체제의 한계점으로 상술해 본다.[453]

---

[450] 하지만 미국의 Washington Post도 "베네수엘라 서민 사회에서, 끓고 있는 열정을 제외하고는 뭔가를 찾기는 어렵다"고 논평할 정도라고 한다(Grandin 2007).

[451] 2007년 9월 베네수엘라 현지언론 보도에 따르면 차베스는 주민자치위원회를 강화하고 몇 개의 주민자치위원회로 코뮌(Commune)을 형성해 이 코뮌이 지역사회를 총괄하게 하며, 기업들도 코뮌이 관리하게 하려고 한다는 것이다. 특히 차베스는 주민자치위원회를 권력의 하나의 축으로 격상시키는 헌법 개정안을 국회에 제출했고 2007년 12월 2일에 개정헌법에 대한 국민투표를 실시할 예정이라고 한다(김수행 2007).

[452] 차베스 집권의 지난 9년간을 조망할 때, 차베스가 이른바 '차베스 급진정치'의 시동을 건 시점은 2001년 후반기로 지적되고 있다.

[453] Wilpert 2005, 10~13.

1) 개인숭배

볼리바리안 프로젝트 나아가 전반적으로 베네수엘라 좌파는 오늘날 우고 차베스란 개인 한 인물이 없다면 어느 곳에도 존재하지 않을 것이란 진단이 나온다. 다시 말하면, 베네수엘라의 파편화된 좌파 세력이 하나의 운동 그리고 한 명의 지도자 뒤에서 연합세력을 형성할 수 있게 된 것은 우고 차베스 일개인에 기인한다는 점을 부정할 사람을 찾아보기는 거의 불가능할 정도다. 차베스가 이런 일을 할 수 있게 된 이유는 어떤 다른 무엇보다도 그의 카리스마 넘치고 저돌적인 개성과 직접적으로 연결된다고 하겠다. 차베스를 한번 가까이서 접촉해 본 사람은 누구나 차베스가 강한 신뢰감과 개인적 일치감(rapport)을 불어넣어 준다고 말한다. 연설할 때 대규모 동원화의 지도자로서 차베스는 수 시간 연속으로 청취자들에게 전율을 느끼게 하고 황홀감에 빠져들게 만든다. 물론 모든 사람들이 차베스 한 개인의 인물에 의해 영향을 받고 있는 것은 아니다. 하지만 차베스에게 헌신적인 추종자들의 대부분은 그렇다. 베네수엘라 근대 역사에서 차베스가 하는 방식으로 베네수엘라인들과 감정을 나누며 대화할 수 있는 인물은 없었다.

하지만 차베스의 카리스마적 리더십에는 두 가지 측면이 있다. 먼저, 차베스가 자신의 추종자들 사이에서 헌신을 촉발하는 만큼이나 같은 정도로 그는 또한 베네수엘라 사회의 매우 넓은 부문(segment)을 소외시킨다. 베네수엘라의 빈민들은 촌스럽고 서민적으로 말하는 차베스와 자신을 동류감을 느끼지만, 중간 및 상부 계급의 베네수엘라 시민 대다수는 이런 터도가 대통령에게 어울리지 않는 것이라고 간주한다. 그래서 차베스가 자신의 추종자들 대부분에게 '열정적인 사랑'을 심어 주고 있는 것처럼, 차베스는 그의 적 다수들 사이에서는 '열정적인 혐오감'을 불어넣고 있다는 것이다.[454]

특히 차베스의 카리스마가 낳고 있는 부정적 결과들 중 가장 중요한 것은 '개인숭배'를 낳기 쉽다는 점이다. 차베스가 이끌고 있는 MVR 그리고 차베스 정부의 정보통신부는 "차베스는 민중이다" 혹은 "차베스에 반대하는 자들은 민중에 반하는 것" 등과 같은 유의 '차베스 선전문구'가 적힌 대형 광고판을 거리에 내걸고 있다. 국가 제도에 대해 설명해 주는 정보 책자는 일반적으로 모든 페이지에 차베스의 그림을 삽입하고 있다. 또한 차베스 찬성파가 거리 벽에 써 놓은 낙서에는 "차베스가 있다면 모든 것을 얻은 것이고, 차베스가 없다면 아무것도 아닌 것이다"라고 적힌 내용도 있다.[455]

이런 개인숭배의 가장 심각한 결과는 추종자들이 지도자가 말하는 것은 복음(gospel)처럼 받아들이며 독립적이고 비판적인 사고를 하기 위한 자체 용량(capacity)을 잃는 경향이 있다는 점이다. 보통 이런 형태의 일치감은 논쟁적인 사안에 대해 결정할 때 분명하게 드러난다. 예를 들어, 지난 2005년 중반께 문제시될 수 있는 조항을 포함한 새 대법원법이 통과됐을 때가 그렇다고 할 수 있다. 이 법은 의회가 대법관을 해임할 수 있는 사유에 "재판관의 공적인

---

[454] Wilpert는 이런 혐오감은 베네수엘라 야권 측이 갖고 있다는 점에서 '외부적 장애물'이라고 한다(Wilpert 2005, 11). 하지만 Wilpert도 곧바로 인정하고 있지만 이런 요소는 또한 대개의 경우 베네수엘라 정치 기상도(political climate)에 영향을 주고 있다는 점에서 오히려 차베스 체제가 안고 있는 주요 문제점들 중 하나로 꼽혀야 한다는 게 필자의 생각이다.

[455] 이런 문구는 어쩌면 차베스가 대통령직을 떠나야 하는 것이 아니라면 베네수엘라 야권이 어떤 요구사항을 내세워도 된다는 정도로 '차베스의 절대성'을 드러낸 대목이다. 실제로, 2002년 4월 반(反)차베스 쿠데타 사건과 마찬가지로 차베스 체제에 가장 큰 위협적인 요소로 받아들여지고 있는 2002년 말과 2003년 초의 석유산업 파업사태 시 반(反)차베스 세력의 핵심 주장은 정확하게 차베스의 사임이었다(Wilpert 2005, 11).

태도가 대법원 혹은 대법관 중 어느 누구의 존엄과 명성을 해치는 경우" 혹은 "재판관이 사법부의 기능을 훼손시키는 경우" 등을 포함하고 있다. 이렇게 되면 사법부의 독립성에 나쁜 영향을 줄 수 있음을 차베스 지지자들도 인식해야 하는데, 실질적으로 이 법을 비난한 자는 아무도 없었다는 것이다. 이다금 차베스는 자신 주위로 개인숭배 초기 조짐이 나타나는 것을 막기 위해 말로 해명을 시도한다. 하지만 단순한 말로 그치고 있어 전반적으로 효과를 거두지 못하고 있는 것으로 평가된다.[456]

2) 배타적 소집단문화(In-group Culture)

개인숭배의 부정적 결과는 배타적 소집간문화로 이어지고 있다. 즉 차베스에 대한 개인적 접착(attachment)과 헌신은 어떤 경우에도 문제시될 수 없는 차베스에게 도전하는 자는 차베스 체제 반대세력 혹은 심지어 '정적'으로 간주되고 분위기를 연출하고 있다는 것이다. 이런 반응은 볼리바리안 프로젝트가 이를 타도하는 데 여념이 없는 '적'으로 포위돼 있다는 점이다.[457] 그럼에도 불구하고 차베스 지지자들 내부에선 '진짜 적(real enemy)', 정치적 반대자 그리고 단순 비판자들을 구별할 수 있는 능력이 없어져 차베스 체제에 정치적으로 반대하면 많은 경우에 있어 적으로 간주되고 있는 것이다.

---

[456] Wilpert에 따르면 차베스는 자신이 "베네수엘라 역사의 바람 속에 흔들리는 하나의 나뭇잎"에 불과하다고 강조하거나 겸손을 표현하는 성명을 내고 있다고 한다. 하지만 정부의 공식 홍보문서에 차베스의 사진이 게재되는 것을 제한하고 차베스를 베네수엘라 국민과 동일시하는 구호를 금지하는 것이 훨씬 효과적이라고 한다(Wilpert 2005, 11).

[457] 2002년 4월 반차베스 '민군합작' 쿠데타, 2002년 12월 석유산업 과업사태 그리고 세계 근대 정치사 극히 드문 사례인 2004년의 차베스 소환투표 등이 이를 증명해 준다고 하겠다.

이런 사고의 가장 나쁜 결과이고 극단적인 것은 각종 정부 프로그램으로부터 혜택을 보기 위해선 차베스 지지파(Chavista)가 돼야 한다고 차별을 두는 경우다. 물론 이는 모든 정부 프로그램에 해당되는 경우는 아니다. 그러나 사실상 많은 프로그램에 있어 차베스 지지파가 돼야 함을 전제조건을 내건 사례도 많다.[458] 특히 이런 배타적 소집단사고는 목적이 수단을 정당화한다는 믿음, 권위주의, 군사주의 등 근대 이전 통치형태와 결합하는 경향이 있다.

3. '차베스 포퓰리즘'과 21세기 사회주의 그리고 민주주의

필립(Philip)에 따르면 차베스는 민주주의에 대해 갖는 원칙이란 측면에서조차도 '전임자들'과는 달리 민주주의 공고화가 안겨 주는 미덕을 신봉하는 '민주주의론자'[459]는 아니라는 것이다. 차베스는 볼리바리안(Bolivarian)이라고 불리는 민주주의 리더십의 단순한 개념을 적극 옹호하고 있다는 것이다. 물론 그의 반대자들도 동등하게 당파적 정치행태를 보이고 있다.[460]

라클라우(Laclau)는 포퓰리스트 운동이 어디로 나아갈지 예측 불가능하다는 점을 강조한다. 라클라우(Laclau)는 포퓰리즘과 자본주의가 둘 다 모두 과두지배세력에 반대하는(anti-oligarchic) 추동력임

---

[458] 2005년 신설된 '볼리바리안 대학' 내부 프로그램, 소액대출, 보건 서비스 등에서 이런 사례가 나타났다. 더욱이 차베스파 보건장관은 차베스 소환투표를 요구하는 청원서에 서명하는 공공병원 의사들은 해임돼야 한다고 위협했을 정도다. 이후 그는 이 발언을 취소하는 소동을 빚기도 했다. 어떻게 보면 이는 차베스 체제가 타파하려 한다는 구체제 정실주의와 후원수혜 연결망이 재연되고 있다는 지적도 가능하다는 것이다(Wilpert 2005, 11).

[459] Philip의 평가는 최소한 대의제 민주주의 측면에서 이같이 진단한 것으로 보인다(Philip 2003, 4).

[460] Philip 2003, 4~5.

에도 불구하고 둘 사이의 기계적인 연결을[461] 반박한다. 라클라우
는 포퓰리즘의 '이데올로기 담론'을 분석하는 연구가 그 포퓰리스
트 운동이 어디로 나아갈 것인지를 확인하는 데 핵심적이라고 주
장한다. 포퓰리스트 운동의 혁명적 잠재력을 증명하기 위해 라클
라우는 포퓰리스트 지도자들이 비특권 및 비권력층을 지속적으로
조작한다는 관념을 반박하려 시도한다. 일부 학자들은 라클라우의
일반이론을 수용하지만 일각에선 지나치게 담론 분석에 치중한다
고 비판한다.[462] 일반적으론 포퓰리즘의 장기적 추세는 포퓰리즘의
계급적 구성, 내부 조직 그리고 포퓰리즘이 취하는 구체적 정책과
행동의 결과라고 하며 이런 결과가 혁명적 추동력을 위한 계급적
지원을 결정지으면서 반영하고 있다고 한다.[463]

엘너(Ellner)는 영국의 진보적 정치학자 래비(David Raby)의 예를
들어 설명한다. 래비(Raby)는 1950년대 피델 카스트로에 의해 이끌
어진 쿠바의 포퓰리스트 운동이 사회주의적 결과를 낸 것은 쿠바
국민, 특히 비특권 부문의 자발적인 에너지와 연계됨으로써 가능
하게 됐다고 주장한다.[464] 이런 방향은 대부분은 일반 민중이 문화
를 무시하고 대중 정서를 해석할 수 없었던 쿠바 공산당의 교조적
인 접근과는 크게 대비되는 것이다. 요컨대 포퓰리스트 운동은 굳
어져 유동적일 수 없는 교조적 이념에 둬여 있지 않다는 정확히
그 이유 때문에 민중 문화 내부로 침투할 수 있는 더 큰 능력을
갖고 있는 것이다. 이런 바로 이념적 모호성 때문에 포퓰리스트

---

[461] Ianni 1975.
[462] Ellner 2001, 38.
[463] Nicos Mouzelis가 1978년 『New Left Review』 112(November-December)에 발표한 "Ideology and class politics: a critique of Ernesto Laclau" 논문에서 인용한 것을 Ellner가 재인용한 내용이다.
[464] Raby 1999.

운동의 장기적 방향은 예측하기가 쉽지 않은 상황이다. 이런 명제는 특히 차베스주의(Chavismo)에 적용될 수 있다. 이념적으로 덜 정의됐을 뿐만 아니라 그 조직도 미약하다. 미래를 불확실하게 만드는 것으로 차베스주의(Chavismo)의 모순들 중의 한 예는 민주주의 심화에 대한 헌신을 들 수 있다.[465]

1) 차베스주의(Chavismo)와 21세기 사회주의

차베스는 2005년 1월 브라질 포르투 알레그레 세계사회포럼에서 다음과 같이 연설했다.[466]

> "자본주의를 극복해야 한다는 제 확신은 날이 갈수록 강해지고 있습니다. 그러나 자본주의를 극복하는 것은 자본주의 자체 내에서는 불가능합니다. 그것은 사회주의, 즉 평등과 정의가 있는 진정한 사회주의를 통해서만 가능합니다. 저는 또 그것이 민주주의를 통해서만 가능하다고 확신합니다. 그러나 미국이 강요하는 것과 같은 민주주의는 아닙니다. 우리는 사회주의를 재창조해야 합니다. 그것은 옛 소련과 같은 사회주의가 아닙니다. 경쟁이 아니라 협력을 바탕으로 우리가 새로운 체제를 건설하고 발전시키는 과정에서 새로운 사회주의[467]는 나타날 것입니다."

또한 2005년 차베스는 가동을 멈춘 유휴 공장과 토지를 국유화하고 정부가 지원하겠다고 선언했다. 2005년 차베스 스스로 '혁명적 민주주의에서 사회주의로의 전환' 시기라고 규정할 정도로 2005년의 변화는

---

[465] Ellner 2001, 38.

[466] 2005년 1월 31일 행해진 이 연설은 www.venezuelanalysis.com에서 확인할 수 있다.

[467] Richard Gott는 차베스에 대해 "차베스는 라틴아메리카에서 실로 독창적인 인물이다. 그는 아옌데와 같은 마르크스주의자도 아니고 페론과 같은 포퓰리스트도 아니다. 그는 급진적 좌익 민족주의자이며 그의 국제주의적 통찰력은 라틴아메리카의 그 어떤 인물보다 피델 카스트로에 접근해 있다"고 제시한다(Gott 2006, 19).

질적인 변화였다. 차베스는 2005년 11월 자신의 주례 TV, 라디오 프로그램에서 이른바 볼리바르 혁명 노선에 따른 '21세기 사회주의 모델'을 설명하면서 "21세기형 사회주의는 개인 부문을 부정하지 않고 필요로 한다. 하지만 개인 부문은 국가와 국가 개발을 위해 있어야 한다"고 말했다. 차베스는 이어 "자본 그 자체는 나쁘지 않다. 나쁜 것은 자본주의이고 특히 자본이 몇 사람의 손에 집중되고 그 나머지를 착취하기 위해 이용될 때"라고 밝히고 있다.[468]

차베스의 21세기 사회주의는 그가 집권한 이래 시행해 온 급진정책의 연장선상에서 이해될 수 있다. 시장경제는 2001년 11월 발효한 反기업법을 비롯해 정부의 가격고시제도, 외환통제, 유휴시설 압류 등으로 인해 사실상 무너지고 있다. 2005년 2.4분기엔 특별법을 제정해 불법적인 사유재산에 대한 압류가 행해졌다. 헌법의 사유재산 존중 정신에 어긋나는 것이지만 정부의 강압적인 조치 앞에선 소용이 없었다. 차베스 정부는 또한 거대 외국인 투자기업을 대상으로 가격 통제, 대출 통제, 이자상한제, 언론 통제 등을 실시해 사실상 2003년 이래로 대기업의 성장 자체가 멈추고 있다는 지적이 나온다. 차베스는 2006년 12월 대선에서 성공한 뒤 국명을 '베네수엘라 사회주의 볼리바르 공화국'으로 바꾸고야 만다.[469]

하지만 차베스의 급진정책을 곧바로 계급정치로 해석해서는 안 된다고 베네수엘라의 정치학자들은 강조한다. 무뇨스(Eladio Hernandez Muñoz)는 "베네수엘라에서 나타나는 것은 계급 간의 투쟁이 아니라 정치적 양극화 측면에서 조망돼야 한다"면서 "차베스 이전 보수권 지배

[468] 연합뉴스 2005년 11월 28일자 〈차베스 "21세기형 사회주의 모델" 강조〉 기사 참조.
[469] 연합뉴스 2006년 12월 1일자 〈베네수엘라 대선〉 ④ 차베스 제2의 카스트로 꿈꾼다. 차베스 체제=쿠바수엘라(쿠바+베네수엘라)' 기사 참조.

국가에 대한 반발과 함께 제도가 제대로 역할을 못 한 데 대한 변화의 욕구가 차베스 정부하에서 강하게 나타나고 있다"고 지적했다.[470]

2) 포퓰리즘과 민주주의, 참여민주주의

가르시아-과디야(García-Guadilla)는 차베스 체제하의 민주주의 논쟁을 'Representative, Delegative, or Participatory Democracy'란 제목 하에서 다루고 있다. 가르시아-과디야는 차베스 체제하의 민주주의에 자주 붙여지는 '참여'란 형용사는 시민사회와 국가 사이에 중심 축이 자유민주주의가 될 것인지 혹은 급진민주주의가 될 것인지에 의문을 남겼다고 지적한다. 어떤 경향이 지배적인 형태로 두드러지게 나타났는가는 다음의 여러 기준들을 충족시키거나 부합하고 있는지 아닌지에 달려 있다고 한다.

그 기준들에는 ① 참여가 대의제를 보완하는 차원에서 이뤄지고 있는지 아니면 아예 이를 대체하고 있는 것인지, ② 참여하도록 허용된 행위자들을 선택하는 데 이용되는 기준의 종류, ③ 소수의 참여가 허용되는 범위, ④ 참여하는 권리가 객관적인 기준으로 정의되느냐 아니면 당파적 기준으로 정의되느냐 등이라고 가르시아-과디야는 제시한다.

가르시아-과디야는 그러면서도 차베스 체제가 많은 의문점을 남기고 있다고 강조한다. 특히 차베스 정부의 對국민 정치 참여 독려 운동은 "권력을 잃지 않으면서 정당성을 얻겠다"는 전략의 다름 아니라고 차베스 비판가들은 강조한다. 즉 '정치권력과 정당

---

[470] 필자와의 개인 인터뷰. 2006년 12월 1일 무뇨스가 재직 중인 베네수엘라 중앙대학(UCV) 정치학과장실에서 인터뷰가 이뤄졌다. 당시 무뇨스는 대선을 앞둔 상황에서 야당이 베네수엘라 의회에서 한 석도 확보하고 있지 않은 데 대해 "차베스 정권의 합법성을 의도적으로 해석하기 위한 것으로 야당의 잘못된 전략"이라고 지적했다.

성'을 동시에 노리고 있다는 것이다. 이런 정치행태는 차베스 이전에 구성됐던 조직과 사회운동을 와해시킬 수 있다. 과거 조직들은 차베스 체제에 내화(co-optation)될 가능성, 조직이나 운동단체로서 제대로 인정받고 있지 못한 점, 친차베스 정당들과의 대치, 차베스의 혁명적 프로젝트 추종자들을 전면에 내세우는 사회세력과의 경쟁 등에 직면하고 있다. 무엇보다 차베스 체제하에서 나타나고 있는 가장 심각한 위험들 중의 하나는 사회적 공간이 사회단체들을 위한 새로운 참여 형태를 촉진하기 위해 개방된 것이 아니라 '여론의 조작'에 기여하기 위함이라는 주장이 제기된다는 것이다.[471]

코피지(Coppedge)는 차베스 시기 민주주의와 수평적 책임성(Horizontal Accountability)을 논한다. 코피지(Coppedge)는 인민주권(popular sovereignty)[472]에 기반을 둔 민주적 정당성과 자유민주주의 원칙에 기반을 둔 민주적 정당성의 차이를 제시한다. 코피지(Coppedge)에 따르면 차베스 정부는 '인민주권 對 자유민주주의'란 민주주의 두 원칙 사이의 긴장을 보여 주는 전형적인 본보기다. 차베스에 대한 인민지지(popular support)는 대부분 특정 민주주의 이상으로부터 도출된다.[473] 하지만 민주주의 이론의 다른 조류, 즉 자유주의는 다수 인민의 주권에 제한을 가할 것을 요구한다. 만약 다수 의지를 규명해 실행하는 기본 절차를 절대 훼손시키지 않을 것이란 점, 즉 인민 다수에 대한 신뢰가 확보될 수 있다면 자유주의

---

[471] García-Guadilla 2003, 194.

[472] 차베스는 이에 대해 '무리 없이(reasonably)' 주장할 수 있다는 게 Coppedge(2003)의 주장이다. 반면 차베스는 자유민주주의 원칙에 기반을 둔 민주적 정당성을 훼손시켰다는 점도 지적된다(Coppedge 2003).

[473] 담론분석(discourse analysis) 포퓰리즘 이론자들은 민중을 편입시키는 방식에 있어서의 '포퓰리스트 담론'을 강조한다. Hawkins는 이런 맥락에서 포퓰리즘을 "단일한 민중의지(popular will)와 'people vs oligarchy' 이분법적인 관념을 강조하는 민주주의적 담론에 의존하는 용어"로 정의 내린다(Hawkins, 2003: 1139). 포퓰리스트 담론 분석을 기초로 한 논문에는 Laclau(1978), Parker(2006) 등에 의해 이뤄진 포퓰리즘 연구가 있다.

는 불필요할 것이다. 그러나 지난 150년간 민주주의 이론의 지배적인 조류는 인민 다수가 절대적 신뢰를 보낼 수 없다는 것이라고 코피지(Coppedge)는 강조한다.[474]

그러므로 자유주의 원칙은 다수 인민을 내세운 권한위임(mandate)이 아무리 분명하다 할지라도 현 시기 정부의 권위에 제한을 가하는 것을 정당화하고 사실상 그런 제한을 필요로 한다고 강조한다. 대통령이 인민주권의 위임을 남용할 위험 가능성을 줄이기 위해 헌법은 행정부를 견제하는 다양한 권한을 가진 제도를 제공한다는 것이다. 이런 제도에는 독립적인 사법부, 확연히 선거 기반을 가진 입법부, 그리고 미국 등에서 보이는 연방제, 선거관리위원회·검찰총장·감사원장의 독립, 옴부즈맨 등이 있다. 어떤 면에서 자유주의 원칙에 의한 제도는 일종의 '민주주의 보험정책(democray insurance policy)'[475]으로 간주될 수 있다고 한다.

따라서 일반 시민들은 이런 '자유주의 제도란 보험정책'하에서 정부 대표성 일부가 기준에 못 미치고 자신들의 희망사항이 즉각적으로 반영되지 않는 식으로 보험료를 내고 있다는 것이다. 이런 보험료를 내면 미래에 어떤 최소한의 수준에 오더라도 민주주의가 추락하지 않을 것이란 안전장치를 마련하게 된다는 것이다.

이런 유추를 따라, 차베스 이전 베네수엘라의 Punto Fijo 정당지배체제 보험정책의 일환으로 볼 수 있다. 그것은 민주주의가 존중될 것이라는 기본적 요소를 보장했던 것이다. 그러나 이런 혜택에 대한 가격은 두 지배적인 정당으로의 과도한 권력 집중이었고

---

[474] 다수 인민은 게임규칙을 수정해 자신들에게 유리하고 반대자들에 대해선 불리한 차별을 가하도록 하는 유혹에 너무 쉽게 넘어간다는 것이다(Coppedge 2003).
[475] Coppedge(2003)의 표현으로 시사하는 바가 크다고 하겠다.

그런 집중으로부터 모든 형태의 권력 남용이 뒤따랐다. 결국, 베네수엘라 국민은 보험료가 너무 비싸다고 느끼게 됐다. 이젠 차베스 정부하에서 베네수엘라 국민은 '보험을 깨고 현금을 받아(cash in)' 즉각 국민의 요구에 반응하는 의외의 혜택을 즐기고 있다고 코피지(Coppedge)는 설명한다.

또 코피지(Coppedge)는 베네수엘라의 Punto Fijo 정당지배체제는 엄격한 내부 규율과 서열화된 지바 정당들을 통해 강력한 행위자들 사이의 거의 모든 관계를 중재, 통치력(governability)에 도움을 줬다. 하지만 정당이 1980년대 중후반 이후 더 이상 이런 역할을 못하자 통치력은 흔들렸다. 그리하여 재계, 노동, 교회 특히 군부의 역할에 관한 지난 수십 년간의 이해에 의구심이 제기됐고 불확실성과 불예측성의 상황을 맞게 된다. 이에 따라 사실상 차베스 체제 이전 헌법에 포함된 모든 기본 규정들이 논쟁 대상이 됐고 수정됐으며 일부는 무시되기에 이른다. 코피지(Coppesge)는 특히 차베스 정부의 제도적 개혁이 '수평적 책임성(Horizontal Accountability)의 제거'라고 강력 비판한다.[476]

일각에선 포퓰리즘은 경제개발과 정치적 동원을 특징으로 한 개발독재 형태로 제3세계에서 출현했던 '새로운' 권위주의 체제에 속한다는 분석이 있다. 즉 개발도상국에서의 권위주의 체제는 인치적 지도력(personal leadership)과 보수적 민족주의가 결합한 보나파르티슴(Bonapartism)과 유사한 권위주의적 포퓰리즘의 특징(authoritarian-populist features)으로 나타나기도 했으며, 가난한 민중에 기반을 두고 경제적·사회적 발전을 약속

---

[476] Coppedge 2003.

한 페론주의(Peronism) 형태의 독재정치로 출현하기도 했다.[477] 딕스(Dix)는 포퓰리즘을 권위주의적 포퓰리즘, 민주주의적 포퓰리즘 두 유형으로 나누기도 한다. 두 유형으로 구분하는 차원은 리더십, 지지세력, 이데올로기와 프로그램, 조직과 리더십 유형 등 5가지다.[478]

프리덤 하우스(Freedom House)의 민주주의 평가지표를 살펴보더라도 베네수엘라의 민주주의는 역사적으로 퇴행적 양상을 노출하고 있다고 한다. 프리덤 하우스의 누적지표를 종합해 보면, 1970년대와 1980년대 라틴아메리카 국가들이 군부쿠데타와 권위주의 정권에 시달리던 시기에 베네수엘라는 정치적 권리와 시민적 자유가 매우 잘 보장된 '자유국가'의 등급을 받았음을 알 수 있다. 그런데 냉전이 와해되고 민주주의의 세계적 확산이 전개되기 시작한 1990년대 초반부터 베네수엘라는 정치적 권리와 시민적 자유가 조금씩 퇴보하는 경향을 보이다가 1998년 차베스 정권이 들어선 이후부터 민주화 정도가 상대적으로 낮은 '부분적 자유국가'로 등급이 하향 평가되고 있다.[479]

---

[477] Heywood 2000, 158~159.
[478] 김병국 외 공편 1991, 155~184.
[479] 우준모 2006, 61~62.

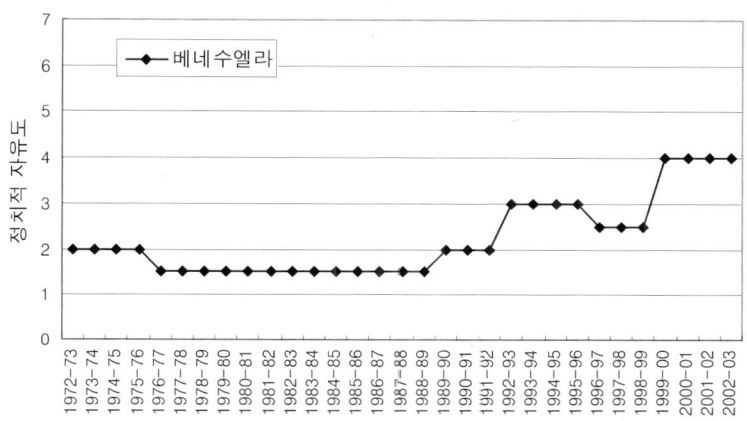

〈그림 5-4〉 베네수엘라 '정치적 자유도'(1972~2003)

출처: 홍욱헌 2004, 98.

* 정치적 자유의 정도는 정치적 권한 및 시민의 자유 정도를 평균한 것이다. 양자는 다 같이 가장 잘
  보장된 정도를 1, 가장 잘못 보장된 정도를 7로 하여 측정한 것이다. 정치적 자유도가 1.0에서 2.5
  구간에 속하면 '자유로운' 국가이며, 3.0 이상 5.5 미만에 속하면 '부분적으로 자유로운' 그리고 5.5
  이상 7.0에 속하면 '자유롭지 못한' 국가로 분류되고 있다.

출처: Freedom House, Freedom in the World Country Ratings: 1972~73 to 2001~2002(New York: Freedom House.
  2002). and Freedom House. *Freedom in the World 2003: The Annual Survey of Political Rights and Civil
  Liberties(New York: Freedom House. 2003).*

달(Dahl)은 다수 인민의 정치적 주권을 강조하는 포퓰리스트 민
주주의(populist democracy)와 다수의 정치 참여를 제한하며 엘리트
의 책임정치를 구현하고자 하는 매디슨식 민주주의(Madisonian
democracy)를 구분하고 있다.[480] 『민주주의이론 서설: 미국 민주주
의의 원리』란 제목으로 국문 번역(원제 *A Preface to Democratic
Theory* 金容浩 역, 서울 법문사, 1990)된 달(Dahl)의 이 책은 '제한

---

[480] Dahl 1956. 이에 대해 서병훈은 "포퓰리즘을 '다수 지배(majority rule)'를 강조하는 포퓰리스트 민주주의와 분리하
  지 않으면 포퓰리즘에 대한 논의가 대폭 확장되면서 개념 규정 작업은 더욱 어려워진다"고 한다(서병훈 2006.
  211).

되지 않은 다수' 지배의 포퓰리스트적(populistic) 민주주의에 반대해 출간된 것이다. 달(Dahl)은 이 책에서 폴리아키(polyarchy)를 옹호하며 포퓰리스트적(populistic) 민주주의를 거부하고 있다. 달(Dahl)의 폴리아키는 선거와 연속적인 정치 경쟁이 지도자들의 정책 결정에 있어 소수일지라도 상대적으로 다수(plurality)를 차지한 유권자들의 선호를 고려하도록 강제하는 체제를 말한다.[481]

최장집 교수는 "민주주의는 상충하는 모순적인 요소들의 좋은 결합과 이를 통한 동태적인 균형 위에서 존립한다. 그것은 민주주의의 규범과 형식, 체제가 작동하는 규칙으로서의 절차적 측면과 체제의 작동이 창출하는 효과로서의 실질적 변화, 민중적 동력의 투입과 그 힘의 제도적 조절 간의 균형적 결합을 포함한다. 이 점에서 현실의 민주주의를 민중적 민주주의와 매디슨적 민주주의의 두 이념형 사이의 어떤 중간, 그 스펙트럼의 어느 지점에 입지시키느냐 하는 문제가 중요하다"고 한다. 최 교수는 또 달(Dahl)이 말하는 '다수지배체제 또는 다수지배 민주주의'(polyarchy)는 이 중간의 한 중요한 입지를 대변한다는 것이다. 달(Dahl)은 '데모스(demos)'라는 말이 함축하는 시민 전체의 개념을 부정하며, 나아가 루소의 '일반 의지'를 해체하고 민중적 민주주의와 달(Dahl) 자신을 차별화한다. 그리고 달(Dahl)은 그 자리에 현실적으로 개량화할 수 있고 관찰 가능한 '다수에 의한 통치체제(rule by many)'로서 다수 지배 민주주의를 위치시킨다. 달(Dahl)은 민주주의의 이상적·추상적 요소를 삭제하고 그것을 경험 세계 안으로 끌어내린다. 달(Dahl)의 목표와 이상은 다수 인민의 힘이 지배적이 되는 대의제

---

[481] Cammack 2000, 153.

민주주의이다.[482] 이를 위해 가장 효과적이고 폭넓은 일반 대중들의 정치적 평등과 참여의 실현 그리고 그 기반으로서 실질적·사회경제적 다원주의의 창출을 강조한다.[483] 요컨대 달(Dahl)이 지향하는 민주주의를 우리는, 기본적으로 인민 다수의 권력이 실현되는 체제로서, 이상주의적이고 추상적인 인민 총의의 개념이 삭제된 민중적 민주주의라고 이해할 수 있다.[484]

레이(Rey)는 '포퓰리스트 민주주의 모델'의 이상형이 유권자 대다수의 희망과 실질적인 선호에 최대한 응답하고 이와 동시에 이들 유권자들이 자신들을 대표해 선출된 자들에 대해 최대한의 통제권을 행사하는 정부라고 지적한다.[485] 극단적으론 바이올린, 기타 등의 몸통인 공명 상자(caja de resonancia) 그리고 그저 확성기처럼 고유의 선호 없이 시민들 대다수의 요구를 따르며 그래서 상시적으로 유권자들의 선호도를 고려하는 것을 상정해 볼 수 있을 것이라고 한다. 그래서 이런 모델에 따르면 대의제 정부는 단지 기술적인 이유에 의해 정당화될 수 있다. 다시 말해 현대 민주국가의 영토 확장과 시민들의 전체 규모를 고려하면 매번 결정을 함에 있

---

[482] Dahl은 헌법의 정당이란, 그것이 민주주의를 위해 얼마나 유용한 것인가 하는 질문을 통해 접근할 수 있다고 말한다. 헌법은 모든 사회적 논란과 쟁투를 종결시키는 그 어떤 신성불가침한 최종적 판결자가 아니라는 것이다. 헌법은 정치적으로 평등한 시민들이 다수 지배의 원리에 따라 스스로를 통치하는, 이른바 민주정치의 제도와 실천을 뒷받침하는 것이어야 한다. 그러나 현실에서, 미국 헌법은 오늘날 미국 정치를 비합리적인 것이 되게 만드는, 중대한 제약이 되고 있다고 한다(Dahl 2001).

[483] 최장집 2005, 24~25.

[484] 따라서 최장집은 "Dahl에 의해 개척되고 발전된 민주주의 이론을 제대로 이해한다면 그가 매디슨적 헌정체제의 비판자로서 미국 민주주의와 헌법에 마주 서고 있다는 사실은 놀랄 일이 아니게 된다"고 한다(최장집 2005, 27).

[485] Rey는 포퓰리스트 모델을 실행하는 것과 관계된 기본적 이상형은 정치적 평등, 인민주권 그리고 다수에 의한 정부 세 요소로 구성된다고 한다. 의원들은 유권자의 요구에 따라야 하고 유권자들의 종국적인 소환(recall)에 종속돼야 한다. 그래서 의원들의 기능은 유권자들을 단순 대리하는 역할로 줄어들게 된다(Rey 1998b, 323~356).

어 모든 사람의 의견을 청취하는 것은 불가능하다.[486]

레비츠키(Levitsky)는 네오포퓰리스트 체제와 민주주의 간 관계에 대해 정당체제의 붕괴에 의한 개인적 지도력을 '민주적 독재'라고 규정짓는다. 레비츠키(Levitsky)는 "시민들이 정당성을 상실한 체제를 '숙청(clean up)'하기 위해 특정 지도자나 단체에 권력을 위임(delegate)하는 이른바 '민주적 독재'는 위험한 모험"이라고 진단한다.[487]

2006년 12월 대선을 앞두고 실시된 여론조사도 많은 시사점을 준다. 2006년 11월 24일 발표된 미국 AP통신, 중남미 전문 여론조삭관 입소스(Ipsos) 공동 여론조사 결과에선, 차베스를 권위주의적이고 극단적인 대치정국의 장본인이라고 지적한 응답자가 66%에 달했다. 48%는 차베스가 베네수엘라 국가 전체의 이익보다는 자신의 개인적 정치 야망에 골몰하고 있다고 말했다. 46%가 차베스 이전보다 자유가 줄었다고 평가했으며 차베스 정부를 겨냥해 부정선거 의혹을 제기하는 야권의 주장이 완전히 근거 없는 것은 아니라는 점도 확인됐다. 조사 대상자 가운데 단지 44%만 2006년 12월 대선 집계의 정확성을 매우 확신한다고 말했으며 비밀투표 보장을 믿는다고 밝힌 응답자 역시 과반 이하인 42%로 조사됐다. 특히 조사 대상자의 57%가 자신이 어떻게 투표하는지를 놓고 보복을 당할 것을 최소한 어느 정도 두려워한다고 밝힌 점이다. 투표 이후 보복 행위를 우려한 응답자는 야권 후보 지지자들을 기준으로 해선 79%에 달했고, 차베스 지지자들 사이에서도 거의 절반인 46%가 두려움을 느낀다고 말했다.[488]

---

[486] Rey 1998b, 323~356.

[487] Levitsky 1990, 90.

[488] 2006년 11월 24일 송고 연합뉴스 기사 〈초점〉 차베스 인기절정 포퓰리스트 지도자, AP여론조사 유권자

무뇨스(Eladio Hernandez Muñoz)도 연합뉴스 특파원과의 회견에서 "베네수엘라 선관위는 차베스 쪽 사람으로 채워져 있는 게 사실이며 선관위는 신빙성과 국민의 신뢰를 잃었다"고 말했다. 그는 또 "2004년 8월 차베스 대통령에 대한 소환투표와 관련해 소환투표 청원에 서명했던 시민들은 실제로 정치적 보복을 당했다. 직장에서 해고됐고 국가기관은 청원자들에게 직장을 안 줬다"고 지적했다.[489]

베네수엘라 정치 전공 전문가 중 한 명인 바트 존스(Bart Jones)는 차베스의 대통령 재선 제한 금지 헌법규정 철폐를 통한 무기한 집권 연장 기도는 볼리바르주의 혁명의 근본적 약점들 중의 하나라고 강조한다. 존스(Jones)는 "핵심 인물인 차베스에게로의 과도한 의존은 원맨쇼(one-man show) 양태"라고 꼬집으며 일부는 차베스가 정치현장을 내일 당장이라도 떠난다면 모든 프로젝트는 일거에 붕괴할지도 모를 일이라고 전망한다.

베네수엘라 중앙대학(UCV) 부설 CENDES 연구소의 정치사회학자 고메스 칼카뇨(Luis Gómez Calcaño)도 연합뉴스 특파원과의 회견에서 차베스의 포퓰리즘을 '권위주의적 포퓰리즘'으로 규정짓는다. 고메스 칼카뇨(Gómez Calcaño)는 '민중에 대한 정치공간 확대'란 측면의 민주적 요소를 전면 부인하기는 어렵지만 권위주의적 요소가 압도적이라고 진단한다. 우선 하향식 변화의 강요(imponer los cambios de arriba hacia abajo)가 핵심적인 문제점으로 지적된다고 한다. 두 번째로 볼리바리안 서클, MVR 등 차베스 체제의 주요 조

59% 지지, 3선 확정적' 기사 내용.
[489] 필자와의 인터뷰 내용. 2006년 12월 1일 UCV 정치학과장실에서 이뤄짐.

직들이 내부 민주주의가 없다는 점이다. 예를 들어, 90년대 중반 출범한 차베스의 정당 MVR는 지금까지 내부 선거를 단 한 차례만 실시했을 뿐이다. 볼리바리안 서클도 행정부의 지휘를 받고 있다. 아직까지 차베스주의(Chavismo)는 고전적 포퓰리즘에서 보이는바 하부 제도를 구축하지 못했다. 차베스 체제하의 조직들이 공고화될 시간이 충분치 않은 점도 있다. 고메스 칼카뇨(Gómez Calcaño)는 "볼리바리안 서클은 선거가 닥쳐올 때 안정적으로 운영되는 측면이 있고 선거 때는 선거적 '전투단위(Unidad de Batalla)'가 만들어진다. 하지만 이 두 조직은 사실상 같은 사람들"이라고 말한다. 그는 이어 "차베스 정부가 이전 전통 제도를 대체할 노조 및 기업제도, 청년조직, 새 농민조직 등을 구축하려 하지만 중요한 것은 이런 새 조직의 성격이 행정부에 의해 사전 인정받아야 한다는 점이다. 사회단체 및 제도에 대한 국가통제의 성격이 강하다"면서 "이런 식의 통제는 전체주의적 특징을 가진 사회로 전환하는 조짐으로도 해석할 수 있다"고까지 차베스 체제를 부정적으로 진단한다. 고메스 칼카뇨(Gómez Calcaño)는 "국가의 후견(tutela) 아래에 있는 사회는 여러 조직의 존재를 허용하고 있지만 정부에 의해 승인을 받아 활동을 보장받는 조직이 극소수에 불과하는 현상을 정당화한다"고 차베스 체제를 강하게 꼬집었다. 그는 또 "볼리바리안 서클은 이젠 다른 것으로 대체됐다. 이처럼 조직이 관성적으로 지속되는 게 거의 없다"고도 했다.[490]

---

[490] 필자는 Gómez Calcaño 교수와 2007년 1월 Caracas CENDES 연구실에서 인터뷰를 가졌다. 당시 그와 동료 여교수 Nelly Arenas는 '차베스 체제: 권위주의적 포퓰리즘'이란 단행본 출간의 마무리 작업을 한창 진행하고 있었다. 당시 Arenas 교수와도 인터뷰를 했는데 그녀는 "차베스는 전통 포퓰리즘에 가까우며 군부 포퓰리즘이란 개념도 생각하고 있다"고 필자에게 소개했다.

하지만 그랜딘(Grandin)은 '좌파' 시민사회 조직의 대항권력은 차베스 정부가 반(反)차베스 진영의 엄청난 반(反)민주적 공세에도 불구하고 생존했고 나아가 차베스 집권 이후 계속 전개되고 있는 정책 프로그램을 이해하는 핵심요소라고 한다[491] 그랜딘(Grandin)은 차베스가 수사학적으로 과도한 측면이 있음을 감안하더라도 집권 9년간 자신의 지지 기반 유권자 수를 두 배로 늘리면서 '유례없는' 평화로운 사회혁명 과정을 이끌어 왔다고 평가한다. 칠레의 국민 통합당 정부를 제외하고는 정치·경제적 관계를 그렇게 심오하게 재편성시켰음에도 투표장에서 그렇게 여러 차례 비준받은 경우는 없다고 한다. 이는 본질적으로 초기 지지의 동력을 잃고 폭력과 억압의 악순환을 생성시키는 경향이 있는 정치혁명 과정치고는 괄목할 만한 성과라는 게 그랜딘(Grandin)의 진단이다.[492]

김일영은 포퓰리즘과 민주주의의 관계를 논하면서 포퓰리즘을 민주주의 자체의 대립물이라기보다는 대의제 민주주의의 한계를 극복하려는 두 방향의 시도 중 하나로 볼 수 있다고 강조한다. 대의제 민주주의는 현대 사회의 다양성과 복잡성 때문에 도입됐지만 그것의 과점(寡占)적 성격과 절차적 성격 때문에 끊임없는 비판에 직면했으며, 그 결과 사람들은 직접 민주주의의 이상을 동경하게 되는데, 이 과정에서 두 가지 변형체(variants)가 등장한다는 것이다. 참여민주주의와 포퓰리즘이 그것이다.[493]

---

[491] Grandin 2007. Grandin은 "2006년 12월 칠레의 권위 있는 여론조사 전문 기관이 조사한 결과, 중남미에서 자국 민주주의에 대해 우호적인 견해를 밝힌 나라는 으루과이가 첫 번째였고 그 뒤로 베네수엘라가 잇고 있다"는 말로 나름의 근거를 제시한다.

[492] 미국 언론은 차베스의 업적에 대해 거의 보도하지 않는다고 Grandin은 비난한다.

[493] 김일영 2004, 197~198.

양자는 모두 대의제 민주주의가 보여 주는 절차적 참여의 의례성 내지는 공허함 및 그것이 지닌 엘리트적 속성에 불만을 지닌다. 참여민주주의는 이 문제점을 기존의 대의제도 외에 작업장 수준으로까지 시민의 참여를 확대시키거나 자발적 결사체와 매개집단을 더욱 많이 개발하고 공공영역에서의 교화된 시민들 간의 토론과 심의를 통해 결론을 도출하는 방향으로 해결하려고 했다. 반면 포퓰리즘은 지도자와 대중 사이에 무매개적이고 직접적인 관계를 맺음으로써 이 문제를 풀려고 했다. 요약하면 참여민주주의가 좀 더 긍정적인 방향에서 대의제 민주주의의 한계를 극복하려는 시도라면 포퓰리즘은 상대적으로 부정적인 방향에서의 교정 노력이다. 민주주의가 존재하는 한, 그리고 그것이 기술적인 이유 때문에 대의제적 성격을 버리기 어려운 한 포퓰리즘의 가능성은 상존한다.[494]

김일영은 대의제 민주주의와 직접민주주의, 참여민주주의, 그리고 포퓰리즘 사이의 관계를 다음과 같이 나타낸다.

---

[494] Mény and Surel(2002), pp.46~50. 또한 그래서 Canovan(1999)은 포퓰리즘은 '민주주의의 그림자(a shadow cast by democracy itself)'라고 표현한다. 김일영(2004), p.199에서 재인용.

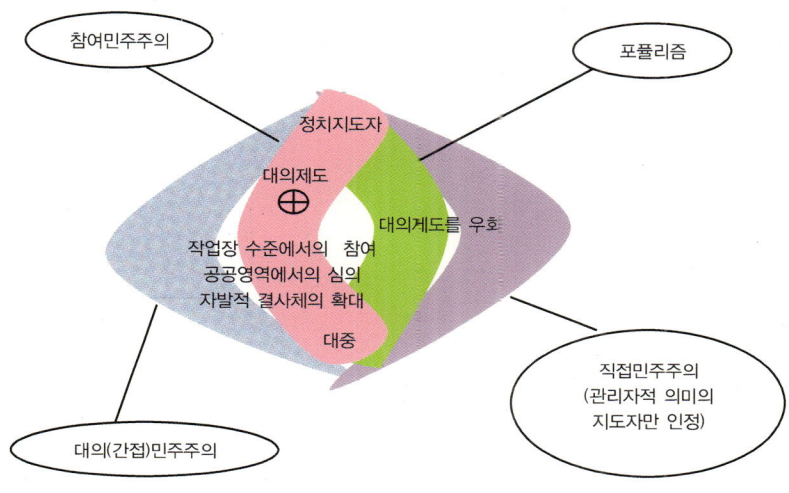

〈그림 5-5〉 대의, 참여, 직접 민주주의와 포퓰리즘 사이의 관계

참여민주주의

포퓰리즘

정치지도자

대의제도
⊕

대의제도를 우호

작업장 수준에서의 참여
공공영역에서의 심의
자발적 결사체의 확대

대중

직접민주주의
(관리자적 의미의
지도자만 인정)

대의(간접)민주주의

출처: 김일영 2004, p.199.

    이에 대해 정진영 교수는 "법치주의를 통해 개인의 자유를 최대한 보장하고 제도화되고 예측 가능한 정치를 구현해야 한다"면서 민중 민주주의에 대해 부정적 견해를 피력한다.[495] 정 교수는 참여 민주주의와 관련해서는 "참여의 확대가 여론 조작과 동원의 위험을 안고 있고, 국민의 대표자들은 국민 의사의 직접적 반영 이상의 기능을 수행한다는 입장에서 보면, 전자 민주주의의 도래는 민주주의에 대한 위협일 수 있다고 생각할 것이다. 대표성의 문제는 단순히 대표자가 국민의 의사를 정확히 대변한다는 측면에서만 평가돼서는 곤란하다. 대표자는 국정 현안에 대한 논의를 통해 대안을 제시하기도 하고, 여론을 형성하고 인도하는 역할까지 한다"고

---

[495] 정진영(2005), pp.23~25

지적한다.[496]

　전체적으로 차베스 체제에 대한 평가는 로버트 딕스가 유형 분류한 민주주의적 포퓰리즘과 권위주의적 포퓰리즘 가운데 권위주의적 포퓰리즘에 해당된다고 본 연구는 결론짓는다. 비록 차베스 정권이 선거라는 민주적 형식을 고수함에도 불구하고 차베스의 등장은 무엇보다 베네수엘라의 전통적인 군부 개입주의를 부활시켰다. 나아가 차베스는 신헌법의 제정을 통해 많은 권력을 자신에게 집중시켰으며 그 와중에 크고 작은 비민주적 사례가 발생했다. 앞서 필자가 베네수엘라의 여러 학자들과 인터뷰한 결과에서도 확인된바, 차베스는 '권위주의적 포퓰리즘' 정권으로 규정되는 게 합당한 것으로 진단된다.

---

[496] 정진영 2006, 22.

제6장 결론

제1절 연구요약

필러(Peeler)는 협약민주주의가 나가야 할 방향은 급진 혁명을 통한 협약민주주의의 폐지가 아니라 협약민주주의의 민주화(democratizing pacted democracy)이어야 한다고 주장했다. 즉 협약민주주의하에서 이제까지 배제되어 온 세력이 정치적 경쟁에 참여하는 것이 허용될 때, 민주적 경쟁이 지배하는 영역이 확장될 것이며 민주주의의 물질적 기초는 확대될 것이다. 그 결과 변화를 반대해 온 특권세력도 경쟁에서 승리하기 위해 사회경제적 개혁을 받아들이지 않으면 안 되게 될 것이고, 자유민주주의를 전복하려는 반동적 세력은 한계 세력화할 것이다.[497]

하지만 베네수엘라 엘리트층이 주도한 푼토피호(Punto Fijo) 협약민주주의 체제는 정반대로 흘렀음을 본 연구는 보여 줬다. 1958년 협약 체결 이후 민주주의 체제는 40년 뒤 정치적 양극화와 급진적 동원화를 특징으로 하는 차베스 정권의 프퓰리즘 체제로 대체됐기 때문이다. 더욱이 차베스 체제는 권위주의적 체제로 나아가고 있다는 비판이 제기되고 있다.

베네수엘라 협약민주주의는 정치적 안정을 가져다주면서도 동시에 새로운 정치행위자들이 자유롭게 경쟁하는 틀을 막아 버렸다. 정치 엘리트 간 협약을 통한 민주화는 정당체제의 카르텔을 형성하는 부작용을 초래했기 때문이다. 협약 체결에 포함된 여러 다양한 조직집단들 사이에는 일종의 공모관계가 이뤄졌다. 이들은 국가의 효율성이나 균등문제, 정치적 정통성 등에 대한 장기적 영향

---

[497] Peeler, 1985, 18.

을 전혀 고려하지 않은 채 자기들끼리 석유수익을 갈라 먹으려 했다. 하지만 이런 공범관계는 서서히 고갈되고 있는 석유자원에 근거한 사상누각에 불과한 것이었다. 석유가 베네수엘라의 정당체제를 정착시키고 유지하는 데 중추적이고 독특한 역할을 수행했기 때문에, 협약을 통한 민주주의의 장기적인 생동력과 다른 나라에 대한 모델로서의 그 가치는 석유달러가 정치적 의미와 영향력을 상실하기 시작할 때 명확하게 그 모습을 드러내게 될 것이라고 결론적으로 얘기할 수 있을 것이다.

정치체제가 사회통제 메커니즘을 발전시키고 권력의 순환을 허용하며 체제 정당성에 대한 기반을 지대추구에 두지 않으면 이 체제는 유가 하락 및 붕괴의 Oil boom-bust 사이클과 무관하게 지속될 가능성이 높다. 하지만 초기 석유개발이 체제 및 민족국가 형성과 일치하고 비석유 부문의 이익집단이 형성되지 않은 상태에서 후원수혜적 지대가 그 정체(polity)를 묶어 주는 핵심 아교라고 한다면 이런 체제는 유가 붕괴의 시기에 특히 허약하고 취약성이 높아진다.[498]

하지만 민주행동당(AD)에 의해 주조된 정당체제는 석유지대를 극대화하려는 노력과 긴밀히 연결돼 있다. 1974년 석유 부문의 국유화는 이 프로젝트의 절정이었다. 석유지대를 둘러싼 투쟁을 대체하려는 어떤 역사적 프로젝트도 등장하지 않았던 것이다. 석유지대의 통제는 새롭게 등장한 다른 경쟁적 정치행위자들의 '진입'을 가로막는 장애물을 만드는 작용을 한 것이다. 대외부채는 계속 늘어나고 있었고 더욱이 1982년 급속한 유가의 하락은 분배정책으

---

[498] Karl 2006, 23~24.

로의 과도한 의존 그리고 낮은 스준의 통제능력 등으로 유발된 Punto Fijo 체제의 허약함이 마침내 실체를 드러낸 것이다.

베네수엘라 민주화 이후의 세 번째 정부 때까지 영향력을 행사하고 있었던 'Punto Fijo 정신'은 1기 페레스 정부(1974~1979)나 에레라 정부(1979~1984)에 이르면 거의 의미를 갖지 못했다. 게다가 협약 체결이 이뤄졌다는 사실 그 자체가 협약의 지속성에 대한 제약으로 작용했다. 협약은 어떤 일련의 관계를 한정시켰다. 또한 다른 측면에서 협약은 미래의 사회경제적 구조의 변화가 가능할 수 있도록 해주기도 했다. 지난날 엘리트 협약에서 배제됐던 신흥의 정치사회적 행위자들이 정치적으로 의미 있는 등장을 할 수 있도록 하는 조건을 마련해 주었던 것이다. 베네수엘라가 더 산업화되고 복잡해짐에 따라 해당 선거구민에 대한 통제력을 유지하고 있는 기존 특정 엘리트들의 능력이 의문시되고 도전을 받게 됐다. 석유에 의해 수행된 발전이 지난날 권위주의적 통치의 사회적 기반을 파괴했던 것과 유사하게 현행의 정치협약의 기반을 손상시켰다. 또한 시간이 지남에 따라 권력의 밖에 머무는 동안 체질의 개선을 이룰 수 있었던 군부는 새로운 단합을 도모함으로써 미래의 가능한 대안으로 발돋움하고 있었다.

결국 체제 존립의 정당성이 상실됨과 함께 Punto Fijo 체제의 효용성이 급격하게 하향세를 보이던 1980년대 후반, 새로운 정치·경제적 정체성의 구성 없이 그리고 새로운 사회질서의 접합 없이 하향식으로 추진된 포퓰리스트 스타일의 경제적 자유주의는 필연코 부패로 나아갈 수밖에 없었다고 다빌라(Dávila)는 지적한다. 1989년 두 번째 취임한 페레스는 '대전환' 신자유주의 프로그램으로 대중의 지지를 발생시키거나 혹은 대선 당시 가졌던 지지율을 유지하는 데 실패했다. 그는 자신의 전면적인 구조조정 이니셔티브에 대한 의회의 승인을 확보하는 데도 실패했다. 심지어 구조조정이 진행되는 중에도 AD와 기독민주당(COPEI)이 거시경제 개혁의 필요성을 인정하고 베네수엘라노동자총연맹(CTV)이 사회·경제적 변화의 돌이킬 수 없는 특징을 인정했다 할지라도 페레스 정부는 국가의 다른 권력과 단절, 고립됐다.[499]

정당 간 정치협약과 지대추구경제에 기반을 둔 베네수엘라 협약민주주의 체제는 정치대표체계를 제도화하고 자생적 경제력을 갖추기 어려운 구조적 한계를 안고 있었다. 이로 인해 협약민주주의 체제는 민중 부문을 광범위하게 포섭한 정당지배체제에서 민중을 점차 배제시키는 '과두'체제로 퇴행했다. 이 결과, 협약민주주의 체제의 정치제도에 대한 신뢰성이 무너졌고 세계유가에 종속되는 경제구조를 심화시켰으며 경제위기와 함께 체제 내부로 포섭된 민중을 이탈토록 했다. 결국 협약민주주의 체제는 체제 존립의 정당성 상실과 체제 붕괴로 이어졌으며 체제 외부에서 차베스의 제도적 급진적 정치동원화를 특징으로 하는 포퓰리즘 체제의 수립으로 나아갔다.

차베스 이전 베네수엘라 정치체제는 지배적인 두 정당 간 정치협약과 지대추구 국가경제를 기반으로 하고 있다. 즉 정당 간 정치협약을 통한 베네수엘라의 협약민주주의 체제는 권력공유를 위한 협약을 맺음으로써 정치 불안정에서 벗어날 수 있었고 군부의

---

[499] Dávila는 베네수엘라 노동 부문 전공 정치학자인 Steve Ellner의 논문 자료를 인용. 당시 페레스는 자신의 개인 카리스마로 "전체 국민의 눈을 속일 수 없었다"고 느꼈을 것이라고 표현했다(Dávila 2000, 232).

정치 개입을 예방할 수 있었다. 또한 이 체제는 안정적이고 풍부한 석유지대를 통해 지배세력 간 협약을 지속 가능토록 했고 후원수혜 관계의 민중을 지지 기반으로 포섭함으로써 오랜 기간 유지됐다. 하지만 거꾸로 두 정당만의 '밀실협약'은 공산당을 배제시키고 신생 정당의 등장을 매우 어렵게 만드는 등 정치대표체계의 폐쇄성을 불러오고 새로운 정치상황에 쉽게 적응할 수 없도록 함으로써 외부 환경에 대한 취약성과 아울러 체제의 정당성이 심각한 손상을 받도록 할 가능성을 높이는 부메랑으로 작용하게 된다. 특히 지배세력의 석유지대추구 행위는 석유경제에 더욱 의존하고 세계유가의 직접적 영향을 받음으로써 자생적 국가경제를 구축하고 체제를 떠받치는 민주적 권력 기반을 공고히 하는 데 실패하도록 했다.

다시 말해, 정치협약을 통한 민주화는 그 협약을 지속 가능하게 하고 민중을 권력 기반으로 유지시키기 위해 비생산적 지대에 의존하도록 하는 구조를 태생시켰으며 결국은 시혜를 베풀 자원으로의 종속은 심화했다. 선거에 패배하고도 일정 부분의 지분을 보장받으로써 정당 간 경쟁은 무의미해졌고 정치계급(political class)으로 비판받는 지배세력의 부패는 상상할 수 없을 정도로 커져 간다. 즉 지배정당 간 협약과 지대추구경제의 협약민주주의 체제는 민주주의 공고화로 나아갈 수 없는 구조적 한계를 안고 있다. 특히 신자유주의를 거치면서 협약의 유효성과 체제 정당성, 지대추구경제의 기반 모두가 붕괴함으로써 급진적 정치 동원화의 차베스 민중주의 체제를 불러왔다.

석유지대를 기반으로 한 정치체제는 경제적 자생력이 없기 때문에 경제위기를 맞으면 민중 배제적 보수화로 나아갔다. 시장 주도 신자유주의 정책은 정치적 지지 기반인 대표체계의 탈제도화를 더욱 가속화시키며 기존 제도의 붕괴와 함께 민중주의 세력의 재동원화란 급진적 체제 변동을 촉발했다. 문제는 제도를 민주적 방식으로 정착시키느냐 아니면 제도를 사유화 도구화하는 수준에 그치느냐에 있다. 민주적 방식의 제도화에 성공하면 정당 간 경쟁이 이뤄지고 경쟁에서 승리하고 이를 유지하기 위한 경제발전 전략이 수립될 가능성이 커진다.

베네수엘라는 1958년 Punto Fijo 정치협약하 정당지배체제란 특징을 갖고 외양으론 민주주의 발전을 구가하며 안정적인 정치체제를 30년 넘게 유지한 것으로 비쳐졌다. 하지만 소수 엘리트들만의 정치협약은 폐쇄적 정치대표체계를 구조화시켰다. 석유지대추구경제는 석유에의 종속을 심화시켜 자생적 경제발전 전략의 기반을 마련하는 것을 어렵게 했다. '체제 내부'에서 권위주의가 아닌 민주적 방식으로 정치적 대표기능을 공고히 하고 시민사회 요구를 반영해 대변할 수 있는 제도화가 이뤄지지 못한 것이다. 결국 Punto Fijo 정치협약을 기반으로 한 기존 제도는 거부당했으며 '체제 외부'에서 차베스란 새로운 포퓰리스트 정치세력이 생겨나 급진적 동원화로 나아가기에 이른다. Punto Fijo 정치협약이 민중의 정치적 소외를 잉태했다면 신자유주의는 민중을 경제적으로 소외시켰다.

차베스 체제의 성립은 중남미에서 '편향된(biased)' 국가 체제가 온존하는 가운데 제도에 대한 대중의 광범위한 불신이 작용하고 있음을 보여 주는 대표적 정치 과정이라고 할 수 있다. 실상, 차베스 이전 베네수엘라 체제는 빈약한 법 집행과 가산제적 국가관료주의 (patrimonial state bureaucracy)로 얼룩졌다. 또한 행정부 권력이 매우 부패해 정부가 1992년 2월 차베스에 의해 주도된 대규모 군사 쿠데타 음모를 사전에 인지하는 데 실패했을 정도다. 이는 **Punto Fijo** 체제가 종말에 직면했음을 여실히 보여 주는 증거다. 차베스의 정부 쿠데타 감행이 실패한 후에도 **Punto Fijo** 체제 지도자들은 헌정에 대한 국민의 존중을 재확립할 수 없었다. 그래서 기득권 체제는 차베스에 의해 전복되고야 만다. 1999년 집권 이후 차베스가 새로운 제도에 의한 베네수엘라 정치체제를 구축하고 있는지는 논란의 대상이고 계속 지켜 볼 일이다. 하지만 차베스 체제의 성립이 옛 체제의 허약성을 증명하고 있다는 점은 분명해 보인다.[500]

지배권력만을 위한 방향으로 정당지배체제의 제도화가 심화할 경우 오히려 정당체제의 경직성이 커짐과 함께 민중을 배제시키는 결과로 이어졌다. 이는 다름 아닌, 차베스 체제에서 나타나는 정당정치의 해체와 의회정치 기능 상실 등의 극단적 대립의 체제 혼란상을 낳고 있는 현실로 이어지고 있다. 협약민주주의는 정당체제의 카르텔화로 이어져 정당체제의 재편성기 아닌, 체제의 붕괴으로 이어져 일반적인 민주화 이행론에서 탈선하는 결과를 가져왔다.

---

[500] Philip 2003, 4.

제2절 의의와 과제

1. 의의

본 연구는 독립적인 경제발전 전략을 수립하면서 동시에 정치대표체계의 민주적 제도화에 성공하기 위한 정치개혁이 민주주의 공고화의 핵심을 이룬다는 점을 강조했다. 합리성이나 내재적 가치보다는 국가자원의 시혜를 분배하는 수단성에 바탕을 둔 체제는 발전 전략에 있어서도 명백한 한계를 갖고 있다.

소사(Sosa)는 '민주적 전환'에 있어 이상적인 것은 민주주의의 심화이며 이는 사회정책 및 국가 중대사 결정에 있어 국민의 참여를 늘려야 하는 것을 말한다고 설명한다. 베네수엘라의 지배적인 대(大)정당들은 자신들의 생명이 다했다는 사실과 따라서 대체물을 진작시켜야 할 필요성을 의도적으로 인지하려 하지 않았다. 특정 체제를 영속시키려고 지나치게 집착하면 그것을 완전한 독재자로 전환시키는 결과를 가져와 과격세력에게 공격적인 이데올로기를 제공하는 빌미가 되고 민주주의적 이상과 관련해 얻은 큰 성과물을 훼손하며 나아가 국가 조직의 억압적 행동을 촉발시킬 수 있다는 것이다.[501]

Punto Fijo 체제에 깊숙이 파묻힌 취약성이 적나라하게 파헤져진 베네수엘라 사례는 '겉으로는 명백히 제도화된' 대의제 민주주의가 압박받을 때 어떻게 와해되는지에 대한 중요한 단서를 준다. 이런 단서들은 어떤 정치레짐도 변형되지 않은 모습으로는 결코 공고화될 수

---

[501] Sosa 1988, 249.

없음을 시사한다고 맥코이(McCoy)는 지적한다. 이런 교훈은 많은 개발도상국에서 1980년대 뿌리내린 최근의 더 많은 민주주의 체제에서 정치레짐을 정상화하려는 지도자들에게 심대한 중요성을 갖는 교훈이라고 할 수 있다고 맥코이(McCoy)는 강조한다.[502]

본 연구는 또 이른바 정책 내포(policy contents)를 중심으로 신자유주의와 카리스마적 지도자 간 친화성을 내세운 네오포퓰리즘 유형화가 갖고 있는 한계점을 지적했다. 포퓰리즘에서 정책 내포는 충분히 변할 수 있는 내용물이다. 같은 유형의 포퓰리즘 내에서도 정책은 충분히 변할 수 있다는 것이다. 1990년대 이후 나타난 포퓰리즘의 실체를 파악하는 일, 즉 유형화 작업은 포퓰리즘의 여러 요소들이 작동, 실행되는 정치체제, 즉 포퓰리스트 레짐의 변동에 주목해야 한다고 본 연구는 제시했다. 네오포퓰리즘 유형화에서 보이는 것처럼 포퓰리즘의 정책적 요소만을 포퓰리즘 유형화를 위한 변수로 규정, 사실상 포퓰리즘이 신자유주의로 대체되면 설명력에 있어 많은 한계에 노출된다는 점이다. 포퓰리즘은 신자유주의를 취하거나 버리거나에 있어 매우 자유롭다.

2. 과제

그러면 이번 연구에 이어 앞으로 추진해야 할 과제는 어떤 것이 있을까?

첫 번째 과제는 포퓰리즘이 '남미적 민주주의'로 규정될 수 있을까 하는 문제다. 이에 대해 레이(Rey)는 어떤 사람에게 포퓰리즘은

---

[502] McCoy & Myers 2004, 295.

진실로 중남미적인 운동으로서, 중남미 국가에서 대규모 대중을 동원하고 통합할 '힘'을 가졌다는 점에서 독창적이며 또한 중남미권에서 생존 및 존립 가능한 형태로 계속 변형하는(transformadora viable), 유일한 정치권력으로 평가된다고 한다. 하지만 동시에 어떤 이에게 포퓰리즘은 독재 선동적이고, 기회주의적이며, 조작적이고, 부패하며, 정치적 수사에만 능하고 무능한 운동에 불과할 수 있다는 것이다.[503] 로버츠(Roberts)는 중남미에서 포퓰리즘은 하층계급의 상당한 부분이 정치 동원화될 준비가 됐음에도 기존 정당들에 의해 효과적으로 대표되지 못하고 또한 그들이 정치적 자기 표현을 위해 제도화된 형태를 소유하지 못할 때 출현한다고 분석하고 있다. 이런 조건들은 20세기 중반 무렵 대중정치의 첫 단계 기간에 존재했다. 그리고 이 조건들은 '제1세대' 포퓰리스트 지도자들에 의해 구축된 대중 기반 대의제도가 침식되면서 1990년대 이후 보다 최근에 나타나게 된다는 것이다.[504]

이에 대해 곽재성은 중남미에서 진보성향의 후보들이 집권하는 현상을 '좌파 바람'이라고 단순화시키기엔 각국의 당면한 사정이 매우 특수하며 중남미 정치 과정에 있어 이데올로기에 대한 경도된 해석은 이 지역에 대한 피상적인 인식과 영미언론이 주도한 센세이셔널리즘의 부산물이라고 지적한다.[505]

두 번째는 포퓰리스트 레짐에 대한 개념화 문제다. 이와 관련해 중위적 수준의 레짐 카테고리를 주조해야 한다는 지적이 나온다.[506]

---

[503] Rey 1998.
[504] Roberts 2007b, 2~3.
[505] 곽재성 2007, 3.
[506] 이와 관련해 선거권위주의(electoral authoritarianism)란 개념이 제기된다. Schedler 2006과 Carrión 2006.

세 번째는 차베스와 후지모리의 비교다. 나아가 페루 APRA와 베네수엘라 AD, 그리고 페루 정당체제와 베네수엘라 정당체제를 비교하며 특히 중남미 전체 포퓰리스트 정당에 대한 비교정치학적 연구가 이뤄져야 한다고 본다.

네 번째, 포퓰리스트 레짐의 지속가능성, 작동 조건 그리고 그 가능성과 한계에 대한 깊이 있는 연구가 더 필요한 것으로 지적된다. 이에 대해 엘너(Ellner)는 "차베스 체제의 정치적 생존은 자신의 볼리바리안 운동 내부 소속원들의 자발적이고도 활동적인 지원을 계속 유지할 수 있는 능력에 달려 있다"며 "현재 차베스 지지 세력의 대부분은 MVR와 그 연합세력의 기반을 허물지 않으면서도 다른 모든 정당에 대해선 매우 비판적"이라고 지적한다. 엘너는 또 "상향식(arriba)과 하향식(abajo) 제도화란 두 가지 목적을 달성하겠다는 전략은 많은 경우에 있어 미묘한 균형체제인 것으로 보인다고 할지라도, 이런 두 강조점의 공존은 차베스주의(Chavismo)를 정의하는 것이기도 하고, 1999년 이후 차베스 체제의 정치적 성공을 설명하는 것이기도 하다"고 진단한다.

이 밖에 포퓰리즘에 대해 위기의 운동이라고 하는데, 어떤 위기이기에 정당 등 기존 정치제도가 포괄하지 못하는지, 그래서 포퓰리즘의 등장 이유가 관료제의 심화 때문인지, 아니면 그저 포퓰리즘은 합리성을 외면한 인기영합에 불과한 것인지 연구가 필요하다는 진단이 나온다.

특히 차베스 치하의 베네수엘라를 특징짓는 '사회적 양극화 →

정치적 양극화' 테제가 보내는 경고음에 귀를 기울여야 한다는 점이다. 이제, 본 연구는 차베스 대통령을 옹호하는 듯하면서도 매서운 비판의 칼날을 세우고 있는 베네수엘라의 대표적 여성 정치사회학자 로페스 마야(López Maya)가 차베스에게 보내는 정치적 양극화의 경고 메시지로 매듭을 짓고자 한다.

"1998년 대선(차베스 당선) 이래 치러진 여러 선거경쟁의 결과는 '급진적인 정치적 양극화(aguda polarización política)'로 대표되는 선거지도를 보여 준다. 정치적 양극화는 지난 수십 년간 전환의 과정에 의해 생산된 사회경제적 그리고 공간적 양극화 위에 투사(透寫)되고 있다. 사회는 두 개의 조각으로 분리된 모습을 드러내고 있다. 분리된 양측은 서로를 무시하며 존중하지 않고 혹은 상호 두려움을 느끼고 있다. 이처럼 구성된 사회는 사회적 조직을 아우르고 상처를 치유해야 할 커다란 도전에 직면해 있다. 차베스 대통령 그리고 그를 돕고 있는 정치세력, 그들이 발전시키고 있는 볼리바르 프로젝트는 사회적 화해와 통합을 이뤄야 할 피할 수 없는 임무에 충실해야 한다. 국가의 원상 회복과 그 제도화는 가장 중요한 것들 중 하나인 것으로 보인다. 이는 포용, 정의, 사회통합, 민주주의 심화를 위해 생각할 수 있는 제도의 건설을 말한다. 또한 공교육의 회복은 사회적 다양성의 만남이 가능해지고 차이 속에서도 평화와 관용의 사회적 삶을 나눌 수 있도록 할 상징적·문화적 틀을 교육시킬 수 있도록 한다. 무엇보다 상호 만남을 위한 공공장소로서, 나아가 참여민주주의의 발전을 위한 공간으로서 시민사회를 회복해야 한다. 문화는 사회통합을 위해 필요한 또 다른 공간이다. 시급한 것에는 사회의 여러 부문들이 대화를 나눌 수 있도록 정상적인 채널을 재확립해야 한다는 점이다. 이런 임무의 가장 책임 있는 인물은 차베스 대통령 그 자신이며 그의 정부임에 틀림 없다."[507]

---

[507] López Maya 2005, 293~294.

<보론>

정치체제로서의 포퓰리즘: 1990년대 전후 포퓰리즘 재탄생의 퍼즐

1. 포퓰리즘 정의와 네오포퓰리즘 논쟁

중남미 정치에서 포퓰리즘이 갖는 의미는 1990년 전후로부터 시작해 90년대 중반 이후 두드러진 네오포퓰리즘 논쟁으로 다시 주목을 받기 시작한다. 네오포퓰리즘 논쟁은 또한 1990년 전후 중남미 전역을 강타한 신자유주의 구조조정정책(adjustment policy) 소용돌이 속에서 민주화 이행 및 공고화 논의와도 맥이 닿아 있다.

이는 포퓰리즘 정의에 대한 문제로부터 시작된다.

서유럽 극우 포퓰리즘을 개념화한 터키 정치학자 베츠(Betz)는 포퓰리즘의 정의에 대해 3가지 차원을 제시한다. 논증구조(structure of argumentatuion), 정치 스타일 및 전략(political style and strategy), 이데올로기 차원이 그것이다.

Betz에 따르면 포퓰리스트 논증구조의 핵심 요소는 일반 보통시민들의 상식에 대한 명백한 신뢰, 현대 세계의 가장 복잡한 문제들에 대해 간단한 해결책이 존재한다는 믿음, 일반인들이 도덕적 우월함과 타고난 지혜를 지니고 있음에도 그들의 의견이 반영되는 기회를 거부당해 왔다는 믿음 등이다.

포퓰리스트 전략의 핵심 요소들은 일반 시민의 분명히 표출되지 않은 의견, 요구, 감정을 대변한다는 주장, 백일하에 분명하게 '정의된 적'에 맞선 '분개의 동원화(mobilization of resentment)' 등이 그 것이다. 끝으로 포퓰리스트 이데올로기의 핵심 요소들은 개인의 노력과 공동체에 대한 개인의 생산적 기여에 사회적 가치를 부여 하는 강력한 '생산자 윤리(producer ethic)', 다수 대중의 보편적인 관심사 대신에 극소수 계층의 특별이익에만 봉사하는 현존 사회경 제 및 사회정치 체제에 대한 '동등하게 강력한 거부' 그리고 근본 적으로 이익이 조화로울 수 있다는 믿음에 기반을 두어 진정한 민 주주의와 평등주의를 분명히 지향하고 있다는 주장 등이다.[508]

남미 포퓰리즘의 대가 디테야(Di Tella)는 포퓰리즘을 동원화했으 나 아직 자율적으로 조직되지 못한 민중 부문(popular sector)에 기 반을 둔 정치운동으로 정의한다. 이 민중 부문은 사회의 중간 및 상층부에 기반을 둔 엘리트에 의해 주도되며, 지도자와 추종자들 사이에 카리스마적 개인 리더십의 연계망에 의해 유지된다.[509]

캐노반(Canovan)은 포퓰리즘의 개념을 포괄적으로 사용하는 것 에 반대한다. 그녀의 조사에서 밝혀진 것처럼 무려 7가지나 되는 정치운동이 모두 포퓰리즘이라는 개념 아래 이해되고 있으나, 실 제로 이들을 공통적으로 묶을 수 있는 특징적 요소들이 별로 없다 고 할 것 같으면, 역사적 정치경제적 상황요소를 배제한 채 보편 적으로 적용할 수 있는 포퓰리즘의 개념을 정립해 보려는 노력은 그다지 의미 있는 결과를 얻지 못할 것 같다는 것이다. 그래서

---

[508] Betz, 1998, 4.

[509] Di Tella에 따르면 이런 포퓰리즘 동원화는 광범위한 사회적 그리고 문화적 특징의 결과로 oligarchy 외부 주 변부에서 자주 목격된다고 한다. 이 특징에는 ① 근대화된 부문과 더불어 후진 지역의 공존으로 인한 구조적 이중주의, ② 보다 좋은 직업을 열망하는 사람의 공급이 현 경제가 충족시킬 수 있는 것보다 더 많이 이뤄지 게 하는 도시화 및 교육수준, ③ 강력한 내부 이동 그리고 자율적인 계급집단의 동등한 경험을 수반하지 않 는 다른 형태의 대중 동원, ④ 도시 중간계급과 비교해서 합법성을 결여하는 국내 엘리트들과 외국 엘리트 들 사이의 동맹으로 경제력이 집중되는 현상 등이다(Di Tella, 1997: 196).

Canovan은 차라리 비슷한 환경에서 형성된 포퓰리스트 운동을 찾아, 그 속에 공통적으로 발견되는 현상(family resemblance)[510]을 분석해 보자고 제안한다.[511]

웨일랜드(Weyland)의 경우 포퓰리즘 현상을 지도자의 포퓰리스트적 특성을 강조하는, 이른바 '정치적 포퓰리즘'에 기반을 두고 있다. Weyland는 1990년을 전후해 등장한 아르헨티나의 메넴, 페루의 후지모리를 중심으로 네오포퓰리스트 지도자로 묶는다. 이들은 과거 초기 포퓰리즘과 마찬가지로 정당 등 조직이나 제도를 통하지 않고 이뤄지는 일개인 지도자 중심의 리더십(personalistic lesdership)이란 '정치적' 변수를 여전히 충족시키면서도 신자유주의와 친화성(affinity)을 보이는 거시경제적 경험을 공유한다는 것이며 이런 모습이 네오포퓰리스트 유형 분류의 핵심을 이룬다.[512]

그러나 차베스의 경제정책은 네오포퓰리스트 그룹의 핵심인 이른바 네오포퓰리스트와 신자유주의 간 친화성 테제와 정반대 모습을 띤다는 점에서 Weyland 유형 분류는 그 의미를 완전히 상실한다.[513]

---

[510] 이 논리에 따라 본 연구도 비슷한 맥락에서 나타나는 포퓰리즘의 다양한 모습을 이해하고 설명하기 위해 남미 포퓰리즘, 특히 1990년대 이후로 시기와 지역을 압축했다.

[511] 서병훈, 1988, 45.

[512] 1990년대 페루, 브라질, 아르헨티나에서의 드라마틱한 경제정책 변신(makeover)은 Weyland로 하여금 개인 리더십 스타일 그리고 제도형(institution-like)의 정치적 동원화에 기반을 둔 포퓰리즘의 엄격한 정치적 정의를 채택하도록 했다. 이에 대해 Conniff(1999, 172~174)는 경제정책을 포퓰리즘 변수에서 생략(omit)함으로써 classical-neo 포퓰리즘을 모두 포괄할 수 있다고 했다. '정치적' 포퓰리즘은 국가 주도 수입대체산업화(ISI) 경제정책의 '고전' 포퓰리즘과 신자유주의 경제정책의 '네오' 포퓰리즘이 모순되도록 만든 '경제적' 포퓰리즘의 해결책으로 나온 것이다. 그러나 Weyland가 실상은 정책요소를 '생략'한 게 아니라 '최대 중시'했다는 점을 Conniff는 놓치고 있다. 나아가 '경제적', '정치적' 포퓰리즘은 환원주의라는 비판이 지적도 있다. Vilas는 "재연마된 포퓰리즘 아니면 단지 신자유주의"란 논문에서 '중남미 네오포퓰리즘의 신화'를 부제목으로 하여 Weyland를 공격했다(Vilas, 2003). Vilas는 네오맑시스트 시각에서 포퓰리즘의 경제구조적 요소를 강조했다.

[513] 네오포퓰리즘의 창시자라고 할 수 있는 Weyland의 프퓰리즘 논의는 1994년부터 시작된다. 그는 이를 묶어 아르헨티나, 브라질, 페루, 베네수엘라 신자유주의시기 구조조정정책과 포퓰리스트 정책을 비교한 『The politics of market reform in fragile democracies』를 2002년 출간한다.

Weyland 유형화에 비판적인 카를로스 데라토레(Carlos de la Torre)의 경우 포퓰리즘의 분석에서 '추종자들의 동원화(movilización de seguidores)'가 중요하다고 한다. De la Torre에 따르면 Weyland는 포퓰리즘을 '정치적 전략'으로 개념화, 지도자의 행동에만 특권적 지위를 부여한다. 따라서 포퓰리스트 지도자가 자신에 대한 지지 및 추종 세력으로서의 대중에 응답하고 행동을 보이는 데는 충분한 관심을 보이지 않는다는 것이다. 대중은 상대적으로 탈조직화된 측면이 있다. 그러나 Weyland가 탈조직화 관념에 지나친 집착을 보임으로써 정당조직과 후원수혜 관계망을 포퓰리즘과 대립시키는 결과를 낳고 있다.

De la Torre는 더 나아가 Weyland의 포퓰리즘 유형 분류는 도움을 주기는커녕 연구를 더욱 혼란스럽게만 한다고 결론짓는다. De la Torre는 우선, 학계의 포퓰리즘 분석이 순환적이며 정밀한 개념화를 피하고 있다고 지적한다. 포퓰리즘의 핵심 요소인 '국민으로의 호소'와 '국민 동원화'는 어떻게 보면 정치에서 흔하게 볼 수 있는 현상의 한 부분에 불과할 수 있다는 것이다. De la Torre에 따르면 "포퓰리즘은 '보통사람'을 소수 특권지배층과 다르고 이에 반대하는 민중(pueblo)으로 동원화해 정치의 장에 편입(incorporation)시키는 형태의 방식으로 분석해야 하는 사회적 관계다"라고 정의 내린다.[514] De la Torre는 "민주적 열망이 대부분 지키지 못한 약속으로 계속 남는 한 포퓰리즘은 순환, 반복되는 유혹으로 다가온다"고

---

[514] 이른바 담론분석(discourse analysis) 이론자들은 민중을 편입시키는 방식에 있어서의 '포퓰리스트 담론'을 강조한다. Hawkins는 이런 맥락에서 포퓰리즘을 "단일한 민중의지(popular will)와 'people vs oligarchy' 이분법적인 관념을 강조하는 민주주의적 담론에 의존하는 용어"로 정의 내린다(Hawkins, 2003: 1139). 포퓰리스트 담론 분석을 기초로 한 Laclau(1978), Parker(2006) 등에 의해 이뤄진 포퓰리즘 연구가 있다. 본 연구는 포퓰리스트 담론을 포퓰리스트 지도자의 특성으로 포함시켜 포퓰리즘의 구성적 요소로 파악한다.

지적한다.[515]

De la Torre는 따라서 다른 역사적 순간 그리고 다른 정치문화 속에서 나타나는 포퓰리즘의 구체적 표출을 연구할 필요가 있다고 주장한다. 그는 결국 "견고한 개념화는 우동적인 경향으로 대체돼야 한다"는 앨런 나이트(Alan Knight)의 문구를 들어 자신의 입장을 대변한다.[516] 특정시기, 특정국가의 개별적 연구는 유용하지만, '위험하고 과감한' 포퓰리즘의 일반적 유형화는 피하겠다는 것이다. De la Torre의 이런 입장은 그간 수없이 비판돼 온 포퓰리즘의 모호성에 '굴복'한 것이나 다름 없는 것으로 분석된다.

그럼에도 불구하고, 포퓰리즘 연구에서 대중 혹은 민중의 비조직성을 간과하지 말라는 그의 주문은 주목할 대목이다. 그는 추종세력이 동원화되는 구체적 메커니즘을 연구해야 한다고 제시한다. 이 과정에서 포퓰리스트 언술은 마니교도의 극단적 이분법적 논리로 민중(pueblo)과 소수특권층(oligarquía)을 대립시킨다. 이런 이분적 대치의 성격과 카테고리하에서 병합된(incluido) 그룹과 배제된(excluido) 그룹은 분석돼야 한다.

De la Torre에 따르면 포퓰리즘은 '정치의 많은 부분에서 배제된 데 대한 응답(la respuesta de la exclusión de muchos de la política)'으로서 탄생했다. 포퓰리즘의 지속성은 여러 국가에서 빈민들이 자신들의 권리에 대한 접근이 봉쇄당하고 있는 데 원인이 있다.[517]

노바로(Novaro) 역시 Weyland, Kenneth Roberts 등이 새로운 포퓰리즘과 신자유주의 정책 사이에 친화성이 있을 것이라고 주장한

[515] de la Torre, 2003, 63~64.
[516] Alan Knight, 1998, 231.
[517] de la Torre, 2003, 64~66.

데 대해 반론을 제시한다. Novaro에 따르면 포퓰리즘 전통과는 관계 없는, 최소한 다르다고 볼 수 있는 여러 다른 지역의 정부에서도 이런 정책이 채택됐다는 점이 고려돼야 한다는 것이다. 또한 90년대 전후 중남미에서 신자유주의 정책의 채택은 '시대 분위기(clima de época)'에 따른 것이거나 혹은 깊은 위기상황에 경제정책을 취하는 데 있어 자유로운 선택의 폭이 매우 제한됐다는 점이 검토돼야 한다.

그래서 신자유주의 정책 결정과 이 정부들이 속한 전통 혹은 그 유권자들의 특징 간 관계는 매우 신중하게 그리고 전환기적 결절(coyuntura)의 범주를 넘어서는 시각으로 조망돼야 한다. 다시 말해, 국제적 기준에서 볼 때 신자유주의 정책은 고전 포퓰리즘의 국가 주도적 경제모델과는 대척점에 놓인다는 사실은 국내시장 보호, 특정재산 및 공공서비스의 제고, 민족주의 등 포퓰리즘의 원칙을 해석하고 실제적으로 적용하는 모호성을 잊지 말아야 한다는 걸 상기시켜 준다.

따라서 Novaro는 포퓰리즘에 대해 정치 프로그램 혹은 이데올로기 형태로 정해진 내용물을 넘어서서 정치적 병합(agregación)의 한 특정 형태로 특징지어져 온 점을 주목한다. 다시 말해 정치적 요구의 인식과 정체성의 구축을 위한 양식(estilo)으로 이해된다.[518]

[518] Novaro, 1996.

2. 포퓰리스트 병합구조: 융합에서 배제로

1) 이념적 후퇴와 다층연합의 굴레

남미 포퓰리즘이 광범위한 계층을 흡수하고 있다는 점은 여러 저서에서 주요 특징으로 다뤄져 왔다. 운동을 주도하는 세력은 대부분 중산층 출신이나, 상위 계층에서도 일부 가담이 된다. 또한 주된 지지세력은 도시노동자로 충원되나, 농민의 참여 또한 무시할 수가 없다. 다른 말로 하자면, 전통적 지배계층(oligarchy)을 제외하곤, 사회의 거의 모든 계층이 포퓰리스트 운동의 지도자 또는 지지세력으로서, 포섭 및 동원의 디상이 된다는 것이다.[519]

많은 학자들이 다층연합 포퓰리스트 융합을 민족주의-포퓰리스트 정당으로 분류한다. 벅스턴(Buxton)에 따르면 이런 민족주의-포퓰리스트 정당에는 페루 APRA(인민혁명동맹), 베네수엘라 AD(민주행동당), 볼리비아 MNR(민족혁명운동). 멕시코 PRI(제도혁명당) 등이 포함된다. 하나같이 민족주의-포퓰리스트 정당은 토착지주 엘리트, 외국 자본가, 공산주의, 독재자 등을 '적'으로 규정한 뒤 중간계급, 노동계급, 농민계층, 국내 산업과 연계된 자본가 등 여러 다양한 계층과 계급, 사회 부문을 한데로 합쳐 연합(coalition)을 형성함으로써 '적'으로부터 보호하려 했다고 Buxton은 정리한다.[520]

특히 베네수엘라를 대표하는 정치학자 중의 한 명인 레이(Rey)는 포퓰리스트 병합구조가 융합적 동원화에서 배제적 동원화로 나간다는 점을 포퓰리즘 이론적으로 증명해 주목을 끈다. Rey에 따

---

[519] 서병훈, 1988, 52.
[520] Buxton, 1999, 57.

르면 포퓰리스트 레짐의 내부 통합과 융합을 유지하는 데 있어 다양한 여러 구성요소들의 이익들을 실용적 형태로서 수용할 수 있도록 할, 복잡하고 때로는 불안정한 체제의 기능이 필수적이다. 또한 이런 형태의 연합이 출범한다는 것은 통합의 구성요소로 참여하는 여러 그룹들을 위해 다양한 혜택과 보상물을 내포하고 있다고 할 수 있다.[521]

포퓰리스트 이데올로기는 모호하고 분명하지 않은 성격에도 불구하고 법치국가, 특권층 일소, 정치 참여의 민주화 등과 같은 가치들 그리고 효율성과 강직성에 기반을 둔 공공행정을 실시해야 한다는 필요성을 주창한다. 이런 원칙들은 과두제(oligarchy) 국가에 반대하는 운동으로 동원되면서 포퓰리스트 지도자의 정치문화에 굳건히 터를 잡은 효율적 조치에 응답한다.

그래서 의심할 바 없이, 이런 포퓰리스트 운동에서는 민주화, 근대화, 제도적 발전의 과정을 가능하게 할 특권을 부여받은 역사적 인물을 목격할 수 있는 것이다. 그럼에도 불구하고, 똑같은 이 정치문화에서 전술한 이데올로기와 분명히 모순되고, 아니면 최소한 실제 행동의 목적에 맞게 매우 개별적인 모습으로 '기형(畸形)' 혹은 '변용(變容)'을 강요하는 다른 요소들이 나타난다. 이런 요소들 사이에서 다음과 같은 사항이 검토된다.[522]

이데올로기적으로 법치국가 그리고 비(非)개인적인 관계의 국가가 공포된다고 할지라도 포퓰리스트 지도자는 전통적인 지배형태를 깨뜨릴 목적으로, 이젠 자기 입장에서 개인적 성격의 관계와

---

[521] Rey, 1998a, 125.
[522] Rey, 1998a, 128~131.

연계망의 생성을 이용해야 한다는 것이다. 포퓰리스트 지도자는 근대 국가 및 세계에서 비개인적이고 추상적인 관계를 통해 전통문화 그 자체의 요소들을 통합할 능력이 없으며 맞서 투쟁하는 목표 대상인 전통 과두제의 지도자들이 쓰던 것과 유사한 방법을 이용해야 한다.

포퓰리스트 지도자는 수혜를 제공하며 지지자들을 거느리는 후원자로서 새 사회단체와 정치체제 사이의 연결망을 형성하면서 그 자체로 모순되는 두 정치문화 중간에 서 있다. 이는 '주인이 중재자와 짝을 이루는' 형식이라고 할 수 있다. 포퓰리스트 지도자는 근대체제의 비개인적이고 추상적인 코드를 부여받은 규범에 친화적인 인물이다. 하지만 포퓰리스트 지도자는 또한 전통 과두체 지역 실력자(caudillo)들의 불문 규율들을 인지하고 있었고 이를 이용했다.

또한 이데올로기적 관점에서, 기술적 효율성과 경쟁력에 기반을 두고 합법성 원칙에 종속되는 공공행정의 필요성이 주장되지만, 현존 사회질서를 바꾸려고 하면 할수록 카리스마적 지도자를 낳으며 촉발시킨 개인적 지지 관계에 기반을 두게 된다. 반면, 화해·조정이 지배적인 체제로서 나타나는 사례에서는 포퓰리즘은 공리적 형태의 타협 체제를 생성시키는 경향이 있다. 또한 여러 특징들 가운데 다음과 같은 요소들이 모습을 드러낸다.

① 과거 주변부 빈민층 그룹에는 경제·사회적 참여를 위한 채널이 열린다. 이는 여러 형태의 재분배 정책 그리고 지지 및 동조세력을 위해 '관료적 후원수혜관계(clientelismo burocrático)'로 불리는

국가기구에 고용을 창출하는 방식을 통해서 이뤄진다.

② 특권과 다양한 경제적 기회를 부여하는 방법을 동원하고, 정치적으로 중요한 그룹을 통합시킬 목적으로 보조금 지급 정책을 전개한다.

③ 화해조정과 합의에 대한 지나친 강조로 문화적으로 수용 가능한 절차를 거쳐 정부 요직을 자신들끼리 배분하는 여러 정당들의 연합체를 형성하게 된다.

④ 여기서 더 나아가 극단적인 경우에는 총체적으로 부패한 체제가 들어서게 된다.[523]

노바로(Novaro)는 포퓰리즘의 대표 구조가 갖는 한계에 주목한다. 그는 포퓰리즘에 대해 기원상 사회적·정치적으로 유동성이 큰 상황에 대한 해답이었다고 정의한다. 첫 동원화 시기에는 사회적으로, 조직적으로 상승 일로에 있는 행위자들을 병합하는 게 중요했고 포퓰리즘은 그런 경향을 강화하는 역할을 맡았는 데 비해 지금의 유동성은 정반대의 궤도를 그리는 것으로 보인다는 게 그의 핵심 주장이다. 조직화된 그룹은 사회적 총체로서의 무게를 잃고 일반이익을 대표하는 능력이 약해졌고 사회의 폭넓은 부문 그리고 노동자층, 중간계급 심지어 자본가층까지 자신들의 삶의 질과 그리고 정부제도에 대해 자기 요구사항을 제기하는 데 있어 전통적인 그들의 도구들이 퇴보했다고 여긴다는 것이다.[524]

---

[523] Rey, 1998[a].

[524] Novaro는 포퓰리즘의 대표체제가 정체성과 연결되면서 "정당 혹은 운동으로 표출됐던 강한 정체성이 존재하지 않는다면 무엇이 대표될 수 있을까"라고 대표구조 변동에 의한 포퓰리즘 변화를 강력 시사하고 있다(Novaro, 1996).

2) 배제적 동원화

차베스가 전체 인구층의 특정 섹터(부문)의 관심사에 특별히 호소하는 형태는 1989년 이전 정치와의 차별화를 대표한다. 이전 정치는 압도적으로 다계급 연합이었고 상대적 계급 간 유동성을 반영하고 있으며 상당 시일에 걸쳐 유지됐다. 1989년 이후 계급적 태도와 위치 지음의 강화는 절대적인 것과는 확실히 다른 것이지만 차베스주의(Chavismo)의 부상을 가져온 사회적 배경을 제공했다.[525]

베츠(Betz)는 1980년대와 90년대의 '새 포퓰리즘'의 가장 두드러진 특징으로 서유럽 급진우파의 정당들과 운동들이 '분개의 동원화'에 주로 기반을 둔 정치전략을 채택하고 있다는 점을 들고 있다. Betz는 또 이런 우파 운동의 가장 핵심적인 타깃은 기득 보수권 정당, 정치계급(political class), 이민자들, 난민, 외국계 영주권자들이라고 제시한다. Betz는 특히 포퓰리스트의 공격 타깃은 나라마다 그리고 특정 상황에 따라 다양하다고 말한다. 예를 들어 호주 원주민, 인도 거주 이슬람교도들, 커나다의 프랑스어 사용자들, 이탈리아 북부에 사는 남부 출신자 등이 그런 경우다. 한편으론 경제정책을 보면, 고전적 파시즘 혹은 전후 일부 우파운동들과는 달리 현재의 급진우파 정당들과 운동들 대부분은 자유시장 경제체제와 자본주의 체제를 지원하는 경향이다. 급진우파의 신자유주의 프로그램 근저에는 기업과 개인 창의성 및 노력의 가치에 대한 강력한 믿음에 기반을 두고 생산주의적 그리고 기업가적 정신을 강조한다. 이런 정신의 핵심에는 중소기업을 장려해야 한다는 주장

---

[525] Ellner & Hellinger, 2003, 52.

이 담겨 있다.[526]

또한 극우파 포퓰리즘은 '진정한 민주주의'를 위한 첫 단계로서 참여민주주의로 나아가기 위해 국민투표와 소환투표 등을 중요한 교정 장치로 선전한다. 이런 요구와 제안의 목표는 '국가의 범위 (scope of the stste)'를 급진적으로 축소시켜 그리하여 굳건히 자리 잡은 보수 기득권층의 정당들과 정치계급의 권력자원을 '박탈'하려는 것이다. 이와 함께 세계화에 따라 경쟁이 격화하면서 많은 나라의 경제적 우려가 커지자 일부 급진우파 정당들은 '대중의 격정'에 호소하기 위한 시도로 '경제 민족주의' 수사학을 채택했다. 경제 민족주의는 국제금융기관 그리고 외환거래기관, 이른바 '속박 없는 자본(footloose capital)' 등이 새로운 '분개의 목표물'로 추가됐다. 급진우파 포퓰리스트 정당들은 보호주의적 조치와 국제금융시장의 재규제를 옹호한다.[527]

특히 주목해야 할 점은 우파 급진 포퓰리즘의 '분개의 동원화'에서 가장 중요한 공격 타깃은 이민자들이었다. 왜냐하면 이민자들은 폭넓은 공격 지점을 제공하기 때문에 우파 포퓰리즘의 '이상적' 이슈임이 증명됐다. 급진우파들은 지난 10여 년간 이민이 일반적으로 야기한 선천적 경향을 충분히 이용하는 데 남달랐다. 이민과 난민 유입을 봉쇄하거나 완전히 축소시켜야 한다는 제안은 서유럽의 모든 급진우파 포퓰리스트 정당들의 정치적 프로그램과 성명서에서 가장 두드러지는 특징이다. 또한 이런 주장들은 경제 민족주의 레토릭과 맞물릴 때 특히 효과적이다.[528]

---

[526] Betz, 1998, 4~5.
[527] Betz, 1998, 5.
[528] Betz, 1998, 6.

또한 Betz는 포퓰리즘과 구조적 변화 간 관계에 주목한다. 북미와 서유럽에서 좌파 및 우파 포퓰리스트 동원화의 역사는 이들이 모두 '위기의 운동(movements of crisis)'이었다는 점을 암시한다는 것이다. 무엇보다 '위기의 운동들'의 출현은 대규모 '사회적 탈구(脫臼)(social dislocation)'와 긴밀히 연결돼 있다.[529]

20년 전까지만 해도 서유럽에서 대중적 기반을 지닌 극우정당은 역사적 연구의 대상이었을 뿐 현실정치의 요인은 아니었다. 그러나 1980년대 말경부터 근본적인 변화가 일어난다. 이때부터 새로운 유형의 우파 정당과 운동들이 서유럽을 비롯해 많은 자유민주주의 국가들에서 괄목할 만하게 정치적 기반을 구축하고 있다.[530]

3) 가상의 집단적 정체성: 배제적 포퓰리즘의 성립 조건

베츠를 인용한 주정립의 분석에 따라, 우파 포퓰리즘이 1980년대 이후 괄목할 만한 성장을 보이고 1990년대를 거치며 서유럽 정치지형에 확고하게 뿌리내린 사실은 우연이 아닐 것이란 논지가 관심을 끈다. 대부분의 학자들이 지적하듯 그것은 소위 '지구화' 과정을 배경으로 하고 있다.

'지구화' 과정은 우파 포퓰리즘의 대두와 세력 증대에 어떤 영향을 미쳤을까? 주정립은 '지구화의 패자설'에 주목한다. 베츠가 지적한 '지구화의 패자설'은 최근 20여 년 사이 서유럽에서 우파 포퓰리즘이 괄목하게 성장한 것과 관련해 두엇보다도 지구화의 '패자'들이 지구화 과정 속에서 점증하는 소득격차와 실업, 상대적 주

---

[529] Betz, 1998, 6.
[530] 주정립, 2006, 70~73.

변화(marginalization)에 대해서, 그리고 기존 정당과 정치 엘리트들이 이러한 현상들에 효과적으로 대응할 능력과 의지를 보이지 못하는 것에 대해서 반기를 든 결과로 설명하고 있다.

이런 시각을 떠받쳐 줄 수 있는 것으로 우파 포퓰리즘 정당들의 '프롤레타리아화' 경향이 거론된다. 1990년대 이후 노동자계급이 점점 더 이 정당들의 지지층을 형성하게 되었다는 것이다. 실제로 오스트리아에서 2000년에 실시된 총선에서 미숙련 및 숙련 노동자의 45%, 전문노동자의 48%가 오스트리아 자유당에 표를 던졌다. 이로써 오스트리아 자유당은 전통적 노동자당인 사회민주당을 능가하는 제1의 '노동자당'으로 되었다. 프랑스에서도 이러한 경향이 뚜렷해 90년대 말에 이르면 르펜 지지자의 거의 반 정도가 노동자계급으로 구성된다. 르펜 지지자들은 비교적 낮은 교육수준을 갖고 있으며 미래에 대해 평균 이상으로 높은 정도의 비관적 전망을 보이고 있다. 그러나 베츠 등은 서유럽의 대다수 우파 포퓰리즘 정당들이 서유럽에서도 복지수준이 가장 높고 실업률이 가장 낮은 편에 속하는 국가와 지역들이라고 할 수 있는 노르웨이, 덴마크, 스위스, 이탈리아의 북동부 등에서 가장 큰 성공을 거둔 사실 등을 들면서 '지구화의 패자설'이 너무 단순화시키는 설명이라고 지적한다. 어쨌든 우파 포퓰리즘 정당들은 신자유주의 이데올로기로 무장하고 있으면서도 바로 신자유주의적 '현대화'의 패자들에게까지 호소력을 발휘하고 있다. 이는 이 정당들이 '민족'과 같은 가상의 집단적 정체성을 상징적으로 구축함으로써 계급·계층 간의 이해관계의 대립을 '호도'하기 때문일 것이다. 국민전선의 '민족적 선호'나 하이더의 '오스트리아인 먼저'와 같은 구호는 '지구화의 패자들'과 지구화 과정으로부터 불안감을 느끼는 자들의 민족주의적 정서에 '효과적으로' 호소하고 있다.[531]

급진 우파 포퓰리즘 정당(radical right-wing populist parties)들의 대다수는 기득권의(established) 사회둔화적 그리고 사회경제적 체제를 단호히 거부하면서, 이와 동시에 일반적 의미에서 민주주의의 정당성에 공개적으로 의문을 제기하지 않으면서 개인적 성취, 자유시장, 국가역할의 급격한 축소 등을 적극적으로 옹호한다는 측면에서 '급진적(radical)'이다. 또한 이들은 세 가지 측면에서 '우파(right-wing)' 정당이다. 즉 이들은 개인 간 및 사회적 평등은 물론이고 이를 추구하는 정치 프로젝트를 거부하고, 주변화 소외 그룹을 사회적으로 통합하는 데 반대하며, 인종차별과 반(反)유대주의를 공공연하게 드러내 놓고 주장하진 않지만 외국인 배척(xenophobia)을 호소한다는 측면에서 우파의 정치적 성격이 뚜렷하다. 특히 이들은 포퓰리스트(populist)다. 일반 대중들 사이에서 지배적 체제에 대한 환멸과 일부 세력을 두려워하는 감정이 확산되는 것을 이른바 '비도덕적이고 뻔뻔하게도(unscrupulous)' 이용하고 도구로 삼고 있으며 '보통사람(common man)'과 우수한 것으로 자체 평가하는 상식에 호소하고 있다는 점이다.[532]

서유럽에서 80년대 이후 10여 년의 정치 기간 '분개와 소외'가 지배적으로 됐다. 대부분 서구민주주의 사회에서의 시민들 상당수는 자기중심적이며 자기만을 위하며 평범한 사람의 생각과 바람에는 '응답'하지 않고, 나아가 사회의 가장 긴급한 문제에 대한 실행

---

[531] 주정립, 2006, 72~73.
[532] Betz, 1994, 4.

가능한 해결책을 채택할 수 없을 것으로 간주하는 정치제도에 더 이상 신뢰를 보내지 않는다. 기확립된 정당, '정치계급'의 소수 권력층 그리고 가장 중요한 일부 사회·정치 제도가 지속적으로 침식되면서 유권자들은 갈수록 전체 정치권을 거부하거나 혹은 시위의 수단으로 투표권을 행사하고 있다는 점이다.[533]

Betz는 신자유주의 포퓰리즘(neoliberal populism)에서 자민족 중심 포퓰리즘(national populism)으로 변화에 주목한다. 서유럽 급진우파 포퓰리즘의 정치 어젠다를 위한 신자유주의 독트린은 사회경제적 변화에 맞춰 이민 문제를 핵심 이슈로 한 '자민족 중심 포퓰리즘'으로 변화하게 됐다.[534]

4) 동태적 유형화

1990년대 이후 신자유주의와 포퓰리스트 리더십을 결합시킨 네오포퓰리즘은 이론적, 경험적으로 많은 문제점이 있음이 앞에서 충분히 다뤄졌다. '포퓰리스트 차베스'를 이해하기 위해서는 새로운 접근이 요구된다. 우리는 네오포퓰리즘과 같이 다양한 모습으로 변신하는 포퓰리즘의 동학(動學)에 주목한다.

다시 말해 포퓰리즘에서 네오포퓰리즘 혹은 신자유주의로의 변화(From populism to neopopulism)가 아니라 포퓰리스트 레짐 변화(From one populist regime to another populist regime)로 포퓰리즘 유형화에 주목해야 한다는 사실이다.

중요한 것은 신자유주의는 레짐을 특징짓는 정책 내포(policy

---

[533] Betz, 1994, 37.
[534] Betz, 1994, Chapter 4.

content)로서의 위치만 갖고 오히려 레짐의 보수적 성격과 전략이 중요하다. 보수적 성격은 1990년대 중남미 정치체제를 위임민주주의(delegative democracy)[535]로 이름 쿨인 오도넬처럼 행정부의 권력 강화, 의회 통치력 약화, 네오코포라티즘 약화 등으로부터 곧바로 알 수 있다.[536]

요컨대 정책 내포는 충분히 변할 수 있는 성격으로서 그 자체를 종속변수로 규정, 사실상 포퓰리즘이 신자-유주의로 대체[537]돼서는 안 된다는 점이다. 포퓰리즘은 신자유주의를 취하거나 버리거나에 있어 매우 자유롭다. 오히려 우리는 신자유주의에 대해 보수 포퓰리스트 레짐을 실패하게 만드는 독립변수르 본다.

이를 위해 우리는 우선 포퓰리스트 레짐의 변동(Change)과 변형(Transformation)의 차이에 주목했다. 이어 유형(Type)을 발전 단계별 레짐(Regime)으로 전환시켰다. 세 번째로 포퓰리즘 정의를 위한 변수와 상수의 '자리 바꿈'을 제시한다. 다시 설명하면 핵심 변수였던 지도자(Leader)는 상수로, 상수였던 대중(People), 과두제 세력(Oligarchy)를 변수로 돌린다. 네 번째, 정책 변수(Policy Contents)에서 포퓰리스트 레짐 병합구조(Incorporation Structure)에 초점을 맞춘다.

이제 이에 대해 자세히 알아보기로 한다.

---

[535] '위임민주주의'에서 최고 통치자는 민주적 절차를 통해 선출되지만, 일단 선출만 되면 모든 권력이 통치자 1인에게 위임되고 집중되는, 제도화 이전의 민주주의에 머물러 있다(손호철, 1999: 5장).

[536] O'Donnell, 1994.

[537] 하버드대 정치학과에서 박사학위를 받은 Murillo의 연구 역시 독립변수와 종속변수에서 차이는 있을지라도 기본적으론 '포퓰리즘에서 신자유주의로'란 틀 안에 있다. 그는 노조—정부 간 관계에 대한 당파이론(Partisan Theory)을 제시했다. 이는 시장친화적 개혁을 둘러싸고 노동에 기반을 둔 포퓰리스트 정부와 노조 간 상호작용의 결과인 노조—정부 간 관계, 달리 말해 노조의 반응의 종속변수로 두고 정당일체감, 정당 간 경쟁, 노조 간 경쟁 등 세 독립변수로 설명하는 이론이다. Murillo에 따르면 노조—정부 간 관계에 대한 기존 이론은 국가 수준의 제도 혹은 경제부문의 이익이 독립변수로 설정됐었다(Murillo, 2000: Chapter 1).

2. 포퓰리스트 레짐 4단계 이행모델

1) 포퓰리스트 민중 부문 병합

포퓰리즘에 대해 노바로(Novaro)는 정치 프로그램 혹은 이데올로기 형태로 정해진 내용물을 넘어서 정치적 병합(agregación)의 한 특정 형태로 특징지어져 온 점을 주목한다. 다시 말해 정치적 요구의 인식과 정체성의 구축을 위한 양식(estilo)으로 이해된다.[538]

포퓰리즘은 권력구조(power structure)에 대한 반응이다. 포퓰리즘은 일반국민(people)을 대변한다는 점을 근거로 정당성을 주장한다. 즉 그들은 '경제계급'과 같은 부문적 이익이 아니라 민주적 주권을 대표한다고 역설한다. 경제적 불만이 포퓰리스트 운동에 항상 중요한 측면이 있지만 이런 경제적 불만 거리들은 민주적 권력이란 정치 문제로 번역된다. '국민'을 대변한다는 주장은 직설적인 것과는 거리가 멀다. 이런 말은 애매모호하고 포퓰리스트들은 수사학적 가능성을 최대로 이용하는 데에 익숙해져 있기 때문이다.

캐노반(Canovan)은 '포퓰리스트 담론'을 세 가지 차원에서 분석한다. 한 측면은 '단일체 국민', 민족 혹은 국가에 호소한다는 점이다. 단일체라는 의미에서 '국민'의 비전은 제도권의 구태의연한 정쟁에 이제 인내심이 없어졌다는 것이다. 또한 이런 비전은 카리스마적 개인이 국가문제를 의인(擬人)화해 민족적 이익을 구현하는 인물로 부각할 수 있는 능력을 갖춘 강력한 리더십에 지지를 보내도록 촉구한다. 이런 '단일체'에 대한 강조는 자주 일가친척과 지인(知人)이란 의미에서의 '우리 국민'으로의 호소와 합쳐진다. 앞의

---

[538] Novaro, 1996.

호소가 어떤 형태로든 통합적이라면 '우리 국민'으로의 호소는 분할적인 것이다.

예를 들어 외국 이민자들 등 '우리 편에 속하지 않은' 이들을 우리 국민으로부터 분리한다. 대표적인 정당이 프랑스의 국민전선이다.[539] 그렇지만 포퓰리스트들이 모두 단순히 우파라고 가정한다는 것은 국민에 대한 호소에 있어 '제3의 종류(a third variety of appeal to the people)'에 표현된 평등주의 충동을 무시하는 것이다. 이는 보통 사람(common people)이라고 불리기 위해 이용되는 것의 동원화를 말하며 지금은 특권화돼 있고 매우 많은 교육을 받았으며 세계평화주의적인 엘리트들에 맞서 일반인(ordinary people)이란 말로 불리는 게 더 어울릴 것이다. 이미 확립된 민주주의에서 포퓰리스트들은 '평범하고 점잖은 사람'의 '침묵하는 다수'를 대변한다고 주장한다. '평범한 사람들'의 이익은 오만한 엘리트, 부패한 정치인 그리고 귀에 거슬리는 소수에 의해 정기적으로 유린당했다고 포퓰리스트들은 지적한다.

하지만 경험상 국민 대중을 대표한다는 포퓰리스트들의 주장에는 많은 의문점이 던져지는데, 포퓰리스트 선거캠페인은 유권자 다수에 근접해 득표한 사례가 거의 없기 때문이다. 그러나 국민에 대한 호소에 있어 모든 이런 다양한 형태를 이용하는 걸 보면 그들이 민중권력(popular power) 관념, 다시 갈해 민주주의 사고가 제공하는 정당성 틀에 의존하는 정도에 주목해야 한다는 점이다.[540]

---

[539] Canovan, 1999, 4~5.
[540] Canovan, 1999.

2) 대표체제의 제도화

대표와 정체성은 민주적 이행 과정에 수반하는 전통적 정치형태의 위기 때문에 최근 들어 논쟁의 핵심 주제가 됐다. 바로 이 점이 네오포퓰리스타 지도자들에게서 가장 흥미로운 점이다. 정치의 주체로서 '국민'의 해체와 파편화에 따라 네오포퓰리스타 지도자들이 등장했다. 국민 해체와 파편화에는 두 가지가 주요 원인으로 작용했다. 첫 번째는 통합된 이익집단 측에 의한 정치적 요구를 특히 노동조합의 운동으로 병합시키는 능력이 약해졌고 두 번째는 고전적 단계의 포퓰리즘이 만든 국가제도의 기능과 합법성이 기력을 다했다는 점이다. 새로운 지도자들은 과거 중남미에서 포퓰리즘의 번성을 위해 필수적이었던 구조적 조건의 비가역적 단절이 명백해지는 순간 동시에 등장했다. 추가하면 새로운 지도자들은 경우에 따라서는 포퓰리스타 기원을 가진 정당에 기반을 두고 있지만 이 정당은 큰 변화를 겪었다. 조직된 정치구조를 실질적으로는 결여한 것을 포함해 다른 기원을 가진 구성물에 기반을 둔 경우도 있다. 이 어떤 것도 '30년대에서 '70년대까지 이 국가들에서 형성됐고 영향을 줬던 것과 대비되는 '운동'의 뒤를 따르고 있지 않다. 정체성 및 대표되는 형식에 일어난 것은 무엇인가.[541]

3) 정치적 대표 구조와 정체성의 위기

Novaro의 가설은 고전적 포퓰리즘에서 필수불가결했던 구조적 조건의 분리가 오늘 우리가 포퓰리스타라고 이름 붙였던 정체성과 지도력의 양식이 고전적 포퓰리스타 운동의 그것과 실질적으로 다

---

[541] Novaro, 1996.

른 것을 결정한다. 중남미에서 '80년대 후반과 '90년대 초반 이야기돼 온 대표성의 위기는 세계 다른 지역과 마찬가지로 '80년대 중반 시작된 상당한 구조 변화와 관련돼 있다.

이는 조직화된 이익 부문의 분열, 노동시장에서 극도의 불안정과 신분의 유동성, 고기비늘 무늬식으로 쿠문 간 이익충돌의 복잡한 배열, 재화와 서비스를 제공하는 국가가 부닥친 어려움의 증가 등이었다. 여기에 이런 문제들에 신속한 답변을 주기에는 막 생겨난 제도가 상당한 결점이 있었다는 점이 추가된다.

이런 상황에서 정체성과 전통적 이익결집이 약화하고 정부 여당들이 시민의 가장 긴급한 문제에 답을 줄 능력이 없으면 정부 여당, 어떤 경우에는 주요 야당들까지 포함해 정당 소속 혹은 정당에 대한 신뢰감이나 일체감 및 소속감이 급속도로 침식받게 된다. 흥미 있는 점은 이중적 탈구(脫臼, desarticulación: 연결된 부분의 분리) 현상이다. 위로는 정치체제에서 정당과 정부 제도의 위기란 탈구가 나타나고, 무엇보다 아래로는 사회의 조직화된 행위자들이 기존 블록에서 떨어져 나간다. 응집도가 매우 낮은 사회질서가 이를 대신한다. 이른바 '정점도 중앙도 없으며, 대변인과 내부 대표자도 없는 체제'가 등장한다. 이는 모양이 다양한 동질이상(同質異像·polimorfa)이라 할 수 있다.[542]

포퓰리즘은 기원상 사회적, 정치적으로 유동성이 큰 상황에 대한 해답이었다. 그때에는 사회적으로, 조직적으로 상승 일로에 있는 행위자들을 병합하는 게 중요했고 포퓰리즘은 그런 경향을 강화하는 역할을 맡았는 데 비해 지금의 유동성은 정반대의 궤도를

---

[542] Novaro, 1996.

그리는 것으로 보인다. 조직화된 그룹은 사회적 총체로서의 무게를 잃고 일반이익을 대표하는 능력이 약해졌고 사회의 폭넓은 부문 그리고 노동자층, 중간계급 심지어 자본가층까지 자신들의 삶의 질과 그리고 정부제도에 대해 자기 요구사항을 제기하는 데 있어 전통적인 그들의 도구들이 퇴보했다고 여긴다. 그런 상황에서 정치적 대표는 무엇을 의미할 수 있을까? 정당 혹은 운동으로 표출됐던 강한 정체성이 존재하지 않다면 무엇이 대표될 수 있을까?[543]

베네수엘라의 정치행로는 석유에 의해 이끌어지는 개발전략(oil-led development)의 결과일 뿐만 아니라 국가 리더십의 장점과 단점의 제도화 수준에 의해 결정된다. 석유에 의존하는 경제 사회 시스템과 민주주의 안정 간 관계가 부정적이라는 논점은 충분한 증거 자료를 갖고 있다. 자원의 재앙(resource curse)이라고 자주 언급됐듯이, 석유 주도 개발은 경제성장률을 낮추고, 사회복지 혜택을 악화시키며, 나아가 권위주의 정권의 희생양이 되기 쉬운 대중과 정부 간 단절을 가져오는 경향이 있다.[544]

4) 이행모델: 정치적 병합 형태로서의 포퓰리즘

이제, 우리는 포퓰리스트 레짐 4단계 이행모델에 의한 베네수엘라 레짐 변동 분석틀을 제시한다. 먼저 포퓰리스트 레짐 구조를 파악하기 위해 포퓰리즘에 대한 정의를 내리고자 한다. 우리는 체제로서 파악하는 포퓰리즘에 대해"그들 소수(oligarchy)만의 정치를

---

[543] Novaro, 1996.

[544] Mitchell, 2006, 2~3.

몰아내고 소외된 서민 대중(people)을 '우리들의 정치의 장'으로 새롭게 편입, 광범위한 연합으로 병합시키는 운동"으로서 정의를 내린다. 나아가 이 운동이 하나의 정치체제로서 확립되면 포퓰리스트 레짐이라고 부른다. '그들'과 '우리'는 담론분석가들이 부르는 포퓰리스트 담론 분석의 이분법적 정치공간에서 등장한다. 앞서 언급된 바처럼 포퓰리즘의 병합적 구조는 Novaro도 강조한 바 있다.

Novaro는 포퓰리즘에 대해 정치 프로그램 혹은 이데올로기 형태로 정해진 내용물을 넘어서서 정치적 병합(agregación)[545]의 한 특정 형태로 특징지어져 온 점을 주목한다. 다시 말해 정치적 요구의 인식과 정체성의 구축을 위한 양식(estilo)으로 이해된다.[546]

이제, 포퓰리스트 레짐은 포퓰리스트 연합을 이루는 방식 그리고 그 과정에서 주인공인 포퓰리스트 정치지도자의 정치적 자원이란 두 차원이 복합적으로 작용해 유형 분류된다. 우리가 주목하는 급진 포퓰리스트 레짐은 신자유주의 이후 포퓰리스트 레짐 병합 구조의 해체로 다시 대중동원 과정을 보이는 포퓰리스트의 재급진화라고 할 수 있다.

베네수엘라 포퓰리즘은 이 분석에 따라 대중동원화 단계와 엘리트 화해조정을 통한 제도안정화 단계를 거쳐 1990년대 전후 보수화 위기 및 2000년 전후 급진화로의 추동력을 보여 주는 좋은 사

---

[545] De la Torre(2000)는 남미 포퓰리즘이 보통 사람들을 정치사회로 편입시키는 중요한 민주화 추동력이라고 한다면 이런 통합(inclusion) 과정은 구체적으로 설명돼야 한다며 Charles Tilly의 시민권 개념을 원용해 설명한다. 즉 서구 사회는 국가기구와 연계된 '시민'들의 권리와 의무를 통해 국가를 향한 합법적 성취물을 이루는 데 비해, 남미 사회는 일반인들이 시민권에 의해 국가와 연결돼 있지 않다는 점이다. 시민권이 일반인들을 국가와 연결시키는 메커니즘이 아니라면 자유민주주의 제도와 법의 역할이 '항상' 존중받지 못하는 것은 전혀 놀라운 일이 아니다. De la Torre는 포퓰리스트 지도자의 등장을 이해하기 위해서는 구조, 경제 및 사회적 과정이 문화 및 정치변수로서 함께 분석돼야 한다(de la Torre, 2000).

[546] Novaro, 1996.

례다.

다음은 지금까지의 논의를 정리해 도표로 나타낸 것이다.

레짐병합양식 포퓰리스트 리더 정치적 자원	통합적(INCLUSIVE) 동원화	배제적(EXCLUSIVE) 동원화
체제 외부 (OUTSIDER)	*대중동원(1단계)* *(MOBILIZATIONAL)* (AD TRIENIO, 1945~1948)	*급진적 재동원화(4단계)* *(RADICAL)* (CHAVISMO, 1999~2007)
체제 내부 (INSIDER)	*제도안정화(2단계)* *(INSTITUTIONAL)* (PUNTO FIJO, 1958~1988)	*보수(3단계)* *(CONSERVATIVE)* (NEOLIBERAL, 1989~1998)

<부록> 주요 약어 정리

AA	Acción Agropecuaria(Agropecuarian Action)
AD	Acción Democrática(Democratic Action). Dominant political party of the Punto Fijo era; nationalist and social democratic.
ANC	Asamblea Nacional Constituyente(National Constituent Assembly)
CADIVI	Comisión de Administración de Divisas(The Exchange Control Agency)
CCN	Cruzada Cívica Nacionalista(Nationalist Civic Crusade). Political party founded in the late 1960s to support the return to power of General Marcos Pérez Jiménez.
CENDES	El Centro de Estudios del Desarrollo, Universidad Central de Venezuela(The Center for Development Studies, Central University of Venezuela)
CESAP	Centro al Servicio de la Acción Popular(Center for the Service of Popular Action)
CNE	Consejo Nacional Electoral(National Electoral Council)
CONATEL	Comisión Nacional de Telecomunicaciones(Telecommunications Commission)
CONIVE	Consejo Nacional Indio de Venezuela(National Indian Council of Venezuela)
COPEI	Comité de Organización Política Electoral Independiente: Partido Social Cristiano(Committee of Independent Electoral Political Organization: Social Christian Party). Second political party of the Punto Fijo era.
COPRE	Comisión Presidencial para la Reforma del Estado(Presidential Commission for State Reform). Created in 1985 and formed by presentatives of different political parties, unions, professional associations, business associations, and citizen groups to review relations between the state and Venezuelan society.
CORDIPLAN	Oficina Central de Coordinación y Planificación(Central Office of Coordination and Planning)
CTV	Confederación de Trabajadores de Venezuela(Confederation of Venezuelan Workers)
CVF	Corporación Venezolana de Fomento(Venezuelan Development Corporation)
FAPUV	Federación de Profesores Universitarios(Federation of University Professors)
FCU	Federación de Centros Universitarios(Federation of University Centers)
FDP	Fuerza Democrática Popular(Popular Democratic Force). Political party founded in 1962 to support the presidential candidacy of Admiral Wolfgang

Larrazábal.

FEDECAMARAS	Federación de Cámaras y Asociaciones de Comercio y Producción de Venezuela(Federation of Chambers of Commerce and Production of Venezuela)
FEDEPETROL	Federación de Trabajadores Petroleros(Federation of Oil Workers). Venezuela's richest and most important labor union.
FEM	Fondo de Estabilización Macroeconómica(Macroeconomic Stabilization Fund). It later became Fondo de Inversión para la Estabilización Macroeconómica(FIEM: Investment Fund for Macroeconomic Stabilization).
FIDES	Fondo Intergubernamental para la Descentralización(Intergovernmental Fund for Decentralization)
FIN	Fuerza Independiente Nacional(Independent National Force)
FND	Frente Nacional Democrático(National Democratic Front). Center-right political party founded by Arturo Uslar Pietri. It participated in President Raúl Leoni's "Government of the Board Front"(1963~1965).
GE	Gente Emergente(Emergent People)
ICC	Independientes con el Cambio(Independents with the Change)
ID	Izquierda Democrática(Democratic Left)
IESA	Instituto de Estudios Superiores de Administración(Institute for Graduate Studies in Administration). Training in public and business administration.
IPCN	Independientes por la Comunidad Nacional(Independents for the Na-tional Community)
LCR	La Causa Radical(The Radical Cause). Political party founded by Alfredo Maneiro, a Communist guerrilla fighter of the 1960s, with roots in labor.
LUZ	Universidad del Zulia(University of Zulia)
MAS	Movimiento al Socialismo(Movement toward Socialism). Breakaway faction of the Venezuelan communist Party that adopted a social-democratic ideology.
MBR-200	Movimiento Bolivariano Revolucionario 200(Bolivarian Revolutionary Movement 200). Clandestine organization of young military officers organized by Hugo Chávez Frías in the 1980s. It staged the unsuccessful coup attempt of February 4, 1992.
MDD	Movimiento por la Democracia Directa(Movement for Direct Democracy)
MEP	Movimiento Electoral del Pueblo(Electoral Movement of the People). Faction of Acción Democrática that supported the presidential candidacy of Luis B. Prieto in 1968.
MIN	Movimiento de Integridad Nacional(National Integrity Movement)
MIR	Movimiento de Izquierda Revolucionario(Movement of the Revolutionary Left). Guerrilla organization, and later political party, of the 1960s with roots in

	Acción Democrática.
MVR	Movimiento Quinta República(Fifth Republic Movement). Political party established in 1997 to support the presidential candidacy of Hugo Chávez Frías
NGD	Nueva Generación Democrática(New Democratic Generation)
NRD	Nuevo Régimen Democrática(New Democratic Regime)
OAS	Organization of American States
OCEPRE	Oficina Central de Presupuesto(Budget Central Office)
ONPA	Organización Nacionalista Democrática Activa(Nationalist Active Democratic Organization)
OPEC	Organization of Petroleum Exporting Countries
ORA	Organización Renovadora Auténtica(Authentic Renovating Organization)
PCV	Partido Comunista de Venezuela(Venezuelan Communist Party)
PDVSA	Petróleos de Venezuela Sociedad Anónima(Venezuelan Oil Company, Incorporated). State corporation composed of the private petroleum companies nationalized in 1976.
PPT	Patria para Todos(Homeland for All). Political party composed of breakaway factions from La Causa Radical.
PQAC	Por Querer a la Ciudad(For Love to the City)
RENACE	Rescate Nacional Electoral(National Electoral Rescue)
SI	Movimiento Solidaridad Independiente(Movement Independent Solidarity)
UCAB	Universidad Católica Andrés Bello(Andrés Bello Catholic University)
UCV	Universidad Central de Venezuela(Central University of Venezuela); The oldest and most prestigious university in the country
UDO	Universidad de Oriente(University of the East)
ULA	Universidad de Los Andes(University of the Andes). The second oldest university in the country; for many years a stronghold of Christian democratic ideology
URD	Unión Repulblicana Democrática(Democratic Republican Union)
VenAmCham	Venezuelan-American Chamber of Commerce and Industry
VU	Venezuela Unida(Venezuela United)

참고문헌

1. 국문 논문 및 저서

김병국 · 서병훈 · 유석춘 · 임현진 공편(1991), 라틴아메리카의 도전과 좌절』(서
　울: 나남).

김병국(1992), "협약 민주화: 콜롬비아와 베네주엘라", 서울대학교 한국정치연
　구소, 『21세기 한국의 정치와 경제: 남미, 일븐, 유럽과의 비교연구』(서울:
　서울대 한국정치연구소, pp.307~353.

＿＿＿＿(1994), 『분단과 혁명의 동학 – 한국과 멕시코의 정치경제』(서울: 문학과
　지성사).

＿＿＿＿(1995), 『국가 · 지역 · 국제체계: 변화와 연속성』(서울: 나남출판).

＿＿＿＿(1997), "'대전환'은 없다: 한국적 근대선거정치", 계간 『전통과 현대』통
　권 2호(1997 가을), pp.226~267.

강명세(2004), "포퓰리즘", 『국가전략』제10권 제3호, pp.177~183.

곽재성(2006), "베네수엘라 차베스 정부의 참여민주주의와 정당정치", 『중남미
　연구』제25권 1호(2006년 8월), pp.31~55.

＿＿＿＿(2007), "중남미 정치지형 변화와 대미관계 동향", 외교안보연구원, 『주요
　국제문제분석』(2007년 5월 25일자), pp.1~20.

김기현(2003), "차베스 정권의 등장과 위기로 본 베네수엘라의 정치경제 변동:
　예외주의의 종결인가?", 『라틴아메리카연구』제16권 제1호(2003년 6월),
　pp.311~347.

＿＿＿＿(2006), "라틴아메리카 좌파정권의 등장과 전망", 한국외대 외국학종합연
　구센터 중남미연구소, 『중남미연구』제25권 1호(8월), pp.3~29.

김달관(2006), "베네수엘라 부패의 확산: 역사적 요인을 중심으로", 라틴아메리
　카연구: 한국라틴아메리카학회지. 제19권 제4호(2006년 12월), 87~118.

＿＿＿＿(2007a), "베네수엘라의 신사회주의는 가능한가?", 『시민과 세계』제11호
　(2007년 상반기), pp.243~262.

＿＿＿＿(2007b), "아르헨티나의 포퓰리즘: 피론과 머넴의 비교 사례 연구", 한국
　외대 국제지역연구센터, 『국제지역연구』제11권 제3호(가을. 통권 42호),

pp.97~124.

김민전(2007), "집단정체성, 사회균열, 그리고 정치균열", 강원택 편 동아시안여구원(EAI) 시민정치여론시리즈 ② 『한국인의 국가정체성과 한국정치』(서울: 나남출판), pp.39~71.

김병권 외(2007), 『베네수엘라, 혁명의 역사를 다시 쓰다』(서울: 시대의 창).

김수행(2007), "그 나라의 달동네는 특별한 것이 있다", 오마이뉴스 2007년 9월 18일자 김수행 서울대 교수 남미 기행.

김용호(金容浩) · 최명 공저(1990), 『비교정치학 서설』(서울: 법문사).

김용호(金容浩)(2001), 『한국 정당정치의 이해』(서울: 나남출판).

김우택 "라틴아메리카에서의 대공황의 영향: 정치경제학적 접근: 브라질과 아르헨티나의 경험을 중심으로", 『라틴아메리카연구』 제20권 제1호(2007년 3월), pp.5~53.

김원호(2005), "라틴아메리카의 발전모델은 순환하는가?", 조돈문·김종섭·이내영 공편, 『라틴아메리카 신자유주의 경제개혁의 정치경제학』(서울: 도서출판 오름), pp.29~69.

김일영(2004), "민주화, 신자유주의적 포퓰리즘, 그리고 한국: 김대중 정권과 노무현 정권을 중심으로", 철학연구회 편, 『디지털 시대의 민주주의와 포퓰리즘』(서울: 철학과 현실사), pp.190~224.

김진오(1997), "베네수엘라 의제(AGENDA VENEZUELA)", 대외경제정책연구원 부설 지역정보센터, 『지역경제』 제6권 제4호(1997년 4월), pp.100~106.

_____(2003a), "베네수엘라 정정불안과 국제유가변동", 『대외경제정책연구원(KIEP) 세계경제』 제6권 제2호 통권 제53호(2003년 2월호), pp.68~77.

_____(2003b), "베네수엘라 총파업 이후 정치 · 경제 추이와 전망", 『대외경제정책연구원(KIEP) 세계경제』 제6권 제7호 통권 제58호(2003년 7월호), pp.73~83.

_____(2004), "베네수엘라 탄핵정국의 정치 · 경제적 영향", 『대외경제정책연구원(KIEP) 세계경제』 제7권 제9호 통권 72호(2004년 9월), pp.59~68.

무페, 샹탈 編/장상철 · 이기웅 譯(1992), 『그람시와 마르크스주의 이론』(서울: 도서출판 녹두).

문성호(2006), 『민중주의 정치사상: 허균, 정약용, 전봉준, 신채호, 함석헌, 전태일』(파주: 한국학술정보(주)).

송기도(2002), "21세기 중남미의 변화", 『중남미연구』 Vol.21.

서병훈(1988), "포퓰리즘의 이념적 위상, 참여와 개혁의 문제를 중심으로", 『한국정치학회보』 제22집 1호, pp.43~65.

_____(2004), "포퓰리즘과 민주주의: 플라톤의 딜레마", 철학연구회 현, 『디지털 시대의 민주주의와 포퓰리즘』, pp.225~255.

_____(2006), "'포퓰리즘 구하기': 개념 규정을 위한 시도", 철학연구 제72집, pp.203~222.

선학태(2006), 『사회협약정치의 역동성: 서유럽 정책협의와 갈등조정 시스템』 (경기 파주: 한울아카데미).

손호철, 1999, 『신자유주의시대의 한국정치』(서울: 푸른숲).

우준모(2006), "베네수엘라의 민주주의: 차베스 정권의 개혁과 전망", 이상환·김 웅진 외, 『라틴아메리카의 민주주의: 이행과 공고화』(서울: 한국외국어대 학교 출판부), pp.59~84.

월퍼트, 그레고리(2002), 한국노동사회연구소, 『노등사회』Vol.65, pp.52~60.

이상환·김웅진 외(2006), 『라틴아메리카의 민주주의: 이행과 공고화』(서울: 한 국외국어대학교 출판부).

이성형(2001), 『신자유주의의 빛과 그림자 라틴아메리카의 정치와 경제』(서울: 한길사).

_____(2002), 『라틴아메리카: 영원한 위기의 정치경제』(서울: 역사비평사).

_____(2004), "민중주의. 인기영합주의로의 해석은 국적불명의 편의적 용법", 『월간 신동아』1월호 별책부록, pp.50~55.

이순주(2003), "베네수엘라 민주주의 제도화이 주역, 로물로 베탕쿠르", 백종국 외 공저, 『라틴아메리카 현대사와 리더십』(부산: 부산외국어대학교 출판 부), pp.125~150.

이영조(2006), 호남대 인문사회과학연구소, 『사회과학연구』제13집, pp.67~92.

임배진(2007), "차베스의 리더십과 베네수엘라의 에너지 정책", 대외경제정책연 구원 발주 용역보고서. 외교통상부 다자외교실 작성.

임승수 책임집필자(2006), 베네수엘라 혁명 연구모임, 『차베스, 미국과 맞짱뜨 다』(서울: 시대의 창).

임혁백(1994), 『시장·국가·민주주의: 한국민주화와 정치경제이론』(서울: 나남출판).

_____(1997), "민주주의 공고화 연구 서설", 한배호 편, 『한국 민주화와 개혁』 (성남: 세종연구소), pp.19~60.

_____(2000), 『세계화 시대의 민주주의: 현상·이론·성찰』(서울: 나남출판).

임현진(2003), "충격·혼미·격돌…재신임 정국: 노무현식 감성정치 대 외국의 포퓰리즘 비교분석: 국민과의 직거래, 월권과 독주 부른다", 신동아 46권 11호 통권 530호, pp.134~143.

정원섭(2004), "정치적 자유주의와 포퓰리즘", 철학연구회 편, 『디지털 시대의 민주주의와 포퓰리즘』, pp.256~283.

정진영(2004), "시장개방, 구조조정, 사회적 보상의 정치경제: 한국 통상정치의 경우", 한국국제정치학회, 『국제정치논총』제44집 4호, pp.169~195.

정진영(2005), "건전보수의 시각", 『개혁시대』Vol.24, 겨울특집 신년호 논단 pp.23~25.

정진영·김한원 엮음(2006a), 『자유주의: 시장과 정치』(서울: 도서출판 부키).

정진영·장훈(2006b), "경제선진화를 위한 한국 민주주의의 새 구상", 장훈·김병국·정진영 공편, 『경제를 살리는 민주주의』(서울: (재)동아시아연구원).

조돈문 외(2005), 『라틴아메리카 신자유주의 정치경제학』(서울: 오름).

주정립(2003), "서유럽의 신극우주의: 의회민주주의 체제의 위기?", 『국제지역연구』제7권 제3호, pp.39~60.

_____(2005), "포퓰리즘의 개념적 규정을 위한 시도", 『대한정치학회보』13집 1호, pp.245~268.

_____(2006a), "포퓰리즘에 대한 이론적 검토", 『시민사회와 NGO』2006 봄/여름 제4권 제1호, pp.70~73.

_____(2006b), "포퓰리즘과 위기", 『대한정치학회보』14집 1호, pp.351~378.

최장집(1996), 『한국민주주의의 조건과 전망』(서울: 나남출판).

_____(2005), 『민주화 이후의 민주주의: 한국 민주주의의 보수적 기원과 위기』(서울: 후마니타스).

_____(2005), "민주주의와 헌정주의: 미국과 한국", 로버트 달 지음 박상훈·박수형 옮김, 『미국 헌법과 민주주의』한국어판 서문, pp.7~69(서울: 도서출판 후마니타스).

_____(2006), 『민주주의의 민주화: 한국 민주주의의 변형과 헤게모니』(서울: 후마니타스).

_____(2007), 『어떤 민주주의인가』(서울: 후마니타스).

홍욱헌(1992), "베네수엘라의 민주주의와 외채위기", 한국국제정치학회, 『국제정치논총』32(1)(10월), pp.85~106.

_____(1995), "베네수엘라의 경제개혁 후퇴와 경제안정 전망", 『지역경제』1995년 5월호, pp.75~82.

_____(2004), "베네수엘라는 자유민주주의의 퇴행을 막을 수 있을까", 『기억과 전망』제6호, pp.97~114.

_____(2006a), "차베스 정부의 좌파 정책: 21세기 사회주의 아니면 임시처방인가", 『이베로아메리카』2006년 12월호, pp.49~75.

_____(2006b), "남미 좌파정부는 신자유주의의 파고를 넘을 수 있을까?", 신진보연대, 『신진보리포트』통권 제2호(2006. 봄), pp.266~278.

_____(2007), "차베스 대통령의 집권: 유권자는 왜 좌파 정부를 선택하였는가?", 한국국제정치학회 주최 2007년 6월 평창특별학술회의 발표 논문.

홍윤기, 2004, "포퓰리즘과 민주주의. 한국사회의 포퓰리즘 담론과 민주주의 내

실화 과정을 중심으로", 철학연구회 편, 『디지털 시대의 민주주의와 포퓰리즘』, pp.284~338.

_____(2006), "한국의 '포퓰리즘' 담론의 철학적 걱토: 현실능력 있는 포퓰리즘의 작동편제와 작동문법 모색", 『시민사회와 NGO』2006 봄/여름 제4월 제1호, pp.7~42.

홉스봄, 에릭(1997), 『극단의 시대: 20세기 역사』상 · 하(서울: 까치글방).

2. 영문 논문 및 저서

Albo, Gregory(2004), "Venezuela Under Chavez: The Bolivarian Revolution against neoliberalism" http://www.links-netz.de/K_texte/K_albo_venezuela.html

Apter, David Ernest(1965), 『The Politics of modernization』(Chicago & London: University of Chicago Press).

Barr, Robert R.(2003), "The persistence of Neopopulism in Peru? From Fujimori to Toledo", 『Third World Quarterly』 Vol.24, No.6, pp.1161~1178.

Betz, Hans-Georg(1994), 『Radical Right-wing Populism』(New York: St. Martina's Press).

Betz, Hans-Georg(1998), 『The New politics of the Right』(New York: St.Marin's Press).

Betz, Hans-Georg(2002), "Xenophobia, Identity Politics and Exclusionary Populism in Western Eutop", 『Socialist Register』2003. pp.193~210(London: The Merlin Press).

Buxton, Julia(1999a), "Venezuela: Degenerative Democracy", Peter Burnell and Peter Calvert(ed.), 『THE RESILIENCE OF DEMOCRACY: Persistent Practice, Durable Idea』(London and Portland, OR: FRANK CASS).

Buxton, Julia(1999b), 『Developments in latin American political economy: States, markets and actors』(Manchester and New York: Manchester University Press).

_____, Julia(2001), 『The Failure of Political Reform in Venezuela』(Aldershot & Burlington USA: Ashgate Publishing).

Cammack, Paul(2000), "The resurgence of populism in Latin America", 『Bulletin of Latin American Research』Vol.19, pp.149~161.

Canache, Damarys and Michael R. Kulisheck(eds.)(1998), 『Reinventing Legitimacy』(Westport, Connecticut·London: Greenwood Press).

Canovan, Margaret(1981), 『Populism』.

_____(1982), "Two Strategies for the study of populism", 『Political Studies』 30(4).

_____(1999), "Trust the People! Populism and the two faces of democracy", 『Political Studies』 Vol.47, No.1, pp.2~16.

Carrión, Julio F.(ed)(2006), 『Fujimori legacy: the rise of electoral authoritarianism in Peru』(University Park, PA: Pennsylvania State University press, 2006).

Choonara, Joseph(2006), 『Venezuela and Revolution in the 21st Century』(SWP, February 2006). 국문번역 이수현, 『차베스와 베네수엘라, 그리고 21세기의 혁명』(서울: 다함께, 2006).

Collier, David(ed.)(1979), 『The New Authoritarianism in Latin America』(Princeton, New Jersey: Princeton University Press).

_____, David and Ruth Berins Collier(1991), 『Shaping the Political Arena: Critical Junctures, the Labor Movements, and Regime Dynamics in Latin America』(Princeton: Princeton University Press).

Conniff, L. Michael(ed.)(1982), 『Latin American Populism in Comparative Perspective』(Albuquerque: University of New Mexico Press).

Conniff, L. Michael(ed.)(1999), 『Populism in Latin America』(Tuscaloosa: University of Alabama Press).

Coppedge, Michael(1994), 『Strong Parties and Lame Ducks: Presidential Partyarchy and Factionalism in Venezuela』(Stanford, Cal.: Stanford University Press).

_____, Michael(2003), "Venezuela: Popular Sovereignty versus Liberal Democracy", Jorge I. Domínhuez & Michael Shifter(eds.), 『Constructing Democratic Governance in Latin America』(Baltimore, Maryland: The Johns Hopkins University Press).

Corrales, Javier(2000), "Presidents, Ruling Parties, and Party Rules: A Theory on the Politics of Economic Reform In Latin America", 『Comparative Politics』 Vol.32 No.2, pp.127~149.

_____, Javier(2002), 『Presidents Without Parties: the politics of economic reform in argentina and Venezuela in the 1990s』(university park: the Pennsylvania state university press).

Crisp, Brian(2000), 『Democratic Instituional Design: The Powers and Incentives of Venezuelan Politicians and Interest Groups』(Stanford, Cal.: Stanford University Press).

Dahl, Robert A.(1956), 『A Preface to Democratic Theory』(Chcago: University of Chicago Press), 국문번역 金容浩 역, 『민주주의이론 서설: 미국민주주의의 원리』(서울: 법문사, 1990).

Dahl, Robert A.(1971), 『Polyarchy』(New Haven, CT: Yale University Press).

_____, Robert A.(2001), 『How Democrac Is the American Constitution?』(New Haven: Yale University Press), 한국어판 박상훈·곽수형 옮김, 『미국 헌법과 민주주의』(서울: 도서출판 후마니타스, 2005).

Dalton, Russel J., Scott C. Flanagan and Paul Allen Beck(eds.)(1984), 『Electoral Change in Advanced Industrial Democracies: Realignment or Dealignment』(Princeton: Princeton University Press).

Dávila, Luis Ricardo(2000), "The rise and fall and rise of populism in Venezuela", 『Bulletin of Latin American Research』19. pp.223~238.

_____, Luis Ricardo(2007), "Old and New Populism in Venezuela: The Construction of A Political Order"(University of Essex and University of 'Los Andes').

de la Torre, Carlos(2000), 『Populist Seduction in Latin America: The Ecuadorian Experience』(Ohio: Ohio University Press).

Demmers, Jolle, Alex E. Fernández Jilberto and Barbara Hogenbom(ed.)(2001), 『Miraculous Metamorphoses: The Neoliberalization of Latin America Populism』(London & New York: Zed Books).

Di Tella, Totcuao. S.(1997), "Populism into the twenty-first century", 『Government and Opposition』 Vol.32 No.1(winter), pp.187~200.

_____, Torcuato S.(2001), 『Latin Amarican Politics: A Theoretical Approach』(Austin: University of Texas Press).

Diamond, Larry(1996), "Democracy in Latin America: Degrees, Illusiones, and Directions for Consolidation", Tom J. Farer(ed.), 『Beyond sovereignty: collectively defending democracy in the Americas』(Batimore. Md.: Johns Hopkins University Press), pp.52~104.

Di John, Jonathan(2005), "Economic Liberalization, Political Instability, and State Capacity in Venezuela", 『International Political Science Review』Vol.26 No.1, pp.107~124.

Dornbusch, Rudiger and Sebastian Edwards(ed.)(1991), 『The Macroeconomics of Populism』(Chicago & London: University of Chicago Press).

Drake, Paul W.(1982), "Conclusion: requiem for populism?", M. L. Conniff(ed.), 『Latin American Poluism in Comparative Perspective』(Alburquere, University of New Mexico press).

Elena, Eduardo(2005), "What the People Want: State Planning and Political Participation in Peronist Argentina, 1946~1955", Journal of Latin American Studies, 37, pp.81~108, London, Cambridge University Press.

Ellner, Steve(1988), 『Venezuela's movimiento al Socialismo: From Guerrilla Defeat to

Innovative Politics』(Durham and London: Duke University Press).

_____, Steve(1992), "Organized Labor and the Venezuelan Exceptionalism Thesis", Conference paper for LASA Congress, September 25.

_____, Steve(2001), "Hugo Chavez: Radical Populist or Neopopulist", paper prepared for delivery at the 2001 meeting of the Latin American Studies Association, Washington DC. September 6~8, 2001.

_____, Steve(2003a), "Susan C. Stokes's Book Review", Journal of Latin American Studies, Vol.35(4) November, pp.916~918.

_____, Steve(2003b), "The Contrasting Variants of the Populism of Hugo Chávez and Alberto Fujimori", Journal of Latin American Studies 35, pp.139~162, London, Cambridge University Press.

_____, Steve and Daniel Hellinger(2003c), 『Venezuelan Politics in the Chávez Era: Class, Polarization & Conflict』(Boulder & London: Lynne Rienner Publishers).

_____, Steve(2003d), "Venezuela imprevisible. Populismo radical y globalización", 『Nueva Sociedad』Vol.183, pp.11~26.

_____, Steve(2005a), "Revolutionary and Non-Revolutionary Paths of Radical Populism: Directions of Chavista Movement in Venezuela", Science & Society, Vol.69, No.2 , pp.160~190.

_____, Steve and Miguel Tinker Salas(2005b), "The Venezuelan Exceptionalism Thesis: Separating Myth from Reality", 『Latin American Perspectives』Vol.32, No.2(Issue 141, March), pp.5~19.

_____, Steve(2007), "The Trial(And Errors) of Hugo Chavez", 『In These Times』, August 28th 2007.

Estellano, Washington(1994), "From Populism to the Coca Economy in Bolivia", Latin American Perspective, Vol.21 No.4 pp.34~45(Sage Publications Inc.).

Fox, Michael(2006), "Venezuela's Secret Grassroots Democracy"(http://www.venezuelanalysis.com/analysis/2090) November 28th 2006.

Gable, Dawn(2004), "Civil Society, Social Movemnets, and Participation in Venezuela's Fifth Republic", 『Venezuelanalysis』9 February 2004(www.venezuelanalysis.com, 검색일 2007년 4월 17일).

García-Guadilla, María Pilar(2003), "Civil Society: Institutionalization, Fragmentation, Autonimy", Ellner & Hellinger(2003), 『Venezuelan Politics in the Chávez Era: Class, Polarization & Conflict』(Boulder & London: Lynne Rienner Publishers), pp.179~196.

Germani, Gino(1978), 『Authoritarianism, Fascism, and National populism』(New

Brunswick: Transaction).

Gil Yepes, José Antonio(2004), "Public Opinion, Political Socialization, and Regime Stabilization", Jennifer L. McCoy and David J. Myers, 『The Unraveling of Representative Democracy in Venezuela』(Baltimore and London: The Johns Hopkins University press).

Gott, Richard(2005), 『Higo Chávez and Bolivarian Revolution』(London & New York: VERSO), 국문번역 지은이 리처드 고트 옮긴이 황건(2006), 『민중의 호민관 차베스』(서울: 도서출판 당대).

Grandin, Greg(2007), "Chávez: 'Galbrathiano'", Newspaper, 『The Nation』October 2nd 2007.

Hagopian, Frances(1990), "'Democracy by Undemocratic Means: Elites, Political Pacts, and Regime Transition in Brazil", 『Comparative Political Studies』Vol.23 No.2(July), pp.147~170.

Hague, Rod & Martin Harrop(2004), 『Comparative Government and Politics』(New York: palgrave macmillan), 국문번역 지병근 외 옮김, 『현대비교정치론』(서울: 명인문화사, 2007).

Hawkins, Kirk(2003), "Populism in Venezuela: the rise of Chavismo", 『Third World Quarterly』, vol.24 no.6, pp.1137~1160.

_____, Kirk A. and David R. Hanson(2006), "Dependent Civilsociety: The Círculos Bolivarianos", 『Latin American Research Review』, Vol.41 No.1, pp.102~132.

Hellinger, Daniel(1993), "Venezuela: From Populism to Neoliberalism".

Hellinger, Daniel(1999), "Electoral and party politics", Julia Buxton and Nicola Philips(eds.), 『Developments in Latin American political economy: States, markets and actors』(Manchester and New York: Manchester University Press), pp.49~71.

Hellinger, Daniel(2003), "Political Overview: The Breakdown of Puntofijismo and the Rise of Chavismo", Steve Ellner and Daniel Hellinger(ed.), 『Venezuelan Politics in the Chávez Era』(Boulder and London: Lynne Rienner Publishers).

Heywood, Andrew(2000), 『Key Concepts in Politics』(New York: PALGRAVE MACMILLAN).

Holmes, Jennifer(2002), 『DEMOCRATIZATION』, Vol.9 No.2(summer), pp.201~202.

Hong, Uk Heon(1991), "Democracy in South America: The Politics of Exceptionalism in Venezuela, 1959~1990", The University of Connecticut Ph D. Dissertation.

_____, Uk Heon(2000), "A Rocky Road to State Reform in Venezuela from 1989 to 1999: Gran Viraje versus Grand Distrust", 『Asian Journal of Latin American Studies』Vol.3(December), pp.117~152.

Hooker, Juliet(2005), "Indigenous Inclusion/Black Exclusion: Race, Ethnicity and Multicultural Citizenship in Latin America", Journal of Latin American Studies 37, pp.285~310.

Illarionov, Andrei(2005), "A Long-Term Project for Russia", Report made the 8th Russia Economic Forum in London April 11, 2005. http://eng.globalaffairs.ru/numbers/12/939.html

Ionescu, Ghita and Ernest Gellner(1969), 『Populism』(The Macmillan Company).

Karl, Terry Lynn(1987a), "Petroleum and Political Pacts: The Transition to Democracy in Venezuela", 『Latin American Research Review』22(1), pp.63~94.

_____, Terry Lynn(1987b), "Petroleum and Political pacts: The Transition to Democracy in Venezuela", Guillermo O'Donnell, Philippe C. Schmitter, and Laurence Whitehead, 『Transitions from Authoritarian Rule: Latin America』, 국문번역 오도넬 외 역음 염홍철 옮김, 『라틴아메리카와 민주화』(서울: 도서출판 한울, 1988).

_____, Terry Lynn(1997), 『The Paradox of Plenty: Oil Booms and Petro-States』(Berkerley·Los Anegeles·London: University of California press).

_____, Terry Lynn(2006), "Oil-led development: social, political, and economic consequences", Cutler J. Cleveland, 『The Encyclopedia of Energy』(Cleveland: Academic Press/Elsevier Science), pp.1~33.

Kaufman, Robert R.(1977), "Corporatism, Clientelism, and Partisan Conflict: A Study of Seven Latin American Countries", James Malloy(ed). 『Authoritarianism and Corporatism in Latin America』(Pittsburgh: University of Pittsburgh Press), pp.109~148.

Kelly, Jana Morgan(2003), "Counting on the Past or Investing in the Future? Economic and political Accountability in Fujimori's Peru", 『The Journal of Politics』Vol.65 No.3(August 2003), pp.864~880(Southern Political Science Association).

Kelly, Janet and Pedro A. Palma(2004), "Economic Decline and the Quest for Change", Jennifer L. McCoy and David J. Myers,『The Unraveling of Representative Democracy in Venezuela』(Baltimore and London: The Johns Hopkins University press).

Knight, Alan(1998), "Populism and neo-populism un latin America, especially Mexico", 『Journal of Latin American Studies』Vol.30 No.2.

_____, Alan(2001), "Democratic and Revolutionary Traditions in Latin America", Bulletin of Latin American Research, Vol.20, No.2, 2001, pp.147~186(Oxford and Malden, MA, USA: Blackwell Publishers).

Laclau, Ernesto(1977), 『Politics and Ideology in Marxist Theory』(London: New Left

Books).

Laclau, Ernesto(2005), 『On Populist Reason』(London & New york: VERSO).

Leaman, David(2004), "Changing Faces of Populism in Latin America: Masks, Makeovers, and Enduring Features", Latin American Research Review, Vol.39, No.3. Austin, University of Texas Press.

Levine, Daniel H.(2002), "The Decline and Fall of Democracy in Venezuela: Ten Theses", 『Bulletin of Latin American Research』Vol.21 No.2, pp.248~269.

_____, Daniel H.(1998), "Beyond the Exhaustion of the Model: Survival and Transformation of Democracy in Venezuela", Damarys Canache and Michael R. Kulisheck(eds.), 『Reinventing Legitimacy』(Westport, Connecticut · London: Greenwood Press).

Levitsky, Steven(1999), "Fujimori and Post-Party Politics in Peru", 『Journal of Democracy』Vol.10 No.3(July), pp.78~91.

Lijphart, Arend(1999), 『Patterns of Democracy: Government Forms and Performance in Thirty-Six Countries』(New Haven and London: Yale University Press).

Lipset, S. M. and S. Rokkan(1967), "Cleavage Structure, Party Systems and Voter Alignments: An Introsuction", Lipset & Rokkan(eds). 『Party Systems and Voter Alignments: Cross-national Perspectives』(New York: Free Press).

López Maya, Margarita(1997), "The Rise of Causa R in Venezuela", Douglas A. Chalmers, Carlos M. Vilas, Katherine Hote, Scott B. Martin, Kerianne Piester, and Minique Segarra(eds.), 『The New Politics of Inequality in Latin America: Rethinking Participation and Representation』(New York: Oxford University Press).

_____, Margarita(2003a), "Hugo Chávez Frías: his Movement and His Presidency", Ellner & Hellinger(2003), 『Venezuelan Politics in the Chávez Era: Class, Polarization & Conflict』(Boulder & London: Lynne Rienner Publishers), pp.73~91.

_____, Margarita(2003b), "The Venezuelan Caracazo of 1989: Popular Protest and Instituional weakness", 『Journal of Latin American Studies』Vol.35, pp.117~137.

Lukacs, John(2005), 『Democracy and Populism』(New Haven & London: Yale University Press).

Mainwaring, Scott, Guillermo O'Donnell and J. Samuel Valenzuela(eds.), 『Issues in democratic Cosolidation: the New South American Democracies in Comparative Perspective』(Norte Dame, Indiana: University of Norte Dame Press).

_____, Scott and Timothy R. Scully(1995), 『Building Democratic Institutions: Party Systems in Latin America』(Stanford, California: Stanford University Press).

_____, Scott(1999), 『Rethinking Party Systems in the Third Wave of Democratization:

The Case of Brazil』(California: Stanford University Press).

Malloy, James(ed.)(1977), 『Authoritarianism and Corporatism in Latin America』(Pittsburgh: University of Pittsburgh Press).

Mayorga, Réne Antonio(2002), "Outsiders and Neopopulism: the Road to Plebiscitarian Authoritarianism", A paper submitted to the Conference "The Crisis of Democratic Representation in Andes", Kellogg Institute for International Affairs, University of Norte Dame, May 13~14, 2002.

Mazzoleni, Gianpierto, Julianne Stewart and Bruce Horsfield(ed.)(2003), 『The Media and Neo-Populism』(Westport: Praeger Publishers).

McCoy, Jennifer L.(1989), "Labor and the State in a party-mediated democracy: Institutional Change In Venezuela", 『Latin American Research Review』24(2), pp.35~67.

McCoy, Jennifer L.(2004), "From Representative to Participatory Democracy? Regime Transformation in Venezuela", Jennifer L. McCoy and David J. Myers, 『The Unraveling of Representative Democracy in Venezuela』(Baltimore and London: The Johns Hopkins University press).

McCoy, Jennifer L. "Defining 'Bolivarian Revolution'".

Mény, Yves and Yves Surel(ed.)(2002), 『Democracies and Populist Challenge』(Houndmills & New York: PALGRAVE).

Merkel, Wolfgang(2004), "Embedded and Defective Democracies", 『Democratization』 Vol.11 No.5 pp.33~58(Taylor & Francis LTD).

Mitchell, Vanessa(2006), "The Venezuelan Democratic experiment: How it emerged and what led it to the brink, They weren't all Chavez", GP200A http://srb.stanford.edu/nur/GP200A%20Papers/vanessa_mitchell_paper.pdf(인터넷 검색일 2007년 8월 11일)

Molina, José E.(2004), "The Unraveling of Venezuela's Party System: From Party Rule to Personalistic Politics and Deinstitutionalization", Jennifer L. McCoy and David J. Myers, 『The Unraveling of Representative Democracy in Venezuela』(Baltimore and London: The Johns Hopkins Unoversity Press).

Moscoso Perea(1990), 『El populismo en America Latina』(Madrid: Centro de Estudios Constitucionales).

Mouffe, Chantal(2005), 『On The Political』(London & New York: Routledge).

Mouzelis, Nicos(1985), "On the Concept of of Populism: Populist and Clientelist Modes of Incorporation in Semiperipheral Politics", 『Politics and Society』Vol.14 No.3.

Murrillo, María Victoria(1997), "From Populism to Neoliberalism: Labor Unions and Market-Oriented Reforms in Aregentina, Mexico, and Venezuela", Ph.D Dissertation,

Department of Government, Harvard University.

Murillo, María Victoria(2000), "From Populism to Neoliberalism: Labor Unions and Market Reforms in Latin America", 『World Politics』 vol.52, núm.2, pp.135~174(Johns Hopkins University Press).

North, Douglas(1990), 『Instituitions, Instituional Change and Economic Performance』(Cambridge: Cambidge University Press).

O'Donnell, Guillermo, Philippe C. Schmitter, and Laurence Whitehead(1986), 『Transitions from Authoritarian Rule: Latin America』, 국문번역 오도넬 외 엮음 염홍철 옮김, 『라틴아메리카와 민주화』(서울: 도서출판 한울, 1988).

O'Donnell, Guillermo(1994), "Delegative democracy", 『Journal of Democracy』 Vol.5 No.1.

Ortiz, Nelson(2004), "Entrepreneurs: Profits without Power?", Jennifer L. McCoy and David J. Myers, 『The Unraveling of Representative Democracy in Venezuela』(Baltimore and London: The Johns Hopkins University press), pp.71~92.

Oxhorn, Philip(1998a), "The Social Foundations of Latin America's Recurrent populism", Journal of Historical Sociology Vol.11 No.2, Junio, Oxford, UK and Malde, MA, USA, Blackwell Publishers.

_____, Philip and Graciela Ducatenzeiler(1998b), 『What Kind of Democacy? What Kind of Market?: Latin America in the Age of Neoliberalism』(University Park: The Pennsylvania State University).

_____, Philip and Pamela K. Starr(eds.)(1999), 『Markets and Democracy in Latin America: Conflict or Convergence』(Boulder & London: Lynne Rienner Publishers).

Páez Victor, Maria(2006), "Mr. Danger and the Socialism for the New Millenium".

Walter Gordon/Massey Symposium, University of Toronto. 15 March 2006 (http://www.venezuelanalysis.com/analysis/_680 검색일 2007년 9월 16일).

Panizza, Francisco(2000), "New Wine in old bottles? Old and New Populism in Latin America", 『Bulletin of Latin American Research』 19, pp.145~147.

Panizza, Francisco(ed.)(2005), 『Populism and the Mirror of Democracy』(London & New York: Verso).

Paramio, Ludolfo(2006), "La izquierda y el populismo", Nexos, Vol.28, Num.339, Ciudad de México, Nexos, Sociedad, Ciencia y Literatura.

Papadopoulos, Yannis(2002), "Populism, the Democratic Question, and Contemporary Governace", en Yves Mény and Yves Surel(ed), Democracies and Populist Challenge, Houndmills & New York, PALGRAVE.

Peeler, John(1985), 『Latin American Democracies: Colombia, Costa Rica, Venezuela』(Chapel

Hill: University of North Carolina Press), 국문번역 임혁백 옮김, 『라틴아메리카의 민주주의: 콜롬비아, 코스타리카, 베네수엘라』(서울: 도서출판 새날, 1990).

Philip, George(1999), "When Oil Prices were Low: Petroleos de Venezuela(PdVSA) and Economic Policy-making in Venezuela since 1989", 『Bulletin of Latin American Research』Vol.18 No.3, pp.361~376.

_____, George(2003), 『Democracy in Latin America: Surviving Conflict and Crisis?』(Cambridge, UK: Polity Press).

Raby, Diana L.(2006), 『Democracy and Revolution: Latin America and Socialism Today』(London & Ann Arbor, MI.: Pluto Press; Toronto: Between the Lines).

_____(2007), "Latin America's Pink Tide", http://redpepper.blogs.com(February 2nd 2007)

Riker, William H.(1982), 『Libralism AGAINST POPULISM』(Prospect Heights, Illinois: WAVELAND PRESS, INC.).

Roberts, Kenneth M.(1995), "Neoliberalism and the Transformation of Populism in Latin America: The Peruvian Case", 『World Politics』Vol.48 No.1(October), pp.82~116.

_____, Kenneth M. and Erik Wibbels(1999), "Party Systems and Electoral Volatility in Latin America; A Test of Economic, Institutional, and Structural Explanations", 『American Political Science Review』Vol.93 No.3(September).

_____, Kenneth M.(2003a), "Social Polarization and the Populist Resurgence in Venezuela", en Steve Ellner & Daniel hellinger(ed.), 『Venezuelan Politics in the Chávez Era』(Boulder & London, LYNNE RIENNER PUBLISHERS).

_____, Kenneth M.(2003b), "Social Correlates of Party System Demise and Populist Resurgence in Venezuela", 『Latin American Politics and Society』Vol. 45 No.3(Autunm), pp.35~57.

_____, Kenneth M.(2007a), "Explaining Party System Stability and Change", A Theory chapter(Chapter 2) from Roberts' forthcoming book, 『Changing Course: Party System Change in Latin America in Neoliberal Era』(www.google.com 검색일 2007년 8월 15일), pp.19~46.

_____, Kenneth M.(2007b), "Populism and Democracy in Latin America"(www.google.com 검색일 2007년 8월 15일), pp.1~32.

Romero, Anibal(1996), "Venezuela: Democracy Hangs On", 『Journal of Democracy』Vol.7 No.4, pp.30~42.

_____, Anibal(1997), "Rearranging the Deck Chairs On the Titanic: The Agony of Democracy in Venezuela", 『Latin American Research Review』Vol.32 No.1, pp.7~36.

Schedler, Andreas(2006), 『Electoral authoritarianism: the dynamics of unfree competition』(Boulder, Colo. & London: Lynne Rienner Publishers).

Schmidt, Gregory D.(2000), "Delegative Democracy in Peru? Fujimori's 1995 Landslide and the Prospects for 2000", 『Journal of Interamerican Studies & World Affairs』 vol.42 núm.1, p.99.

Severo, Luciano Wexell(2006), "In Venezuela, Oil Sows Emancipation", Rebelion.org(www.venezuelanalysis.com/articles.php?artno=1694 검색일 2007년 9월 15일)

Stokes, Susan C.(2001), 『Mandates and Democracy: neoliberalism by surprise in Latin America』(New York: Cambridge University Press).

Sylvia, Ronald D. and Constante P. Danopoulos(2003), "The Chavez Phenomenon: Political Change in Venezuela", 『Third World Quarterly』 Vol.24 No.1 pp.63~76.

Taggart, Paul(ed.)(2000), 『Populism(Concepts in the Social Sciences)』(London: Open University Press).

Taggart, Paul(2002), "Populism and the Pathology of Representative Politics", en Yves Mény and Yves Surel(ed), Democracies and Populist Challenge, Houndmills & New York, PALGRAVE.

Taylor, Lucy(2004), "Client-ship and Citizenship in Latin America", Bulletin of Latin American Research, vol.23, núm2, pp.213~227, Oxford and Malden, Blackwell Publishing.

Tinker-Salas, Miguel(2005), "Fueling Concern: The Role of Oil in Venezuela", 『Harvard International Review』 Vol.26 No.4, pp.50~54.

Van Loon, Hendrik Willem, 『The Life and Times of Simon Bolivar』, 국문번역 조재선 옮김 헨드릭 빌렘 반 룬 지음, 『라틴아메리카의 해방자 시몬 볼리바르』(경기 파주: 서해문집, 2006).

Walker, Ignacio(2006), "Democracia en América Latina", Foreign Affairs En Español, vol.6, núm.2, pp.3~24, Ciudad de México, Instituro Tecnológico Autónomo de Mexico.

Weyland, Kurt(1996), "Neopopulism and Neoliberalism in Latin America: Unexpected Affinities", Studies In Comparative International Development, vol.31, núm.3, pp.3~29.

Weyland, Kurt(1999), "Populism in the Age of Neoliberalism", en M. L. Conniff(ed.), Populism in Latin America, Tuscaloosa, University of Alabama Press.

Weyland, Kurt(2002), 『The politics of market reform in fragile democracies』, Princeton and Oxford, Princeton University Press.

Weyland, Kurt(2003), "Neopopulism and Neoliberalism in Latin America: how much affinity?", Third World Quarterly, vol.24, núm.6, pp.1095~1115.

Weyland, Kurt(2004), "Asseing Latin American Neoliberalism: Introduction to a debate", Latin American Research Review, vol.39, núm.3, Octubre.

Wilpert, Gregory(2005), "Venezuela: Participatory Democracy or Government as Usual?", 『Socialism and Democracy』(June 15th 2005)(http://www.sdonline.org/index2.htm, 검색일 2007년 6월 19일).

The Economist / Newsweek / El Universal / Financial Times

3. 스페인어 논문 및 저서

Alvarado Chacín, Neritza(2005), "Populismo, Democracia y Política Social en Venezuela", 『FRRMENTUM Mérida-Venezuela』, Año.15 No.44, pp.305~331.

Álvarez, Ángel E(1996), 『El sistema político venezolano: Crisis y transformaciones』 (Caracas: Universidad Central de Venezuela).

_____, Ángel E.(2003), "De la hegemonía a la democracia sin partidos", Instituto de Estudios Políticos, Universidad Central de venezuela, 『Revista Politeia』No.30, pp.75~93.

Arenas, Nelly(1995), "El sistema Político Venezolano Principales Ejes Discusión(1989~1994)", 『Cuestiones Políticas』No.15, pp.51~65.

_____, Nelly and Luis Gómez Calcaño(2000), "El imaginario redentor: de la Revolución de Octubre a la Quinta República Bolivariana", CENDES-UCV. Temas para la discusión, Serie Arbitrada 6.

_____, Nelly and Luis Gómez Calcaño(2001), "¿Modernización autoritaria o actualización del populismo? La transición política en Venezuela?", 『Cuestiones Políticas』No.36, pp.85~126.

_____, Nelly(2002), "Venezuela: Del populismo rentista al populismo neoliberal?", 『Cuestiones Políticas』No.29, pp.45~71.

_____, Nelly and Luis Gómez Calcaño(2005a), "Los Círculos Bolivarianos: El mito de la unidad del pueblo", 『AMÉRICALATINAHOY』Vol.39, abril de 2005, pp.168~193.

_____, Nelly(2005b), "¿Languidece el corporativismo? De Fedecámaras a los nuevos actores empresariales en Venezuela", CENDES-UCV 『Venezuela Visión Plural: Una Mirada desde el Cendes』Tomo I(Caracas: Editorial Latina).

_____, Nelly(2006a), "El proyecto chavista: entre el viejo y el nuevo populismo", 『Cuestiones Políticas』No.36, pp.35~69.

_____, Nelly and Luis Gómez Calcaño(2006b), 『Populismo autoritario: Venezuela 1999~2005』(Caracas: Cendes – CDCH, UCV).

Blanco Muñoz, Agustín(1998), 『Habla el comandante』(Caracas: Universidad Central de Venezuela).

Cadenas, José María(2006), 『Debate sobre la democracia en América』(Caracas: Universidad Central de Venezuela and Centro de Estudios de América).

Cariola, Cecillia and Miguel Lacabana(2005), "Globalización y metropolización, transiciones y cambios", 『Venezuela Visión Plural: Una Mirada desde el Cendes』Tomo I(Caracas: Editorial Latina).

Carrasquero, José Vicente, Thais Maingon and Friedrich Welsh(eds.)(2001), 『Venezuela en transición: elecciones y democracia 1998~2000』(Caracas: CDB publicaciones).

Cavarozzi, Marcelo(1991), "MAS ALLA DE LAS TRANSICIONES A LA DEMOCRACIA EN AMERICA LATINA", 『Revista de Estudios Políticos』No.74.

Conniff, Michael(2003), "Neo-Populismo en América Latina: La década de los 90 y después", 『Revista de Ciencia Política』(dossier sobre el populismo y las democracias) Vol.XXIII No.1, pp.31~38.

de la Torre, Carlos(2001), "Redentores populistas en el Neoliberalismo: nuevos y viejos populismos latinoamericanos", 『Revista Española de Ciencia Política』No.4.

_____, Carlos(2003), "Masas, Pueblo y Democracia: Un balance crítico de los debates sobre el nuevo populismo", 『Revista de ciencia política』vol.XXIII no.1, pp.55~66.

_____, Carlos(2006), "¿Es el populismo la forma constitutiva de la democracia en América Latina?", José María Cadenas, 『Debates sobre la democracia en América』(Caracas: Unversidad Central de Venezuela).

Dietz, Henry and David Myers(2002), "El proceso de colapso de sistemas de partidos: una comparación entre Perú y Venezuela", Universidad Central de Venezuela, 『CUADERNOS DEL CENDES』AÑO.19 No.50(2002 May-August), pp.1~33.

Ellner, Steve(1995), 『El sindicalismo en Venezuela en el contexto democrático(1958~1994)』(Caracas: Fondo Editorial Tropykas).

_____, Steve(1996), "Democracia, tendencias internas y partidos políticos de Venezuela",

『Nueva Sociedad』No.145, pp.42~55.

_____, Steve(2004), "Respuestas al debilitamiento del estado y la sociedad Venezolana en la epoca de Hugo Chavez", Universidad de Chile, 『Politica』 no.42, pp.41~58.

_____, Steve(2006), "Las estrategias <<desde arriba>> y <<desde abajo>> del movimiento de Hugo Chávez", 『CUADERNOS DEL CENDES』No.62 May-August 2006, pp.73~93.

Espinasa, Ramón(2003), "Consecuencias para el Desempeño Económico del Estado", 『CENTRO GUMILLA SIC』No.660, pp.472~478.

de García-Pelayo, Graciela Soriano and Humberto Njaim(1997), 『Vigencia Hoy de Estado y Sociedad』(Caracas: Fundación Manuel García-Pelayo).

Farías, José luis(2006), 『La muerte en tiempos de Chávez』(Caracas: Los Libros de EL NACIONAL).

Gabriela, Barajas(2002), "Las políticas de atención a la pobreza en México, 1970~2001: de populistas a neoliberales", 『Revista Venezolanas de gerencia(RVG)』Año.7 No.20, pp.535~578.

Germani, Gino(1974), 『Política y sociedad en una época de transición: De la sociedad tradicional a la sociedad de masas』(Buenos Aires: Editorial Paidós).

_____, Gino, Torcuato S. di Tella and Octavio Ianni(1973), 『Populismo y cotradicciones de clase en Lationoamérica』(México: Ediciones Era, S. A.).

Gómez Calcaño, Luis(2005), "Actores y modelos de sociedad en la transición sociopolítica de Venezuela", CENDES-UCV, 『Venezuela Visión Plural: Una Mirada desde el Cendes』Tomo I(Caracas: Editorial Latina).

Harnecker, Marta(2003), 『Hugo Chavez Frias: Un hombre, Un Pueblo』(Bogotá: Ediciones desde abajo).

Hermet, Guy(2003), "El populismo como concepto", 『Revista de Ciencia Política』 (dossier sobre el populismo y las democracias) Vol.XXIII No.1.

Ianni, Octavio(1975), 『La formación del Estado populista en América Latina』(Mexico City: Serie Popular Era).

Irene Méndez, Ana and Elda Morales Aldana(2005), "Los populismos en América Latina", 『Cuestiones Políticas』No.34, pp.73~99.

Laclau, Ernesto(1987), "Populismo y transformación del imaginario en América Latina", 『Boletín de Estudios Latinoamericanos y del Caribe』 No.42.

_____, Ernesto(2006a), "Consideraciones sobre el populismo latinoamericano", Cendes-UCV, 『Cuadernos del CENDES』Año.23 No.62, pp.115~120.

_____, Ernesto(2006b), "Por qué construir un pueblo es la tarea principal de la política radical", Cendes-UCV, 『Cuadernos del CENDES』Año.23 No.62, pp.1~36.

Lander, Luis E. and Margarita López Maya(2000), "Venezuela: La hegemonía amenazada", 『Nueva Sociedad』No.167, pp.15~25.

Lander, Edgardo(2006), 『Neoliberalismo, sociedad civil y democracia: Ensayos sobre América Latina y Venezuela』(Caracas: UCV & CDCH).

López Maya, Margarita, Luis C. Gómez and Thaís Maingón(1989), 『De Punto Fijo al Pacto Social. Desarrollo y hegemonía en Venezuela(1958~1985)』(Caracas. Fondo Editorial Acta Científica).

_____, Margarita(1994), "Terminando una etapa y en transito hacia otra: El proceso político de 1984", Trabajo para, "Gran Enciclopedia de Venezuela"Vol. , (Caracas: Editorial Globe).

_____, Margarita(1996), "Nuevas Representaciones Populares en Venezuela", 『Nueva Sociedad』No.144 pp.138~151.

_____, Margarita and Luis E. Lander(1999a), "Triunfos en tiempos de transición. Actores de vocación popular en las elecciones venezolanas de 1998", 『Cuestiones Políticas』No.22 pp.107~131.

_____, Margarita(1999b), "Venezuela: Formas de la protesta popular entre 1989 y 1994", 『Revista Venezolana de Economía y Ciencias Sociales』Vol.5 No.4, pp.11~41.

_____, Margarita and Luis E. Lander(2000), "La Popularidad de Chávez ¿Base para un proyecto popular?", 『Cuestiones Políticas』No.24, pp.11~36.

_____, Margarita(2002a), "Vuelco Político en Venezuela: Polarización, petróleo y golpe de estado", Forum La Vangardia, April 20, 2002.

_____, Margarita(2002b), "La democracia venezolana en la coyuntura actual", 『Revista Venezolana de gerencia』No.18, pp.327~338.

_____, Margarita, David Smilde y Keta Stephany(2002c), 『Protesta y Cultura en Venezuela: los marcos de acción colectiva en 1999』(Caracas: FACES-UCV·CENDES·FONACIT).

_____, Margarita(2005), 『Del Viernes Negro Al Referendo Revocatorio』(Caracas: Alfa Grupo Editorial).

Lucena, Héctor(1999), "Corporativismo y Neoliberalismo en América Latina: Sindicatos, Empresarios y Estado", 『Revista Gaceta Laboral』Vol.5 No.1, pp.25~55.

Mackinnon, María and Mario Petrone(1998), 『Populismo y Neopopulismo en América latina: El problema de la cenicienta』(Buenos Aieres: Edueba).

Manrique, Luis Esteban G.(2006), "El maestro del populismo", 『Politica Exterior』 Vol.XX, Núm.110(Madrid: Estudios de Política Exterior SA.).

Marchart, Oliver(2006), "En el nombre del pueblo: La razón populista y el sujeto de lo político", Cendes-UCV, 『Cuadernos del CENDES』Año.23 No.62, pp.37~58.

Mayorga, Réne Antonio(1995), "Antipolítica y Neopopulismo"(La Paz: CEBEM).

Mires, Fernado(2001), 『Teoría de la profesión política: Corruptos, "milicos"y demagogos』(Caracas: FACES-UCV).

Mires, Fernando(2006), "El fin de Chavismo", Total News, 17.10.2006, www.totalnews.com.ar

Molina Vega, José Enrique(1996), "Los procesos electorales y la evolución del sistema partidos en Venezuela", Ángel E Álvarez, 『El sistema político venezolano: Crisis y transformaciones』(Caracas: Universidad Central de Venezuela).

_____, José Enrique and Carmen Pérez Baralt(1999), "La democracia venezolana en una encrucijada: las elecciones nacionales y regionales de 1998", 『Cuestiones Políticas』No.22, pp.75~106.

_____, José Enrique(2004), "Partidos y Sistemas de Partidos en la evolucion política venezolana: la des-institucionalización y sus consecuencias", José Enrique Molina Vega and Ángel Eduardo Álvarez Díaz, 『Los Partidos Políticos Venezolanos en el siglo XXI』(Caracas: Vadell Hermanos Editores).

Monaldi, Francisco J.(2003), "Instituciones y Gobernabilidad Democrática en Venezuela: 1958~2003", 『CENTRO GUMILLA SIC』No.660, pp.459~462.

Naím, Moisés and Ramón Piñango(1984), 『El caso Venezuela: Una ilusión de armonía』 (Caracas: Ediciones IESA).

Njaim, Humberto(1996), "Clientelismo, mercado y liderazgo partidista en América Latina", 『Nueva Sociedad』No.145, pp.138~147.

Novaro, Marcos(1996), "Los populismos latinoamericanos transfigurados", 『Nueva Sociedad』No.144.

_____, Marcos(2007), 『Populismo y gobierno: las transformaciones en el peronismo y la consolidación democrática argentina』(Caracas: Nueva Sociedad).

O'Donnell, Guillermo(1997), 『Contrapuntos: Ensayos escogidos sobre autoritarismo y democratización』(Buenos Aieres: Paidós).

Ordóñez Sambrano, Luis and Luis A. Ordóñez(2004), "Evolución y cambio en los partidos políticos venezolanos", Universidad Central de Venezuela, 『Revista Politeia』No.32~33, pp.95~112.

Paramio, Ludolfo(2006), "Giro a la izquierda y regreso del populismo", 『Nueva Sociedad』No.205, pp.62~74.

Parker, Dick(2001), "El chavismo: populismo rdical y potencial revolucionario", 『Revista Venezolana de Ciencias Sociales』Vol.7 No.1, pp.13~44.

Parker, Dick(2007), "El Desarrollo Endógeno: ¿Camino Al Socialismo del Siglo XXI", Article Unpublished.

Patruyo, Thanalí(2005), "Los partidos políticos en la transición(1989~2004): de la desconsolidación a la antipolítica", Centro de Estudios del Desarrollo(Cendes) & Universidad Central de Venezuela(UCV), 『Venezuela Visión Plural: Una Mirada desde el Cendes』, Tomo I(Caracas: Editorial Latina).

Penfold Becera, Michael(2001), "El colapso del sistema en Venezuela: explicación de una muete anunciada", José Vicente Carrasquero, Thais Maingon and Friedrich Welsh(eds.), 『Venezuela en transición: elecciones y democracia 1998~2000』 (Caracas: CDB publicaciones).

Pereira Almao, Valia(2004), "Movimiento Quinta República Vocación de masas y atadura personalista", Molina Vega and Álvarez Díaz, 『Los Partidos Políticos Venezolanos en el siglo XXI』(Caracas: Vadell Hermanos Editores).

Pérez Campos, Magaly(1998), 『Glosario Términos de Ciencia Política』(Caracas: el Departamento de Publicaciones, Universidad Central de Venezuela).

Piccone, Paul(1996), "Populismo posmoderno", Ádler F, Fleming T. y otros, 『Populismo posmoderno』(Buenos Aieres: Universidad Nacional de Quilmes).

Portantiero, Juan Carlos and Emilio de Ipola(1981), "Lo nacional popular y los populismos realmente existentes", 『Nueva Sociedad』No.54.

Quijano, Anibal(1998), "Populismo y fujimorimo", Burbano de Lara, 『El fantasma del populismo: Aproximación democrática argentina』(Caracas: Nueva Sociedad).

Raby, Diane(2006), "El liderazgo carismático en los movimientos populares y revolucionarios", Cendes-UCV, 『Cuadernos del CENDES』Año.23 No.62, pp.59~72.

Ramírz Roa, Rosaly(2003), "la política extraviada en la venezuela de los años 90: entre rigidez institucional y neo-populismo", 『Revista de Ciencia Política』Vol.XXIII No.1, pp.137~157.

Ramos, Marisa(2001), "Partidos y Grupos Políticos en Venezuela(1998~2000): Dimensiones Ideológicas y Cohesión Programatica", 『Revista Venezolana de Economia y Ciencias Sociales』Vol.7 No.2, pp.157~182.

Renaud, Coromoto(coor.)(2000), 『La Participación de la Sociedad Civil en la Constitución de 1999』(Caracas: ildis).

Rey, Juan Carlos(1980), 『Ensayos de teoría politica』(Caracas: Facultad de Ciencias Jurídicas y Políticas, Universidad Central de Venezuela).

_____, Juan Carlos(1991), "La democracia venezolana y la crisis del sistema populista de conciliación", 『Revista de EstudiosPoliticos』No.74, pp.533~578, (Madrid).

_____, Juan Carlos(1998a), 『Problemas sociopolíticas de América Latina』(Caracas: Facultad de Ciencias Jurídicas y Políticas, Universidad Central de Venezuela).

_____, Juan Carlos(1998b), 『El futuro de la democracia en Venezuela』(Caracas: Facultad de Ciencias Jurídicas y Políticas, Universidad Central de Venezuela).

_____, Juan Carlos(1999), "El sistema de partidos venezolanos", Instituto de Estudios de Políticos, Universidad Central de Venezuela, 『12 textos fundamentales de la ciencia política venezolana』(Caracas: Universidad Central de Venezuela).

Rivas Leone, José Antonio "Política y antipolítica: Un debate entre viejas y nuevas formas de hacer política", 『Cuestiones Políticas』No.22, pp.11~32.

Roberts, Kenneth(2001), "La Descomposición del Sistema de Partidos en Venezuela vista desde un análisis comporativo", Facultad de Ciencias Económicas y Sociales, Universidad Central de Venezuela, 『Revista Venezolana de Economia y Ciencias Sociales』Vol.7 No.2(May-August), pp.183~200.

Romero, Anibal(1999), 『Decadencia y Crisis de la Democracia: ¿A dónde va la Democracia Venezolana?』(Caracas: editorial PANAPO).

Sosa A., Arturo, S. J.(1988), "Estado y democratización de Venezuela", CENDES Documentos, Universidad Central de Venezuela.

_____, Arturo, S. J.(1994), "Política y pueblo en el siglo XX venezolano", 『SIC』May 1994, pp.161~164.

_____, Arturo, S. J.(2003), "Sortear democráticamente los obstáculos anti-democráticos", Fundación Centro Gumilla, 『SIC』No.660, pp.442~445.

_____, Arturo, S. J.(2006), "La legitimidad democrática y el futuro de Venezuela", Fundación Centro Gumilla, 『SIC』No.681, pp.9~17.

_____, Arturo, S. J.(2007), "Estado y democratización de Venezuela", CENDES Documentos, Universidad Central de Venezuela.

Stambouli, Andrés(1980), 『crisis política: Venezuela 1945~58』(Caracas: Editorial Atenco de Caracas).

Taguieff, Pierre André(1996), "Las ciencias políticas frente al populismo: de un espejismo conceptual a un problema real", Ádler F., Fleming T. y otros, 『Populismo posmoderno』(Buenos Aieres: Universidad Nacional de Quilmes).

Vaivades, Henry(1999), "La teoría de realineamiento partidista. Una aproximación explicativa para el caso venezolano", 『Cuestiones Políticas』No.22 pp.133~145.

Viguerra, Aníbal(1993), "Populismo y neopopulismo en América Latina", Revistaa Mexicana Sociología.

Vilas, Carlos M.(2001), "La Sociología Política Latinoamericana y El 'Caso' Chávez:

Entre La Sorpresa y El Deja Vu", 『Revista de Economía y Ciencias Sociales』
Vol.7 No.2(May-August), pp.129~145.

_____, Carlos M.(2003), "¿Populismos reciclados o necliberalismo a secas?"
Documento presentado en el foro 'La región andina: Entre el neopopulismo y la protesta
social'. Universidad Javeriana y Fundación Konrad Adenauer, Bogotá, 29 de abril
2003.

Weffort, Francisco(1998), "El populismo en la política brasileña", Mackinnon and Petrone,
『Populismo y neopopulismo en América Latina: El problema de la cenicienta』
(Buenos Aieres: Edueba).

4. 기타

1) 인터뷰

(1) Dick Parker(2007년3월 Caracas, Venezuela)

(2) Steve Ellner(2006년 12월 Universidad de Oriente, Venezuela)

(3) Luis Gómez Calcaño(2007년 2월 Caracas, Venezuela)

(4) Eladio Hernández Muñoz(2006년 12월 Caracas, Venezuela)

(5) Nelly Arenas(2007년 3월 Caracas, Venezuela)

(6) Agustín Blanco Muñoz(2007년 1월 Caracas, Venezuela)

2) 인터넷 등 기타 자료

(1) 2007년 9월 출간된 『Hugo: The Hugo Chavez Story from Mud Hut to
Perpetual Revolution』의 저자 Bart Jones와 전 세계 네티즌 간 인터넷
화상 질의응답 자료(www.venezuelanalysis.com/articles.php?
artno=2127 검색일 2007년 9월 14일)

(2) '새로운 사회를 여는 연구원'(원장 손석춘) 자료집

(3) 새사연 기획: 2007년 차베스 집권2기 목록(이스트프랫폼 http://epl.or.kr)
카스트로, '안녕하세요 대통령'에 전화를 걸다
200개의 가족들이 민주주의 혁명을 일으킬 수 있을까?
역사상 유례 없는 새로운 혁명정당이 탄생할 것인가?
베네수엘라 저소득층을 위한 할인점-메르칼

에콰도르, 제2의 베네수엘라 길을 가다

차베스를 흔들어라, 더 교묘해진 미국의 끊임없는 시도

베네수엘라 '사회적 경제'가 만드는 투자와 성장의 선순환

카로라 시 주민들의 작지만 튼튼한 혁명

차베스 없는 베네수엘라 혁명, 새 정당으로 이어간다

[인터뷰] 베네수엘라 국회의원 부라울리오 알바레스

21세기 사회주의 부의 생산과 창조에서 우월해야

베네수엘라, 새 사회주의 국가 건설 어디까지 왔나

칠레와 베네수엘라, 어떤 나라가 진정한 민주주의를 실현하고 있는가?

자본주의 바다에서 공동경영모델 생존전략

아래로부터 전국적 당원토론을 통해 당을 건설한다

차베스는 어떤 개헌을 원하는가

베네수엘라, 공세적으로 사회주의를 지향하다

(4) 언론 자료

연합뉴스/한겨레/오마이뉴스/중앙일보 최장집 교수 인터뷰/AP

호르헤 도밍게스 하버드대 부총장보 인터뷰(중앙일보 2007년 6월 21일자 8면)

'자원 재앙(resource curse)' 관련 보도(영국 REUTERS 통신, 2007년 6월 20일자, 가나 아크라 발 기사)

찾아보기

김영섭(金永燮)

1968년 3월 15일 경남 진주시 대곡면에서 태어나 대곡초·중·고를 거쳐 서울대학교 원자핵공학과(정치학과 부전공)를 졸업했다. 이후 1995년 1월 연합뉴스에 입사해 국제부, 사회부, 멕시코·중남미특파원(2003~2007), 인터넷뉴스부, 미디어과학부 등을 거쳐 현재 기사심의위원으로 일하고 있다. 언론인으로서 학업을 병행해 고려대 정치외교학과에서 비교정치 전공으로 정치학 석사(1998) 및 박사학위(2008)를 받아 서울대학교 객원교수, 고려대학교 겸임교수, 부산외국어대학교 초빙교수로 임용되었다. 또 한국기자협회 회보편집위원, (사)한중남미협회 이사, (사)과학사랑희망키움 이사 등을 맡고 있고 『과학대통령 박정희와 리더십』(2010)을 책임편집·기획하는 등 언론과 학계, 과학기술계 다방면에서 활동하고 있다.

이메일: kimys@yna.co.kr
휴대전화: 010-9188-7429

정치체제로서의

초판인쇄 | 2011년 12월 1일
초판발행 | 2011년 12월 1일

지은이 | 김영섭
펴낸이 | 채종준
펴낸곳 | 한국학술정보(주)
주 소 | 경기도 파주시 문발동 파주출판문화정보산업단지 513-5
전 화 | 031)908-3181(대표)
팩 스 | 031)908-3189
홈페이지 | http://ebook.kstudy.com
E-mail | 출판사업부 publish@kstudy.com
등 록 | 제일산-115호(2000.6.19)

ISBN   978-89-268-2444-3 93950 (Paper Book)
        978-89-268-2445-0 98950 (e-Book)

이담 는 한국학술정보(주)의 지식실용서 브랜드입니다.